Migrationsforschung als Kritik?

Paul Mecheril • Oscar Thomas-Olalde
Claus Melter • Susanne Arens
Elisabeth Romaner (Hrsg.)

Migrationsforschung als Kritik?

Konturen einer Forschungsperspektive

 Springer VS

Herausgeber

Prof. Dr. Paul Mecheril
Carl von Ossietzky Universität
Oldenburg, Deutschland

Dipl.-Päd. Susanne Arens
Carl von Ossietzky Universität
Oldenburg, Deutschland

Mag. Oscar Thomas-Olalde
Universität Innsbruck, Österreich

Mag. a. Elisabeth Romaner
Universität Innsbruck, Österreich

Prof. Dr. Claus Melter
Hochschule Esslingen, Deutschland

ISBN 978-3-531-18622-1
DOI 10.1007/978-3-531-19145-4

ISBN 978-3-531-19145-4 (eBook)

Die Deutsche Nationalbibliothek verzeichnet diese Publikation in der Deutschen Natio-
nalbibliografie; detaillierte bibliografische Daten sind im Internet über http://dnb.d-nb.de
abrufbar.

Springer VS
© Springer Fachmedien Wiesbaden 2013

Lektorat: Anita Konrad, Innsbruck

Gedruckt auf säurefreiem und chlorfrei gebleichtem Papier

Springer VS ist eine Marke von Springer DE. Springer DE ist Teil der Fachverlagsgruppe
Springer Science+Business Media.
www.springer-vs.de

Inhalt

2. Migrationsforschung als Kritik politischer Praxen

Migrationsforschung als Kritik?
Erkundung eines epistemischen Anliegens in 57 Schritten

Paul Mecheril / Oscar Thomas-Olalde / Claus Melter / Susanne Arens /
Elisabeth Romaner

Migration als altes und neues Phänomen

1) Die Idee der Kritik, die die im vorliegenden Buch versammelten Analysen orientiert, verfolgt das Anliegen, Herrschaftsstrukturen zu untersuchen. Dabei ist für die Perspektive „Migrationsforschung als Kritik?" das Fragezeichen konstitutiv. Es verweist darauf, dass die Praxis der Kritik sich nicht mit Hilfe von aus verallgemeinerbaren normativen Prinzipien gewonnenen, unumstößlichen Kriterien auf den Begriff bringen lässt. Diese allgemeine Überlegung zum Kritikbegriff wird im zweiten Abschnitt entwickelt und als das Moment erläutert, an dem sich jene Migrationsforschung orientiert, die wir (die HerausgeberInnen) mit Gründen präferieren.

Zuvor wollen wir uns dem weiten Feld der Migrationsforschung in drei Schritten nähern. Zunächst kennzeichnen wir Universalität und Aktualität der Migration und beleuchten in einem zweiten Schritt den Umstand, dass Migrationsforschung ihren Gegenstand nicht schlicht abbildet, sondern selbst als soziale Praxis und insbesondere als Normalisierungspraxis betrachtet werden muss, die Migration als das Außergewöhnliche hervorbringt. Im dritten Abschnitt diskutieren wir unter der Bezeichnung Nicht-Ausländerforschung jene Ansätze der Migrationsforschung, die sich kritisch gegen die Besonderung der Migration wenden und fragen daran anschließend nach dem grundlegenden Gegenstand der Migrationsforschung. Dieser findet sich unseres Erachtens in dem Verhältnis, das Individuen zu natio-ethno-kulturellen Ordnungen eingehen und eingehen müssen, in den politischen und kulturellen Kämpfen, den empirischen Ausprägungen, den Veränderungen und Beharrlichkeiten dieses Verhältnisses. Migrationsforschung hat es also mit einem relationalen Gegenstand zu tun.

2) Um das Feld der Forschungen zu Migration betrachten und kommentieren zu können bezeichnen wir es im Weiteren in einer Zusammenhangssuggestion als

Feld *der* Migrationsforschung. Dieses Feld zeichnet sich mittlerweile etwa im Hinblick auf behandelte Thematiken, methodologische Perspektiven, Referenztheorien, wissenschaftstheoretische Selbstverständnisse oder paradigmatische Vorannahmen durch Vielschichtigkeit und Komplexität aus. Dies ist einerseits dem Grad der Komplexität des Gegenstandes selbst geschuldet (z.B. Hoffmann-Nowotny 1994: 390), andererseits aber wohl auch dem diskursiven Kampf darum, was unter Migration verstanden werden und zum Ausdruck kommen soll. Bestimmungsversuche von Migration erweisen sich hierbei als durchaus schwierig, da sie oftmals entweder so abstrakt sind, dass sie kaum Aussagekraft haben (wenn Migration allgemein als „Wanderung" oder „Mobilität" bestimmt wird, ohne dass dabei etwa Zugehörigkeitsordnungen, Diskriminierungs- und Machtverhältnisse oder Grenzregime thematisch werden) und/oder so speziell gehalten sind, dass viele Facetten und Phänomene unthematisiert bleiben (wenn beispielsweise Migration auf die sogenannte Arbeitsmigration oder reguläre Migration beschränkt wird).

Migrationsbewegungen stellen eine kontemporäre Grunderfahrung dar (vgl. etwa Middell/Middell 1998). Die Gegenwart kann also mit guten Gründen unter der Perspektive Migrationsgesellschaft untersucht und diskutiert werden, da Phänomenen der Überschreitung kulturell, juristisch, lingual und (geo-)politisch signifikanter Grenzen unter Bedingungen der Gegenwart weltweit (gewiss jedoch in unterschiedlicher Weise) sehr große Bedeutung zukommt. Migrationsphänomene und die sich um sie rankenden politischen, kulturellen und wissenschaftlichen Auseinandersetzungen stellen die Funktionalität und Legitimität gesellschaftlicher Realität auf den Prüfstand, stärken sie und unterziehen sie Wandlungsprozessen.

3) Praxen und Phänomene, wie sie heute unter dem Begriff Migration zum Thema werden, stellen historisch betrachtet indes keine neuen Erscheinungen dar. Migration als Ausdruck von Veränderungen, Wandel und Bewegung in Form und als Folge der Mobilität von Personen(-gruppen) (vgl. Hoffmann-Nowotny 1994: 388f.) ist vielmehr eine durchgängige historische Tatsache. Auch wenn in öffentlichen Diskursen nicht selten Migrationsphänomene als das Besondere und Außergewöhnliche behandelt werden, finden sich hinreichende Hinweise auf die Allgemeinheit und Gewöhnlichkeit von Migration. In einem Überblicksartikel zur Migrationssoziologie merkt Hans-Joachim Hoffman-Nowotny an, dass Migration in Form (nomadischen) Wanderns durch „den weitaus größten Teil der Geschichte" gar die „eigentliche Existenzform des Menschen" darstellt, die erst im Zuge der „neolithischen Revolution" durch Sesshaftigkeit abgelöst wurde (Hoffmann-Nowotny 1994: 388). Obwohl die dichotome Gegenüberstellung von Sesshaftigkeit versus Mobilität irreführend ist, wird deutlich, dass Mobilität (in Re-

lation zu spezifischen Formen von Sesshaftigkeit) einen historischen Normalfall darstellt. Migration als „historisches und anthropologisches Kontinuum" (Düvell 2006: 202) stellt eine universelle menschliche Praxis dar.

4) Gleichwohl konstituieren Migrationsbewegungen heutige gesellschaftliche Formationen in einer besonderen Art und Weise – quantitativ wie qualitativ. Formen, Eigenschaften, Ver- und Ausbreitung von Migration sowie ihre gesellschaftlich-diskursiven Thematisierungen haben sich gewandelt. So werden beispielsweise in den letzten Jahren durch den Anstieg des Bedarfs nach persönlichen Dienstleistungen etwa in den Bereichen Haushalt und Pflege in relativ wohlhabenderen Kontexten transnationale und transkontinentale Migrationsbewegungen insbesondere von Frauen forciert. Die Feminisierung von Migration, etwa in transnationalen Versorgungsketten, wird hierbei von einer migrationspolitischen Abgrenzungspolitik gerahmt, die diese Arbeitsleistung nicht selten in Illegalität abdrängt (vgl. Lutz/Palenga-Möllenbeck 2011).

Migrationsphänomene stellen eine entscheidende Antriebsquelle gesellschaftlichen Wandels dar. Damit verbunden sind Transformationen, die auf eine dynamische Art und Weise gesellschaftliche und politische Machtverhältnisse widerspiegeln oder hervorrufen sowie zugleich befestigen und destabilisieren. Verschiedene Formen und Prozesse gesellschaftlichen Wandels wiederum ermöglichen neue Formen der Migration, insbesondere die sogenannte transnationale Migration gilt als gegenwärtig (und zukünftig) besonders relevante Form.

5) Wenn im klassischen migrationssoziologischen Modell der Immigration/Emigration die Erfahrung des Wechsels von Existenzformen im Fokus steht, gewinnt im Rahmen gegenwärtiger Migrationsprozesse jener Umstand an Bedeutung, dass Übergang und Wechsel selbst, das Pendeln, das faktisch-imaginative Bewegen zwischen Zugehörigkeitskontexten sowie Mehrfachzugehörigkeiten zu einer verbreiteten, gleichwohl etwa nach Klassen- und Geschlechtszugehörigkeit variierenden Existenzform geworden ist. Die Bezeichnung „transnational" verweist darauf, dass im Zuge von Migrationsprozessen soziale Räume entstehen, die sich von traditionellen nationalen Lebenskontexten unterscheiden und in denen Variationen der Möglichkeit von Verbundenheit und Zugehörigkeit zu mehreren national-kulturellen Kontexten die Normalform darstellen (vgl. etwa Pries 2010a, 2010b). Damit werden „Lebensformen, Erfahrungswelten und Identifikationsmuster, die sich nicht an einem nationalen Kontext (allein) festmachen lassen" (Mayer 2005: 18), adressiert.

6) Die Kennzeichnung von Migrationsbewegungen als transnational bezieht sich freilich auf jene historisch einschneidende Unterscheidungspraxis, die durch die Nationenbildung und das Modell des Nationalstaats im 18. und 19. Jahrhundert eingeführt wurde: ohne national(staatlich)e Unterscheidungen keine transnationalen Phänomene. Zugleich stellen transnationale Bewegungen und Existenzformen die klassifikatorische Logik nationalstaatlicher Unterscheidungen in Frage. Transnationale Migration ist zudem „unentwirrbar mit den sich verändernden Bedingungen des globalen Kapitalismus verbunden. Sie muss daher im Kontext der globalen Beziehungen zwischen Kapital und Arbeit analysiert werden" (Han 2006: 155).

Die (neoliberale) Entgrenzung von Finanzkapital, Produktionsverhältnissen und Arbeitsabläufen, deren aktuelle Varianten unter Begriffen wie Globalisierung und Deregulierung debattiert werden, gehen mit neuen Formen der Migration einher (vgl. Düvell 2006: 200ff.). Es ist davon auszugehen, schreibt Petrus Han, „dass der Transnationalismus der Gegenwart [...] einen neuen Typus von Migrationserfahrungen markiert, der die zunehmende globale Durchdringung des Kapitals widerspiegelt" (Han 2006: 155f.).

Migrationsforschung als Normalisierungspraxis: historisch-systematische Anmerkungen

7) Obwohl jede Geschichte „immer auch Migrationsgeschichte" (Gogolin/Krüger-Potratz 2006: 28) ist, wurde Migration in den politisch-historischen Selbstbeschreibungen wie in den wissenschaftlichen (Sub-)Disziplinen, die für das Historische zuständig sind, zumeist ausgeblendet. Letztlich ist diese Ausblendung der Migrationstatsache aus der allgemeinen Geschichtsschreibung Teil der Geschichte, die über die Geschichtsschreibung zu schreiben wäre. Auch wenn bestimmte Facetten und Topoi von Migration – z. B. in der Formulierung „Völkerwanderung" – zuweilen Erwähnung finden (vgl. Hoffmann-Nowotny 1994: 389), bleibt die durch Migrationsbewegungen konstituierte historische Realität in Darstellungen, die ein Allgemeines zu repräsentieren beanspruchen, bis heute weitgehend unsichtbar. Für die zeitgeschichtliche Forschung schreiben Esch und Poutrus:

> Überdeutlich wird die Tendenz zur Segregation der Migration innerhalb der deutschen Zeitgeschichte, wenn man den Stellenwert dieses Themas in neueren Gesamtdarstellungen zur deutsch-deutschen Nachkriegsgeschichte [...] bzw. zur Geschichte der ‚Bonner Republik' betrachtet [...]. In diesen überwiegend politikgeschichtlichen Werken werden die durch Migration hervorgerufenen gesellschaftlichen Veränderungen zwar nicht geleugnet [...], aber letztlich doch nur am Rande behandelt. (Esch/Poutrus 2005: 1)

Hinsichtlich pädagogischer Geschichtsschreibung kann ein ähnlicher Umgang mit Migration konstatiert werden. Marianne Krüger-Potratz (2005) verweist auf historische Verkürzungsmomente. Die Geschichte der Interkulturellen Pädagogik – jener erziehungswissenschaftlichen Subdisziplin, die in Deutschland für das Themenfeld Migration und Bildung zuständig ist – beginnt mit zunächst einzelnen fachwissenschaftlichen Debatten Ende der 1960er Jahre. Diese „Stunde Null" basiert jedoch auf der Ausblendung der historisch deutlich weiter zurückreichenden, generellen Geschichte des pädagogischen Umgangs mit (migrationsbedingter) Heterogenität. Auch die Verwandtschaft von pädagogischen Konzepten der Nachkriegszeit oder der Weimarer Republik mit Erziehungstheorien im Kontext von Kolonialismus und Nationalsozialismus wird selten empirisch und theoretisch zu erfassen gesucht (vgl. Lamparter 1999; Ortmeyer 2010). Es wird ersichtlich, dass nicht nur die Maßnahmen, die darauf zielen, Heterogenität zum Verschwinden zu bringen, wiederkehrend Verwendung finden, sondern auch die Muster der Legitimation der Exklusion (vgl. Krüger-Potratz 2005: 62ff.).

Diese Zusammenhänge werden in der Regel jedoch nicht als Geschichte des pädagogischen Umgangs mit „Migrationsphänomenen" behandelt (vgl. ebd.). Diese Dethematisierung von Migration schafft mithin erst die Voraussetzung dafür, dass der Eindruck entsteht, Migration sei zeitlich oder räumlich ein gesellschaftlich neues und historisch besonderes Vorkommnis. In Darstellungen zur Geschichte der Pädagogik und Erziehungswissenschaft ist beispielsweise wenig über den Beitrag pädagogischer Einrichtungen zur Konstruktion von nationaler Identität und migrationsgesellschaftlicher Differenz zu lesen. Dieses Thema wird etwa in dem Einführungsbuch von Harney und Krüger (2006) bestenfalls zwischen den Zeilen angesprochen. In der „Geschichte der Pädagogik" (Benner/Brüggen 2011) findet sich zwar ein Abschnitt mit der Überschrift „Erziehung – Staat – Staatserziehungswissenschaft", die Frage des Beitrags von Erziehung zur (wirkmächtigen) gesellschaftlichen Imagination einer (staatsbürgerlichen) nationalen Identität und den damit verbundenen Ausschlussmechanismen wird jedoch nicht behandelt. Stattdessen geht es um Fragen „staatlicher Bevormundung des Einzelnen" versus „Fragen des gemeinschaftlich Besten" sowie die damit verbundenen staatlichen Regulierungen von Erziehung („Staatserziehungswissenschaft"; ebd. 118ff.). Auch in den Darstellungen zur Entwicklung des Schulwesens finden sich keine Hinweise auf das Migrationsthema (vgl. ebd. 232ff.). Diese Unsichtbarkeit und mangelnde Aufmerksamkeit für die differentielle, nationalstaatlich gefasste Erzeugung des und der politischen Anderen und Nicht-Anderen, beispielsweise durch die nationalstaatlich gerahmte Schule (vgl. Schiffauer et al. 2002), wird einer Perspektive, die um die lange Geschichte des Verhältnisses von Erziehung/ Bildung und Migration weiß, zum Problem (Krüger-Potratz 2005: 55f.; 62ff.).

8) Die systematische wissenschaftliche Thematisierung von Migration im amtlich deutschsprachigen Raum stellt eine eher junge Erscheinung dar. Von der Ausdifferenzierung einer eigenständigen Migrationsforschung kann erst für den Zeitraum der letzten 25 Jahre gesprochen werden. Der Beginn der Migrationsforschung ist mit jener gesellschaftlichen Konstellation verknüpft, die aus der sogenannten Gastarbeiteranwerbung und der damit verbundenen Einwanderung entstand. Gegenüber dieser „neuen" Migration hat sich die deutsche Öffentlichkeit und Politik zunächst beharrlich ignorant verhalten, sodann überrascht gezeigt und in dieser Überraschung die Vorstellung von Migration als neues, besonderes und gewissermaßen dramatisches Phänomen (mit-)erzeugt.

9) Die (wissenschaftliche) Thematisierung von Migration bezeichnet kein „neutrales" Sprechen, welches einen vorgängigen und gegebenen Gegenstand schlicht untersucht. Vielmehr handelt es sich hier – wie bei jeder (wissenschaftlichen) Sprachpraxis – um ein (re-)konstruktives Tun, das ihren Gegenstand in einer ganz spezifischen Weise hervorbringt, bestätigt und/oder verändert. Mit der Enthistorisierung erscheint im Rahmen der wissenschaftlichen Thematisierung von Migration diese als historisch und gesellschaftlich besonderer Fall, oft sogar als Problemfall. Gerade dadurch werden nicht-migrantische Lebens- und Gesellschaftsverhältnisse zum Normalfall stilisiert und implizit zum Maßstab erhoben, an dem Migrationsphänomene wahrgenommen, eingeschätzt und beurteilt werden.

10) Der wissenschaftliche Diskurs über Migration hat sich in unterschiedlichen Wissenschaftsdisziplinen entwickelt und dort mitunter spezifische Teilbereiche hervorgebracht wie z. B. die „Migrationssoziologie" oder die „Interkulturelle Pädagogik". Prominente Orte der wissenschaftlichen Thematisierung von Migration sind die Bevölkerungswissenschaften und die Demographie, aber auch die Geographie, die Geschichts-, Politik-, Rechts- und Wirtschaftwissenschaft, Ethnologie, Geschlechterforschung, Sprach- und Literaturwissenschaften, Medizin, Psychologie und Erziehungswissenschaft (vgl. Bommes 2011b: 36). Nicht zuletzt aufgrund der relativ kurzen Geschichte und der Heterogenität der Ansätze fällt es schwer, von Migrationsforschung als einem bereits etablierten und klar bestimmbaren Wissenschaftszusammenhang zu sprechen. Andererseits wird gerade diese Heterogenität bzw. Interdisziplinarität als Bestimmungsmerkmal der sich etablierenden Migrationsforschung verstanden (Bommes 2011a: 11). Migra-

tion ist ein Forschungsgebiet, das die Zuständigkeit einer Vielzahl von Disziplinen aufruft. Aktuell wird sie oft als inter- und multidisziplinärer Forschungszusammenhang dargestellt, befördert über die Ausdifferenzierung entsprechender Subdisziplinen. Mittlerweile zeigen nicht nur unterschiedliche Foren und Forschungszusammenhänge den diversifizierten Status der Migrationsforschung an, sondern es finden sich auch Ansätze und Momente, Migrationsforschung paradigmatisch auszudifferenzieren, etwa in Versuchen der Etablierung einer Kritischen Migrationswissenschaft. Exemplarisch sei hier das Forum Empirische Migrationsforschung genannt.[1]

11) Migration(-sforschung) fungiert gewissermaßen als ein Katalysator von Binnendifferenzierungen vieler Wissenschaftsdisziplinen und liegt zugleich quer zu den Disziplinen. Die disziplinäre „Querstellung" des Migrationsthemas erweist sich als charakteristisch und wiederholt sich auch innerhalb der einzelnen Disziplinen, was etwa an der Soziologie gezeigt werden kann. Die Folgen der Migration, schreibt Michael Bommes (2011b: 36), bestehen darin, dass

> [...] Migranten in den Zielregionen meist in allen relevanten sozialen Kontexten, der Ökonomie, der Politik, dem Recht, der Erziehung, der Gesundheit, dem Sport, der Massenmedien oder der Religion individuell oder als Familien sozial in Erscheinung treten. Migrationssoziologen müssen damit zugleich immer auch Familien-, Erziehungs-, Jugend- oder Rechtssoziologen, Arbeitsmarktforscher, Betriebs-, Industrie oder Organisationssoziologen, Ungleichheitsforscher, Konfliktsoziologen, Politikwissenschaftler oder Staatstheoretiker usw. sein.

Eine Perspektive, die migrationsgesellschaftliche Realität allein als das soziale Erscheinen der MigrantInnen versteht, leistet einen reduktiv bedeutsamen, da maskierten Beitrag zur Reproduktion institutioneller Logiken, die „Migranten" und „Migrantinnen" als fremde, neue Elemente ansprechen und konstituieren. Dennoch wird die Aufgabe der Migrationsforschung, wenn wir sie über die Soziologie hinausreichend verstehen, deutlich: MigrationsforscherInnen sind in ihrem Tun damit konfrontiert, dass der Gegenstand von ihnen verlangt, immer auch bildungs- und erziehungswissenschaftliche, soziologische, politikwissenschaftliche, psychologische und kulturwissenschaftliche Perspektiven einzubringen.

12) Die Forschungstätigkeiten, die innerhalb des relativ kurzen Zeitraums der noch andauernden Ausdifferenzierung der Migrationsforschung stattgefunden haben, sind umfangreich und vielfältig (vgl. z. B. Bommes 2011b; Bukow/Heimel 2003; Treibel 1999). Auch ein Blick auf entsprechende Institutionen, Forschungs- und Publikationslandschaften verdeutlicht dies eindrücklich. Die Ausweitung wissen-

---

1	Internet: http://empirische-migrationsforschung.de

schaftlicher Studien und die Institutionalisierung des Forschungsfeldes signalisieren, dass das Thema Migration mittlerweile im Zentrum des gesellschaftlichen Interesses (an sich selbst) angekommen ist – zumindest ist es auf dem Weg dorthin. Die Art und Weise, wie Migration dort in Erscheinung tritt und inszeniert wird, verdeutlichen aber auch, dass sie in dieser neuen Zentralität nach wie vor „besonders" (geblieben) ist. Dies zeigt sich etwa darin, dass Migration und Migrationsforschung disziplinär betrachtet bis heute häufig Subdisziplinen oder Teilbereiche darstellen: Migrationssoziologie etwa wird als „spezielle Soziologie" betrieben, die der „Allgemeinen Soziologie" gegenübergestellt ist (vgl. exemplarisch die Struktur des zweibändigen Werkes von Kerber/Schmieder 1991/1994). Dies leistet einer Auffassung Vorschub, nach der sich das Gegenstandsfeld der „Migrationssoziologie" von jenem der „Allgemeinen Soziologie" unterscheidet. Sowohl die soziologische Befassung mit dem Allgemeinen ist in diesem Verständnis von der Befassung mit Migrationsbewegungen zu trennen, als auch die vermeintlich mit dieser disziplinären Ordnung korrespondierenden Objektbereiche „Gesellschaft im Allgemeinen" versus „Gesellschaft im Speziellen". Ähnlich wurde im Kontext von Pädagogik und Erziehungswissenschaft die Ausdifferenzierung der „Interkulturellen Pädagogik" kritisch kommentiert (vgl. Krüger-Potratz 2005), stärkt diese Ausdifferenzierung unter anderem doch die irrige Auffassung, dass das Allgemeine, das in der Allgemeinen Erziehungswissenschaft behandelt werde, ein von (migrationsgesellschaftlicher) Differenz bereinigtes Allgemeines sei (vgl. Mecheril 2006).

13) Als „Ausländerforschung" bezeichnen wir jene in begrifflicher, disziplinärer und methodologischer Hinsicht zwar disparaten Ansätze, denen jedoch eines gemeinsam ist: Sie verstehen Migrationsforschung in erster Linie als Untersuchung der Situation von AusländerInnen, MigrantInnen oder Menschen mit Migrationshintergrund (usw.). Damit affirmieren sie direkt oder indirekt die Realität gegebener, den Handlungsspielraum von MigrantInnen (etc.) konstituierender sozialer, politischer, kultureller und rechtlicher Verhältnisse. Dieser Auffassung folgend stellen so unterschiedliche Ansätze wie die der Assimilations- und Integrationsforschung jene Migrationsforschung, die dem Humankapitalansatz verpflichtet ist, als auch die historische Gastarbeiterforschung immer dann „Ausländerforschung" dar, wenn sie sich ausschließlich und einseitig auf die Bedingungen gelingender Eingliederung von MigrantInnen in bestehende, direkt oder indirekt als gegeben geltende Ordnungen beziehen.

14) Der – freilich zeitversetzte – wissenschaftliche Bezug auf die Einwanderung im Zuge der Anwerbeankommen in den 1960er/1970er Jahren wird in der Regel als Beginn der Migrationsforschung im deutschsprachigen Raum angesetzt. Unbesehen der oben genannten Probleme, die mit dieser Setzung verbunden sind, machen einige Entwicklungslinien deutlich, dass der Wandel der Forschung eng gekoppelt an bedeutsame gesellschaftliche Entwicklungen und Diskurse stattgefunden hat (vgl. Bukow/Heimel 2003).

Die Migrationsforschung machte als Gastarbeiterforschung gewissermaßen ihre ersten Schritte und beschäftigte sich v. a. aus sozialarbeiterischer Sicht mit den sozialen und psychischen Folgen des Lebens in der sogenannten Fremde. Dabei ist sie oft nicht eindeutig vom sozialarbeiterischen und politischen Engagement zu trennen, wenn z. B. die wissenschaftliche Beschäftigung mit der Lebenssituation der ArbeitsmigrantInnen es erfordert, zugleich politisch Position zu beziehen und beispielsweise für die Abschaffung von Notunterkünften und die Bereitstellung von Wohnraum zu plädieren (vgl. ebd. 15).

15) Als Ausländerforschung steht Migrationsforschung in den 1970er Jahren bereits zunehmend im Zeichen von Assimilations- und Integrationsdiskursen. Unter diesen Vorzeichen versucht sie, die Bedingungen für eine gelungene Eingliederung zu erkunden, was insbesondere Erziehungs- und SprachwissenschaftlerInnen „auf den Plan" ruft (ebd.). Der Begriff Migrationsforschung selbst kommt im Lauf der 1980er Jahre auf. Das dominierende Thema der Forschung lautet nun: Fremdheit. Verbunden damit wird insbesondere durch Soziologie und Ethnologie die „Ethnizität" der „Fremden" entdeckt, die nicht zuletzt als Erklärung für das „Integrationsproblem" herangezogen wird (ebd. 16). Zugleich wird erstmals auch massive Kritik an dieser Sichtweise erhoben (z. B. Auernheimer 1998). Zunehmend rücken in der Folge einzelne Bevölkerungsgruppen in den Fokus der Migrationsforschung. Im Kontext der Entwicklung der EU werden türkisch etikettierte Personengruppen und andere Nicht-EU-EinwanderInnen prominent und wiederkehrend hervorgehoben. Dies geschieht nicht zufällig, sondern muss mit der Konstruktion einer europäischen Identität in Abgrenzung zu ihrem Anderen in Verbindung gebracht werden (vgl. Attia 2009). Generell rücken nun vermehrt Fragen „kultureller Identität" in den Vordergrund und wirken über (forschungsunterstützte) Selbst- und Fremdethnisierungsprozesse auf gesellschaftliche Zugehörigkeitsverhältnisse (vgl. Bukow/Heimel 2003). Trotz der in den 1990er Jahren stark zunehmenden rassistischen Gewalt und der durchaus erschrockenen öffentlichen Reaktionen darauf ändert sich die wissenschaftliche Praxis als Forschung über vermeintlich Fremde nicht grundlegend. Sie schließt weiterhin an kulturras-

sistische Unterscheidungspraxen an und bestärkt diese (vgl. ebd. 17). Bis heute konzentriert sich ein nicht unwesentlicher Teil der Migrationsforschung auf Mangellagen und „Abweichungen" von „Menschen mit Migrationshintergrund", auf Konflikte zwischen „Allochthonen" und „Autochthonen" bzw. „Einheimischen" und „Fremden", auf Probleme der „Anderen" wie z. B. „Schulversagen", auf die Deskription und die Explikation von „kulturellen Differenzen" (ebd. 18).

16) Zugleich aber ist Migrationsforschung auch gekennzeichnet durch eine beständige selbstreflexive Kritik an der Einseitigkeit und Produktivität ihres Blicks. Sie ist damit nicht nur von Beginn an in (politische, soziale, rechtliche, ökonomische, pädagogische etc.) Handlungszusammenhänge verstrickt, sondern entwickelt im Lauf ihrer Ausdifferenzierung auch unterschiedliche Verhältnisse zu diesen Verstrickungsmomenten. Sobald diese Involviertheiten selbst zum Gegenstand von Migrationsforschung werden, haben wir es mit Formen reflexiver Migrationsforschung zu tun, die zu Bewusstsein bringen, dass sich Migrationsforschung konstitutiv zwischen der (impliziten) Affirmation des gesellschaftlich Gegebenen und seiner Kritik bewegt.

Migrationsforschung als Nicht-Ausländerforschung – die Ausdifferenzierung einer Forschungsperspektive

17) Die explizit kritisch von Ausländerpädagogik und Gastarbeiterforschung abgesetzte Beschäftigung mit Migration entfaltet sich zunächst vornehmlich über die Analyse alltagsweltlicher Praktiken sowie alltäglicher Selbstverständnisse und Positionierungen. Auf dieser Ebene werden nun auch „MigrantInnen" als deutungs- und handlungsmächtige Subjekte „entdeckt": sie sind in der Lage, sich in einem durch ihren rechtlichen und/oder sichtbaren migrantionsgesellschaftlichen Status konstituierten Handlungsraum sinnvoll auf generalisierte sowie konkrete Andere und sich selbst zu beziehen. Anstelle des fast schon chronisch behaupteten Kulturkonfliktes und der Identitätsdiffusion rücken im Zuge dieser auch methodischen Umorientierung soziale und identitäre Aspekte des praktischen und symbolischen Umgangs mit ethnischen, nationalen und kulturellen Kategorien in den Vordergrund. Wolf-Dietrich Bukow (1999) hat dies als „nichtreduktionistische Rekonstruktion des Alltagslebens" bezeichnet. Konsequenterweise gewinnen in so einem Rahmen vor allem interpretativ-rekonstruktive, qualitative

Methoden an Bedeutung, die dem Anspruch folgen, entsprechende Rekonstruktionen aus der „Perspektive der Subjekte" vorzunehmen.[2]

18) Diese Debatten, die unter der Bezeichnung „Kritik der Ausländerforschung" zusammengefasst werden können, weisen (implizit) auf mindestens zwei Perspektiven hin, in denen das Thema Subjekt/Subjektivität in der (Migrations-)Forschung gedacht und relevant wird bzw. werden kann.

a. Mit der Re-Konstruktion subjektiver Handlungs- und Deutungsmuster, Positionierungen und Alltagspraxen geht es in kritischer Absetzung von der Ausländerforschung darum, MigrantInnen in ihrem Subjektstatus sichtbar zu machen. Da der Verlust von Gewissheiten, das Bewusstsein um Kontingenz sowie der Umgang mit Mehrdeutigkeiten als Anforderungen verstanden werden können, mit denen Mitglieder moderner Gesellschaften generell konfrontiert sind, entkommen „MigrantInnen" aus dem diskreditierenden Blick jener Ansätze, die ihnen einen Modernisierungsrückstand attestieren (vgl. Gutiérrez Rodríguez 1999). Das Migrationssubjekt wird somit in den Status gehoben, nicht nur die Anforderungen der Moderne an das einzelne Individuum, sondern auch produktive Möglichkeiten des Umgangs mit diesen Anforderungen gleichsam (proto)typisch darzustellen (vgl. Apitzsch 2010).

b. Sobald MigrantInnnen als (typische) Subjekte moderner Verhältnisse verstanden und untersucht werden, werden auch stärker subjektkritische und subjektivierungstheoretische Ansätze in der Analyse migrationsgesellschaftlicher Realitäten bedeutsam. Diese gewinnen im Zuge neuerer Theorie-Debatten stärker an Bedeutung. Diese zweite Forschungsperspektive setzt das Subjekt nicht als „natürlichen" Referenzpunkt voraus. Vielmehr geht es darum, Prozesse der Konstitution von Subjekten zu untersuchen, die „Voraus-Setzungen" der Subjektwerdung selbst zu befragen, zu erklären und zu kontextualisieren. Die Frage lautet dann nicht mehr in erster Linie, wie migrantische Subjekte sich deutend und handelnd zu gesellschaftlichen Bedingungen ins Verhältnis setzen. Vielmehr geht es darum, die gesellschaftlichen Bedingungen in den Blick zu nehmen, aufgrund derer Menschen überhaupt in die Position kommen, (sich) als migrationgesellschaftlich spezifische Subjekte zu denken, als solche zu handeln und sich auf gesellschaftliche Bedingungen zu beziehen (vgl. Rose 2012; Yıldız, Safiye 2009).

---

2   Vgl. hierzu Beiträge in Badawia et al. 2003.

19) Forschungsansätze, die sich im Zeichen einer Orientierung am Subjekt kritisch auf die Gastarbeiter- und Ausländerforschung beziehen, sind im Verlauf der Geschichte der Migrationsforschung ihrerseits bald Gegenstand selbstreflexiver Kritik geworden. Sie stellen zwar eine kritische Intervention im Hinblick auf wissenschaftliche Praxen defizitärer Zuschreibung und Verobjektivierung dar, zugleich aber wiederholen sie (freilich unter veränderten Vorzeichen) die Unterscheidung zwischen natio-ethno-kulturellem „Wir" und „Nicht-Wir", „MigrantInnen" und „Nicht-MigrantInnen". Darüberhinaus neigen sie dazu, diese Unterscheidung zu naturalisieren. Der Anspruch, Migrationsverhältnisse gewissermaßen aus Sicht der Subjekte zur Geltung zu bringen, produziert und reproduziert die Verhältnisse, die die Subjekte und mit Ein- und Ausgrenzungen einhergehende Vorstellungen natio-ethno-kultureller (Nicht-)Zugehörigkeit hervorbringen.

Den häufig unter der Bezeichnung „von der Defizit- zur Differenzperspektive" eingeforderten Perspektivenwechsel begleitet ein generell für die Migrationsforschung charakteristisches Dilemma. Damit Migration als gesellschaftliches Phänomen wahrnehmbar, besprechbar, anerkennbar und seiner historischen und aktuellen Zentralität entsprechend selbstverständlich(er) werden kann, braucht es eine Kennzeichnung, die aber immer wieder gefährdet ist, zur Besonderung der Anderen beizutragen. Es wird hier ein Spannungsfeld deutlich, in dem sich die Debatte um Migration grundlegend bewegt. Wann und wie enthalten gerade subjekt- und anerkennungsorientierte Forschungspraxen Momente alienierender Zuschreibung? Wann und wie laufen sie somit Gefahr, Prozesse des gesellschaftlichen Othering zu re-/produzieren?

20) Vor diesem Hintergrund kann ein vermehrtes Einbeziehen subjektivierungstheoretischer Momente als eine „Antwort" auf Essentialisierungstendenzen in der und durch die Migrationsforschung verstanden werden. Ein subjektivierungstheoretisch inspirierter Zugang fragt im Wesentlichen nach dem Zusammenhang der wechselseitig konstitutiven Hervorbringung von Subjekten (in gesellschaftlichen Ordnungen) und gesellschaftlichen Ordnungen (durch Subjekte) (vgl. Supik 2005; Yıldız, Safiye 2009). Die grundlegende Annahme hierbei ist, dass Subjekte selbst immer schon durch die entsprechenden gesellschaftlichen Verhältnisse „formiert" sind, bevor sie sich (als Subjekte) darauf beziehen können (vgl. Reckwitz 2007a, 2007b und 2010; Zima 2007: 196ff.; Bublitz 2003: 86ff). Subjektivierungstheoretische Ansätze im Kontext von Migrationsforschung sind in poststrukturalistische, diskurs- und/oder hegemonietheoretische Argumentationen eingebunden. Insbesondere einige jüngere Studien sind hier erwähnenswert, die sich mit Bezug auf die Cultural und Postcolonial Studies mit Subjektivierungsprozessen in der

Migrationsgesellschaft auseinandersetzen und hierbei auf Themen und Konzepte wie Interpellation (Rose 2012), Hybridität (Ha 2005) und Artikulation (Steyerl/Gutiérrez Rodríguez 2012) fokussieren.

21) Obwohl mit dem Subjektivierungsbegriff gesellschaftliche Verhältnisse zum Gegenstand von Migrationsforschung werden, muss sich Migrationsforschung bisweilen einen Mangel an gesellschaftstheoretischer Fundierung bescheinigen lassen, zumindest eine mangelnde Reflexion des im Zuge eines methodologischen Nationalismus implizit gesetzten Gesellschaftsbegriffs. So attestiert z. B. Nina Glick Schiller (2010: 109) vielen, auch aktuellen Studien zu Migration einen Mangel an Auseinandersetzung mit macht- und herrschaftstheoretischen Fragestellungen. Migrationsforschung, so Glick Schiller, sei seltsam zurückhaltend hinsichtlich aktueller sozialwissenschaftlicher Entwicklungen. Insofern bedürfe es einer Forschungsperspektive, die etwa zu aktuellen und historischen Phasen der Globalisierung, zu Theoretisierungen globaler gesellschaftlicher Netzwerke, zu den Diskussionen um die zweite Moderne, der Kritik des methodologischen Nationalismus oder dem Plädoyer für methodologischen Kosmopolitismus Bezug nehme (vgl. ebd. 111).

22) Eine klare gesellschaftstheoretische Zuspitzung weisen in diesem Zusammenhang Forschungen zu Grenz- und Migrationsregimen auf. Auch hier sind subjektivierungstheoretische Überlegungen bedeutsam (vgl. Hess/Tsianos 2007). Der zentrale Bezugspunkt der durchaus heterogenen Ansätze ist jedoch der Begriff des Regimes (vgl. Karakayalı/Tsianos 2007: 12). Vereinfachend gesagt geht es um die Analyse von politischen, kulturellen und interaktiven Mechanismen der Regulation und Steuerung von Migration bzw. globalen Wanderungsprozessen (vgl. Düvell 2003), also um Fragen der Migrationspolitik und -kontrolle. Allerdings gehen Politik oder Regierung im Denkhorizont der Regimeforschung nicht länger von einer zentrierten, souveränen Macht wie etwa dem Staat aus. Momente der Regulation von Migration artikulieren sich vielmehr in unterschiedlichsten gesellschaftlichen Kontexten und werden unter Beteiligung verschiedener gesellschaftlicher AkteurInnen hervorgebracht, bestätigt und transformiert. Die Migrationsbewegung stellt in diesem Zusammenhang selbst ein wesentliches Moment dar, welches (bestätigend und transformierend) in die Regulierungsprozesse eingreift. Migration wird in diesem Forschungszusammenhang weniger als subjektive Erfahrung und Praxis, sondern mehr als kollektive transitorische Bewegung beforscht und zur Geltung gebracht.

Der Begriff des Regimes verweist auf das „mehr oder weniger ungeordnete Ensemble von Praktiken und Wissen-Macht-Komplexen" (Karakayalı/Tsianos 2007: 13), worin und wodurch sich gesellschaftliche Ordnungen (re-)konstituieren. Regimeanalysen stellen die Frage, wie durch die Vielzahl auch widersprüchlicher gesellschaftlicher Praktiken und Bewegungen hindurch Verfestigungsmomente und -strukturen als Institutionen von Kontrolle und Regierung entstehen. Der Fokus liegt dabei auf Ebenen der Aushandlung, welche mit der Installierung eines Regimes entstehen und dieses hervorbringen. Ein Regime wird somit als ein relativ autonomer Prozess verstanden, den „die Akteure, die ihn installierten, für eine Zeit lang als objektives Regelwerk akzeptierten, dem sie sich unterwarfen" (Tsianos 2010). In diesem Sinn können Regime als historisch bedingte, aber nicht zwingende Verstetigung von Verhältnissen begriffen werden, in die die verschiedenen gesellschaftlichen AkteurInnen involviert sind. Diese Analyseperspektive versteht die Konstitution eines Regimes nicht als Top-down-Prozess, sondern richtet den Fokus auf eine Vielzahl institutioneller und informeller AkteurInnen, auf den diskursiven Kontext sowie auf Aushandlungen, Konflikte, Brüche und Widerstände (ebd.). Grenz- und Migrationsregimeforschung bezieht sich damit nicht zuletzt auf das Inventar Foucaultscher Machtanalysen (vgl. Kasparek/Hess 2010: 17). Hierbei rückt insbesondere jene Strukturierung von Gesellschaft(lichkeit) ins Licht, die sich in Begriffen der modernen nationalen Ordnung der Welt (vgl. Lossau 2002; Lippuner/Lossau 2004) artikuliert. Wesentlicher Bestandteil ist dabei die nationalstaatliche „Territorialisierungsnorm", eine Ordnungsmatrix, die bestrebt ist, „Raum, Gesellschaft und Kultur symbolisch und juridisch zur Deckung zu bringen" (Karakayalı/Tsianos 2007: 8). Diese Matrix bestimmt die wissenschaftliche als auch die politische und öffentliche Wissensproduktion ganz wesentlich. Damit „macht" sie (auch) Migration, indem sie beispielsweise Vorstellungen generiert, in denen das Überschreiten nationalstaatlicher Grenzen zum Problem wird (vgl. ebd. 11). Als zentrales Moment ist in diesem Zusammenhang nicht zuletzt der „Integrationsimperativ" (vgl. Karakayalı/Tsianos 2007: 8) oder „das Integrationsdispositiv" (vgl. Mecheril 2011) zu verstehen.

23) Von einem deterministischen Verständnis, in welchem Migration lediglich als Objekt der Behandlung durch Praktiken der Grenzkontrolle gedacht wird (wie es sich z. B. in der Metapher der „Festung Europa" äußert), setzt sich das Konzept der Autonomie der Migration kritisch ab (vgl. Bojadžijev/Karakayalı 2007). Migrationsphänomene haben das Potential, die sie konstituierenden Ordnungen zu beirren. Migrationsforschung als Grenzregimeforschung ist in besonderer Weise auch an diesen beirrenden und irritierenden Momenten interessiert, an jenem

„Überschuss" der Migration, der sich den Kontrollpraktiken entzieht und zugleich die Etablierung „neuer" Kontrollpraktiken evoziert. Auf diese Weise greifen Migrationspraktiken massiv in Grenzregime ein und sind nicht das ihnen gegenübergestellte Objekt der „Behandlung", sondern ein dynamischer Teil dieser Regime. Migrationsphänomene wirken (auch) auf den nationalstaatlich konfigurierten Gesellschaftsraum, sie reproduzieren ihn und machen zugleich seine Brüchigkeit sichtbar (vgl. Bojadžijev/Karakayalı 2007; Cuttitta 2010). In diesem Sinn interessieren sich entsprechende Analysen für das, „was durch diese Bedingungen aktueller Formen der Vergesellschaftung hindurchgeht, um darüber hinauszuweisen" (ebd. 203). Migration kann so als eine „klandestine Form" verstanden werden, die einen „driftenden" sozialen Raum kreiert, indem sie sich auf nationale oder supranationale Strukturen stützt und diese zugleich transformiert. Dieser driftende oder transnationale Raum existiert seinerseits nicht unabhängig, sondern nur in einer konfliktuellen Relation zum jeweiligen (supra-)nationalen Integrationsparadigma und seinen praktischen Auswirkungen (vgl. ebd.). Genau hierin konstituiert sich letztlich der Raum der Migration:

> Der soziale Raum der Migration wird mit dem Integrationsdispositiv gleichsam gekerbt [...]. Die Kerbung ist ein Vorgang, bei dem der gelebte Raum reterritorialisiert, d.h. zählbar, regierbar und planbar gemacht wird. Dagegen beinhaltet der transnationale Raum Momente der Deterritorialisierung, in denen MigrantInnen jenen oben beschriebenen Verengungen gleichsam „entfliehen". Diese Flucht und die institutionalisierten Versuche, die Flucht zu „binden", sie zu regulieren und in Bahnen zu lenken, konstituieren den Raum der Migration. (Karakayalı/ Tsianos 2007: 10)

Migration wird somit niemals ausschließlich auf externe, etwa ökonomische oder politische Faktoren zurückgeführt bzw. reduktiv als ihre Funktion verstanden, sondern kommt selbst als soziale Bewegung und „generische Kraft" in den Blick (vgl. Tsianos 2010).

Der Gegenstand der Migrationsforschung: Veränderung des Verhältnisses von Individuen zu Ordnungen

24) Der Aufstieg der Soziologie, schreibt Ulrich Beck (2005: 1), fällt „mit dem Aufstieg des Nationalstaates, des Systems internationaler Politik und des Nationalismus zusammen". Dies ist ein historischer Zusammenhang, aus dem sich die „Axiomatik des ‚methodologischen Nationalismus' ergibt, nach der Nation, Staat, Gesellschaft die ‚natürlichen' sozialen und politischen Formen der modernen Welt sind" (ebd.). Ähnliche Verhältnisse gelten auch für die erziehungswissenschaftliche Migrationsforschung, die sich innerhalb eines „nationalen Selbst-

verständnisses der Bildung" (Gogolin 1994) entwickelte. Folgerichtig werden zentrale Kategorien der sozialwissenschaftlichen und pädagogischen Forschung mit dem Nationalstaat als quasi unausweichliche Bezugsgröße verbunden. Mit dem Begriff des „methodologischen Nationalismus" (vgl. Wimmer/Glick Schiller 2002; Glick Schiller 2010) wird Kritik an jenen Studien und Denkweisen geübt, die das Konzept der Nation unreflektiert und selbstverständlich als Analyse-, Strukturierungs- und Darstellungskategorie des Gesellschaftlichen verwenden. Über diesen ideologischen Zugang zur Analyse gesellschaftlicher und historischer Prozesse werden diese Prozesse gewissermaßen innerhalb der Grenzen individueller Nationalstaaten eingeschlossen. Die Analysen konstruieren so einen Gesellschaftsraum, der in Form eines „Containers" imaginiert wird (Glick Schiller 2010: 11). Zugleich macht sich Nationalismus als produktiver methodologischer Zugang unsichtbar, indem er die Nation als selbstverständliche Referenz setzt, ohne diese Setzung und ihre historischen, gesellschaftlichen und kulturellen Bedingungen selbst kenntlich zu machen, zu befragen oder zu reflektieren. Durch die fehlende Thematisierung des nationalen und historischen Kontextes wird die nationale Ordnung als natürliche oder zumindest fraglose Ordnung scheinbar überhistorisch in Szene gesetzt. Nationalstaaten erscheinen im Licht des methodologischen Nationalismus konsequent als historische und sozio-politisch-gesellschaftliche Souveräne (ebd.).

25) In der Kritik am „methodologischen Nationalismus" artikuliert sich nicht zuletzt das Primat einer transnationalen Perspektive. Transnationalismus als paradigmatische Perspektive bedeutet nicht einfach eine simple Verschiebung nationalstaatlicher Souveränität auf eine höhere, suprastaatliche Ebene. Das Transnationale kann als begriffliche Referenz einer migrationswissenschaflich inspirierten Theorie des Sozialen verstanden werden, die die nationale Territorialisierungsmatrix und -macht nicht setzt, sondern vielmehr die Setzung selbst in ihrer Bedeutung für (globale) Gesellschaftsverhältnisse analysieren will.

26) Wodurch werden Bewegungen von Menschen im globalen Raum möglich und unmöglich gemacht? Welche Qualität haben die Bewegungen, welche Reaktionen und Konsequenzen zeitigen sie? Diese Fragen können nicht auf nationale und staatliche Regelungen reduziert werden. Wir gehen davon aus, dass sich die Grundkategorie der Migrationsforschung in der Veränderung des Verhältnisses von Individuen zu Zugehörigkeitsordnungen findet. Einem früheren Vorschlag folgend (Mecheril 2003), bezeichnen wir diese zwar als natio-ethno-kulturelle Zugehörigkeitsordnungen, verwenden diese Attribuierung aber stärker als all-

gemeine Chiffre für mit territorialer Referenz ausgestattete, politisch-imaginäre Zugehörigkeitsordnungen der Moderne, die die Bewegungen von Menschen über Grenzen und innerhalb von Grenzen reglementieren, herausfordern und provozieren. Diese Zugehörigkeitsordnungen haben zwar viel mit der Logik national-staatlicher Unterscheidungen zu tun, können aber nicht mit ihnen gleichgesetzt werden. Die Theoretisierung der Verhältnisse von „global power" (Glick Schiller 2010) muss sich auf politische, kulturelle und ökonomische globale Interdependenzen beziehen, in deren Rahmen Migrationsbewegungen artikuliert und vollzogen werden. Neben diesen globalen und supranationalen Verhältnissen, auf die beispielsweise Konzerne und der globale Fluss des Kapitals einwirken, sind zudem lokale Kontexte wie Kommunen oder Cities (vgl. Sassen 1998) unterhalb des Nationalstaates von Bedeutung.

Die Bedeutung von Migrationsbewegungen kann freilich nur mit Bezug auf Zugehörigkeitsordnungen erfasst werden. Ohne Rekurs auf die Existenz von Zugehörigkeitsordnungen wären wir nicht in der Lage, Migration in seiner Konsequenz für die Subjekte und die Räume der Migration zu beschreiben und zu untersuchen. Dies würde entweder einem (global-)ökonomischen Reduktionismus oder einer Provinzialisierung des Migrationsgeschehens Vorschub leisten. Die natio-ethno-kulturellen Zugehörigkeitsordnungen sind diffuse, vielgesichtige, variable Unterscheidungsformen, die sowohl von nationalstaatlichen Differenzierungspraxen als auch von Unterscheidungen getragen werden, die „den Westen" von einem „Rest" (Hall 1994) trennen, an „Rasse"-Konstruktionen anschließen, zwischen „Europeanness" und „Non-Europeanness" (Hesse 2009) sowie zwischen „Islam" und „Non-Islam" (Mecheril/Thomas-Olalde 2011) unterscheiden. Diese Ordnungen werden in komplex-dynamischen, gleichwohl eine Trägheit aufweisenden glokalen Prozessen der De-Stabilisierung von Identitäts- und Zugehörigkeitskonzepten sowie Raumverständnissen erzeugt.

27) In diesem Zusammenhang sei darauf hingewiesen, dass gesamtgesellschaftliche und globale Entwicklungen seit einigen Jahren erneut vermehrt über „Religion" analysiert und erklärt werden. Das meistdiskutierte und vermutlich auch wirkmächtigste Beispiel stellt Samuel P. Huntingtons These vom „Kampf der Kulturen" (1996/1997) dar, in der er Religionen und Kulturen als stets verbunden behauptet. Der Kern seines Entwurfs besteht darin, „Kultur" und „Religion" als jene Identitätselemente zu kennzeichnen, die einen realen, historischen und politischen Gehalt sowie politische Mobilisierungskraft besitzen. Huntington teilt die „Welt" in neun Kulturkreise auf, die – ganz nach der Balance-of-Power-Doktrin des Kalten Krieges – um militärische und wirtschaftliche Dominanz konkur-

rieren. Dem „Westen" stehen z. B. der „afrikanische", der „indische", der „japanische" oder der „islamische Kulturkreis" gegenüber, letzterer wird als einziger explizit religiös definiert. Es ist gerade diese „islamische Welt", die in der These Huntingtons als Gegensatz zur „westlichen Identität" besprochen wird. Dem „Islam" als Religion der Anderen wird nicht die historische Rolle von Religionen im Westen oder die Rolle „westlicher Religiosität" zugebilligt. Vielmehr dient er dazu, das „Nicht-Muslimisch-Sein" des „Westens" hervorzubringen und in dieser Negativität einen Ort, der gewiss zu sein scheint. KritikerInnen halten Huntingtons Thesen für eine programmatische diskursive Hervorbringung des „Islam", der als ein (nicht ganz neues) Feindbild des Westens das durch das Ende des sogenannten Kalten Krieges und der ideologischen Zweiteilung der Welt hervorgebrachte Vakuum an Antagonismen ausfüllt.

Jenseits der politischen Konsequenzen der Thesen Huntingtons ist hier der einseitige Rekurs auf Religion interessant. Religion wird verwendet, um eine Grenze zwischen einer Wir- und einer Nicht-Wir-Gruppe zu markieren, die den grundlegenden Unterschied zwischen beiden im „Wesen der Anderen" sehen will. Huntington scheut nicht die Offenlegung des (politisch-voluntaristischen) Unterscheidungsprinzips, auf dem seine Thesen basieren: „Wir wissen, wer wir sind, wenn wir wissen wer wir nicht sind und gegen wen wir sind" (Huntington 1997: 21). Huntington legt seiner Auseinandersetzung mit der aktuellen weltpolitischen Lage zuerst eine politisch-philosophische Prämisse (Identität lässt sich nur durch negative Abgrenzung herstellen) und dann eine epistemologische Setzung („Kultur" und „Religion" sind für bestimmte „Kulturen" und „Religionen" ein unveränderliches Merkmal) zu Grunde. Alternative westliche Analysen der „neuen Weltordnung" weisen zuweilen in selbstkritischem Gestus darauf hin, dass die Gewalt, der Terror und der „kulturelle Hass", der dem „Westen" entgegengebracht wird, eine Reaktion auf den militärischen, politischen und kulturellen Imperialismus darstellt, der mit einer vom Westen her gesteuerten Globalisierung einhergeht. So lautet Benjamin Barbers These von „Jihad vs. McWorld" (1995). Seine politischen und globalisierungskritischen Positionen setzen jedoch eine essentialistische Aufteilung der Welt voraus. Hier die wirtschaftliche (pervertierte und hegemoniale) Rationalität des Westens, dort die kulturell und religiös erklärbare Abwehrreaktion der Unterdrückten, die mit der „muslimischen Welt" identifiziert werden (vgl. Mecheril/Thomas-Olalde 2011).

Wenn wir von Migration sprechen, diese Bewegung über und innerhalb von Grenzen verstehen wollen und damit auch, was Grenzen zu Grenzen macht, dann wäre es unangemessen, die religiös codierte Kartographie der gegenwärtigen Welt und ihrer Menschen zu vernachlässigen. Diese findet sich ja nicht nur in der Schublade Huntingtons, sie findet sich in den Köpfen der GrenzpolizistInnen, in den Routinen der Sicherheitsdienste, im Deutungshaushalt von LehrerInnen oder in den Schreibvorlagen und Textbausteinen, aus denen RedakteurInnen ihre Zeitungsnachrichten modellieren. Wenn wir also von Migration sprechen, dann sprechen wir von der Wirksamkeit oftmals religiös codierter natio-ethno-kultureller Zugehörigkeitsordnungen und ihrer Schwäche.

28) Praxen, in denen Religion, „zivilisierte Kultur" und auch „Rasse"-Konstruktionen miteinander verwoben sind, um Herrschaftsansprüche, Ausbeutung und Unterwerfung zu legitimieren, kennzeichnen das Geschehen in Europa seit dem Kolonialismus (vgl. Arndt/Ofuatey-Alazard 2011; Wollrad 2009). Dass auch heute natio-ethno-kulturelle Zugehörigkeitsordnungen mit vermeintlicher oder faktischer Religiosität sowie rassistischen Zuschreibungen verwoben sind, zeigt sich etwa im zunehmenden antimuslimischen Rassismus in Europa (vgl. Attia 2009) oder auch in den „Rasse"-Konstruktionen bestärkenden Vorstellungen bei Grenzkontrollen.[3] Die Causa Sarrazin macht deutlich, wie religionsbezogene, rassistische und natio-ethno-kulturelle Zuschreibungen auch geschlechtsbezogen miteinander verwoben werden, wenn pauschalisierend und hegemoniale Imaginationen bekräftigend z. B. in Bildern von „Kopftuchmädchen" oder „im Teehaus sitzenden türkisch-arabischen Männern" und „ihrer Kultur" gespochen wird. Diese Diskurse formieren Zugehörigkeits- und Handlungsräume von Menschen.

29) Wirkkraft und Wirkungsweise des Rassismus liegen darin, dass er Deutungsangebote liefert, die gesellschaftliches Geschehen und Wirklichkeit verstehbar werden lassen und ermöglichen, in dieser Realität zu handeln. Rassismus stellt hierbei kein transhistorisches Phänomen dar. Rassistische Ideologien müssen im Kontext sowohl ihrer historischen Ausprägung als auch in ihren übergreifenden Strukturprinzipien analysiert werden (vgl. Miles 1992: 137). Miles zufolge liegt der ideologische Gehalt des Rassismus

> erstens in seiner Bedeutungskonstruktion einer oder mehrere Merkmale als Kriterium für die Bezeichnung einer Kollektivgruppe in der Weise, daß ihr ein naturgegebener, unwandelbarer Ursprung und Status und von daher eine ihr innewohnende Differenz anderen Gruppen gegenüber zugeschrieben wird. [...]. Zweitens müssen der so bezeichneten Gruppe zusätzlich negativ bewertete Merkmale zugeschrieben werden und/oder sie muss so dargestellt werden, dass sie negative Konsequenzen für irgendeine andere Gruppe verursacht. Die Merkmale können biologischer oder kultureller Provenienz sein. Dieser Konstruktion zufolge besitzen alle Menschen, die eine naturgegebene biologische Gruppe bilden eine Reihe von (negativ bewer-

---

3   Zur polizeilichen Kontrollpraxis des racial profiling und dessen juristische Rechtfertigung vgl. Migazin 2012.

teten) biologischen und oder kulturellen Merkmalen. Daraus folgt, daß die Präsenz einer solchen Gruppe als höchst problematisch erscheint: Sie wird ideologisch als Bedrohung dargestellt. (ebd. 105f.)

Betonen Rassismustheoretiker wie Miles die symbolische Bedeutung körperlicher, somatischer Merkmale, so beschäftigen sich Theoretiker wie Balibar (1990), Barker (1981), Taguieff (1987) und Hall (1994) mit weiteren Spielarten des Rassismus. Diese Perspektiven haben gemein, dass sie auf einen historisch an den „klassischen" oder kolonialen Rassismus anschließenden, neuen Typus des Rassismus aufmerksam machen. Der Begriff „Neo-Rassismus" (Balibar 1990) verweist darauf, dass rassistische Unterscheidungen und Begründungen neben biologischen oder körperlichen Merkmalen auch „Kultur" heranziehen. Die Ungleichbehandlung, die den „Neo-Rassismus" oder „Kultur-Rassismus" kennzeichnet, wird nicht mehr mit einem Bezug auf „Rasse" legitimiert. An die Stelle dieses Konzeptes ist – mit potenziell ähnlichem Gehalt – „Kultur" getreten. Im „Kultur-Rassismus" werden als unterschiedlich stilisierte Wertesysteme dazu benutzt, ein System essentieller Differenz zwischen Gruppen zu konstruieren. Über den Begriff der Kultur wird Ausgrenzung in zwei Schritten legitimiert. Zunächst werden Wertesysteme und Lebensformen von kulturellen Gemeinschaften als unvereinbar behauptet. Sodann wird behauptet, es sei sinnvoll und erforderlich, die „kulturell andere" Gruppe, deren Lebensweise mit „unserer" unvereinbar sei, zu beschränken, zu kontrollieren und ihre Rückkehr, Rückführung oder Separierung zu ermöglichen.

In diesem Zusammenhang sind unterschiedliche Fragen denkbar und angemessen, wie z. B.: Wie ist eine historisch und territorial kontingente natio-ethnokulturelle Zugehörigkeitsordnung aufgebaut? Welche Verbindungen geht sie zu „Rasse" und „völkischen" Kultur- sowie zu Religions-Konstruktionen ein? Inwieweit ist diese Ordnung historisch und aktuell mit Gesellschaftsverhältnissen, die mit Praxen des Rassismus einhergehen, verwoben? Und inwieweit verstärkt sie diese Praxen selbst? Zu berücksichtigen ist dabei, dass die rassistische Unterscheidungspraxis immer mit hierarchischen und machtvollen Bewertungen einhergeht. Es gibt historische Kontinuitäten, die sich seit kolonialen Versklavungs-, Ausbeutungs-, Deportations- und Mordpraxen[4] im Nationalsozialismus fortsetzten und in der heutigen Zeit sprachliche und gedanklich-theoretische Spuren im „Wissensarchiv deutscher Sprache" (Arndt/Ofuatey-Alazard 2011) hinterlassen haben. Das Sprechen über „Kulturen" und „Ethnien" kann in (unmerklicher) Ver-

---

4   Beispielsweise wird die historische Tatsache des Völkermords an den Herero und Nama bis heute von Deutschland nicht als solche anerkannt (vgl. Dietrich/Strohschein 2011; Küppers-Adebisi/ Küppers-Adebisi 2012).

bindung zu „Rasse"-Konstruktionen und Rassismus machtvoll und gewaltförmig sein. Kulturalisierungen und Ethnisierungen wirken allerdings nicht notwendigerweise und immer in der Logik rassistischer Unterscheidungen. Bedeutsam ist somit, Unterscheidungs- und Diskriminierungspraxen im Rahmen von natio-ethno-kulturellen Zugehörigkeitsordnungen, sowie in Verbindung mit „Rasse"-Konstruktionen und Rassismus zu erkennen.

31) Die Verortung von Menschen und Lebensweisen als „Bevölkerung" in Nationalstaaten, die Formierung der Menschen und ihrer Bewegungen durch supra-(national)staatliche und außerstaatliche Instanzen werden etwa mit Bezug auf die Ordnungsschemata „Sprache" (vgl. Dirim 2010) oder „Religion" (vgl. Tezcan 2003) geo-territorial artikuliert, fixiert und bestimmt. Menschen und Lebensweisen werden auf diese Weise nicht nur identifizierbar, sondern tatsächlich auch im territorialen Sinn ver-ortbar: Natio-ethno-kulturelle Differenz weist nicht nur auf Prozesse von Raumkonstruktionen hin, etwa in Form von Kartographien, der Errichtung und Symbolisierung von Grenzen etc., sondern „nutzt" diese so entstehenden „geographischen Gebilde" zur Ordnung und Reg(ul)ierung des Sozialen.[5] Hierfür werden Personen, Personengruppen, Sprachen und Lebensweisen platziert, verortet, zugeordnet, nicht zuletzt begrenzt und mittels der dadurch möglich werdenden Abgrenzung und Unterscheidung in einer ganz bestimmten Art und Weise identifizierbar gemacht. Sowohl die Zuweisung eines bestimmten „Platzes" in der natio-ethno-kulturellen Ordnung, als auch die Fixierung von „Gesellschaftlichkeit" generell in geo-territorialen Kategorien sind Merkmale der Ver-Ortungslogik, um die es im Rahmen der Analyse von Migrationsprozessen geht.

32) Natio-ethno-kulturelle Zugehörigkeitsordnungen beziehen sich auf und erzeugen hochgradig komplexe, auch imaginierte, intersubjektiv größtenteils anonyme, historisch gewachsene, politisch verfasste, normativ strukturierte, von Kämpfen um die Inhalte und Richtungen sozialer Ordnung geprägte, symbolische und durch Kommunikation begrenzte, geographische Referenzen aufweisende, Individuen als „Ganzheit" ansprechende und deshalb hohe identitäre Relevanz besitzende Kontexte. Natio-ethno-kulturelle Zugehörigkeit verweist auf Strukturen, in denen symbolische Distinktions- und Klassifikationserfahrungen, Erfahrungen der Handlungsmächtigkeit und Wirksamkeit sowie biographische Erfahrungen der kontextuellen Verortung ermöglicht werden. Die Bezeichnung „natio-ethno-kulturell" ruft in Erinnerung, dass die sozialen Zugehörigkeitsordnungen, für die Phänomene der Migration bedeutsam sind, von einer unbestimmten Wir-

---

5   Zur Ordnung des Nationalstaatlichen vgl. Lippuner/Lossau 2004.

Einheit strukturiert werden. Natio-ethno-kulturelle Zugehörigkeitskontexte sind – um es aus der Perspektive eines Individuums zu formulieren – faktische und imaginäre Räume, in denen es ein handlungsrelevantes Verständnis seiner selbst erlernt und praktiziert.

33) Der Begriff Zugehörigkeitsordnung bezeichnet jene machtvollen Zusammenhänge, die durch eine komplexe Form der Ermöglichung und Reglementierung, der symbolischen, kulturellen, politischen und biographischen Einbeziehung und Ausgrenzung auf Individuen produktiv Einfluss nehmen. Die Zugehörigkeitsordnung kann man als strukturierten und strukturierenden Zusammenhang beschreiben, in dem aus Individuen Subjekte werden. Mit Blick auf den Zusammenhang von Zugehörigkeitsordnung und Macht können zentrale analytische Facetten unterschieden werden; wir sprechen hier von der dreifachen Macht der Zugehörigkeit: Natio-ethno-kulturelle Zugehörigkeitsordnungen sind erstens machtvoll, weil sie in ihrem Einflussbereich Mittel der Disziplinierung, der Habitualisierung und Bindung zur Wirkung bringen. Zweitens sind sie machtvoll, da migrationsgesellschaftliche Zusammenhänge in der Regel Dominanzzusammenhänge darstellen, für die charakteristisch ist, dass bestimmte natio-ethno-kulturelle Zugehörigkeiten gesetzlich, politisch und kulturell gegenüber anderen privilegiert sind. Schließlich sind natio-ethno-kulturelle Zugehörigkeitsordnungen machtvoll, weil sie zumeist mit einer exklusiven Logik operieren und den Einzelnen auferlegen, sich in dieser ausschließenden Ordnung darzustellen und zu verstehen.

Zugleich werden Zugehörigkeitsordnungen durch Migrationsphänomene problematisiert und beunruhigt. Dies erfolgt allein schon dadurch, dass die Imagination eines natio-ethno-kulturellen „Wir" konstitutiv auf das „Andere" angewiesen ist. Genau diese Angewiesenheit begründet die Krisenhaftigkeit des Wir, da es an sich und für sich nicht sein kann. Die Krisenhaftigkeit natio-ethno-kultureller Ordnung besteht weiterhin darin, dass sie als historische Erfindung und Konstruktion beständig nach Imaginationspraxen und performativen Aufführungen verlangt, was in der Iteration die Un-Möglichkeit der endgültigen Fixierung der Bedeutung der Ordnung anzeigt. Durch die Angewiesenheit auf inszenatorische Praxen (Wir-Rhetoriken, Fahnen, Hymnen, Fußballspielübertragung) wird zugleich auch die existenzielle Notwendigkeit fortwährender Selbstaufführung und Selbsterfindung angezeigt – ein Krisenphänomen.

34) Migrationsbewegungen unter den Bedingungen der natio-ethno-kulturellen Ordnung der Welt lassen sich als Bestätigung und Schwächung dieser Ordnung untersuchen. Ihren eigentlichen Gegenstand findet die Migrationsforschung ge-

nau hier: in der Analyse der Reproduktion sowie der Verschiebung der Differenz- und Zugehörigkeitsordnung, in der Analyse der Erfahrungen, die von diesen Ordnungen vermittelt werden, den synchron und diachron differentiellen Handlungsspielräumen. Dieser Gegenstand wird in der Migrationsforschung nicht nur „behandelt", sondern strukturiert, hervorgebracht und reproduziert, denn die wissenschaftliche Rede von Migration spiegelt nicht einfach die Tatsache (transnationaler) Mobilität wider, sie trägt bisweilen auch zur Aufrechterhaltung der natioethno-kulturellen Zugehörigkeitsordnung und dem damit phantasierten Wir bei. Migrationsforschung kann hierbei auf ihren Beitrag zur Bestätigung der imaginativen Unterscheidung zwischen natio-ethno-kulturellem Wir und seinem Anderen betrachtet werden.

35) Wenden wir uns mit diesen Überlegungen zum Gegenstand der Migrationsforschung der Frage nach ihren zentralen Aufgaben zu, dann ergibt sich zweierlei. Zum einen geht es darum, Zugehörigkeitsordnungen nicht als natürlichen Container zu verstehen, in dem das gesellschaftliche Leben sich schlicht vollzieht, sondern diese Ordnungen genealogisch im Hinblick auf Bedingungen und Konsequenzen ihres Wirksamwerdens zu untersuchen. Zum anderen geht es im Wissen um die dreifache Macht dieser Ordnungen in ausgeprägter Art und Weise um die Untersuchung der Macht, die in und von diesen Ordnungen über Individuen ausgeübt wird und um die Untersuchung der Frage, wie sich Individuen diesen Ordnungen entziehen, diese verändern oder/und aneignen. Diese Aufgaben stellt sich zumindest jene Migrationsforschung, die von einer Idee der Kritik motiviert ist.

Kritik

36) Für die Perspektive „Migrationsforschung als Kritik?" ist das Fragezeichen konstitutiv – nicht, weil die Möglichkeit einer kritischen Migrationsforschung angezweifelt oder diese (persönliche, politische, fachliche) Option in einer quasi-voluntaristischen Einstellung entschieden werden müsste. Das Fragezeichen markiert auf der semiotischen Ebene eine konkrete Praxis, löst diese aber aus der allzu engen Gewissheit des Urteilens. Die Praxis der Kritik lässt sich weder durch die Aufstellung von Kriterien noch durch die Erarbeitung verallgemeinerbarer normativer Prinzipien auf einen Begriff bringen. Kritik ist ein anfälliges Unterfangen. Sie zeichnet sich durch Instabilität aus. Noch mehr: Kritik ist auf das angewiesen, was sie in Frage stellt. Wenn Kritik ausgeübt wird, geschieht dies nur unter je diesen Verhältnissen. Wenn also beispielsweise eine Inkongruenz zwischen Anspruch und sozialer Praxis oder eine Divergenz zwischen den norma-

tiven Prinzipien der Gesellschaft und gesellschaftlicher Wirklichkeit festgestellt wird, ereignet sich Kritik nicht nur in Bezug auf, sondern auch nur aufgrund des Gegebenen. Kritik, die die Genese normativer Orientierungen, gesellschaftlicher Strukturen und ihrer gewaltvollen Folgen freilegen möchte, ist selbst nur in und aus dieser Geschichte heraus möglich. Selbst wenn Kritik auf einen anderen Ort (Utopia) und auf die andere Möglichkeit, das Selbst und die Welt zu gestalten, hindeutet, ist sie mit der positiven Wirklichkeit des Gegebenen intrinsisch verbunden.

37) Kritische Praxis kann nur als Kritik jener Normen und Verhältnisse, in die die Kritik selbst eingebunden ist, gelingen. Wenn hierbei zwischen dem kritischen Motiv (das Aufzeigen dessen, was Menschen unterwirft), dem Gegenstand der Kritik und der Position der KritikerInnen unterschieden wird, werden in einem reflexiven Ansatz die historischen, gesellschaftlichen, politischen und institutionellen Wechselwirkungen zwischen Praxis, Gegenstand und Subjekt der Kritik zum Thema. So stellt sich für kritische Positionen in der Migrationsforschung z. B. die Frage nach der gesellschaftlichen, institutionellen, erkenntnispolitischen Position der SprecherInnen, nach dem mehr oder weniger hegemonialen Ort des Sprechens[6] und nach der Verortung der Kritik selbst innerhalb von hierarchischen Repräsentationsverhältnissen.

38) Seit Längerem wirkt ein abweisender und abwertender Affekt gegenüber Kritik. In einer Art postkritischer Kritik der Kritik, die keine politische Wirksamkeit oder gar Radikalität einklagt, die weder die Entwicklung genauerer Überprüfungskategorien noch den Nachweis empirischer und methodologischer Konsistenz einfordert, wird schlicht die pragmatische Effizienz von Kritik bemängelt. Dieser einerseits postmodern inspirierte, andererseits neoliberale antikritische Gestus stellt Kritik als Projekt produktiven und notwendigen Denkens in Frage. Ruth Sonderegger (2009) merkt an, dass Kritik als Aufklärungsprojekt sowohl durch pragmatische Trivialisierung als auch durch gewisse posthumanistische Diskreditierungen herausgefordert werde. Pragmatisch wird Kritik trivialisiert, indem sie rein funktional aufgefasst wird. In dieser Denkfigur wird Kritik zur Strategie bzw. zu einem Instrument degradiert, mit dem bestehende Programmatiken qua Überprüfung perfektioniert werden sollen. Kritik soll „dienlich sein", so diese Aneignung der Kritik in akritischer Haltung. Kritische Migrationsforschung würde demnach allenfalls das Ziel verfolgen, eine solidere analytische Basis zu liefern, um hegemonial gewordene teleologisch-normative Setzungen (etwa die

---

6   Z. B. der Ort der Wissenschaft oder der Universität/der Hochschule.

„Integration von MigrantInnen", oder „den Zusammenhalt der plural gewordenen Gesellschaft") umstands- und widerspruchsloser zu erfüllen.

Der systematisch kritische Anspruch ruft darüber hinaus Skepsis hervor, weil
er unter Verdacht steht, in einem „überholten Humanismus" bzw. im paternalis-
tisch-emphatischen und totalitären Impuls der Aufklärung verhaftet zu sein (vgl.
Sonderegger 2009: 55). Diese Skepsis korreliert paradoxerweise mit der Übernah-
me von kritischen Positionen der emanzipatorischen Bewegungen in der zweiten
Hälfte des 20. Jahrhunderts in den gesellschaftlichen Mainstream. Luc Boltanski
und Ève Chiapello (2003) haben in „Der neue Geist des Kapitalismus" beschrieben, wie der Spätkapitalismus (in ihrer Diktion: der Netzwerkkapitalismus) sich
die Begrifflichkeit aus der Kapitalismuskritik der 1968er-Bewegung angeeignet
und einen als kritisch geltenden Wertekanon („Autonomie", „Flexibilität", „Kreativität", „Selbstbestimmung", „Selbstverantwortung") in die eigene Individu-
alisierungssemantik und Managementkultur integriert hat. So konnte der Spätkapitalismus sich gewissermaßen qua dialektischer Aufhebung gegen die Kritik
immunisieren. Für eine Migrationsforschung im Zeichen der Kritik wird mithin
die Frage relevant, welche kritischen Diskurselemente aus der Migrationsforschung und der politischen Praxis in den politischen und gesellschaftlichen Mainstream Eingang gefunden haben. Welche kritischen Wissensbestände werden in
dominante bzw. hegemoniale Diskurse über Migration aufgenommen und eingeschlossen? So wurden z. B. meritokratische Argumentationsmuster zum festen
Bestandteil dominanter Diskurse über Integration. Das Staatssekretariat für Integration in Österreich hat „Integration durch Leistung" zum Leitmotiv gewählt.
In Deutschland ist in einflussreichen politischen Verlautbarungen vermehrt davon die Rede, dass MigrantInnen über „Kompetenzen" verfügen und es diese zu
stärken gelte. In gewisser Weise werden hier die seit Jahren von „migrantischen
Bewegungen" und KritikerInnen der nationalstaatlichen Migrationspolitiken formulierten Forderungen nach Anerkennung der Leistungen und Ressourcen von
MigrantInnen dialektisch und machterhaltend in ein sanktionierendes Integrati-
onsregime aufgenommen. Im Rahmen politischer und gesellschaftlicher Diskurse, die den Wert der Migration vorrangig auf ihre instrumentelle Bedeutung und
ihre ökonomische Verwertbarkeit reduzieren, werden somit „gute" von „schlech-
ten" MigrantInnen unterschieden. „Gut" sind jene, die einen Beitrag zur Sicherung „unseres" Wohlstandes leisten, „schlecht" solche, die „unsere" Ressourcen
verbrauchen. Die Instrumentalisierung von MigrantInnen unter ökonomischer
Verwertungsperspektive bewirkt, dass sie ihre Anwesenheit durch gesellschaftliche Erträge legitimieren müssen. Der Umgang mit MigrantInnen spiegelt hier-

bei eine allgemeine, für den gegenwärtigen ökonomistischen Gesellschaftstyp kennzeichnende Form des Zugriffs auf Subjekte wider.

39) Neben der Annexion kritischer Semantiken erfährt Kritik auch eine Trivialisierung allgemeiner Natur. Immer wieder wird auf den etymologischen Ursprung des Wortes hingewiesen, der auf „Urteilen" und „Unterscheiden" zurückgeht (Sonderegger 2010: 55). Mit diesem Hinweis wird Kritik zur allgemeinen Praxis, weshalb jegliche Forschungs- und Wissenschaftspraxis für sich beanspruchen darf, letztlich kritisch zu sein; selbst jene, die sich als systemkonform und systemerhaltend erweist. Die formelle Affirmation und Universalisierung von Kritik geht mit einer inhaltlichen und performativen Aushöhlung des Begriffs einher. Während sich die Figur der „konstruktiven Kritik" im Sinne einer systemerhaltenden und -verbessernden Evaluation etabliert hat, wird Kritik als politisch ambitionierte Praxis in Frage gestellt, da sie „destruktiv" sei. Kritik ist jedoch letztlich eine Praxis, die beanspruchen muss, das Gesetz des Gegebenen (provisorisch) außer Kraft zu setzen, ohne gleich ein neues Gesetz zu instituieren. In diesem Sinne wohnt der Kritik ein konstitutives Moment der Destruktion und des Nicht-Konstruktiven inne, das sie einer Kultur, die auf unabgesetzte Perfektionierung des Vorhandenen setzt, suspekt und lästig werden lässt. Michel Foucault fasst dies so:

> Die Kritik hat nicht die Prämisse eines Denkens zu sein, das abschließend erklärt: Und das gilt es jetzt zu tun. Sie muss ein Instrument sein für diejenigen, die kämpfen, Widerstand leisten und das, was, nicht mehr wollen. Sie muss in Prozessen des Konflikts, der Konfrontation, des Widerstandsversuchs gebraucht werden. Sie darf nicht das Gesetz des Gesetzes sein. Sie ist keine Etappe in einer Programmierung. Sie ist eine Herausforderung für das, was ist. (Foucault 2005: 41)

40) Auf dem Prüfstand steht heute jede Form von Kritik, die für sich beansprucht, mit einem anderen Maß zu messen und sich an einem anderen Maß zu orientieren, als an den Gesetzmäßigkeiten des Gegebenen und des alternativlos Erscheinenden. Vielleicht zeigt sich dies nirgends so klar wie in den gesellschaftlichen Diskursen über Migration; es verweist aber nur auf einen allgemeinen Zusammenhang. Gerade in Anbetracht gegenwärtiger diskursiver Tendenzen, die Kritik als Projekt in Frage stellen, ist eine selbstreflexive Kritik angehalten, die Effekte dessen in den Blick zu nehmen, was sie ausmacht, ausdrückt und auslöst.

Was die Kritik als speziellen Akt des Sprechens betrifft, so sind Selbstzumutung und Anmaßung wohl ihre unmittelbar subjektivierenden Effekte. Kritik nimmt – ungeachtet ihres sachlichen Urteils – im Moment der Verlautbarung performativ, intersubjektiv wirksam und sozial artikuliert eine erste gewissermaßen maßlose Unterscheidung vor. Die Unterscheidung zwischen den „kritisch" Sprechenden und den anderen noch „unkritisch" Handelnden bzw. zwischen den eigenen Vorstellungen und den kritisierten Verhältnissen und Handlungspraxen. Diese Unterscheidung ist keineswegs nur unter dem Vorzeichen von intellektueller Arroganz, expertokratischer Vorstellung oder wissenschaftselitärem Selbstverständnis gegeben. Die kritische Praxis muss von einer relevanten Differenz zwischen den eigenen Wissensbeständen und denen der wie auch immer deklarierten und imaginierten AdressatInnen ausgehen. Diese Differenz ist konstitutiv. Im kritischen Sprechakt messen SprecherInnen dieser Differenz eine solche Relevanz zu, dass sie zuweilen ausdrücklich auf die Selbstattribuierung „kritisch" rekurrieren, um einen besonderen Ort, eine besondere inhaltliche Position oder ein diskursives Außen für sich zu beanspruchen. Ein solcher Anspruch lässt sich letztlich nur durch den Verweis auf „das Eigentliche" legitimieren: auf den eigentlichen Kerngehalt sozialer Verhältnisse, auf den wahren Motor der Geschichte, die wirklichen Ursachen von gesellschaftlichen Entwicklungen, den Kern menschlicher Existenz oder die eigentlichen Interessen, Ideale und Normen von bestimmten Gruppen.

Die Praxis der Kritik hat ihren Ursprung in der Tradition der Aufklärung als Kritik an Wahrheits- und Absolutheitsansprüchen. Zugleich versucht sie sich von dieser Tradition zu distanzieren, unter anderem aufgrund der Verbindung von Kolonialismus und Aufklärung (vgl. Lüsebrink 2006) sowie postmoderner Kritik von absoluten Setzungen. Eine Kritik, die die Erinnerung an Absolutheitsansprüche wachhält, wird sich der im Akt der Kritik implizierten Anmaßung des Wahrheitsanspruchs bewusst und macht sich selbst zum Gegenstand kritischer Reflexion. Weil Kritik sich stets zwischen Selbstzumutung und Anmaßung bewegt, stellt sie einen prekären Ort der Verständigung dar. Dennoch ist Kritik, auch wenn sie ohne prophetischen Gestus und Transformationen beschwörende Emphase auskommt, auf die – wie auch immer einzuschätzende – Wirksamkeit ihrer Vermittlung angewiesen.

41) Damit rückt das Ziel näher, einige Aspekte von Kritik als wissenschaftliche und soziale Praxis, aber auch als theoretisches und epistemologisches Projekt zu konturieren. Im Zentrum stehen die Fragen nach dem Wesen, den Gegenständen, Orten, Spielräumen und Effekten von Kritik in der Migrationsforschung. Bereits zuvor wurde angesprochen, warum konkrete Formen der Migrationsforschung mit einem kritischen Anspruch gut daran tun, ihre Begriffe nicht zu reifizieren, ihren kritischen Charakter nicht zu verstetigen und ihre Positionen nicht zu hypostasieren. Denn die Kritik der Kritik ist Folge des kritischen Motivs selbst und ist dann, wenn man diese Rekursivität der Kritik ernst nimmt, radikal.

Ideengeschichtlich kann von einer reflexiven Wende in der europäischen Geschichte kritischen Denkens gesprochen werden, die mit historisierenden, machtkritischen und subjekttheoretischen Ansätzen einhergeht. In Anlehnung an eine Diagnose von Foucault verortet Alex Demirović (2008) diese Wende in den 1960er-Jahren und führt sie nicht etwa auf kulturelle oder politische Umstände im Allgemeinen zurück, sondern auf eine konkrete Praxis von Kritik, die sich ihren eigenen Ursprüngen, theoretischen Voraussetzungen, systematischen Konstrukten und politischen Implikationen widmet. Für Demirović geht die reflexive Wende vor allem auf die kritische Analyse der Machteffekte jener theoretischen Systeme (vor allem Marxismus und Psychoanalyse) zurück, von denen der Impuls, das Instrumentarium und die politische Forderung nach lokaler, historisch und sozial verorteter kritischer Praxis herrührten. Die schärfsten und theoretisch ambitioniertesten KritikerInnen emanzipatorischer Theorie- und Gesellschaftsprojekte sind in der Tat nicht in den Reihen der Desillusionierten zu finden, sondern unter jenen, die Kritik als erkenntnispolitische Praxis verstehen und zu üben versuchen. Lokale kritische Positionen gewinnen und entfalten ihr kritisches Potential aus ihrer besonderen Verortung innerhalb unterschiedlicher Ordnungen der Hierarchisierung. Feministische, postkoloniale, queere oder migrantische Positionen sind Beispiele für lokale Orte der Kritik. Solcherart lokale kritische Artikulationen klagen erkenntnistheoretisch und politisch die Reflexion und Positionierung von bestimmten Subjekten innerhalb von machtproduktiven und machterhaltenden, hierarchisch strukturierten Räumen ein und betonen die Situiertheit von Wissen (vgl. Haraway 1995) innerhalb von hegemonialen Geschichtsschreibungen. Es ist also nicht nur die theoretische Reflexion, die eine gewisse Verlangsamung der Kritik einfordert, sondern auch der Anspruch auf eine kritische Haltung, die vor den Effekten und Folgen der eigenen theoretischen Praxis nicht Halt macht. „Kritik der Kritik" konzentriert sich in der Fähigkeit, Verhältnisse, Strukturen, Diskurse, Praxen und Regime frei von politischem Pragmatismus zu hinterfragen und die subjektivierenden Machteffekte der eigenen kritischen Rede einer kritischen Überprüfung zu unterziehen. Emanzipatorische (Denk-)Projekte, die auf ihre Kritikresistenz argumentativ und politisch hinarbeiten, entlarven sich selbst als nicht emanzipatorisch. Selbstkritik ist notwendig, wenn Kritik ihr Grundmotiv nicht aufgeben will, nämlich das Aufzeigen dessen, was Menschen im Hinblick auf die Möglichkeit einer freieren Existenz behindert, degradiert und entmündigt.

42) Damit ist ein Spannungsverhältnis skizziert, das in jedem kritischen Unterfangen strukturell eingelagert ist: Wie ist es möglich, die Unterwerfung und die Gewalt, die mit hegemonial gewordenen Formen des Wissens und der Erkennt-

nisgenerierung aufs Engste verbunden sind, zu erkennen und diese Erkenntnis zu artikulieren, ohne die AdressatInnen, an die sich die Kritik wendet, zu entmündigen? Wie ist es aber wiederum möglich, im Wissen um die Machteffekte von gesellschaftlichen Strukturen, von Wissen, Repräsentation und Erkenntnisgenerierung Gesellschafts- und Subjektkritik auszuüben, ohne sich im Kabinett einer spekulativen narzißtischen Selbstreflexion (Bourdieu 1993) zu verlieren? Der Stachel des Widerspruchs, der diesen Fragen innewohnt, wird noch deutlicher, wenn das Grundmoment genealogischer Kritik berücksichtigt wird, wie sie etwa in den unterschiedlichen, aber in ihren erkenntnispolitischen Praxen konvergierenden Werken von Michel Foucault und Gayatri Chakravorty Spivak zum Tragen kommt. Foucault hat nachvollziehbar gemacht, dass Macht und Wissen in einer konstitutiv-dialektischen Verbindung stehen. Es gibt demnach kein machtneutrales Wissen und keine Macht, die sich nicht in das Wissen einlässt. Es geht also immer um die Dynamik der Machtproduktion durch Wissen und der Erkenntnisproduktion durch Macht. In seinem viel zitierten Vortrag „Was ist Kritik?" vor der Société française de philosophie im Jahr 1978 formuliert es Foucault folgendermaßen:

> Es geht also nicht darum zu beschreiben, was Wissen ist und was Macht ist und wie das eine das andere unterdrückt oder mißbraucht, sondern es geht darum, einen Nexus von Macht-Wissen zu charakterisieren, mit dem sich die Akzeptabilität eines Systems [...] erfassen läßt. (Foucault 1992: 33)

So kann Migrationsforschung als Kritik sich nicht darauf beschränken, sozio-ökonomische, gesellschaftliche und politische Positionen, Diskurse und Praxen kritisch zu adressieren, ohne die Wissensbestände, die diese ermöglichen und stabilisieren, zu befragen. Das bedeutet auch: nicht ohne die eigene (institutionelle, disziplinäre, ökonomische und politische) Gebundenheit kritisch auszuweisen und die Machteffekte von Wissen (inklusive der eigenen Wissens-Produktion) zu reflektieren.

Gibt es einen Ausweg aus dem kritischen Paradoxon? Wenn wir uns nicht auf einen voluntaristischen Reduktionismus einlassen und das paradoxe Verhältnis durch eine „Entscheidung" vermeintlich auflösen wollen, dann bietet sich nur jene Position an, aus der die erkenntnispolitische Unmöglichkeit einer „Lösung" klar wird. Somit erfolgt eine reflexive Radikalisierung von Kritik. Denn wenn Kritik nicht ausschließlich pragmatisch und interventionistisch sein will, dann kann sie nicht anders, als sich zu sich selbst *nicht* affirmativ zu verhalten (vgl. Demirović 2008: 26).

Ungeachtet unterschiedlicher epistemologischer Grundlagen innerhalb des komplexen Raumes kritik-kritischer Positionen (von der sogenannten zweiten Generation der Kritischen Theorie über Foucault bis zu den Queer Studies und dekonstruktiver Rassismuskritik) lassen sich zwei analytische Konstanten ausmachen. Zum einen wird die objektivistische Vorstellung von Kritik zugunsten des Wissens um die soziale, politische und historische Gebundenheit jedes Denkens, also auch des kritischen Denkens, aufgegeben. Zum anderen ist die machttheoretische Kritik der Effekte von Diskursen im Allgemeinen und von kritischen Diskursen im Speziellen unentbehrlich.

43) In seinen etymologischen Ursprüngen steht „Kritik" eindeutiger als heute mit dem Substantiv „Krise" (krisis) in Verbindung. Beide Begriffe waren in der Antike in Rechtsprechung und Medizin verankert. Eine „Krisis" bezeichnete einen Streit, aber auch ein Rechtsurteil. Urteilen, scheiden, trennen und unterscheiden sind Verben, die auf den „kritischen Akt" sowohl in der Rechtssprache als auch in der Moral hinweisen. Medizinisch bezeichnete „Krisis" einen Schwebezustand, der auf einen Wendepunkt zusteuert. Bereits in der Neuzeit wird „Krisis" in seiner medizinischen Bedeutung auf gesellschaftliche Belange übertragen. So lassen sich gesellschaftliche und politische Zustände etwa mit einem fieberhaften Zustand, d. h. mit einem kritischen Zustand, vergleichen, der auf eine für den weiteren Verlauf entscheidende Veränderung schließen lässt. In der Zeit der großen politischen Umwälzungen in Europa findet der Kritikbegriff Eingang in die Gesellschaftsphilosophie und Politik. Wer eine Krise diagnostiziert, sieht sich in der Lage zur Verkündung präventiver, therapeutischer oder unmittelbarer Handlungsanforderungen, respektive wird dazu aufgefordert. Diese Verbindung zwischen Kritik als diagnostischer Praxis, die soziale Pathologien erkennt und definiert, und dem impliziten Erkenntnis- und Machtanspruch entsprechende Maßnahmen einzuleiten, ist für die Reflexion über die Möglichkeiten und Dilemmata einer kritischen (Migrations-)Forschung von Bedeutung. Denn dieser Zusammenhang legt das Paradoxon frei, das Kritik als invasiver und interventiver Sprechpraxis eingeschrieben ist: Wer angibt Pathologien (Unnatürliches, Bedrohliches, Zerstörendes, Illegitimes) zu erkennen, begibt sich in ein Verhältnis zu Anderen, das mit einem ausgesprochenen oder unausgesprochenen Versprechen von Heilung oder Veränderung verbunden ist. In dieser Verbindung zwischen deskriptiver und präskriptiver Diagnose sind konstitutive Fragen enthalten, welche die kritische Reflexion in den letzten Jahrzehnten maßgeblich prägen: die Fragen nach der Geltung, den Kriterien und nach der Verallgemeinerbarkeit von Kritik.

44) In der philosophischen und sozialwissenschaftlichen Rezeption sowie in den Debatten über diese Fragen wird der Diskurs über Kritik meist anhand von dichotom gefassten Kategorien strukturiert: normative/a-normative Kritik, Parti-

kularismus/Universalismus, immanente/externe Kritik. Einige Positionen sollen hier kursorisch rekonstruiert werden und exemplarisch mit Anfragen an das Projekt „Migrationsforschung als Kritik?" verknüpft werden.

Bei aller Differenz in ihren theoretischen Grundlagen und Implikationen, verorten Denktraditionen von Marx bis Spivak Kritik als eine grundlegende epistemische Praxis und rekurrieren letztlich auf einen gemeinsamen Topos: Kritik ist notwendig. Die Plausibilisierung dieser Notwendigkeit fällt ebenso unterschiedlich aus wie die Selbstverständnisse der kritischen Positionen selbst. In idealtypischer Einstellung können die Plausibilisierungsmuster in vier Grundrichtungen systematisiert werden:

- Ontologische Plausibilisierungsmuster begründen die Notwendigkeit von Kritik in der Diskrepanz zwischen dem „wahren Wesen" bzw. der „wahren Bestimmung" (der Welt, der Gesellschaft, der Menschen) und der sozialen Wirklichkeit;

- Hegemoniekritische Plausibilisierungsmuster sehen die Notwendigkeit von Kritik in der Entlarvung des Selbstverständlichen durch Analyse der hegemonialen Mechanismen der „Verselbständlichung" oder der „Selbstverständlichmachung" (Jaeggi 2009: 269) begründet;

- Ideologiekritik hält Kritik angesichts des festgestellten falschen Bewusstseins bzw. des universellen Verblendungszusammenhangs der Massen (Adorno) für notwendig;

- Kritische Projekte, für die die (Selbst-)Bezeichnung (de)konstruktiv sinnvoll ist, verweisen auf die Notwendigkeit der Kritik, da Genese und Effekte sozial konstruierter Wirklichkeiten und gesellschaftlich dominanter Normen zu denaturalisieren seien.

45) Eine reflexive Kritik hat an sich selbst die Frage zu stellen, anhand welcher Kriterien sie Distanz zu Praxen, Institutionen, Wissensbeständen, Ordnungen und Diskursen gewinnt, um diese zu beurteilen und gegebenenfalls Interventionen zu offerieren oder Transformationen zu bedenken. Die Frage nach dem Geltungsanspruch ist nicht nur für die selbstkritische Reflexion der Theorie, sondern auch für die soziale Praxis von grundlegender Relevanz. In einem Kommentar zum angesprochenen Vortrag von Foucault bemerkt Judith Butler, dass die erste unbeantwortbar anmutende Frage, die im Hinblick auf eine politisch wirksame, selbst- und machtkritische Haltung zu stellen sei, in jener bestehe, die das Verhältnis zwischen der (gegenstandsrelativen) Kontingenz und dem (konstitutiven) Anspruch auf allgemeine Geltung von Kritik befrage (vgl. Butler 2002). Das We-

sen von Kritik ist ihre Gegenstandsbezogenheit und damit ihre Kontingenz. Kritik ist immer die Kritik an etwas (einer Praxis, einer Politik, eines Diskurses, einer Episteme, einer Institution) und „verliert ihren Charakter in dem Augenblick, in dem von dieser Tätigkeit abgesehen wird und sie nur noch als rein verallgemeinerbare Praxis dasteht" (ebd. 224).

Dennoch: Wenn Kritik mehr als ein partikulares Urteil sein soll, das eingeschränkten Perspektiven verschrieben und spezifischen Interessen verpflichtet ist, muss sie sich auf allgemeinere Kriterien berufen können. Hier wird die Grundspannung deutlich, die jedem wissenschaftlichen kritischen Vorhaben eingeschrieben ist. Klagt Kritik ohne weitere Begründung und Reflexion nur jene Aspekte an, die bestimmte Subjekte unter bestimmten Bedingungen, zu einer bestimmten Zeit in einer bestimmten Weise an ihrer Freiheit und Entfaltung hindern, so ist sie deswegen nicht weniger legitim, wohl aber relativ. Sucht Kritik hingegen Prinzipien und Kriterien, die den Subjekten und ihren Aspirationen *an sich* gerechter werden, so stellt sie sich in ein Verhältnis zu ihren AdressatInnen und „der Wirklichkeit", das auf mögliche Bevormundungs- und Vereinnahmungseffekte hin befragt werden muss. Dies ist kein theoretisches Dilemma der Kritik, sondern zeigt die Konturen eines historisch entstandenen und wandelbaren Spannungsfeldes, das die Bedingungen der Möglichkeit, die Formen und Effekte von Kritik (als wissenschaftliche Praxis) rahmt.

46) Theoretische und wissenschaftliche Praxen, die auf Kritik als Teil des eigenen Selbstverständnisses rekurrieren, sollten daher in der Lage sein, über die eigenen Maßstäbe der Kritik sowie ihre epistemologische und erkenntnispolitische Begründung Auskunft zu geben (vgl. Celikates 2009; Jaeggi 2009; Demirović 2008; Geuss 1981). Sind die Maßstäbe der Kritik innerhalb der Gesellschaft und seinen Ordnungssystemen selbst anzutreffen oder soll Kritik tiefer ansetzen und die Ordnungen selbst hinterfragen? Unter welchen Bedingungen und mit welcher Legitimation ist es möglich, in der Denkübung der Kritik den gesellschaftlichen Ort zu verlassen, um neue Leitbilder, Normen und Maßstäbe zu gewinnen? „Urformen" externer Kritik sind die religiös legitimierte Prophetie oder die theologischen Ontologien. Formen der Kritik, die Verhältnisse und Lebensbezüge zum Inhalt haben, diese aber weder untereinander noch mit den Ansprüchen der Gesellschaft und der AkteurInnen in Verbindung bringen, können die Verhältnisse und Lebensgefüge nur an einer transzendentalen Vorstellung messen, seien es die Vorstellung einer göttlichen Bestimmung, einer eigentlichen Existenz oder Konzepte mehr oder weniger gelingender Lebensverhältnisse und -praxen.

Rahel Jaeggi erinnert an die Hegelsche Charakterisierung einer rein externen Kritik, die à la longue in einen „Moralismus des bloßen Sollens" einmündet (Jaeggi 2009: 267). Moderne Formen externer Kritik – vor allem jene, welche auf der affirmativen Rezeption der Theorie von Marx gründen – gewinnen ihre Aussagekraft aus der kontrastierenden Analyse von realen (sozialen, wirtschaftlichen, politischen) Verhältnissen auf der einen Seite und der Ausformulierung neuer Entwürfe für eine menschliche (gelingende, gute, gerechte, humane) Existenz. Diese Formen von Kritik äußern sich in einem erkenntnistheoretischen und erkenntnispolitischen Dualismus, der richtiges von falschem Bewusstsein, wahre von unwahrer Existenz, authentische von entfremdeter Weltansicht sowie weniger gelingende versus gelingendere Gesellschaftsverhältnisse trennt.

Kritikformen, die außerhalb der Gesellschaft nach neuen Kriterien und Maßstäben zur Gestaltung des Sozialen im Sinne eines gelingenden Lebens Ausschau halten, räumen ExpertInnen (ProphetInnen, Gelehrten, TheoretikerInnen, WissenschaftlerInnen, PolitikerInnen) eine zentrale Rolle ein. Ihnen wird die Fähigkeit zugeschrieben, aus dem falschen Bewusstsein gewöhnlicher AkteurInnen herauszutreten und zu den Kerngehalten des Menschlichen vorzudringen. Diese Kritikformen scheinen historisch delegitimiert (vgl. etwa Rosa 2009: 27), vor allem im Hinblick auf die gewaltförmigen (vereinnahmenden, paternalistischen, bevormundenden, degradierenden) politischen Konsequenzen einer solchen dualistischen Gewissheit, die sich letztlich in mehr oder weniger ausgestalteten Formen eines orthodoxen Prinzipienkanons konkretisiert. Diese Diagnose soll nicht zu einem Verzicht auf die Anliegen und Inhalte dieser Kritikformen führen, jedoch die genannten Umsetzungsversuche kritisch reflektieren.

Auf der anderen Seite des Spektrums finden sich Formen der Kritik, die ihre Kriterien aus dem gesellschaftlich Gegebenen gewinnen: aus völkerrechtlichen und nationalstaatlichen Gesetzen, kulturell verankerten ethischen Prinzipien, gesellschaftlich geltenden Idealen oder reziproken Vereinbarungen. Einige Formen dieser internen Kritik fokussieren auf das Aufdecken der Diskrepanzen zwischen gesellschaftlichen Idealen (z. B. dem Ideal der Gleichberechtigung der Individuen in einer demokratisch verfassten Gesellschaft) und den Strukturen bzw. sozialen Praktiken (z. B. Formen institutioneller oder prozeduraler Exklusion aufgrund von aufenthaltsrechtlichen Bestimmungen). Andere Formen interner Kritik befragen die empirisch ermittelten oder theoretisch rekonstruierten Aspirationen und Erwartungen der AkteurInnen selbst, um aus diesen Konzepten Maßstäbe der Kritik zu gewinnen und mit gegenwärtigen Handlungspraxen und Gesellschaftsverhältnissen zu vergleichen (vgl. Boltanski 2010; Ranciére 2007). Diese Kritik gewinnt ihre normative Kraft aus dem Anspruch, das Unrecht, das

Anderen angetan wird, aufzuzeigen. Iris Marion Young nennt fünf Bedingungen, bei deren auch nur partiellem Vorliegen davon ausgegangen werden kann, dass eine gesellschaftliche Gruppe unterdrückt wird. Die Bedingungen lauten: Ausbeutung, Marginalisierung, Machtlosigkeit, kultureller Imperalismus und Gewalt.

> Briefly, a group is oppressed when one or more of the following conditions occurs to all or a large portion of its members: (1) the benefits of their work or energy go to others without those others reciprocally benefiting them (exploitation); (2) they are excluded from participation in major social activities, which in our society means primarily a workplace (marginalization); (3) they live and work under the authority of others, and have little work autonomy and authority over others themselves (powerlessness); (4) as a group they are stereotyped at the same time that their experience and situation is invisible in the society in general, and they have little opportunity and little audience for the expression of their experience and perspective on social events (cultural imperialism); (5) group members suffer random violence and harassment motivated by group hatred or fear. (Young 1989: 261)

Young hebt hervor, dass universalistische, auf „Gerechtigkeit" und „Gleichheit" zielende Modelle in ihrer „Differenzblindheit" Bedingungen für die Teilnahme an öffentlichen Strukturen und Prozessen einführen, die bestimmte gesellschaftliche Gruppen bevorteilen und andere benachteiligen. Es geht darum, Unrechtserfahrungen deprivilegierter Subjekte in den Diskurs über die Gesellschaft hineinzureklamieren und die Position der Entrechteten, Nicht-Sprechenden, Nicht-Gehörten und Nicht-Vertretenen zu repräsentieren. Bei dieser Form von adressantInnenorientierter Kritik stellt sich die Frage nach Möglichkeit und Grenze der Repräsentation von Nicht-Sprechenden bzw. von jenen, deren Sprechen nicht gehört wird. Feministische und postkoloniale Studien, besonders von Gayatri Chakravorty Spivak, haben diesen Umstand in seinen theoretischen Dimensionen und kolonialisierenden Effekten expliziert (vgl. Spivak 1999).

Ein anderer Modus immanenter Kritik sucht in historisch gewachsenen und sozial-gemeinschaftlich etablierten Wertvorstellungen wie z.B. Gerechtigkeit, Solidarität oder Subsidiarität nach den Parametern, die die tiefen Aspirationen der Menschen beinhalten und widerspiegeln, um den gesellschaftlichen und politischen Status Quo zu kritisieren. Die Position von Michael Walzer (vgl. Walzer 1993; 1997; 2002) steht hier paradigmatisch für eine immanente Kritik, die ihre Verortung innerhalb bestimmter Kulturtraditionen markiert und eine ausgeprägte Theorieskepsis an den Tag legt. Dies wird besonders in seiner Antwort an Axel Honneth deutlich (Walzer 2009). Für Walzer sind Gesellschaftsanalyse und Gesellschaftskritik nicht nur zwei voneinander abgrenzbare Bereiche, sondern vielmehr zwei autonome Vorhaben. Walzer kritisiert eine theoretische bzw. wissenschaftliche Kritik, die nicht an Tradition und Gemeinschaft rückgebunden ist. Damit lenkt er das Augenmerk auf die Gefahren intellektueller Kritik, die sich von der Lebenswelt und den in tradierten kollektiven Erfahrungen eingebundenen ethischen Referenzen der AkteurInnen entkoppelt hat. Für Walzer sind Theorie und Kritik aufeinander beziehbar, diese Verbindung versteht er aber als kontingent, wenn nicht sogar als zufällig (vgl. Walzer 2009: 591). Präzise Gesellschaftstheorie könne zwar kritisch sein und Gesellschaftskritik auch theoretisch untermauert, diese Verbindung sei aber weder im logischen noch im politischen Sinne notwendig. Gesellschaftskritik, so läßt sich Walzer paraphrasieren, braucht keine Theorie und schon gar keine „Forschung", wenngleich „[k]ritische Werte manchmal Forschungen, die das theoretische Unternehmen voranbringen, inspirieren" (Walzer 2009: 591).

Gegen Walzer muss eingewendet werden, dass eine Kritik, die sich an den wie auch immer lautenden Werten einer Gesellschaft orientiert, Gefahr läuft, selbstreferenziell zu argumentieren und die Verbindungen zwischen Wissen und Macht unbeleuchtet zu lassen. Dadurch werden Diskurse und Wissensbestände reproduziert, die Hierarchien, Ordnungen, Normalitätsvorstellungen und Exklusionsmechanismen stützen und ermöglichen, wohingegen deren Analyse und Entlarvung die zentrale Aufgabe von Kritik sein sollte.

Migrationsforschung als offenes Projekt der Kritik

47) Viele Ansätze in der deutschsprachigen Migrationsforschung neigen dazu, empirisch aufgefundene Regelmäßigkeiten als Gesetzmäßigkeiten wiederzugeben. Durch dieses Paradigma, das wir weiter oben in dem Begriff „Ausländerforschung" gefasst haben, werden als Codes und Regeln wirkende Strukturen, in denen Herrschaft ausgeübt wird, wiederholt. Assimilation sei, so beispielsweise Hartmut Esser (2004), für MigrantInnen alternativlos. Alternativlosigkeit wird hier jedoch allein an der empirischen Struktur gesellschaftlicher Wirklichkeit belegt und ausgewiesen. Weil die Struktur gesellschaftlicher Wirklichkeit Assimilation erfordere, sei Assimilation unabdingbar, so kann die Argumentationsfigur gerafft wiedergegeben werden. Eine Reflexion auf den Wert einer Analyse, die sich darauf beschränkt, Konzepte allein am Kriterium ihrer „empirischen Bewährung" zu bemessen, findet sich hier hingegen nicht. Dadurch werden die strukturellen Erfordernisse des Arbeits- und Wohnungsmarktes, der Bildungsinstitutionen, Gesundheits- und Pflegesysteme affirmiert. Der Empirismus beispielsweise der Integrationsforschung bestätigt in dem empirischen Hinweis auf „Erfordernisse" ebendiese. Da es diesem Empirismus an einem Standpunkt der Kritik und Beurteilung mangelt, der außerhalb des Feldes der empirischen Untersuchung gewonnen wurde, imitiert und dupliziert er in der Bestätigung die Kraft

der sozialen Macht, die in dem Feld wirkt. Man könnte hier von einer „Gewalt der bejahenden Registratur" sprechen. Der mit der Affirmation verbundene Mangel an Distanz ist bei wissenschaftlichen Analysen von sozialer und gesellschaftlicher Wirklichkeit grundsätzlich unangemessen, ganz besonders aber dort, wo es um die Analyse von marginalitätsproduktiven Zusammenhängen und deprivilegierten Positionen geht. Denn, um ein Beispiel zu geben, die Einsicht oder das empirische Ergebnis, dass für bestimmte soziale Gruppen Teilhabe an bestimmten gesellschaftlichen Zusammenhängen nur durch praktische Akte der Untertänigkeit möglich ist, bestätigt die unterwürfigkeitsgenerative Struktur, wenn sie die empirische Realität dieser Struktur nicht hinsichtlich ihrer normativen Angemessenheit befragt.

48) Zu dieser Befragung bedarf es aber eines Standpunktes, der nicht schlicht in der Untersuchung der empirischen Realität gefunden werden kann, sondern als normativ reflektierter, kritischer Standpunkt der Analyse vorausgeht und zugleich nachfolgt. Um nicht der bereits angesprochenen Gefahr eines kritischen Moralismus oder eines Kritik-Totalitarismus zu erliegen, ist der Ausgangs- und Rückzugspunkt der Kritik inhaltlich nicht festgelegt, sondern beweglich. Er verändert sich – auch als Ergebnis der jeweiligen empirischen Analysen – beständig, bezeichnet gleichwohl einen Außenstandpunkt, der ermöglicht, gegenüber dem empirisch Aufgefundenen einen Widerspruch zu formulieren. Vor diesem Hintergrund ist es sinnvoll, eine Migrationsforschung zu präferieren, die sich an einem reflexiven Verständnis von Kritik orientiert. Intellektuelles Denken, das aus den Erfahrungen mit kritisch-normativer Orthodoxie und ihrer unbarmherzigen Gewissheit gelernt hat, wird von einer gewissen Vorsicht und Zurückhaltung geleitet. Gleichwohl kann der Anspruch, soziale Prozesse in einem kritischen Sinne zur Geltung zu bringen, nicht aufgegeben werden. Jene Migrationsforschung im Zeichen der Kritik, die eine zurückgenommenere Haltung pflegt, bekennt sich zur Praxis der Kritik, ohne ein für alle Mal festgelegt zu haben, an welchen Maßgaben die Kritik sich zu orientieren habe. Das Maß der Kritik steht *nicht* außer Frage. Die mit dieser Infragestellung verbundene, empirisch begründete begriffliche und methodologische Arbeit verstehen wir als konstitutive Aufgabe einer sich in der Praxis der Kritik erschaffenden Migrationsforschung. Anders als es für die migrationssoziologische In- und Exklusionsforschung charakteristisch ist, wird eine in diesem Sinne angelegte Untersuchung von Zumutungen, die mit faktischen, imaginierten und zugeschriebenen Überschreitungen natio-ethno-kultureller Grenzen verbunden sind, nicht auf einen Begriff von Herrschaft verzichten. Ebenso wird sie – anders als eine eher als soziale Ungleichheitsforschung ange-

legte Migrationsforschung – den Macht- und Herrschaftskontext, in dem Positionierungen in einer Migrationsgesellschaft stattfinden, nicht allein auf ungleiche Verteilungsverhältnisse reduzieren.

49) Als Grundmotiv der Kritik hatten wir weiter oben das Aufzeigen dessen bestimmt, was Menschen im Hinblick auf die Möglichkeit einer freieren Existenz behindert, degradiert und entmündigt. Gegen migrationsgesellschaftliche Ordnungen, in denen die natürliche Ungleichheit der Menschen, die Unvermeidbarkeit der Exklusion, die unabänderbare, zumindest träge Gegebenheit hierarchischer Asymmetrien behauptet und erzeugt wird, findet die Praxis der Kritik, um die es hier geht, zunächst ihren Ausgangspunkt in einem Moment der Empörung. Das Unbehagen, das Nein, die Zurückweisung und das Wissen um Unrechtmäßigkeit sind zwar der idealisierte Beginn und das Motiv kritischer (Migrations-) Forschung, aber noch kein wissenschaftlicher Akt. Das Nein und die „moralische Disposition zum Nein" motivieren und eröffnen jedoch Erkenntnisprozesse. Das hier präferierte Verständnis von Sozialwissenschaft macht damit einen moralischen Vorbehalt in Bezug auf allein rationalistisch begründetes wissenschaftliches Tun geltend. Für den Vorrang dieses moralisch vorbehaltlichen Verständnisses können keine universell zwingenden Gründe angeführt werden, bestenfalls kann das Motiv der Präferenz plausibel gemacht werden.

50) „Migration" ist ein hoch politisiertes Thema, da es in der Diskussion um das Thema Migration immer auch um die Frage geht, wie und wo symbolische und materielle Grenzen politischer Kontexte festgelegt werden sollen und welcher Umgang innerhalb dieser Grenzen mit Differenz und Ungleichheit angemessen ist. Diese konstitutive politische Dimension des Gegenstandes wirkt insofern auf das akademische Feld, in dem Migrationsforschung betrieben wird, als Forschungsprojekte und Untersuchungen Ergebnisse produzieren, die immer mit politischen Aussagen verbunden sind, ob dies nun gewollt ist oder nicht. Darüber hinaus hat sich Migrationsforschung – zumindest in Deutschland – als Reaktion auf die gesamtgesellschaftliche Wahrnehmung von Migration als „Problem" und in starker Abhängigkeit von politischen Förderperspektiven als Auftragsforschung entwickelt (Bukow/Heimel 2003). Migration ist ein gesamtgesellschaftlich bedeutsames und umkämpftes Thema, das grundlegende Fragen berührt: Wer ist legitimes politisches Subjekt? Welche sozialen Ungleichheiten zwischen Menschen sind hinnehmbar? Daher werden die Beiträge der Migrationsforschung immer auch von einer politischen Öffentlichkeit aufgegriffen, diskutiert und verwertet. Zum Teil beteiligt sich

die Migrationsforschung auch explizit an den öffentlichen Debatten, versteht ihre Beiträge gar als sozialpolitische Orientierungsangebote.

Michael Bommes (2011a: 11f.) attestiert der Migrationsforschung in diesem Zusammenhang eine „nahezu ungezügelte Bereitschaft, sich auf der Grundlage ihrer Forschung zu engagieren und migrations- bzw. integrationspolitisch Stellung zu nehmen", wodurch Migrationsforschung „zu einem Bestandteil ihres Gegenstandes" werde. In diesem Zusammenspiel, so Bommes weiter,

> [...] kommt es durch ihre Bereitschaft zu Engagement und normativer Intervention bei gleichzeitiger Verwendung wissenschaftlicher Reputation zur Untermauerung der je eingenommenen, selbst eigentlich nicht wissenschaftlich rechtfertigbaren Positionen. (ebd.)

Bommes sucht die Gründe dieser Politiknähe sowohl im Gegenstandsbereich als auch in der Forschung selbst:

> Problemstellungen internationaler Migration sind in der modernen Gesellschaft zunächst weitgehend politisch konstituiert, denn diese Migrationen stellen die mit der Institutionalisierung des Nationalstaates als segmentär differenzierter Form des politischen Systems einhergehende Einteilung der Weltbevölkerung in nationale Staatsbevölkerung in Frage. Problemstellungen internationaler Migration stellen sich daher in der Gesellschaft vielfach als politische Probleme. (ebd.)

Zugleich führt Bommes die Breite und Interdisziplinarität des Gegenstandsbereichs an, die in Versuchen, diese handhabbar zu machen, Forschung insbesondere auf die politisch induzierte Problemstellung von Migration, Integration und sozialer Ungleichheit heruntergebrochen hat. Damit

> [...] war und ist eine spezifische Verengung der theoretischen und empirischen Möglichkeiten der Wissenschaft verbunden, für die es eigentlich keine wissenschaftliche Rechtfertigung gibt. (ebd.)

Genau vor diesem Hintergrund plädiert Bommes für „wissenschaftliche Distanz", damit Migrationsforschung schlussendlich gewissermaßen zu „sich selbst" kommen könne.

51) Grundsätzlich kann dem Plädoyer gegen eine politisch oder vorrangig auf Veränderung der Verhältnisse verengte Migrationsforschung zugestimmt werden. Wir treten für Migrationsforschung und -wissenschaft ein, die sich grundsätzlich durch die Pluralität ihrer Fragestellungen, Zugänge und theoretischen Sprachspiele auszeichnet. Die Realisierung dieser Vielfalt kann nun aber nicht den einzelnen WissenschaftlerInnen aufgebürdet werden (hier wird es immer „Vereinseitigungen" und „Verengungen" geben müssen). Vielmehr muss dies über die Form der Insti-

tutionalisierung der (Migrations-)Wissenschaft ermöglicht werden. Im Zuge der Unentbehrlichkeit wissenschaftlicher Pluralität präferieren wir selbst jedoch eine Analyse, die von der Kritik an Herrschaftsstrukturen motiviert ist. Dies ist zwar eine „Verengung", angesichts des Zusammenhangs von Migration und Machtverhältnissen, freilich eine Verengung auf eine relevante Gegenstandsdimension. Von der Kritik an Herrschaftsstrukturen motivierte Forschung kann als engagierte Forschung bezeichnet werden. Allerdings handelt es sich hier nicht um ein Engagement, dessen erstes Ziel es ist, Herrschaftsstrukturen zu schwächen. Vielmehr geht es darum, die Eigenschaften von Herrschaftsstrukturen, ihre Bedingungen und Konsequenzen empirisch zu untersuchen und theoretisch zu explizieren. Es geht um ein *epistemisches Engagement* und damit um die Aufhebung der irreführenden Entgegensetzung von Distanz und Engagement.

Auch wenn die Veränderung migrationsgesellschaftlicher Verhältnisse nicht das erste Ziel wissenschaftlicher Tätigkeit sein kann, so ist die Analyse migrationsgesellschaftlicher (Herrschafts-)Strukturen von der Annahme bzw. vom Glauben getragen, dass das Erkennen potenziell einen mittelbaren – wenn auch nie prognostizierbaren und in seiner Wirkung auch möglichweise kontraproduktiven – Beitrag zur Veränderung gesellschaftlicher Herrschaftsverhältnisse leisten kann.

52) Die Eigenständigkeit des wissenschaftlichen Tuns wird also über das Motiv der Kritik, Herrschaft des Menschen über den Menschen zu untersuchen, nicht preisgegeben. Vielmehr mobilisiert dieser Beweggrund Fragen, Untersuchungen und Studien, die auf Erkenntnisgewinn gerichtet sind und an der Art gewonnener Erkenntnis beurteilt werden. Die idealtypisch auf Begriffe und den Austausch von Argumenten setzenden Operationen wissenschaftlichen Tuns werden durch das Motiv der Kritik nicht durch andere Modi ersetzt, sondern bekräftigt.

53) Über die reflexive Explikation der Motive und Interessen bezieht sich der wissenschaftliche Erkenntnisprozess auf die Grundlagen des eigenen Tuns, die sich nicht aus der Analyse selbst ergeben, sondern dieser vorgelagert sind. Ernst Tugendhat schreibt in seiner ersten Vorlesung über Ethik (1995: 18):

> Ich glaube, daß man zu dem Schluß kommen muß, daß eine kritische Gesellschaftstheorie, so wichtig sie ist, nicht an die Stelle einer Ethik treten kann, sondern eine Moral voraussetzen muß.

Das moralische Grundmotiv jener Migrationsforschung, um die es in diesem Buch geht, soll nun entlang einiger Ausführungen zum Herrschaftsbegriff präzisiert werden. In wohl nicht unerheblichem Maße ist auf die imposante Rezeptionsgeschichte des von Max Weber formulierten Herrschaftsbegriffs zurückzuführen,

dass sich in maßgeblichen Teilen der soziologischen und politikwissenschaftlichen Beschäftigung mit Herrschaft eine Verengung auf Formen von Herrschaft
findet, die aufgrund der Zustimmung der Beherrschten zu dem asymmetrischen
Verhältnis von Befehl und Gehorsam als legitim gelten. Herrschaft wird bei Weber zum Anderen der Gewalt, da sie durch Billigung der Beherrschten als Form
legitimer Machtausübung verstanden wird.

> Der enge Nexus von Herrschaft und Legitimität entspringt [bei Weber, Anm. d. Hg.] der nor-
> mativen Erwartung, daß diese demokratisch begründet sei und eine „rationale" Form anneh-
> me. [...] Zwar wird der Zwangscharakter der Vergesellschaftung, dem notfalls mit dem Staat
> als Inhaber des Monopols legitimer physischer Gewaltsamkeit Nachdruck verliehen wird,
> durchaus gesehen, doch im Grunde gehen Macht und Herrschaft auf die positiven Leistungen
> für die Herrschaftsunterworfenen zurück. (Imbusch 1998: 23)

Genau diese Argumentationsfigur kennzeichnet weite Teile des migrationssoziologischen oder integrationspädagogischen Blicks auf MigrantInnen: Der Zwang-
scharakter der Angleichung (etwa in den unter Sanktionsauflagen durchgeführten
Integrationskursen) wird gesehen, doch im Grunde ist man der Ansicht, dass die
Legitimität von Macht und Herrschaft auf die positiven Leistungen für Migrant-
Innen zurückgehe. Herrschaftskritik in der Weberschen Tradition beschränkt
sich auf durch Zustimmung gerechtfertigte Herrschaft. Welche Themen sich aber
durchsetzen und welche gesellschaftlichen Inhalte auf der anderen Seite durch
Nicht-Thematisierung der öffentlichen Wahrnehmung entzogen bleiben, interessieren nicht oder nur am Rand (vgl. Massing 2004). Eine über diese Verengung
hinausgehende Herrschaftskritik, die die Existenz von asymmetrischen Abhängig-
keitsstrukturen nicht schlicht akzeptiert, sondern ihre Erfordernis befragt, würde
demgegenüber folgende Themen und Fragen[7] ins Zentrum rücken:

- Der materielle Gehalt von Herrschaft
- Die GewinnerInnen und VerliererInnen legitim institutionalisierter Herr-
  schaftsverhältnisse
- Was Menschen bewegt, sich Herrschaftsstrukturen zu fügen oder sich ihnen
  zu widersetzen
- Die mit Herrschaftsformen einhergehenden Machtasymmetrien.

Für eine derart verstandene herrschaftskritische Migrationsforschung sind insbesondere die Folgen von „legitim" institutionalisierten asymmetrischen Verhältnissen der Unterscheidung von Bedeutung. Da diese Verhältnisse nicht einfach
das Resultat von Unterdrückungsstrukturen sind, bedarf es eines Herrschaftsbe-

---

7   Wir folgen hier Hinweisen von Aden 2004: 11.

griffs, der sowohl das Moment des Zwangs und der Verhinderung als auch das des Zugeständnisses und der Ermöglichung aufnimmt.

Herrschaft verstehen wir in diesem Sinne als institutionalisiertes, eine gewisse Dauerhaftigkeit aufweisendes, temporär verfestigtes, strukturiertes und strukturierendes soziales Verhältnis, in dem die Möglichkeiten wechselseitiger Einflussnahme (Macht) asymmetrisch verteilt sind. Im Unterschied zu Gewaltverhältnissen zeichnen sich Herrschaftsverhältnisse durch eine Art Selbstverständlichkeit aus. Als gelebte und auf eine verfestigte Geschichte zurückblickende Realität asymmetrischer Beziehungen erscheinen sie selbstverständlich, unabänderlich oder „natürlich". Die in einer kritischen Migrationsforschung in den Blick genommenen „legitim" institutionalisierten asymmetrischen Verhältnisse der Unterscheidungen[8] stellen nicht nur selbstverständliche, sondern in ihrer Selbstverständlichkeit unmerkliche, in Bourdieuscher Terminologie: doxische Verhältnisse der Asymmetrie dar. Eine Migrationsforschung, die diese Asymmetrien indirekt oder direkt als gegeben akzeptiert, muss als Praxis der Konservierung und Verlängerung von Herrschaft verstanden werden. Denn immer sind Herrschaft und Unterordnung mit dem Argument aufgetreten, dass Unterordnung funktional und bedeutsam für die Beherrschten sei: es entspreche ihrer Natur (Nähe zu sich selbst), es ermögliche ihnen den Eingang ins Paradies (Nähe zu Gott), es sei Voraussetzung ihrer gesellschaftlichen Partizipation (Nähe zu Privilegien).

54) Für die Beherrschten zeigen sich die Konsequenzen der als gegeben er- und gelebten Herrschaft nicht allein in Nachteilen, sondern auch in Vorteilen und Nutzen. Herrschaft wirkt sowohl als Zwang wie als Ermöglichung. Es geht nicht um eine Gegenüberstellung dieser beiden Formen, sondern darum, das Zusammenwirken beider Momente, die in der Regel nie ohne einander vorkommen, zu untersuchen. Begrenzung und Erweiterung, Zwang und Befähigung, Verbot und Gabe verhalten sich weder ausschließend noch additiv, sondern durchdringen einander. Der Vorteil ermöglicht den Nachteil, die Beeinträchtigung richtet sich im Nutzen ein. Michel Foucault hat diesen Zusammenhang so formuliert:

> Wenn sie nur repressiv wäre, wenn sie niemals anderes tun würde als nein sagen, ja glauben sie dann wirklich, daß man ihr gehorchen würde? Der Grund dafür, daß die Macht *herrscht*, daß man sie akzeptiert, liegt ganz einfach darin, daß sie nicht nur als neinsagende Gewalt auf uns lastet, sondern in Wirklichkeit die Körper durchdringt, Dinge produziert, Lust verursacht, Wissen hervorbringt, Diskurse produziert; man muß sie als ein produktives Netz auffassen, das den ganzen sozialen Körper durchzieht. (Foucault 1978: 35; Hervorhebung durch die Hg.).

---

8   Sowohl kategorial-grundsätzlicher Art (Unterscheidung zwischen „MigrantInnen" und „Nicht-MigrantInnen") als auch materialer Art (Scheidung von ökonomischen Privilegien, Rechten, Prestige etc.).

Die Untersuchung des Zusammenspiels von Beeinträchtigungen und Vorteilen, von Einschränkungen und Ermöglichungen ist nun von besonderem Interesse. Die Bedingungen der Platzierung und Einbeziehung, die das Handlungsvermögen von in migrationsgesellschaftlichen Kontexten als Andere und Nicht-Andere geltenden Personen konstituieren, können hierbei als subjektivierende Momente eines durch formelle wie informelle, gesetzliche wie kulturelle Zwänge und Möglichkeiten strukturierten Raumes materieller und symbolischer Unterscheidungen verstanden werden.

55) Einer vom Motiv der Kritik mobilisierten Migrationsforschung geht es somit um drei wesentliche Ziele: erstens um die Analyse migrationsgesellschaftlicher Herrschaftsstrukturen, also jener Strukturen, die Menschen im Hinblick auf die Möglichkeit einer freieren Existenz behindern, ihre Würde einschränken und sie entmündigen.

Zweitens richtet sich kritische Migrationsforschung auf Subjektivierungsprozesse unter den Bedingungen dieser Strukturen. Im Sinne eines post-orthodoxen Kritikverständnisses kann und soll aber das, was hier „freiere Existenz", „Behinderung", „Würde" und „Entmündigung" heißt, nicht endgültig festgelegt werden, sondern bedarf der fortwährenden begrifflichen Vergewisserung und empirischen Auseinandersetzung. Wenn wir an einer kritischen Analyse des Einsickerns und Eindringens von Macht in die Möglichkeiten der Menschen interessiert sind, „ihr Leben auf würdige und sichere Art zu verbringen" (Grossberg 1999: 62), wenn wir daran interessiert sind, die machtvolle Beschneidung von Handlungsräumen und -möglichkeiten zum Thema zu machen, dann können wir nicht darauf verzichten, uns begrifflich und empirisch mit den Themen Verhinderung, Einschränkung und Begrenzung oder auch Widerstand auseinanderzusetzen. Dass wir es hierbei empirisch mit vielfältigen Formen der Verhinderung und Ermöglichung von würdevollen Handlungen und Lebensweisen zu tun haben, die sich flexibel verknüpfen, kontextspezifisch neue Konstellationen schaffen, sich entkoppeln und wieder verbinden und damit einfache Analysen, Veränderungsvorschläge und Parteinahmen erschweren, sollte und kann nicht davon abhalten, die grundsätzliche Gegebenheit ungleicher Verhältnisse der Verhinderung/Ermöglichung zum Thema zu machen. In einem Rahmen, der durch das Bekenntnis zur Kritik gezeichnet ist, wird es unmöglich das Motiv preiszugeben, nämlich durch Analysen für Verhältnisse einzutreten, in denen Menschen ihr Leben auf würdige und sichere Art führen. Die Vorstellung jedoch, was es heißt, dass Menschen ihr Leben auf „würdige und sichere Art" führen, ist notwendig offen zu halten und in dem unabschließbaren Projekt der fortwährenden Re-Vision der Kritik immer wieder zu öffnen.

Drittens zielt kritische Migrationsforschung auch auf die Analyse von Möglichkeiten und Formen der Verschiebung und Veränderung von Zugehörigkeitsordnungen und Herrschaftsstrukturen, sowie des Widerstands gegen sie und in ihnen. Herrschaftsverhältnisse sind weder strikt determinierend noch notwendig, sie weisen Handlungs- und Spielräume auf und sind kontingent. Eine auf dem Motiv der Kritik gründende Migrationsforschung ist an der Untersuchung dieser Räume und Optionen der Kontingenz in besonderer Weise interessiert, kommen doch hier Alternativen in den Blick, die der Komparativform des „Freieren", „Würdigeren" nahe kommen. Worin dieses „Freiere" und „Würdigere" je kontextspezifisch besteht, ist nicht vor der Analyse bereits bestimmt, sondern Gegenstand der empirischen wie der begrifflichen Analyse. Das „Freiere" und „Würdigere" zeigt sich in unterschiedlichen Kontexten, diachron und synchron, unterschiedlich. Es ist nicht festgelegt; genau diese Nicht-Festgelegtheit, diese Modulation, dieses Gleiten, diese Variation gilt es nachzuvollziehen und zu wagen. Für sie steht Migrationsforschung im Zeichen der Kritik ein.

56) Formen der Verschiebung und Veränderung von Herrschaftsstrukturen sowie des Widerstands dagegen kommen einer Migrationsforschung, die sowohl einem Idealismus des Subjektes als auch einem Determinismus der Struktur entsagt, nicht als heroische Handlungen von Individuen und Gruppen oder als Phänomen bloß (herrschafts-)struktureller Emergenz in den Blick. Widerstand und Veränderung sind beides, sie sind der Struktur der Herrschaftsverhältnisse selbst eingelagert. Sie sind zugleich an das hermeneutisch-interpretierende und politisch-aktionale Vermögen von individuellen und kollektiven AkteurInnen geknüpft. Mit Bezug auf die Frage, wie Veränderungen der Verhältnisse möglich sind, die materiell und symbolisch deprivilegierte Subjekte hervorbringen und ihre Lebensverhältnisse beeinflussen, ist es sinnvoll und notwendig, beide Auffassungen von Widerstand und Handlungswirksamkeit nicht gegeneinander auszuspielen, sondern in ihrem spannungsvollen Verhältnis zueinander empirisch explorativ, theoretisch explikativ und politisch artikuliert zur Geltung zu bringen. Handlungen und Geschehnisse, die eine verändernde Unruhe in politische, kulturelle und interaktive Ordnungen des degradierenden und deprivilegierenden Unterscheidens einbringen, sind weder auf das Tun Einzelner zu reduzieren noch auf das selbstbezügliche Spiel einer strukturalen Logik.

57) Das Grundmotiv kritischer Migrationsforschung – so können wir nun am Ende unserer Überlegungen genauer formulieren – wird genährt von einem moralischen Impuls, der die Legitimität jener migrationsgesellschaftlichen Phänomene zurückweist, die Menschen in ihren Möglichkeiten für eine freiere Existenz behindern, degradieren und entmündigen. Dieses Motiv der Kritik mobilisiert und leitet die wissenschaftliche Aufmerksamkeit in eine Richtung, die migrationsgesellschaftliche Herrschaftsstrukturen, Subjektivierungsphänomene und Formen der Verschiebung und Veränderung dieser Strukturen empirisch und begrifflich in den Blick nimmt. Somit wird kritische Migrationsforschung durch zweierlei gekennzeichnet (die Trennung ist erforderlich, um nicht einem Moralismus zuzuarbeiten oder wissenschaftliche Praxis mit politischer zu verwechseln): eine spezifische moralisch-ethisch begründete politische Ambition und die Präferenz eines bestimmten Untersuchungsbereiches, der durch Herrschaftsverhältnisse und Praxen ihrer Re-Produktion und Ab-Wandlung gekennzeichnet ist. Die Frage jedoch, ob es für Sozial-, Human- und Gesellschaftswissenschaften einen anderen Typ von „Untersuchungsbereich" gibt, möchten wir am Ende offen lassen.

Literatur

Aden, Hartmut (2004). Herrschaftstheorien und Herrschaftsphänomene. Governance und Herrschaftskritik, in: *Aden*, Hartmut (Hg.): Herrschaftstheorien und Herrschaftsphänomene. Wiesbaden, 9–21.
Apitzsch, Ursula (2010). Care, Migration and the Gender Order, in: *Apitzsch*, Ursula/*Schmidbauer*, Marianne (Hg): Care and Migration, Opladen, 113–125.
Arndt, Susan/*Ofuatey-Alazard*, Nadja (Hg.) (2011). Wie Rassismus aus Wörtern spricht. (K)Erben des Kolonialismus im Wissensarchiv deutsche Sprache. Ein kritisches Nachschlagewerk, Münster.
Attia, Iman (2009). Die „westliche Kultur" und ihr Anderes. Zur Dekonstruktion von Orientalismus und antimuslimischen Rassismus, Bielefeld.
Auernheimer, Georg (1998). Kritische Pädagogik heute, Berlin.
Badawia, Tarek/*Hamburger*, Franz/*Hummrich*, Merle (Hg.) (2003). Wider die Ethnisierung einer Generation. Beiträge zur qualitativen Migrationsforschung. Frankfurt am Main.
Balibar, Etienne (1990). Gibt es einen „Neo-Rassismus", in: *Balibar*, Etienne/*Wallerstein*, Immanuel (Hg.): Rasse-Klasse-Nation. Ambivalente Identitäten, Hamburg, 23–38.
Barber, Benjamin (1995). Jihad vs. McWorld. How Globalism and Tribalism are reshaping The World, New York.
Barker, Martin (1981). The New Racism, London.

Beck, Ulrich (2005). Europäisierung – Soziologie für das 21. Jahrhundert, APuZ. Aus Politik und Zeitgeschichte 34–35/2005, Bonn, 24–35. Internet: http://www.bpb.de/apuz/28897/europaeisierung-soziologie-fuer-das-21-jahrhundert?p=all (Recherchedatum 28.08.2012).

Benner, Dietrich/*Brüggen*, Friedhelm (2011). Geschichte der Pädagogik, Stuttgart.

Biffl, Gudrun/*Dimmel*, Nikolaus (Hg.) (2011). Migrationsmanagement Band 1, Grundzüge des Managements von Migration und Integration, Bad Vöslau.

Bojadžijev, Manuela/*Karakayalı*, Serhat (2007). Autonomie der Migration. 10 Thesen zu einer Methode, in: Transit Migration Forschungsgruppe (Hg.): Turbulente Ränder. Neue Perspektiven auf Migration an den Grenzen Europas, Bielefeld, 203–209.

Boltanski, Luc/*Chiapello*, Ève (2003). Der neue Geist des Kapitalismus. Aus dem Französischen von Michael Tillmann, Konstanz.

Boltanksi, Luc (2010). Soziologie und Sozialkritik. Berlin.

Bommes, Michael (2011a). Vorwort, in: *Bommes*, Michael: Migration und Migrationsforschung in der modernen Gesellschaft. Eine Aufsatzsammlung. IMIS-Beiträge; Heft 38/2011, 11–14.

Bommes, Michael (2011b). Nationale Paradigmen der Migrationsforschung, in: *Bommes*, Michael: Migration und Migrationsforschung in der modernen Gesellschaft. Eine Aufsatzsammlung. IMIS-Beiträge; Heft 38/2011, 15–52.

Bourdieu, Pierre (1993). Narzißtische Reflexivität und wissenschaftliche Reflexivität, in: *Berg*, Eberhard/*Fuchs*, Martin (Hg.): Kultur, soziale Praxis, Text. Die Krise der ethnographischen Repräsentation. Frankfurt am Main, 365–374.

Bublitz, Hannelore (2003). Diskurs, Bielefeld.

Bukow, Wolf-Dietrich (1999). Der Fundamentalismusverdacht. Plädoyer für eine Neuorientierung der Forschung im Umgang mit allochthonen Jugendlichen. Opladen.

Bukow, Wolf-Dietrich/*Heimel*, Isabel (2003). Der Weg zur qualitativen Migrationsforschung, in: *Badawia*, Tarek/*Hamburger*, Franz/*Hummrich*, Merle (Hg.): Wider die Ethnisierung einer Generation. Beiträge zur qualitativen Migrationsforschung, Frankfurt am Main, 13–39.

Butler, Judith (2002). Was ist Kritik? in: Deutsche Zeitschrift für Philosophie, H.2, 249–265.

Celikates, Robin (2009). Kritik als soziale Praxis. Gesellschaftliche Selbstverständigung und kritische Theorie. Frankfurt am Main.

Cuttitta, Paolo (2010). Das europäische Grenzregime: Dynamiken und Wechselwirkungen, in: *Hess*, Sabine/*Kasparek*, Bernd (Hg.): Grenzregime. Diskurse/Praktiken/Institutionen in Europa. Berlin/Hamburg, 23–40.

Demirović, Alex (2008). Leidenschaft und Wahrheit. Für einen neuen Modus der Kritik, in: *Demirović*, Alex (Hg.): Kritik und Materialität, Münster, 7–39.

Dietrich, Anne/*Strohschein*, Juliane (2011). Kolonialismus. in: *Arndt*, Susan/*Otuatey-Alazard*, Nadja (Hg.): Wie Rassismus aus Wörtern spricht. (K)Erben des Kolonialismus im Wissenssarchiv deutsche Sprache. Ein kritisches Nachschlagewerk, Münster, 114–119.

Dirim, İnci (2010). „Wenn man mit Akzent spricht, denken die Leute, dass man auch mit Akzent denkt oder so." Die Frage des (Neo-)Linguizismus in den Diskursen über die Sprache(n) der Migrationsgesellschaft, in: *Mecheril*, Paul/*Dirim*, İnci/*Gomolla*, Mechthild/*Hornberg*, Sabine/*Stojanov*, Krassimir (Hg.): Spannungsverhältnisse. Assimilationsdiskurse und interkulturell-pädagogische Forschung. Münster/New York/Berlin/München, 91–112.

Düvell, Franck (2003). Grundzüge des europäischen Migrationsregimes, Internet: www-user.uni-bremen.de/~fduvell/EUMig.pdf (Recherchedatum 12.08.2012).

Düvell, Franck (2006). Europäische und internationale Migration. Einführung in historische, soziologische und politische Analysen, Münster.

Esch, Michael G./*Poutrus*, Patrice G. (2005). Zeitgeschichte und Migrationsforschung: Eine Einführung. Internet: http://www.zeithistorische-forschungen.de/site/40208466/default.aspx (Recherchedatum 04.09.2012).

Esser, Hartmut (2004). Welche Alternativen zur »Assimilation« gibt es eigentlich? in: *Bade*, Klaus/ *Bommes*, Michael (Hg.): Migration-Integration-Bildung. Grundfragen und Problembereiche. Osnabrück, 41–59.

Foucault, Michel (1978): Dispositive der Macht. Über Sexualität, Wissen und Wahrheit. Berlin.

Foucault, Michel (1978/1992): Was ist Kritik? Berlin.

Foucault, Michel (2005). Diskussion am 20.5.1978., in: *Defert*, Daniel/*Ewald*, François (Hg): Michel Foucault. Schriften in vier Bänden. Dits et Ecrits. Frankfurt am Main, 23–43.

Geuss, Raymond (1981). The Idea of a Critical Theory. Habermas & The Frankfurt School. Cambridge.

Glick Schiller, Nina (2010). A global perspective on transnational migration. Theorising migration without methodological nationalism, in: *Bauböck*, Rainer/*Faist*, Thomas (Hg.): Diaspora and Transnationalism. Concepts, Theories and Methods, Amsterdam.

Gogolin, Ingrid (1994). Der monolinguale Habitus der multilingualen Schule. Münster/New York.

Gogolin, Ingrid/*Krüger-Potratz*, Marianne (2006). Einführung in die Interkulturelle Pädagogik, Opladen/Bloomfield Hill.

Grossberg, Lawrence (1999). Was sind Cultural Studies? in: *Hörnig*, Karl H./*Winter*, Rainer (Hg.): Widerspenstige Kulturen. Cultural Studies als Herausforderung. Frankfurt am Main, 43–83.

Gutiérrez Rodríguez, Encarnación (1999). Intellektuelle Migrantinnen – Subjektivitäten im Zeitalter von Globalisierung. Eine postkoloniale dekonstruktive Analyse von Biographien im Spannungsfeld von Ethnisierung und Vergeschlechtlichung, Opladen.

Ha, Kien Nghi (2005). Hype um Hybridität. Kultureller Differenzkonsum und postmoderne Verwertungstechniken im Spätkapitalismus, Bielefeld.

Hall, Stuart (1994). Der Westen und der Rest: Diskurs und Macht, in: *Hall*, Stuart: Rassismus und kulturelle Identität. Ausgewählte Schriften 2, Hamburg, 137–179.

Han, Petrus (2006). Theorien zur internationalen Migration, Stuttgart.

Haraway, Donna Jeanne (1995). Situiertes Wissen. Die Wissenschaftsfrage im Feminismus und das Privileg einer partialen Perspektive, in: *Haraway*, Donna Jeanne: Die Neuerfindung der Natur. Primaten, Cyborgs und Frauen, Frankfurt am Main, 73–97.

Harney, Klaus/*Krüger*, Heinz-Hermann (Hg.) (2006). Einführung in die Geschichte der Erziehungswissenschaft und Erziehungswirklichkeit, Opladen/Bloomfield Hill.

Hess, Sabine/*Tsianos*, Vassilis (2007). Europeanizing Transnationalism! Provincializing Europe! Konturen eines neuen Grenzregimes, in: Transit Migration Forschungsgruppe (Hg.): Turbulente Ränder. Neue Perspektiven auf Migration an den Grenzen Europas, Bielefeld, 23–38.

Hesse, Barnor (2009). Afterword: Black Europe's Undecidability, in: *Hine Clark*, Darlene/*Keaton*, Trica Danielle/*Small*, Stephen (Hg.): BLACK EUROPE AND THE AFRICAN DIASPORA, Illinois, 291–304.

Hoffmann-Nowotny, Hans-Joachim (1994). Migrationssoziologie, in: *Kerber*, Harald/*Schmieder*, Arnold (Hg.): Spezielle Soziologien. Problemfelder, Forschungsbereiche & Anwendungsorientierungen, Hamburg, 388–406.

Huntington, Samuel P. (1996/1997). Kampf der Kulturen. Die Neugestaltung der Weltpolitik im 21. Jahrhundert, München.

Imbusch, Peter (1998). Macht und Herrschaft in der Diskussion, in: *Imbusch*, Peter (Hg): Macht und Herrschaft. Sozialwissenschaftliche Konzeptionen und Theorien. Opladen, 9–26.

Jaeggi, Rahel (2009). Was ist Ideologiekritik? in: *Jaeggi*, Rahel/*Wesche*, Tilo (Hg.): Was ist Kritik. Frankfurt am Main, 266–295.

Karakayalı, Serhat/*Tsianos*, Vassilis (2007). „Movements that matter", in: Transit Migration Forschungsgruppe (Hg.): Turbulente Ränder. Neue Perspektiven auf Migration an den Grenzen Europas, Bielefeld, 7–17.

Kasparek, Bernd/*Hess*, Sabine (2010): Einleitung. Perspektiven kritischer Migrations- und Grenzregimeforschung, in: *Kasparek*, Bernd/*Hess*, Sabine (Hg.): Grenzregime. Diskurse/Praktiken/Institutionen in Europa. Berlin/Hamburg, 7–22.

Kerber, Harald/*Schmieder*, Arnold (Hg.) (1991). Soziologie. Arbeitsfelder, Theorien, Ausbildung. Ein Grundkurs, Reinbeck bei Hamburg.

Kerber, Harald/*Schmieder*, Arnold (Hg.) (1994). Spezielle Soziologien. Problemfelder, Forschungsbereiche, Anwendungsorientierungen. Reinbeck bei Hamburg.

Krüger-Potratz, Marianne (2005). *Interkulturelle Bildung. Eine Einführung*, Münster.

Küppers-Adebisi, Adetoun/*Küppers-Adebisi*, Michael (2012). AFRIKA.kopf.bilder.DEUTSCHLAND. Eine Ausstellungsbesprechung (…) Kuratiert und rezensiert von Adetoun Küppers-Adebisi und Michael Küppers-Adebisi, in: Freitext. Kultur- und Gesellschaftsmagazin, Heft 19, Berlin, 17–22.

Lamparter, Wilfried E. (1999). Erziehung zur Arbeit: Zum britischen und deutschen Kolonialismus im südlichen Afrika, Marburg.

Lippuner, Roland/*Lossau*, Julia (2004). In der Raumfalle. Eine Kritik des spatial turn in den Sozialwissenschaften, in: *Mein*, Georg/*Rieger-Ladich*, Markus (Hg.): Soziale Räume und kulturelle Praktiken. Über den strategischen Gebrauch von Medien. Bielefeld, 47–64.

Lossau, Julia (2002). Die Politik der Verortung. Eine postkoloniale Reise zu einer anderen Geographie der Welt, Bielefeld.

Lüsebrink, Hans-Jürgen (2006). Das Europa der Aufklärung und die außereuropäische koloniale Welt. Göttingen.

Lutz, Hema/*Palenga-Möllenbeck*, Ewa (2011). Das Care-Chain-Konzept auf dem Prüfstand. Eine Fallstudie der transnationalen Care-Arrangements polnischer und ukrainischer Migrantinnen, in: *Metz-Göckel*, Sigrid/*Bauschke Urban*, Carola (Hg.): Transnationalisierung und Gender. Special Issue for GENDER. Zeitschrift für Geschlecht, Kultur und Gesellschaft 1/2011, 9–27.

Massing, Otwin (2004). Herrschaft – kritische Bestandsaufnahme der Funktionen einer komplexen Kategorie, in: Aden, Hartmut (Hg.): Herrschaftstheorien und Herrschaftsphänomene.Wiesbaden.

Mayer, Ruth (2005). Diaspora. Eine kritische Begriffsbestimmung, Bielefeld.

Mecheril, Paul (2003). Prekäre Verhältnisse. Über natio-ethno-kulturelle (Mehrfach-) Zugehörigkeit, Münster/New York.

Mecheril, Paul (2006): Was Sie schon immer über Rassismuserfahrungen wissen wollten, in: *Leiprecht*, Rudolf/*Kerber*, Anne (Hg.): Schule in der Einwanderungsgesellschaft. Ein Handbuch. Schwalbach/Ts., 462–471.

Mecheril, Paul/*Scherschel*, Karin/*Schrödter*, Mark (2003). „Ich möchte halt von dir wissen, wie es ist, du zu sein". Die Wiederholung der alinierenden Zuschreibung durch qualitative Forschung, in: *Badawia*, Tarek/*Hamburger*, Franz/*Hummrich*, Merle (Hg.): Wider die Ethnisierung einer Generation. Beiträge zur qualitativen Migrationsforschung. Frankfurt am Main, 93–110.

Mecheril, Paul (2011). Wirklichkeit schaffen: Integration als Dispositiv, in: APuZ. Aus Politik und Zeitgeschichte, 61. Jg., Heft 43, 49–54. Internet: http://www.bpb.de/publikationen/3IV45A,2,0,W irklichkeit_schaffen%3A_Integration_als_Di spositiv_Essay.html (Recherchedatum 28.01.2012).

Mecheril, Paul/*Thomas-Olalde*, Oscar (2011). Die Religion der Anderen. Anmerkungen zu Subjektivierungspraxen der Gegenwart, in: *Allenbach*, Birgit/*Goel*, Urmila/*Hummrich*, Merle/*Weißköppel*, Cordula (Hg.): Jugend, Migration und Religion. Interdisziplinäre Perspektiven, Baden-Baden, 35–66.

Middell, Katharina/*Middell*, Matthias (1998). Migration als Forschungsfeld, in: Grenzgänge. Beiträge zu einer modernen Romanistik, 9(5), Leipzig, 6–23.

Migazin (2012). Bundestag verteidigt verdachtsunabhängige Kontrollen nach Hautfarbe. Verfügbar unter http://www.migazin.de/2012/06/26/bundesregierung-verteidigt-verdachtsunabhangige-polizeikontrollen-nach-hautfarbe/ (Recherchedatum 15.05.2012)

Miles, Robert (1992). Rassismus. Einführung in die Geschichte und Theorie eines Begriffs, Hamburg.

Ortmeyer, Benjamin (2010). Mythos und Pathos, statt Logos und Ethos. Zu den Publikationen führender Erziehungswissenschaftler in der NS-Zeit: Eduard Spranger, Herman Nohl, Erich Weniger und Peter Petersen. 2. durchgesehene Auflage, Weinheim/Basel.

Pries, Ludger (2010a). Transnationalisierung. Theorie und Empirie grenzüberschreitender Vergesellschaftung. Wiesbaden.

Pries, Ludger (2010b). Soziologie der Migration, in: *Kneer*, Georg/*Schroer*, Markus (Hg.): Handbuch spezielle Soziologien. Wiesbaden, 475–490.

Rancière, Jacques (2007). Le philosophe et ses pauvres. Paris.

Reckwitz, Andreas (2007a). Subjekt, Bielefeld.

Reckwitz, Andreas (2007b). Die Moderne und das Spiel der Subjekte. Kulturelle Differenzen und Subjektordnungen in der Kultur der Moderne, in: *Bonacker*, Thorsten/*Reckwitz*, Andreas (Hg.): Kulturen der Moderne. Soziologische Perspektiven der Gegenwart, Bielefeld, 97–118.

Reckwitz, Andreas (2010). Das hybride Subjekt. Eine Theorie der Subjektkulturen von der bürgerlichen Moderne zur Postmoderne, Weilerswist.

Rosa, Hartmut (2009). Kritik der Zeitverhältnisse. Beschleunigung und Entfremdung als Schlüsselbegriffe der Sozialkritik, in: *Jaeggi*, Rahel/*Wesche*, Tino (Hg.): Was ist Kritik? Frankfurt am Main, 23–54.

Rose, Nadine (2012). Migration als Bildungsherausforderung. Subjektivierung und Diskriminierung im Spiegel von Migrationsbiographien, Bielefeld (im Erscheinen).

Sassen, Saskia (1998). Globalization and its discontents. Essays on the New Mobility of People and Money. New York.

Schiffauer, Werner/*Baumann*, Gerd/*Kastoryano*, Riva/*Vertovec*, Steven (Hg.) (2002). Staat – Schule – Ethnizität. Politische Sozialisation von Immigrantenkindern in vier europäischen Ländern, Münster/New York/München/Berlin.

Sonderegger, Ruth (2009). Wie diszipliniert ist (Ideologie-)Kritik? Zwischen Philosophie, Soziologie und Kunst, in: *Jaeggi*, Rahel/*Wesche*, Tino: Was ist Kritik? Frankfurt am Main, 55–80.

Sonderegger, Ruth (2010). Wie emanzipatorisch ist Habitus-Forschung? Zu Rancières Kritik an Bourdieus Theorie des Habitus, in: LiTheS 3 (Juli 2010). Internet: http://lithe uni-graz.at/lithes/10_03.html (Recherchedatum 10.03.2012).

Spivak, Gayatri Chakravorty (1999). A Critique of Postcolonial Reason: Toward a Critique of the vanishing present. Cambridge.

Steyerl, Hito/*Gutiérrez Rodríguez*, Encarnación (Hg.) (2012). Spricht die Subalterne deutsch? Migration und postkoloniale Kritik, 2. Auflage, Münster.

Supik, Linda (2005). Dezentrierte Positionierung. Stuart Halls Konzept der Identitätspolitiken, Bielefeld.

Taguieff, Pierre-André (1987). La force du prejugé, Paris.

Tezcan, Levent (2003). Religiöse Strategien der „machbaren" Gesellschaft. Verwaltete Religion und islamistische Utopie in der Türkei, Bielefeld.

Treibel, Annette (1999). Migration in modernen Gesellschaften. Soziale Folgen von Einwanderung, Gastarbeit und Flucht, Weinheim/München.

Tsianos, Vassilis (2010). Zur Genealogie und Praxis des Migrationsregimes, in: BILDPUNKT. Zeitschrift der IG Bildende Kunst, Wien, 2010. Internet: http://www.linksnet.de/de/artikel/25418 (Recherchedatum 08.08.2012).

Tugendhat, Ernst (1995). Vorlesungen über Ethik. Frankfurt am Main.

Walzer, Michael (1993). Kritik und Gemeinsinn. Frankfurt am Main.

Walzer, Michael (1997). Zweifel und Einmischung. Gesellschaftskritik im 20. Jahrhundert. Frankfurt am Main.

Walzer, Michael (2002). Die Tugend des Augenmaße Über das Verhältnis von Gesellschaftskritik und Gesellschaftstheorie, in: *Wenzel*, Justus (Hg.): Der kritische Blick. Über intellektuelle Tätigkeiten und Tugenden. Frankfurt am Main, 25–38.

Walzer, Michael (2009). Gesellschaftskritik und Gesellschaftstheorie, in: *Forst*, Rainer/*Hartmann*, Martin/*Jaeggi*, Rahel/*Saar*, Martin: Sozialphilosophie und Kritik. Frankfurt am Main.

Wimmer, Andreas/*Glick Schiller*, Nina (2002). Methodological Nationalism and Beyond: Nation-State Building, Migration and the Social Sciences, in: Global Network 2(4).

Wollrad, Eske (2009). „dass er so weiß nicht ist wie ihr" – Rassismus in westdeutschen Kinder- und Jugendbüchern, in: *Melter*, Claus/*Mecheril*, Paul (Hg.): Rassismuskritik Band I: Rassismustheorie und-forschung. Schwalbach/Ts, 163–178.

Yıldız, Erol (2009). Vom hegemonialen zu einem diversitätsbewussten Blick auf die Einwanderungsgesellschaft. Heinrich Böll Stiftung, Internet: http://www.migration-boell.de/web/diversity/48_2212.asp (Recherchedatum 08.08.2012).

Yıldız, Safiye (2009). Interkulturelle Erziehung und Pädagogik. Subjektivierung und Macht in den Ordnungen des nationalen Diskurses, Wiesbaden.

Young, Marion Iris (1989). Polity and Group Difference. A Critique of the Ideal of Universal Citizenship. in: Ethics. An international journal of social, political and legal philosophy, 99, 250–274.

Zima, Peter V. (2007). Theorie des Subjekts, Tübingen.

Internetadressen:

http://www.imis.uni-osnabrueck.de (Recherchedatum 15.05.2012)
http://www.empirische-migrationsforschung.de (Recherchedatum 15.05.2012)

1.
Kritik gesellschaftlicher Verhältnisse –
Begründung und Fragen kritischer Migrationsforschung

Einleitend

Susanne Arens

Migrationsforschung als eine Praxis der Kritik lässt sich über das Anliegen kennzeichnen, diejenigen Herrschaftsstrukturen zu befragen, die sich in migrationsgesellschaftlichen Verhältnissen nicht nur zeigen, sondern diese vielmehr konstituieren. Dabei stehen jedoch, wie in der Einleitung zu diesen Bänden ausgeführt wurde, Standpunkt, Maß und Anspruch der Kritik nicht außer Frage. Die kritische Befragung gesellschaftlicher Verhältnisse ist daher an eine begrifflich-methodologisch-theoretische Arbeit gebunden, in und durch die Standort und Anspruch der Kritik sich erst begründet, reflektiert und befragt werden können. Die in diesem Abschnitt versammelten Artikel können als Beiträge zu einer solchen Arbeit verstanden werden. Sie setzen sich in unterschiedlichen Einstellungen mit grundlegenden Aspekten (kritischer) Migrationsforschung auseinander. Zur Debatte stehen hier u. a. in der Migrationsforschung anzutreffende symbolisch-politische Referenzsysteme und Perspektiven, zentrale Begrifflichkeiten sowie methodologische Voraussetzungen. Notwendigerweise wird damit immer wieder die zentrale Frage berührt, was Migrationsforschung zu einer kritischen Forschung macht und wie Kritik dabei gedacht werden kann.

María do Mar Castro Varela greift in ihrem Artikel *„Parallelgesellschaften"* *und „Nationalmannschaften" – Überlegungen zur Kritik in der kritischen Migrationsforschung* explizit die grundlegende Frage auf, was kritische Migrationsforschung leisten kann und soll. Für sie stellt sich die Frage „Was ist Kritik?" als eine Frage „zeitloser Aktualität" dar, die gleichwohl nicht zeitlos und universell zu beantworten ist. Hierdurch wird die Verständigung darüber zu einer wichtigen intellektuellen Praxis, die die Autorin selbst zunächst über eine Auseinandersetzung mit spezifischen kritisch-intellektuellen Denktraditionen und den sich darin artikulierenden Ideen von Kritik vornimmt. Sie bezieht sich auf RepräsentantInnen intellektuell kritischen Denkens wie Foucault, Butler, Adorno, Spivak oder Arendt und erarbeitet auf diese Weise eine „Rahmung", die sie im zweiten Schritt auf das Feld der Migrationsforschung bezieht.

Urmila Goel beschäftigt sich in ihrem *„Plädoyer für Ambivalenzen, Widersprüch-lichkeiten und Mehrdeutigkeiten in der Rassismuskritik"* v. a. mit Perspektiven der Migrationsforschung und schlägt vor, rassismuskritische Perspektiven für eine kritische Migrationsforschung zu nutzen. Hierdurch, so die Autorin, wird es insbesondere möglich, den Teil der Migrationsforschung zu hinterfragen, der sich der Beforschung der „Fremden" widmet und diese dabei als „Andere" fest-schreibt. Dies versteht sie als eine zentrale Fokusverschiebung, insofern an die Stelle der Erforschung der „MigrantInnen" nun die Analyse der Konstruktionspro-zesse und der gesellschaftlichen (Macht-)Verhältnisse rückt, die „MigrantInnen" überhaupt erst hervorbringen. Von eigenen biographischen, sowie die pädagogi-sche und wissenschaftliche Arbeit betreffenden Erfahrungen ausgehend stehen im Zentrum ihrer Überlegungen „Unstimmigkeiten", denen sie auf verschiedenen Ebenen mit Hilfe der Begriffe „Ambivalenz", „Widersprüchlichkeit" und „Mehr-deutigkeit" nachgeht und auf deren produktiven Charakter aufmerksam macht.

Merle Hummrich befasst sich in ihrem Beitrag mit methodologischen, theoreti-schen und begrifflichen Fragen sogenannter kulturvergleichender Untersuchun-gen im Kontext von Migrationsforschung. Am Beispiel des Vergleichs von Um-gangsweisen mit Bildung und Differenz in Deutschland und den USA werden grundlegende Überlegungen zum kritischen Potenzial kulturvergleichender Ver-fahren angestellt. In ihrem Artikel *Kulturvergleichende Migrationsforschung? Der Umgang mit Differenz und Bildung in Deutschland und den USA* beleuchtet sie Möglichkeiten und Notwendigkeiten einer kulturvergleichenden Migrations-forschung. Dadurch wird zugleich jener Begriff befragt und re-artikuliert, der entsprechende Forschungen grundlegend strukturiert: der Begriff der „Kultur". Hierdurch gewinnt die Autorin eine Perspektive, die eine differenztheoretische Analyse von Ausdrucksgestalten unterschiedlicher symbolischen Ordnungsstruk-turen (und den damit verbundenen kulturellen Setzungen, Institutionen und In-teraktionen) ermöglicht.

Auch **Radostin Kaloianov** stellt in seinem Beitrag *Exzellenz oder Existenz? Die Kritikposition von MigrantInnen im Feld gegenwärtiger kritischer Gesellschafts-forschung* die Frage nach dem *Kritischen* der kritischen Migrationsforschung. Er beleuchtet diese Frage mit Hilfe eines kontrastierenden Verfahrens, in welchem er verschiedene Spielarten sozialtheoretischer Kritik einander gegenüberstellt und so das Kritische einer migrationstheoretischen Gesellschaftskritik im Spektrum kritisch-theoretischer Ansätze verortet und untersucht. Zentral ist dabei die Un-terscheidung zwischen Exzellenz- und Existenzkritik als unterschiedliche Formen, in welchen sich theoretische Gesellschaftskritik als soziale Handlungspraxis darstellt. Kontrastiert werden Arbeiten der Frankfurter Schule (Exzellenzkritik) mit Arbeiten der Black Feminist Studies (Existenzkritik). Während Exzellenzkritik ein in erster Linie prüfendes Verfahren darstellt, welches primär auf die Erarbeitung von „universalisierbaren Rationalitätsstandards" und quasi „objektivierbaren" Befunden abzielt, bezeichnet Existenzkritik eine „Form des Protests in Reaktion auf existenzielle Schieflagen".

Der Artikel von **Bernd Lederer** *Migrationsforschung in der neoliberalen Marktgesellschaft: Eine Kritik an der Vernachlässigung der sozialen Frage in Anlehnung an Walter Benn Michaels* weist auf die Bedeutung hin, die dem gesellschaftspolitischen Referenzrahmen und der gesellschaftstheoretischen Kontextualisierung der Praxis der Migrationsforschung zukommt. Lederer plädiert für eine stärkere Auseinandersetzung in und mit Begriffen der politischen Ökonomie, die seines Erachtens in der (kritischen) Migrationsforschung zu wenig Berücksichtigung finden. Im Anschluss an Walter Benn Michaels stellt er die These auf, dass bestimmte Varianten der Migrationsforschung nicht nur dazu tendieren, kapitalistische Vergesellschaftungslogiken, ökonomische- bzw. Klassenverhältnisse und damit die „soziale Frage" auszublenden, sondern dass sie vielmehr selbst als Ausdruck und Affirmation neoliberaler Wirtschaftslogiken kritisiert werden können. Mit Michaels bezieht der Autor seine Überlegungen insbesondere auf einen speziellen Strang der Migrationsforschung; nämlich den der „diversity studies".

Andrea Ploder lenkt in ihrem Beitrag *Widerstände sichtbar machen. Zum Potenzial einer performativen Methodologie für kritische Migrationsforschung* den Fokus der Aufmerksamkeit auf den Forschungsprozess. Wie der Titel verdeutlicht, wendet sie sich hierbei insbesondere dem Potential performativer Forschungslogiken für die Methodologie kritischer Migrationsforschung zu. Mit dem Hinweis auf die *Krise der Repräsentation* rückt die Autorin die Beziehung zwischen Forschenden und Beforschten in den Mittelpunkt und verweist auf die Reproduktion diskursiver Zu- und Festschreibungen, die dem Forschungsprozess inhärent sind. Diese werden einer sich kritisch verstehenden Migrationsforschung in mehrfacher Hinsicht zum Problem. Da aber gerade vor diesem Hintergrund die Praxis der Repräsentation nicht als etwas zu Vermeidendes, sondern als konstitutiv zu verstehen ist, stellt sich die grundlegende Frage des forschungs- und wissenschaftskritischen Umgangs mit Repräsentationsfragen. Als einen Ausweg aus der „Repräsentationskrise" stellt die Autorin Homi K. Bhabhas Konzept der „kreativen Intervention" vor und regt vor diesem Hintergrund eine Verknüpfung kritischer Migrationsforschung mit der *Performative Social Science* an – eine Verbindung, die es nicht zuletzt ermöglicht, den Forschungsprozess selbst auch als Bildungsort zu verstehen.

Tina Spies bezieht ihr begriffliches Instrumentarium aus einem intellektuellen Zusammenhang, der aus einer nicht allein auf ökonomische Verhältnisse bezogenen Perspektive gesellschaftliche Verhältnisse (und ihre Subjekte) beleuchtet: den Cultural und Postcolonial Studies. In ihrem Beitrag *Positionen beziehen; Artikulation und Agency als Konzepte der Kritik in der Migrationsforschung* stellt sie die im Titel benannten Konzepte als Instrumente wissenschaftlicher Kritik vor, die es ermöglichen, den „Zusammenhang zwischen (dominanten) Diskursen und Positionierungen in den Blick" zu nehmen. Das kritische Potenzial begründet sich der Autorin folgend darin, dass die Konzepte einen Widerspruch zu essentialistischen und fixierenden Identitäts- und Subjektvorstellungen darstellen: Subjekt-Werdungsprozesse zeigen sich, wie sie insbesondere mit Bezug auf Stuart Hall und Judith Butler herausarbeitet, in ihrer Abhängigkeit von gesellschaftlichen Verhältnissen als ein Wechselspiel diskursiver Positionierungsangebote und dem individuellen Bezug darauf. Mit diesem grundlegenden Gedanken wird es nicht nur möglich, soziale und räumliche Mehrfachbindungen in einer entschieden nicht-defizitären Perspektive zum Ausdruck zu bringen, zugleich kann auch die Bedeutung dominanter Repräsentationsregime für die Ausbildung subjektiver Selbstverständnisse und damit verbundener Handlungsmöglichkeiten untersucht werden. Letztere sind jedoch nicht deterministisch zu verstehen, vielmehr besteht in dem subjektiven Bezug auf (dominante) Diskurse und Repräsentationen immer auch Spielraum für Verschiebungen. Ihre theoretischen Überlegungen verknüpft Spies exemplarisch mit einem Artikel der Autorin Hilal Sezgin, wodurch sie den Prozess der Positionierung vor dem Hintergrund ihrer theoretischen Überlegungen quasi empirisch veranschaulicht.

Deniz Utlu weist in seinem Artikel *Der Markt und der Mensch. Ökonomieanalyse aus Migrationsperspektive – Migrationsanalyse als Ökonomielehre. Ein Vorschlag* darauf hin, dass Gesellschaftsforschung häufig in Form der Beschäftigung mit voneinander getrennt gedachten Sphären stattfindet. In diesem Zusammenhang wird kritischer Migrationsforschung vorgeworfen, ökonomische Aspekte zugunsten einer starken Fokussierung auf die soziale und kulturelle Sphäre zu vernachlässigen. Aus migrationswissenschaftlicher Perspektive kann zugleich in komplementärer Weise die Ausblendung migrationsgesellschaftlicher Aspekte bzw. die „colour blindness" vieler (politisch-)ökonomischer Ansätze kritisiert werden. Vor diesem Hintergrund greift Utlu die Frage nach „Migrationsforschung als Kritik" auf und streift zunächst grundlegende Aspekte kritischer ökonomie-, sozial- und kulturwissenschaftlicher Gesellschaftsforschung. Er weist implizit nicht nur auf die in der disziplinären Wissenschaftsordnung begründete Perspektivität jeglicher Gesellschaftsforschung hin; sondern verdeutlicht auch die Notwendigkeit, eben diese Perspektivengebundenheit im Hinblick auf ihre Produktivität bei der Erkenntnisgenerierung zu befragen. Davon ausgehend stellt Utlu im zweiten Teil seines Beitrags das Modell des Ökonomen Karl Polanyi dar und nutzt es, um entlang ausgewählter Aspekte migrations- und ökonomiewissenschaftliche Perspektiven in Form einer wechselseitig inspirierten Begriffsentwicklung zusammenzubringen.

„Parallelgesellschaften" und „Nationalmannschaften" – Überlegungen zur Kritik in der Kritischen Migrationsforschung

María do Mar Castro Varela

Kaum ein anderes Recht wird weltweit solchermaßen verletzt, wie das Recht auf freie Wahl des Wohn- und Aufenthaltsortes. Bekanntlich hat das nationalstaatliche System sich das Recht eingeräumt, darüber zu entscheiden, wem Eintritt gewährt wird und wem nicht, wer dazu aufgefordert wird zu gehen und wer unter welchen Umständen bleiben darf. Damit einher geht sowohl die Privilegierung derjenigen, die als Staatsbürger_innen gelten, als auch die gewaltvolle Abschottung der nationalen wie auch europäischen Außengrenzen.[1] In seiner Abhandlung „Zum ewigen Frieden" (1795) spricht sich Immanuel Kant noch für ein Recht auf Freizügigkeit aller „Weltbürger" aus und verweist damit letztlich auf die gemeinsame Eigentümerschaft der Menschheit an der Welt. Die aktuelle Situation der „illegalisierten Migrant_innen" lässt Kants Botschaft für das Recht auf furchtlose, freie Grenzüberschreitung dagegen geradezu zynisch erscheinen, während die rigiden Grenzkontrollen zur konstanten Erinnerung an das unabgeschlossene Projekt der Dekolonisierung geraten. „Wenn ein ‚Flüchtling' von einem Staat verstoßen oder anderweitig gewaltsam seiner Habe beraubt wird, dann gibt es oft keinen Ort, wo er hin kann, auch wenn er im Durchgang irgendwohin gelangt." (Butler/Spivak 2007: 9). Migrant_innen werden fernerhin zur Projektionsfolie für all das, was Europa für sich als überwunden befunden hat: etwa „traditionelle Geschlechterrollen", „sexuelle Unterdrückung" und die Idee der „Ehre" als treiben-

---

1 Frontex, die Europäische Agentur für die operative Zusammenarbeit an den Außengrenzen der Europäischen Union, wurde am 26.10.2004 eingerichtet. Nach eigener Beschreibung koordiniert diese die operative Zusammenarbeit der Mitgliedstaaten im Bereich des Schutzes der Außengrenzen, unterstützt die Mitgliedstaaten bei der Ausbildung von nationalen Grenzschutzbeamten und legt u. a. gemeinsame Ausbildungsnormen fest, erstellt Risikoanalysen, verfolgt die Entwicklungen der für die Kontrolle und Überwachung der Außengrenzen relevanten Forschung, unterstützt die Mitgliedsstaaten in Situationen, die eine verstärkte technische und operative Unterstützung an den Außengrenzen erfordern und leistet die erforderliche Unterstützung für die Organisation gemeinsamer Rückführungsaktionen der Mitgliedsstaaten. (siehe www.frontex.europa.eu)

de moralische Kraft. Und so ist Migration heute bestechenderweise für Europa das, was im 19. Jahrhundert die Kolonialgebiete waren: wichtigste Distinktionsfläche, unerlässlich für die Selbstbestimmung. Europas Bürger_innen sind eben das, was die Migrant_innen und Kolonisierten nicht sind, und vice versa. Wenn der Europäer mutig ist, dann ist der Kolonisierte wie auch der Migrant feige und hinterhältig. Wenn die europäische Frau kühn und emanzipiert ist, so ist die kolonisierte Frau wie auch die Migrantin ein unterdrücktes Opfer ohne Handlungsmacht. Gleichzeitig gilt es, sich vor diesen *Anderen* möglichst abzuschirmen, gefährden sie doch die Errungenschaften der Zivilisation. In deutschen Kolonien wurde in diesem Sinne vor der „Verkafferung der weißen Rasse" gewarnt, während heute in Deutschland und Europa Migration nur für jene ermöglicht wird, die Teil der globalen Elite sind. Alle anderen scheitern zumeist schon an einem Einreisevisum und/oder einer Arbeitserlaubnis. Und so kann ein ehemaliger Finanzsenator im Berliner Senat vor der Einwanderung von Menschen aus Anatolien warnen, weil sie seiner Ansicht nach einen niedrigeren IQ haben, und wird zur „Belohnung" in zahlreiche Talkshows eingeladen, in denen er seine rassistischen Thesen schamlos verbreiten darf (vgl. Sarrazin 2010).

Bevor ich nun die Frage beantworte, was Kritische Migrationsforschung leisten kann, soll vorab geklärt werden, was Kritik ist, was fernab von Alltagsverstand eine Operation, die als kritisch verstanden wird, bedeuten könnte. Judith Butler zitierend möchte ich an dieser Stelle „um Geduld bitten, da sich zeigt, dass Kritik eine Praxis ist, die eine gewisse Geduld fordert [...] ein wenig mehr wie Kühe als wie Menschen zu handeln und die Kunst des langsamen Wiederkäuens zu erlernen" (Butler 2001 o.S.).

Was ist Kritik?

Typischerweise beginnt die Operation der Kritik mit der Formulierung von Fragen (vgl. Butler 2007: 13). Die Frage „Was ist Kritik?" ist dabei selbst von zeitloser Aktualität. Verstehen wir Kritik als *die* Operation, die das „Normale", das „Selbstverständliche" zu hinterfragen wagt, so ist die Transformation von Gesellschaft geradezu abhängig von der strategischen und persistenten Kritik. Dies macht eine kontinuierliche Verständigung über die Kritik zu einer wichtigen intellektuellen Praxis, weswegen die Fragen nach der Rolle der Intellektuellen und nach dem, was Kritik bedeutet, unmissverständlich miteinander verknüpft erscheinen. Wenn auch von zeitloser Aktualität, so sind diese Fragen doch nicht universell und endgültig zu beantworten. Ein erstes Problem stellt sich in der Auswahl der Narrationen, auf die zurückgegriffen wird bzw. welche theoretischen

Betrachtungen präferiert werden. Ist Kritik immer säkular? Oder sind auch religiös-begründete Kritikformen möglich? Von welcher gesellschaftlichen Position aus kann Kritik ausgeübt werden? In welchem Zusammenhang stehen „Sprechen" und „(Zu-)Hören" im Feld der Kritik? Gandhi zitierend könnten wir vielleicht sagen, dass das Feld der Kritik „Experimente mit Gewaltfreiheit" ermöglicht. Wobei Gewaltfreiheit eher ein nie zu erreichender Ort denn ein Zustand ist, mehr ein Prozess denn ein Ziel. Wer Gewaltfreiheit sucht, muss Gewalt dort erkennen, wo die Allgemeinheit Normalität sieht. Sie_er muss in der Lage dazu sein, sich auch selbst in Frage zu stellen und ein Risiko einzugehen, welches nicht immer vorab abschätzbar ist. Das Sich-beunruhigen-Lassen verstehe ich deswegen als ein Manöver der Kritikermöglichung.

In „Qu'est-ce que la critique?" stellt Foucault fest, dass Kritik lediglich „im Verhältnis zu etwas anderem als sie selbst ist: sie ist Instrument, Mittel zu einer Zukunft oder zu einer Wahrheit, die sie weder kennen noch sein wird, sie ist Blick auf einen Bereich, in dem sie als Polizei auftreten will, nicht aber ihr Gesetz durchsetzen kann" (Foucault 1992: 9). Kritik interveniert im Feld des Normalen, ohne ihre eigenen Wahrheiten durchsetzen zu wollen. Sie ist quasi Mittel ohne feststehenden Zweck.

Es war die christliche Kirche, die vermittels dessen, was Foucault als *Pastoralmacht* bezeichnet, diese epochemachende Idee entwickelte, dass jedes Individuum unabhängig von seinem Alter oder seiner Stellung sein ganzes Leben hindurch und bis ins Detail seiner Aktionen hinein regiert werden müsse und sich reagieren lassen müsse. „[D]aß es sich zu seinem Heil lenken lassen müsse und zwar von jemandem, mit dem es in einem umfassenden und zugleich peniblen Gehorsamsverhältnis verbunden sei" (ebd. 9f.). Das Verhältnis zur Wahrheit ist hier ein dreifaches: Wahrheit wird einerseits als Dogma verstanden, während anderseits die damit einhergehende Lenkung einen Prozess der Individualisierung impliziert und sich zudem als eine reflektierte Technik, die Foucault zufolge „allgemeine Regeln, besondere Erkenntnisse, Vorschriften und Methoden für Untersuchungen, Geständnisse usw. enthält", entpuppt (ebd. 10). Als Beispiel führt er bekanntermaßen die Beichte an: Bevor ich beichte, muss ich nicht nur über meine Sünden reflektieren, ich muss auch bestimmte Handlungen erst als sündhaft identifizieren. Schließlich muss ich mich durch die erteilte Absolution als befreit erfahren lassen, natürlich gleichzeitig immer bereit zu neuen Schandtaten, weswegen die Beichte nicht nur als befreiend, sondern auch als energetisierend erlebt wird. Wichtig ist hier die Historisierung der Praxis, denn es liegt nicht in der „Natur des Menschen" sich dermaßen lenken zu lassen. Vielmehr ist die Selbstlenkung Produkt der spezifischen Subjektivierung. Wie Foucault feststellt, haben

wir es später im 15. Jahrhundert mit einer Explosion der Menschenregierungs-
kunst zu tun, die sich laisiert und in der zivilen Gesellschaft ausbreitet. Die Frage nach der Regierungskunst wird zur grundlegenden Frage des 15. und 16. Jahrhunderts. In Zeiten dieser immensen Regierungsentfaltung taucht allerdings die
entscheidende Frage auf: „Wie ist es möglich, daß man nicht derartig, im Namen
dieser Prinzipien da, zu solchen Zwecken und mit solchen Verfahren regiert wird
– daß man nicht so und nicht dafür und nicht von denen regiert wird?" (ebd. 11f.)
In Europa entsteht eine neue Denkungsart, die Foucault dazu anregt, Kritik als
die „Kunst, nicht dermaßen regiert zu werden" (ebd. 12) zu definieren. Die Kritik entsteht dabei im Wesentlichen im Knoten, der sich in den „Beziehungen zwischen der Macht, der Wahrheit und dem Subjekt" (ebd. 15) herausbildet. Butler
zufolge beginnt Kritik bei Foucault mit der Infragestellung der Forderung nach
absolutem Gehorsam und mit der rationalen und reflektierenden Bewertung aller
Pflichten, die den Subjekten von Staats wegen auferlegt werden. Foucault fragt gewissermaßen nach den Kriterien für mögliche Vernunftgründe des Gehorsams. In
Konsequenz kann Kritik als „eine Bewegung verstanden werden, in welcher sich
das Subjekt das Recht herausnimmt, die Wahrheit auf ihre Machteffekte hin zu
befragen und die Macht auf ihre Wahrheitsdiskurse hin" (ebd. 15). Und wie Butler richtig bemerkt, heißt regiert werden auch, „dass uns die Bedingungen vorge-
schrieben werden, unter welchen Existenz möglich oder nicht möglich ist" (Butler 2001 o.S.). Entsprechend ist Kritik im Foucault'schen Sinne „die Kunst [...]
der reflektierten Unfügsamkeit", deren Funktion in der „Entunterwerfung" liegt
(Foucault 1992: 15). Sie ist wie die Aufklärung, die Kant 1784 in seiner bekannten
Schrift „Was ist Aufklärung?" beschreibt, ein Appell an den Mut (vgl. Foucault
1992: 16), der zu Ungehorsam aufruft. Das *sapere aude* [Habe den Mut, Deinen
Verstand zu gebrauchen!], Kant zufolge der Wahlspruch der Aufklärung, steht der
feudalen Stimme Friedrichs II gegenüber, der von Kant mit dem Satz zitiert wird:
„‚Räsoniert, so viel ihr wollt, und worüber ihr wollt; aber gehorcht!'" (ebd. 17)

> Aufklärung ist der Ausgang des Menschen aus seiner selbstverschuldeten Unmündigkeit. Un-
> mündigkeit ist das Unvermögen, sich seines Verstandes ohne Leitung eines anderen zu bedie-
> nen. Selbstverschuldet ist diese Unmündigkeit, wenn die Ursache derselben nicht am Mangel
> des Verstandes, sondern der Entschließung und des Mutes liegt, sich seiner ohne Leitung ei-
> nes andern zu bedienen. (Kant 1784: 481)

Ursachen dafür, dass die Mehrheit zeitlebens unmündig bleibt, sind für Kant bezeichnenderweise Faulheit und Feigheit: „Es ist so bequem, unmündig zu sein."
(ebd. 482). Die Gegenfrage, die sich vis-à-vis der Aufklärung stellt, ist jedoch, wie
zunehmende Rationalisierung „zur Raserei der Macht führt?" (Foucault 1992: 24).
Eine Frage, die bereits in Adornos allererster Forderung an Erziehung anklingt,

„daß nämlich Auschwitz nicht mehr sei" (Adorno 1972/1966: 88). „Barbarei", so Adorno, „besteht fort, solange die Bedingungen, die jenen Rückfall zeitigten, wesentlich fortdauern" (ebd.). Damit richtet er den Blick auf die Bedingungen, die Gewalt möglich machen.

> Man muß die Mechanismen erkennen, die die Menschen so machen, daß sie solcher Taten fähig werden, muss ihnen selbst diese Mechanismen aufzeigen und zu verhindern trachten, dass sie abermals so werden, indem man ein allgemeines Bewusstsein jener Mechanismen erweckt. (ebd. 90)

Nicht Faulheit und Feigheit, sondern vielmehr Unwissen wird hier als Grund für eine Unterordnung unter ein Kollektiv ausgemacht; für ein unhinterfragtes Mitmachen – ganz gleich wie ungeheuerlich das Verlangte auch sei – weswegen Erziehung Adorno zufolge überhaupt nur sinnvoll als eine zu kritischer Selbstreflexion zu verstehen ist (vgl. ebd.). „Autonomie, die Kraft zur Reflexion, zur Selbstbestimmung, zum Nicht-Mitmachen bilden hier – durchaus in Anlehnung an Kant – die Kraft gegen das ‚Prinzip von Auschwitz'" (ebd. 93). Und weiter: „Denn es gehört zu dem unheilvollen Bewußtseins- und Unbewußtseinszustand, daß man so und nicht anders ist – fälschlich für Natur, für ein unabänderliches Gegebenes hält und nicht für ein Gewordenes." (ebd. 99).

Butler stellt hier fest, dass für Adorno Kritik Teil einer Praxis ist, die ein Verständnis dafür entwickeln muss, wie Kategorien ins Spiel kommen, „wie das Feld des Wissens geordnet ist und wie das, was die Kategorien unterdrücken, gleichsam als deren eigene konstitutive Okklusion wiederkehrt" (2001 o.S.). Kritik fragt mithin nach der „verschließenden Konstitution des Feldes der Kategorien selbst" (ebd.). Dies wiederum erinnert an Foucaults Vorstellung eines Wissen-Macht-Komplexes, das von einer „Politik der Wahrheit" spricht und dabei die Machtfelder nachzeichnet, die festlegen, was als intelligible erscheint, was als Wahrheit gelten darf.

> Wir können die Bedeutung dieses Punktes verstehen, wenn wir zu fragen beginnen: Wer gilt als Person? Was gilt als kohärente Geschlechterzugehörigkeit? Wer ist als Bürger qualifiziert? Wessen Welt ist als reale legitimiert? […] Und was passiert, wenn ich etwas zu werden beginne, für das es im vorgegebenen System der Wahrheit keinen Platz gibt? (ebd.)

Marginalisierte Räume zeichnen sich auch dadurch aus, dass sie von Abjekten bewohnt werden, jenen also, denen der Subjektstatus versagt wird, weil es „im vorgegebenen System der Wahrheit" keinen Platz für sie gibt. Kaum zufällig wird die „Denaturalisierung" neben der „Historisierung" als Instrument der Kritik genannt. Wie ist die Ordnung entstanden, die wir jetzt für so selbstverständlich erachten? Wie sind die *Anderen* zu *Anderen* geworden? Und warum leben *natür-*

lich Deutsche in Deutschland? Kritik ist als eine Praxis zu überdenken, in der
wir, wie Butler schreibt, „die Frage nach den Grenzen unserer sichersten Denkweisen stellen und den Dingen zur Artikulation verhelfen, von der sie sonst durch
die vorherrschende Sprache abgeschnitten sind" (ebd.).

Kritik ist dabei keine nur äußerliche Praxis. Wie Butler uns aufklärt, ist sie
durch und durch „selbst-transformativ", kann sie doch sonst nicht „gegenüber einer als absolut auftretenden Autorität" bestehen (vgl. ebd.). Will heißen, Kritik
zieht nicht spurlos an uns vorüber. Kritik als Praxis kann uns unmöglich unbe-
rührt lassen: nicht unsere Körper und die Wahrnehmung derselben, nicht unsere
Art zu denken und die Art und Weise wie wir genießen und begehren, noch wie
wir träumen und hoffen (vgl. auch Castro Varela 2007). Kritik berührt die Praxen, die wir gelernt haben als sündhaft zu verstehen, und verändert die Praxen,
die uns *natürlich* anekeln. So ist ein wichtiger Bestandteil von Rassismus auch
Ekel – auch wenn darüber selten geredet wird. Der Ekel vor den *Anderen* und
ihren *natürlichen* Praxen: Wie die *Anderen* essen und wie sie leben und wie sie
riechen; weswegen die körperliche Berührung der *Anderen* zuweilen heroisiert
wird. Denken wir nur an die kolonialen Erzählungen der christlichen Missiona-
re. Da Kritik durch und durch selbst-transformativ ist, spricht Foucault auch von
den Risken, die mit der Kritik einhergehen:

> [...] denn es geht nicht nur darum, gegen diese oder jene staatliche Forderung Einspruch zu
> erheben, sondern darum, nach der Ordnung zu fragen, in der eine solche Forderung lesbar
> und möglich wird. [...] Das ist etwas ganz anderes und weitaus Gewagteres, als eine gegebe-
> ne Forderung für ungültig zu erachten. (Butler 2001 o.S.)

Eher ein mutiger Akt, der ohne Garantien handelt und das Subjekt an den Grenzen seiner Ordnung aufs Spiel setzt (vgl. ebd.). Eine Kritik auf sicherem Boden
ist damit eine Unmöglichkeit. Und wer Kritik nicht ausspricht, weil er_sie argumentiert, dass diese risikoreich sei, hat wohl die grundlegende Idee der Kritik als
soziale Praxis missverstanden. Kritik *ist* ein risikoreiches Unterfangen.

In diesem Zusammenhang ist das Konzept der *Parrhesia*, der Idee der muti-
gen Rede, von besonderer Bedeutung (vgl. Foucault 1996). *Parrhesia* beschreibt
eine Sprechtätigkeit, die versucht, Sinn und Ethik zu verbinden. Die *Kyniker*, insbesondere Diogenes, erhoben eine Art „Bodenlosigkeit" zum Mittelpunkt ihrer
Philosophie (ebd. 119ff.). Und so waren es die griechischen *Kyniker,* die *Parrhesia*
in der Form skandalösen und unerklärlichen Verhaltens ausübten, um damit ihre
Unzufriedenheit mit den sozio-politischen Verhältnissen der Zeit zu artikulieren
und eine gesellschaftliche Transformationen herbeizuführen. Dabei bleibt *Parrhesia* an zwei Bedingungen gebunden: Einerseits muss der *Parrhesiastes* über
den Status verfügen, der ihn dazu berechtigt diese auszuüben (in Platons Athen

beispielsweise Bürger der Polis sein), und es muss ein Hierarchieunterschied zwischen der Person, die *Parrhesia* ausübt, und derjenigen, an die sie sich richtet, gegeben sein (ebd. 50ff.). Der *Parrhesiastes* darf als Bürger sprechen, riskiert aber sein Leben, indem er sagt, was wahr ist.

> Oder genauer gesagt, parrhesia ist eine verbale Tätigkeit, bei der der Sprecher seine persönliche Beziehung zur Wahrheit ausdrückt und sein Leben aufs Spiel setzt, weil er das Wahrsprechen als eine Pflicht erkennt, um anderen Menschen (so wie sich selber) zu helfen oder sie zu verbessern. (ebd. 19)

Bei Sokrates entspricht der *Parrhesiastes* dem, der frei sprechen kann, weil das, was er sagt, mit dem übereinstimmt, was er tut – und vice versa. Die freie Rede ist hier direkt an das Aussprechen der Wahrheit gekoppelt (ebd. 103), womit die *Parrhesia* im Gegensatz zum Schweigen steht, aber auch zur bloß sophistischen Sprechtätigkeit. Das sophistische Sprechen ist gelehrtes Sprechen, welches jedoch nicht unbedingt mit der Lebensweise und Haltung des Sprechenden übereinstimmen muss. Anders gesagt: Sophist ist derjenige, der gut redet, aber dafür muss sein Leben nicht von ethischen Regeln bestimmt sein. Wie wir wissen, kann auch ein Rassist eloquent und gebildet sein, weswegen im übrigen Bildung allein vor Rassismus nicht schützen kann.

Doch *Parrhesia* kann auch Geschwätzigkeit bedeuten. Ein solcher *Parrhesiastes* meint all das sagen zu müssen, was ihm in den Sinn kommt. Plutarch spricht von einem *arthuroglossos,* von jemandem „der einen Mund ohne Tür hat", ein „endloser Schwätzer" (ebd. 65) ist. Ein Sprechen, das einer kritischen Haltung und eines Respekts den anderen gegenüber entbehrt. Das freimütige Sprechen ist dann nicht mutig, wenn auch risikoreich, denn das Sprechen ohne Schranken kann die Sprechenden immer in Schwierigkeiten bringen. So könnten wir sagen, dass Gandhi ein *Parrhesiastes* im Sinne eines Sokrates war, da er als Bürger des Britischen Empire und als Kolonisierter das aussprach, was er für wahr erachtete und auch lebte. Er brachte sich damit in Gefahr, aber beschritt damit auch den Weg in die Unabhängigkeit. Gandhi übte *Parrhesia* um das Risiko wissend aus, weil er nicht nicht sagen konnte, was er dachte. Damit handelt es sich bei *Parrhesia* – in ihrer positiven Bestimmung – um eine kritische Widerrede, die im Gegensatz zur Rhetorik steht. Anders als derjenige, der nur rein rhetorisch spricht, sind diese *Parrhesiastes* eins mit dem, was sie sagen. Ein aktuelles Beispiel für die negative Bestimmung von *Parrhesia* á la Plutarch ist dagegen der bereits genannte Thilo Sarrazin: „ein endloser Schwätzer", der glaubt mutig zu sein, dessen Handeln jedoch nicht durch ethische Regeln gerahmt wird. Angeklagt werden von seinem Gerede die Opfer einer diskriminierenden Gesellschaft und nicht diejenigen, die diesen das Leben unmöglich machen.

Kritische Migrationsforschung

> Die Lücke zwischen Recht und Gerechtigkeit zu verringern, steht in etwa im selben Verhält-
> nis wie der Versuch, in einer beharrlichen Kritik die Supplementierung der grundlegenden
> Kluft zwischen dem Historisch-Politischen und dem Ethischen zu suchen. (Spivak 2011: 63)

Kommen wir an dieser Stelle zur Kritik in einer als kritisch zu bezeichnenden Migrationsforschung. Kritik in dieser Rahmung kann ihre Aufmerksamkeit auf den Staat und die mit diesem verzahnte Zivilgesellschaft legen. Wer von Migration spricht, spricht dann immer von Integration, als würden die komplexen Migrationsphänomene unscheinbar aufgehen in einem Sprechen über Integration. Integration scheint alles. Doch sind Staaten, wie Butler in ihrem Dialog mit Spivak feststellt, zwar „gewisse Orte der Macht, aber es ist nicht so, daß sich Macht im Staat erschöpfen würde" (Butler/Spivak 2007: 7). Eine wichtige Funktion des Staates ist es vielmehr, Bindungen herzustellen und aufzuheben. Der Staat produziert damit richtige und falsche Zugehörigkeiten und die Anerkennungsregeln, die damit einhergehen (vgl. ebd. 8). Diese Bindungen sind immer hart umkämpft. Wer als Staatsbürger_in gilt, bestimmt der Staat. Und es ist der Staat, der die Einbürgerungsrituale vorgibt und über Einlass und Ausschluss bestimmt. So kennen wir Formen des schrittweisen – teilweise auch radikalen und spontanen – Rechtsentzugs, der Subjektpositionen hervorbringt, die „gespensterhafte Menschen" beherbergen:

> Zu diesen gespensterhaften Menschen, die [...] durch das Raster der für jede noch so kleine
> Anerkennung erforderlichen sozialen Anerkennung fallen, zählen nach Butler jene, deren Al-
> ter, Geschlecht, Rasse, Nationalität und Status der Arbeitskraft sie nicht nur für die Staatsbür-
> gerschaft disqualifizieren, sondern aktiv für Staatenlosigkeit qualifizieren. (ebd. 15)

Die Existenz von „gespensterhaften Menschen" fordert Kritik heraus, Kritik in einem *parrhesiastischen* Sinne. So macht es Sinn und ist es notwendig, den politico-medialen Themensetzungen innerhalb der migrationspolitischen Sphäre eine resolute Verweigerung entgegenzustellen, vorgesetzte Themen zu desavouieren und unser intellektuelles Vermögen dazu zu nutzen, das Verschwiegene, das nicht Benannte sichtbar zu machen. Sollten wir darüber hinaus nicht die Sprache und die Metaphern, die uns im Migrationsdiskurs vorgesetzt werden, zurückweisen? Wieso sprechen wir so eloquent von „Menschen mit Migrationshintergrund" und beständig von „Parallelgesellschaften"? Wieso haben so viele unter uns eine neue Lust an der Denunziation und Zensur entdeckt? Kritische Migrationsforschung würde, Foucault, Adorno, Butler und Spivak ernst nehmend, gegen einen grassierenden Anti-Intellektualismus intervenieren, der sich immer mehr auch der pädagogischen Felder bemächtigt. Lesen scheint nicht mehr angesagt, Theorien und die notwendige Abstraktion des Hier und Jetzt eine Zumutung. Die Praxis diktiert das Feld (vgl. Castro Varela 2011). Doch vergessen wir nicht, dass Adornos kritische Selbstreflexion nicht umsonst zu haben ist. Kritische Migrationsforschung bedeutet deswegen immer auch eine kritische Auseinandersetzung mit der Weigerung, den Dingen auf den Grund zu gehen – das Risiko selbstverständlich umschiffend.

Des Weiteren gehört zu einer kritischen Haltung die Zurückweisung eines dumpfen Nationalismus und die Suche nach Möglichkeiten anti-identitärer Kollektive. Hannah Arendt spricht in ihrer Diskussion des Nationalismus und seines Grauen von der Etablierung einer Föderation. Diese Idee ist entschieden anti-kommunitaristisch, denn, wie Butler bemerkt, „eine Föderation würde voraussetzen, daß Gruppen zusammenarbeiteten, die keines Gefühls gemeinsamer Zugehörigkeit bedürften" (Butler/Spivak 2007: 21). Für Spivak wiederum reicht das Neudenken des Staates über den Nationalstaat hinaus und führt hin zu einem "Kritischen Regionalismus" (ebd. 52). Das erklärte Ziel ist hier wie bei Arendt, den Modi der nationalen Zugehörigkeit zu entfliehen, anstatt diese inklusiver zu machen, denn die nationale Zugehörigkeit muss immer exklusiv bleiben, würde sie doch sonst die eigene Begründung verlieren. Und wie Adorno uns erinnert, hat „der Völkermord seine Wurzel in jener Resurrektion des angriffslustigen Nationalismus, die seit dem Ende des neunzehnten Jahrhunderts in vielen Ländern sich zutrug" (Adorno 1972/1966: 89). Deswegen bezeichnet Jacques Derrida die Auflösung der Verbindung zwischen Geburt und Staatsbürgerschaft als Dekonstruktion der Genealogie (Butler/Spivak 2007: 60), die eben den Beginn eines „Kritischen Regionalismus" im Sinne Spivaks markiert. In diesem Zusammenhang ist auch auf die Exklusion der nicht blutsverwandten Staatsbürger_innen hinzuweisen: jene „Menschen mit Migrationshintergrund" nämlich, von denen alle glauben zu wissen, um wen es sich da handelt, und deren Identität doch niemand genau bestimmen kann. „Menschen mit Migrationshintergrund" stellen eine Konzept-Metapher dar, die die Reinheit der Nation, des eigentlichen Volkes sichert und eine Exklusion im Namen der Nation immer möglich macht – immer androht.[2]

Keine Nationalmannschaft, mit oder ohne Mesut Özil, überschreitet den Nationalismus und auch potentiell gewalttätigen Patriotismus. Er lenkt ihn eher, macht ihn verdaulich – exklusiv und gewalttätig bleibt er dennoch. Nicht zufäl-

---

2   Die Transformation eines *jus sanguinis* in ein *jus solis* wurde in der Bundesrepublik Deutschland zwar faktisch (wenn auch nur teilweise) bewerkstelligt, aber es sind eben Bezeichnungen wie „Menschen mit Migrationshintergrund", die das Unbehagen mit diesem Wandel aufzeigen und auch die Grenzen der Zugehörigkeiten markieren. Es entstehen „Deutsche, die doch nicht ganz Deutsche sind".

lig hegt Adorno großes Misstrauen gegenüber dem friedfertig sich gebarenden, massenmedial reproduzierten nationalen Sportereignis. Eine Analyse des Nationalismus ist deswegen zwingend notwendig, wann immer wir Migrationspolitik kritisch betrachten. Wir müssen unsere Analyse auf die Operationen und Bedingungen der Exklusion lenken, denn niemand „fällt aus der Nation einfach so heraus" (Butler/Spivak 2007: 25). Man muss erst für mangelhaft befunden werden und „durch die Bezeichnung und deren implizite und aktiv wirksamen Kriterien, zum „Mangelwesen'" erklärt werden (ebd.).

Wir sollten genau beobachten, wer hier und heute zum „Mangelwesen" erklärt wird, wer als mangelhaft befunden wird. Und wir sollten bekannt machen, welche exklusiven und exkludierenden Begrifflichkeiten hierfür erfunden wurden und werden. Macht ist kreativ und produktiv, das wissen wir seit Foucault. Sie erfindet beständig neue Kriterien der Exkludierung und Strategien, diese zu legitimieren. Damit einher geht ein Bezeichnungskrieg: Die „Integrationsunfähigen", die „Schläfer", die „Integrationsunwilligen", aber auch die „Angepassten", die „Assimilierten", die gefährlich sind, weil sie die Reinheit der Nation als Hybridisierte angreifen (vgl. hier Bhabha 1994) – das sind die „Mangelwesen". Es liegt an der Kritik die Bedingungen für die Entstehung dieser „Mangelwesen" zu analysieren.

Es gibt keinen Patriotismus, keine Proklamation nationaler Homogenität, dem bzw. der nicht zu misstrauen sei – dies schließt meines Erachtens den Habermas'schen Verfassungspatriotismus ebenso ein, auf den so gerne Bezug ge nommen wird, wann immer man die Idee des Patriotismus retten möchte.[3] Weil die staatliche Macht die Kriterien von Staatsbürgerschaft nutzt, um eine Bevölkerungsgruppe in deren Enteignung zu produzieren und zu paralysieren, folgt daraus die Forderung nach postnationale Formen politischer Opposition (vgl. Butler/Spivak 2007: 30f.). Hierfür allerdings brauchen wir, wie Butler mahnt, „ein komplexeres Verständnis der Vielgestaltigkeit und der Taktiken der Macht, um jene Formen von Widerstand, Aktion und Gegenmobilisierung zu erfassen, welche sich der staatlichen Macht entziehen oder sie blockieren" (ebd.). Sprache spielt hier eine wichtige, ja herausragende Rolle. In den USA sangen illegalisierte Migrant_innen auf einer Demonstration gegen die Einführung strikterer Einwanderungsgesetze die US-amerikanische Nationalhymne auf Spanisch, um damit zu dokumentieren, dass sie sich als Teil der Nation verstehen. Der damals amtie-

---

3   In Zeiten politisch proklamierter Unsicherheit, Krise und Gefahr werden immer absurder
     werdende Praxen von uns verlangt, werden Kriege im Namen der nationalen Sicherheit und
     Demokratisierung geführt, ohne dass eine Mehrheit Widerstand dagegen leistet. Im Gegenteil,
     die Mehrheit fühlt sich nicht sicher und erlaubt deswegen fast alles, um die Sicherheit wieder-
     zuerlangen: unnötige Kontrollen, Einschränkung (bürgerlicher) Freiheiten etc.

rende Präsident George Busch erklärte, dass dies nicht erlaubt sei. Sprache wird hier deutlich zum Kriterium der Kontrolle. Sie bestimmt letztlich, wer der Nation zugehört und wer nicht (vgl. ebd. 42). Auch das Verbot des Sprechens anderer Sprachen auf den Schulhöfen und die absurde Wendung „Deutsch ist Amtssprache", die auch in der universitären Administration häufig Anwendung findet, um die Exklusion nicht-deutschsprachiger Studierender zu legitimieren, sind hier gute Beispiele. Und warum ist es eigentlich unabdingbar, die deutsche Sprache korrekt zu sprechen? Was bedeutet „korrekt"? Der Beziehung zwischen Kontrolle, Restriktion, Marginalisierung und der Inszenierung eines „guten Willens" einer „humanen sprich vernünftigen Intention" ist hier einer genauen Untersuchung zu unterziehen. Wer die deutsche Sprache nicht spricht, hat keine Chance, so heißt es. Warum eigentlich? Geht es bei den eingeführten Einschulungstests tatsächlich nur um das Wohl der Kinder oder nicht auch um die Legitimation des Ausschlusses? Wer profitiert, so fragt die Kritik, von welchen Maßnahmen? Um wen geht es? Wer zeigt hier guten Willen, der Staat? Die Erziehungsinstanzen, die für Gramsci Teil der Zivilgesellschaft und für Althusser Teil des ideologischen Staatsapparates sind? Und warum?

Das Sprechen Sarrazins bspw. wurde auch ermöglicht durch einen ungebändigten Sicherheitsdiskurs. Sarrazins Sprechen wiederum ermöglicht neue Formen des Terrors. Das Sprechen wird wortkarg gewaltvoll. Es genügt, vor einer Person, die nicht so aussieht wie eine deutsche Person aussehen sollte, zu artikulieren: „Ich finde Sarrazin hat Recht! Das musste mal gesagt werden!", um diese dazu zu bewegen, möglichst stillschweigend den Raum zu verlassen, in dem sie sich bisher sicher – wenn auch nicht unbedingt wohl – gefühlt hat. Was tun, wenn Menschen voller Höflichkeit ihrem Ekel und ihrer Missachtung Ausdruck verleihen? Diesen Formen der Gewalt gebührt Kritik. Denn vergessen wir nicht, dass es der Imperialismus war, der uns vorexerzierte, wie die Verwaltung, den „reibungslosen Ablauf der nachhaltigen Ausbeutung gewährleistete" (Butler/Spivak 2007: 55; vgl. auch Castro Varela/Dhawan 2005). Es muss deswegen wohl beständig darum gehen, wie Foucault uns mahnt, den „Nexus von Macht-Wissen zu charakterisieren, mit dem sich die Akzeptabilität eines Systems [...] erfassen läßt" (Foucault 1992: 33).

Es wäre noch viel zu sagen, doch möchte ich diese ersten Überlegungen zur Kritik in der Kritischen Migrationsforschung mit Adorno und seinen Gedanken zu einer Erziehung nach Auschwitz beenden: „Erziehung", so bemerkt er,

müßte Ernst machen mit einem Gedanken, der der Philosophie keineswegs fremd ist: daß man die Angst nicht verdrängen soll. Wenn Angst nicht verdrängt wird, wenn man sich gestattet, real so viel Angst zu haben, wie diese Realität Angst verdient, dann wird gerade dadurch wahrscheinlich doch manches von dem zerstörerischen Effekt der unbewußten und verschobenen Angst verschwinden. (Adorno 1972/1966: 97)

Kritische Migrationsforschung muss entsprechend das Fürchten lehren, so dass die Realität, die tatsächlich beängstigend ist, auch als bedrohlich empfunden werden kann. Und sie muss neue Räume der Solidarität ermöglichen, die das Nationale überschreiten. Rassismusforschung, die ihr Tun national rahmt, stabilisiert letztlich Elemente dessen, was sie zu kritisieren vorgibt. Wie Menschen, die „Gender" nicht schreiben können und denken, dass sich um Sexualität die „Perversen" selber kümmern müssten, kaum eine Forschung im Sinn haben, die die Regeln der Disziplin hinterfragt, so ist einer Migrationsforschung zu misstrauen, die über „Parallelgesellschaften" spricht und „Migration" und „Integration" in eins setzt. Á la Spivak die Regeln brechen und der belohnten Ignoranz mit *parrhesiastischer* Kritik Widerstand entgegensetzen, das ist es, was Intellektuelle innerhalb der Kritischen Migrationsforschung tun können. Eine Praxis, die ich als utopiegeleitet und selbst-transformativ bezeichne, und deren Ausgang selbstredend ebenso wenig bestimmbar ist wie die Schritte, denen sie zu folgen hätte. Viel wäre schon erreicht, wenn wir dem Soufflieren der politischen Klasse „die Kunst der reflektierten Unfügsamkeit" (Foucault 1992) entgegensetzen würden, sodass wir nicht mehr dermaßen regiert werden.

Literatur

Adorno, Theodor W. (1972/1966). „Erziehung nach Auschwitz", in: *Adorno*, Theodor W.: Erziehung zur Mündigkeit. Vorträge und Gespräche mit Hellmut Becker 1959 bis 1969, Frankfurt am Main.

Bhabha, Homi K. (1994). The Location of Culture, New York/London.

Butler, Judith (2001). Was ist Kritik? Ein Essay über Foucaults Tugend, Internet: http://eipcp.net/transversal/0806/butler/de (Recherchedatum 29.11.2011)

Butler, Judith (2007). Kritik, Dissens, Disziplinarität, Zürich.

Butler, Judith/*Spivak*, Gayatri C. (2007). Sprache, Politik, Zugehörigkeit, Zürich.

Castro Varela, María do Mar (2007). Unzeitgemäße Utopien. Migrantinnen zwischen Selbsterfindung und gelehrter Hoffnung, Bielefeld.

Castro Varela, María do Mar (2011). „‚Wir haben das Recht auf kostenlose Geschirrspülmaschinen' – Soziale Gerechtigkeit, Recht und Widerstand", in: *Castro Varela*, María do Mar/*Dhawan*, Nikita (Hg.): Soziale (Un)Gerechtigkeit. Kritische Perspektiven auf Diversity, Intersektionalität und Antidiskriminierung, Münster, 36–61.

Castro Varela, María do Mar/*Dhawan*, Nikita (2005). Postkoloniale Theorie. Eine kritische Einführung, Bielefeld.

Foucault, Michel (1992). Was ist Kritik? Berlin.

Foucault, Michel (1996). Diskurs und Wahrheit. Berkeley Vorlesungen 1983, Berlin.

Kant, Immanuel (1784). Beantwortung der Frage: Was ist Aufklärung?, in: Berlinische Monatsschrift. Dezember-Heft, *481–494*, Internet: http://www.uni-potsdam.de/u/philosophie/texte/kant/aufklaer.htm (Recherchedatum 29.11.2011)

Sarrazin, Thilo (2010). Deutschland schafft sich ab: Wie wir unser Land aufs Spiel setzen, München.

Spivak, Gayatri Chakravorty (2011). „Ein moralisches Dilemma", in: *Castro Varela*, María do Mar/*Dhawan*, Nikita (Hg.): Soziale (Un)Gerechtigkeit. Kritische Perspektiven auf Diversity, Intersektionalität und Antidiskriminierung. Münster, 62–77.

.

Ein Plädoyer für Ambivalenzen, Widersprüchlichkeiten und Mehrdeutigkeiten in der Rassismuskritik

Urmila Goel

Rassismuskritik – für Ambivalenzen, Widersprüchlichkeiten, Mehrdeutigkeiten

Was ist Migrationsforschung? Die Forschung über (nationale Grenzen überschreitende) Migration, über (bestimmte) Migrant_innen, über die Bedingungen und Konsequenzen von Migration, über die Nachfahren von (bestimmten) Migrant_innen, über „Fremde" bzw. „Andere"? Unter dem Begriff Migrationsforschung ist vieles vorstellbar und wird Unterschiedliches untersucht. Kritische Rassismusforschung kann genutzt werden, um den Teil der Migrationsforschung zu hinterfragen, der sich der Beforschung der „Fremden" widmet und sie dabei als „Andere" festschreibt. Sie verschiebt den Fokus von der Betrachtung von Migrant_innen hin zur Analyse der Konstruktion der „Migrant_innen" und nimmt dabei die wirksam werdenden gesellschaftlichen Machtverhältnisse in den Blick. Damit ermöglicht sie eine kritische Perspektive für Migrationsforschung, muss sich aber auch selbst einem kritischen Nachfragen stellen. Dies ist das Ziel dieses Beitrags, in dem ich theoretische Rassismuskritik in ihrer Verflechtung mit verschiedenen Praxisfeldern, insbesondere der Wissenschaftspraxis und der Vermittlung von Theorie, betrachte. Dabei gehe ich davon aus, dass Theorie und Praxis sich gegenseitig bedingen und nicht unabhängig voneinander betrachtet werden sollten.

In der theoretischen Auseinandersetzung mit Rassismus, in der Analyse von empirischem Material, in der Vermittlung von Rassismuskritik im Rahmen der universitären Lehre oder in Workshops, in Diskussionen und beim Einordnen meiner Erfahrungen – immer wieder tauchen Unstimmigkeiten auf. Situationen passen nicht zur Theorie, Kategorisierungen funktionieren nicht, Handlungen sind in sich widersprüchlich, verschiedene Erklärungsansätze sind möglich, etc. All diese Unstimmigkeiten haben gemeinsam, dass Eindeutigkeiten und klare Orientierungen fehlen bzw. verloren gehen. Dabei erfolgen diese Abweichungen von Eindeutigkeit und Klarheit auf unterschiedliche aber miteinander verbundenen Weisen, die ich im Folgenden mit den Begriffen Ambivalenz (der die Unklarheit und fehlende Orientierung fokussiert), Widersprüchlichkeit (der das Nicht-miteinander-zu-vereinbarende hervorhebt) und Mehrdeutigkeit (der das Sowohl-als-auch beschreibt) fassen will.

Als ersten Impuls auf solche Unstimmigkeiten beobachte ich bei mir und Anderen den Wunsch, diese aufzulösen, eine eindeutige Erklärung zu finden und so eine klare Orientierung zu erhalten. Gleichzeitig mache ich aber die Erfahrung (mit eigenen und fremden Auflösungsversuchen), dass dies häufig nicht funktioniert, dass der Versuch der Vereindeutigung zu viel ausblenden muss und damit sowohl auf theoretischer als auch auf handlungsorientierter Ebene nicht zufriedenstellend ist. Zudem irritiert mich in der Rassismuskritik die Suche nach eindeutigen Erklärungen und Handlungsanweisen, da Eindeutigkeiten einfordern und erzwingen ein wesentliches Kennzeichen von Rassismus ist und vereindeutigende Wissenschaft an seiner Legitimation und Stabilisierung beteiligt ist (vgl. Mecheril/Melter 2010: 160). Dies muss auch rassismuskritische Forschung im Blick behalten und hinterfragen, inwieweit sie auch Gefahr laufen kann, rassistische Logiken zu stabilisieren. Zudem hat mich meine eigene natio-ethno-kulturelle (Mehrfach-)Zugehörigkeit zur Auseinandersetzung mit Uneindeutigkeit (vgl. Goel 2007) geführt. Im Rassismus werden die Nicht-Eindeutigen als monströs wahrgenommen und abgelehnt (vgl. Mecheril 2003: 323–325), das von der Norm Abweichende wird immer wieder thematisiert und jene, die als solche kategorisiert werden, müssen damit umgehen. Für mich selbst war das (Mehrfach-)Zugehörige, das Nicht-eindeutig-hier-oder-dahin-Gehören, das Sowohl-als-auch-Sein meine Normalität und durchaus auch positiv besetzt. Hieraus mag mein Interesse am produktiven Potential von Mehrdeutigkeiten, Ambivalenzen und Widersprüchlichkeiten entstanden sein.

Dieser Artikel stellt Fragen zu einigen von mir in der Verflechtung von rassismuskritischer Forschung und Praxis beobachteten Ambivalenzen, Widersprüchlichkeiten und Mehrdeutigkeiten und legt dabei einen besonderen Fokus auf deren produktives Potential für Rassismuskritik sowie eine rassismuskritische Migrationsforschung. Bevor ich dies anhand der drei Themenbereiche verflochtene Machtverhältnisse, Rassismusverständnisse und Zuordnungen aufzeige, werde ich meine theoretische Verortung darlegen. Der Beitrag schließt mit einem Plädoyer dafür, die aktive Auseinandersetzung mit Ambivalenzen, Widersprüchlichkeiten und Mehrdeutigkeiten als eine Möglichkeit zur Wissensgenerierung zu verstehen.[1]

---

1   Für kritische Kommentare und Diskussionen zu diesem Artikel, die seine Konzeption und Argumentation wesentlich beeinflusst haben, danke ich Alice Stein und Kathleen Heft.

Theoretische Verortung

Mein Verständnis von Rassismus und Rassismuskritik wurde vor allem durch Arbeiten von Mecheril (2003) sowie Mecheril und Melter (2010; 2009) geprägt. Es hat sich durch die Auseinandersetzung mit anderen Ansätzen weiterentwickelt, z. B. der kritischen Rassismus- und Weißseinsforschung (u. a. Terkessidis 2004; Wollrad 200; Eggers et al. 2005; Ha et al. 2007; Broden/Mecheril 2007; Kilomba 2008 und Melter/Mecheril 2009), der postkolonialen Theorie (u. a. Castro Varela/Dhawan 2005), der Forschung zu Intersektionalitäten und interdependenten Machtverhältnissen (u. a. Rommelspacher 1998; Crenshaw 1995; Walgenbach 2007; Erel et al. 2008; Castro Varela/Dhawan 2006, 2010) sowie Literatur zu rassismuskritischer Bildung (u. a. Elverich et al. 2009; Scharathow/Leiprecht 2009).

Mecheril (2003: 68–69) benennt als Kennzeichen von Rassismus eine rassifizierende Unterscheidungspraxis, die Verknüpfung der Unterscheidungsmerkmale mit stabilen Dispositionen, die Abwertung der als anders Konstruierten und Aufwertung des als eigen Definierten sowie die gesellschaftliche Macht, die Unterscheidungspraxis durchzusetzen. Mecheril geht davon aus, dass es verschiedene Ausprägungen von Rassismus gibt (vgl. Mecheril/Melter 2009: 16), diese Rassismen nebeneinander existieren können und „in Verschränkungen weitere Anschmiegungen des Rassismus auf kontext- und zeitspezifische Erfordernisse ermöglichen" (Mecheril 2003: 68). Die verschiedenen Rassismen teilen die gleichen Grundmuster, sind in ihrer jeweiligen Ausprägung aber spezifisch und unterscheidbar. Mecheril und Melter (2009: 16) beschreiben als zentrales Anliegen ihres Sammelbands zu Rassismuskritik (Melter/Mecheril 2009): „die diachrone und synchrone Pluralität und Wandelbarkeit rassistischer Praxen so zu thematisieren, dass gleichzeitig die ‚Familienähnlichkeit' der Praxen deutlich wird."

Mecheril und Melter (2010: 170–173) setzen sich kritisch mit antirassistischen Ansätzen auseinander und thematisieren drei problematische Tendenzen: jene zum Moralismus (der Festlegung von richtig und falsch), zum Essentialismus (der Annahme einheitlicher rassifizierter Subjekte) und zum Reduktionismus (dem Angebot von einfachen Erklärungen und Lösungen). Sie argumentieren, dass in all diesen Tendenzen (unbeabsichtigt) rassistische Logiken aufgegriffen und teilweise bestätigt werden. Hiergegen stellen sie ihr Verständnis von Rassismuskritik (Mecheril/Melter 2010: 172), die – um ihre Verstrickung in den Rassismus wissend – darauf abzielt, „auf Rassekonstruktionen beruhende beeinträchtigende, disziplinierende und gewaltvolle Unterscheidungen zu untersuchen, zu schwächen und alternative Unterscheidungen deutlich zu machen."

Verflochtene Machtverhältnisse

Die verschiedenen Ansätze des Theoretisierens von Intersektionalitäten oder interdependenten Machtverhältnissen (vgl. Rommelspacher 1998; Crenshaw 1995; Walgenbach 2007; Erel et al. 2008; Castro Varela/Dhawan 2010) betonen mit unterschiedlichen Fokussierungen und Konzepten, dass ein Machtverhältnis wie Rassismus nicht unabhängig von anderen Machtverhältnissen wirkt, durch andere mitbedingt wird und deshalb auch in seinen Verflechtungen mit anderen Machtverhältnissen analysiert werden sollte. Während diese theoretische Überzeugung inzwischen weit verbreitet ist, ist deren Umsetzung noch mit Problemen, Ambivalenzen und Widersprüchlichkeiten behaftet.

Hauptwiderspruch Rassismus

Aus der Migrations- und Rassismusforschung kommend ist mein Blick vor allem auf Rassismus ausgerichtet. Wenn beispielsweise Fragen der Frauenrechte instrumentalisiert werden, um damit rassistische Ausschlüsse zu legitimieren (vgl. Erdem 2009), ist es mir ein Anliegen, dies mit Verweis auf die Verflechtungen von Machtverhältnissen zu kritisieren. So hätte ich sicher im Jahr 2006 die von Mark Terkessidis und Yasemin Karakaşoğlu initiierte und sich gegen die Reproduktion von antimuslimischem Rassismus wendende Petition „Gerechtigkeit für Muslime"[2] unterzeichnet. Mit diesem Impuls muss ich mich allerdings Castro Varelas und Dhawans (2006, 438–429) Kritik stellen, dass die Petition es versäumt, Intersektionalitäten zu beachten und Kritik an der Unterdrückung von Frauen zu formulieren.

Mein Fokus auf Rassismus bringt mich immer wieder dazu, zwar Verflechtungen zu sehen, diese aber vor allem in Hinblick auf Rassismus zu thematisieren und damit die Konsequenzen anderer Machtverhältnisse in den Hintergrund zu rücken, auszublenden oder gar zu leugnen. Diese Tendenz nehme ich auch in anderen Kontexten wahr, in denen Intersektionalitäten betrachtet werden. So stelle ich in Lehrveranstaltungen fest, dass der von mir gesetzte Rahmen wiederholt dazu führt, dass ein erheblicher Teil der Studierenden vornehmlich Rassismus im Blick hat obwohl ich interdependente Machtverhältnisse behandle. In einer universitären Arbeitsgruppe zu strukturellen Ausschlüssen diskutierten wir kontrovers, ob wir uns ausschließlich mit Rassismus oder auch mit anderen Machtverhältnissen beschäftigen sollten. Bei einem aus den Gender Studies kommenden und Rassismus kritisierenden Buchprojekt wurden die Autor_innen dazu aufgefordert, sich im Text zu ihren Privilegien im Rassismus zu positionieren. Dies stellte uns Auto-

---

2   Vgl. http://www.zeit.de/2006/06/Petition (Recherchedatum 29.07.11).

r_innen (Böcker et al. 2010) vor ein Problem, da wir nicht nur im Rassismus unterschiedlich positioniert sind und uns deshalb dieser Fokus unzureichend erschien. In all diesen Beispielen besteht eine Unstimmigkeit zwischen dem Bekenntnis, verflochtene Machtverhältnisse zu betrachten, und der gleichzeitigen Fokussierung von Rassismus. Die Frage ist, wie es zu diesem Widerspruch zwischen theoretischen Anspruch und praktischer Umsetzung kommt, ob er bewusst oder unbewusst entsteht, theoretisch begründet wird oder nicht, und was daraus für Intersektionalitätstheorien abgeleitet werden kann.

Aber manche sind gleicher

Bei einem rassismuskritischen Workshop wollte ich die Verflechtung verschiedener Machtverhältnisse berücksichtigen und habe gleich zu Beginn spezifische Marginalisierungserfahrungen der Teilnehmenden thematisiert, um diese Machtungleichheit nicht unterschwellig im Workshop wirken zu lassen und damit die Auseinandersetzung mit Rassismus zu blockieren. Dieser Versuch scheiterte, da es mir nach diesem Einstieg nicht mehr gelang, den Fokus auf die eigenen Verstrickungen in Rassismus zu lenken. Auch als Teilnehmende bei einem AntiBias-Seminar (vgl. Schmidt et al. 2009) überzeugte mich das gleichzeitige Betrachten mehrerer Machtverhältnisse nicht. Ich hatte das Gefühl, jede_r Teilnehmend_e sucht sich etwas heraus, in dem sie/er sich marginalisiert fühlt, und setzt dies dann mit den Marginalisierungserfahrungen anderer gleich. Es gab kaum Möglichkeiten für den Austausch über spezifische Verletzlichkeiten von sozialen Positionen (vgl. Castro Varela/Jagusch 2009: 273–276) sowie die Wirkmächtigkeit unterschiedlicher Machtverhältnisse. Alles war irgendwie gleichbedeutend.

Erel et al. (2008: 275–276) kritisieren Intersektionalitätsansätze dafür, dass sie kontextspezifische Hierarchien von Machtverhältnissen nicht berücksichtigen, soziale Differenzen als beliebig betrachten und dabei „differences that matter" (Erel et al. 2008: 276) nicht ausreichend beachten. Aus meiner Erfahrung bei dem AntiBias-Seminar würde ich dem sofort zustimmen, gleichzeitig halte ich das Festlegen von Hierarchien zwischen Ausgrenzungsverhältnissen theoretisch für höchst problematisch. Ausgrenzungserfahrungen sind schwer vergleichbar und nicht intersubjektiv hierarchisierbar. Die weiter zu analysierenden Ambivalenzen liegen hier zwischen dem Anerkennen, dass Hierarchisierungen von Ausgrenzungsverhältnisse theoretisch problematisch sind, und der Einsicht, dass sie sich durchaus kontextspezifisch in ihrer Konsequenz für Menschen unterscheiden sowie eigene Marginalisierungserfahrungen als Schutzschild gegen die Auseinandersetzung mit den Wirkungen eigener Privilegien genutzt werden können.

Unterschiedliche Rassismen

Mecheril und Melter (2009: 15) betonen, dass es nicht nur unterschiedliche Ausprägungen von Rassismus gibt, sondern „auch unterschiedliche Verständnisse
des Rassismusbegriffs vorliegen."

(Un)Möglichkeit des Anerkennens anderer Zugänge

Den von Mecheril (ebd.) beschriebenen weiten Rassismusbegriff finde ich nicht
nur theoretisch überzeugend, sondern auch hilfreich, um mein ethnographisches
Material zu analysieren. In seinem Eintreten für Mehrdeutigkeiten und das In-
fragestellen von Eindeutigkeiten ist er mir auch politisch wichtig. Wissenschafts-
theoretisch Kuhn (1970), Lakatos (1970) und Feyerabend (1993) geprägt gehe ich
nicht davon aus, dass es einen richtigen wissenschaftlichen Zugang zu einem
Themenkomplex gibt. Vielmehr konkurrieren unterschiedliche Zugänge miteinander, die jeweils unterschiedliche Fragestellungen, Fokussierungen und Argu-
mentationsweisen haben.

Was aber bedeutet es, sich für einen Zugang entschieden zu haben und gleichzeitig anzuerkennen, dass andere Zugänge genauso gerechtfertigt sind? Inwieweit
bedeutet dies, die eigenen Überzeugungen immer wieder hinterfragen zu müssen? Muss im Schreiben und Vermitteln die Vielfalt immer wieder dargestellt
werden? Für die universitäre Lehre und Workshops ergeben sich aus diesen Fragen einige Herausforderungen. Zum einen will ich gewährleisten, dass die Studierenden und Workshop-Teilnehmenden den von mir gewählten Zugang verstehen, ihn aber nicht als den „richtigen" missverstehen. Zum anderen stellt sich für
mich die Frage, ob und wie ich rassismuskritische Ansätze vermitteln soll, die
ich entweder nicht nachvollziehen kann oder für theoretisch und praktisch problematisch halte. Ich muss immer wieder Entscheidungen über Fokussierungen
und Auslassungen treffen, kann nicht alles gleich darstellen, übe damit Macht aus
und kann mich der notwendigen (Un)Möglichkeit der adäquaten Repräsentation
nicht entziehen (vgl. Castro Varela/Dhawan 2007: 44). Die Herausforderung ist
es, mit dieser (Un)Möglichkeit verantwortungsvoll und selbstreflexiv umzugehen.

Familienähnlichkeiten

Die gemeinsame Betrachtung von unterschiedlichen Ausprägungen von Rassismus
wie beispielsweise koloniale Rassismen, Antisemitismus, Antiziganismus, anti-
muslimischer und antislawischer Rassismus (vgl. Rommelspacher 2009: 27–28)
ermöglicht es, die verbindenden Grundmechanismen und Funktionen im Blick zu
behalten, die Wandlungsfähigkeit von Rassismus zu erkennen und sich der Strate-

gie des Teilens und Herrschens zu widersetzen (vgl. Danielzik 2011). Hierbei besteht aber die Gefahr, die Gemeinsamkeiten zu stark zu betonen und Unterschiede auszublenden oder gar zu leugnen. So problematisieren sowohl Messerschmidt (2009: 64) wie auch Schäuble und Scherr (2009: 290–291) die Subsumption von Antisemitismus unter Rassismus, da sie darin die Gefahr der Gleichsetzung und damit der Ausblendung der spezifischen Kennzeichen von Antisemitismus sehen. Auch Ha (2007: 44) kritisiert mit Bezug auf eine postkoloniale Perspektive das Ausblenden von Unterschieden zwischen „unterschiedliche[n] Rassifizierungspraktiken". Die Herausforderung ist es, die Familienähnlichkeit der Rassismen (Mecheril/Melter 2009: 16) aufzuzeigen, ohne damit im familiären Zwang die Unterschiede auszublenden und jedem Familienmitglied die Möglichkeit zu geben, die eigene Geschichte zu erzählen und sich auch von der Familie zu distanzieren.

Bezeichnungspraxen

Rassismuskritik setzt sich mit der rassistischen Logik der Kategorisierung in „Wir" und die „Anderen" auseinander und betrachtet die Wirkmächtigkeit dieser Kategorisierungen. Dabei ist es sowohl theoretisch als auch politisch notwendig, diese Kategorisierungen zu benennen. So ist ein Ziel der kritischen Weißseinsforschung in Deutschland (vgl. Eggers et al. 2005, Wollrad 2005), die im Rassismus privilegierte Position mit der Bezeichnung „weiß" sichtbar zu machen. Politische Kämpfe wenden sich gegen rassistische Bezeichnungspraxen und etablieren dagegen Selbstbezeichnungen wie Schwarz (vgl. Eggers et al. 2005: 13), People of Color (vgl. Ha et al. 2007: 14) oder Roma und Sinti (vgl. Luttmer 2009: 107–108; Randjelović 2007: 266). Diese Bezeichnungen entstammen bestimmten politischen Zusammenschlüssen und wenden sich explizit gegen rassistische Ausgrenzungspraxen. Um die rassistisch Ausgegrenzten benennen zu können, müssen sie dabei notwendigerweise die rassistische Unterscheidungspraxis, die die Ausgegrenzten als Gruppe konstruiert, aufgreifen und damit umgehen.

Im rassismuskritischen Reden und Schreiben können emanzipative Begriffe übernommen oder analytische Konzepte verwendet werden. Bei Letzteren besteht unter anderem die Gefahr, dass sie politische Kämpfe und Akteur_innen unsichtbar machen, bei Ersteren muss insbesondere mit Tendenzen zu Essentialismus und Moralismus umgegangen werden. Die Wahl einer Bezeichnungspraxis hängt dabei eng mit dem jeweiligen Rassismusverständnis zusammen. Die Bezeichnungen tragen dieses in sich und sind damit je nach Perspektive passend oder unpassend, wie Mecheril (2003: 9) ausführt: „Jede Bezeichnung ist in ihrer Art (un)angemessen, weil sie (nur) bestimmte Aspekte fokussiert und als Bezeichnung die phänomenale oder explanative Signifikanz des Gesichtspunkts suggeriert."

Vor diesem Hintergrund sind editorische Vorgaben, welche Bezeichnungen und Schreibweisen Autor_innen eines Sammelbandes zu benutzen haben (vgl. Eggers et al. 2005: 12–13; Mecheril/Melter 2009: 16), problematisch, da sie zum einen normieren, wie mit Rassismus umzugehen ist, und zum anderen auf der begrifflichen Ebene Unterschiede in den Zugängen verdecken. Für die Auseinandersetzung mit unterschiedlichen Zugängen halte ich es für produktiver, diese nebeneinander stehen zu lassen und eine Begründung der jeweiligen Bezeichnungspraxis einzufordern (vgl. Tißberger et al. 2009: 12).

Da jede Bezeichnungspraxis (un)angemessen ist, muss sie bewusst gewählt und begründet werden und müssen die jeweils spezifischen Probleme der Auswahl bedacht werden. Wenn ich die Bezeichnungspraxis „als Inder_innen wahrgenommene Menschen in Deutschland" wähle, dann muss ich mich fragen, welche Konsequenzen diese Abweichung von Selbstbezeichnungen und die Fokussierung auf eine rassistische Kategorisierung hat, was ich damit analysieren kann und was nicht (vgl. Goel 2011).

Vielfältige Zuordnungen

Rassismus versucht, eindeutige natio-ethno-kulturelle Zugehörigkeiten festzulegen und kann jene, die sich zu mehreren natio-ethno-kulturellen Kontexten gleichzeitig zugehörig fühlen, nicht zulassen. Die Existenz dieser (Mehrfach-)Zugehörigen aufzuzeigen und als Normalität einzufordern wird damit zu einem rassismuskritischen Akt. Ambivalente Zuordnungen treten aber auch auf, wenn soziale Positionierungen in verschiedenen Rassismen und verschiedenen Machtverhältnissen gemeinsam betrachtet werden.

Ambivalente Positionierungen

In einer reduktionistischen antirassistischen Perspektive gibt es im Rassismus eindeutig unterscheidbare Marginalisierte (die Opfer) und Privilegierte (die Täter und Täterinnen) (vgl. Mecheril/Melter 2010: 171–172). Dieser Logik entziehen sich unter anderem die Sowohl-als-auch-Zugehörigen, also jene Personen, die kontextspezifisch zwar als zu den im Rassismus Privilegierten zugehörig anerkannt werden, in dieser Anerkennung aber prekär sind und regelmäßig auch die Erfahrung machen, zu den rassistisch Ausgegrenzten gezählt zu werden. Hierzu gehören Menschen, die physiognomisch als Zugehörige zur Dominanzgesellschaft passieren[3] können, die aber als nicht zur Dominanzgesellschaft zugehö-

---

3   Für Auseinandersetzungen mit Passing vgl. Ahmed 2005, Randjelović 2007, Mysorekar 2007.

rig klassifiziert und rassistisch ausgegrenzt werden, sobald mehr Informationen über sie zur Verfügung stehen (z. B. Name, Sprache, Informationen über die Familienbiographie). In einer solchen Position finde ich mich wieder: ich mache die Erfahrung, dass meine Zugehörigkeit zur Dominanzgesellschaft in vielen Interaktionen nicht in Frage gestellt wird, aber aus Erfahrung weiß ich, dass diese Anerkennung aufgrund meiner Familienbiographie eine prekäre ist. Ich habe gleichzeitig Anteil an den Privilegien im Rassismus und mache Rassismuserfahrungen.

Ambivalente Positionierungen entstehen zudem aus der Koexistenz unterschiedlicher Ausprägungen von Rassismus. Diese führen dazu, dass die gleichzeitige Positionierung als Marginalisierte in einem Rassismus oder mehreren Rassismen gemeinsam mit der Privilegierung in anderen auftritt. Die Marginalisierung in einem Rassismus bedeutet zudem nicht, dass die betroffene Person in anderen Rassismen nicht selbst rassistisch ausgrenzt. So kann ich in meiner empirischen Forschung feststellen, dass viele, die als „Inder_innen" Ausgrenzungserfahrungen machen, selbst Rassismen gegenüber „Muslim_a" und „Türk_innen" reproduzieren (vgl. Goel 2010: 175–178). Der analytische Zugang über verschiedene Ausprägungen von Rassismus kann diese Rassismusreproduktionen unter rassistisch Marginalisierten genauer betrachten als die Annahme, dass die sich gegenseitig Ausgrenzenden in der gleichen Position seien (vgl. Dietrich 2009). In den Rassismen, in denen sie nicht ausgegrenzt werden, sind sie Teil der privilegierten Gruppe und haben damit auch Anteil an der gesellschaftlichen Macht, die diese Rassismen durchsetzt. Die Macht zur gesellschaftlichen Durchsetzung von Rassismus ist damit nicht stabil an bestimmte Gesellschaftsgruppen gebunden, sondern variiert je nach gesellschaftlichem Ausgrenzungsmechanismus. Menschen, die in allen Rassismen privilegiert werden, sind dabei mit besonderer gesellschaftlicher Macht ausgestattet.

Die relativen Machtpositionen von Individuen und die Analyse von gesellschaftlicher Machtverteilung werden noch komplexer, wenn unterschiedliche Machtverhältnisse gemeinsam betrachtet werden. Rommelspacher (1998: 23) führt aus, dass durch Modernisierungsprozesse der „Sitz der Macht [...] weniger klar auszumachen" sei, „die Machtverhältnisse [...] unübersichtlicher und unsichtbarer" würden und die Machtverhältnisse sich nicht (mehr) in eine Rangordnung bringen ließen. In den meisten sozialen Interaktionen lassen sich die aufeinandertreffenden Menschen nicht pauschal als machtvoller bzw. machtloser klassifizieren, auch wenn dies mit Blick auf ein bestimmtes Machtverhältnis oder einen bestimmten Rassismus durchaus eindeutig sein kann.

Das Erkennen der Uneindeutigkeit von relationalen Positionierungen kann produktiv für die Analyse von machtvollen Interaktionen sein. So lässt sich z. B.

analysieren, wie Individuen ihre Marginalisierung in bestimmten Machtverhält-
nissen/Rassismen durch Privilegien in anderen versuchen zumindest teilweise
auszugleichen. So nutze ich sowohl unbewusst wie bewusst meinen sozialen Status aus, um Rassismuserfahrungen oder heterosexistische Ausgrenzungen abzu-
mildern. Zum Verständnis der Wirkungsweisen von unterschiedlichen Machtverhältnissen und Rassismen sowie deren Stabilität ist daher ein genauer Blick auf
ambivalente Positionierungen hilfreich.

Öffentliches Positionieren

Mecheril und Melter (2010: 172) betonen, dass für Rassismuskritik eine „Stand-
punktsensibilität und -reflexivität" notwendig sei. Diese Aufforderung zur Selbstreflexion geht in Rassismus kritisierenden Kontexten häufig mit der Forderung
einher, sich öffentlich (im Schreiben oder Reden) zur eigenen Verstrickung in
Rassismus zu positionieren.[4]

Mir ist aus einigen universitären Bewerbungsverfahren bekannt, dass Be-
werber_innen aufgefordert wurden sich zu ihren Privilegien zu äußern – nicht
aber zu ihren Marginalisierungen. Ziel dieser Aufforderungen war es, zum einen
Menschen mit Marginalisierungserfahrung im Rassismus zu fördern, und zum
anderen bei den privilegierten Bewerber_innen möglichst jene auszuwählen, die
sich bereits kritisch mit ihren Privilegien im Rassismus auseinandergesetzt hatten. Diesen Aufforderungen liegt nicht nur die Annahme eines geteilten Rassis-
musverständnisses zugrunde, sondern auch, dass es in einer Bewerbung möglich
sei, die eigenen Privilegien zu beschreiben. Gerade für Menschen mit ambivalen-
ten Positionierungen erfordert dies allerdings eine Reihe von Entscheidungen, bei
denen das Scheitern nahezu vorprogrammiert ist. Anforderungen, die von so vielen Voraussetzungen abhängen, sind für die Auswahl von Bewerber_innen zudem
wenig hilfreich. Was bedeutet es, wenn bei der Bewerbung keine Auskunft über
Privilegien gegeben wird? Heißt das, dass diese Person nicht privilegiert ist? Oder
ist zu vermuten, dass die privilegierte Person sich nicht zu ihren Privilegien be-
kennen wollte oder konnte? Wie kann das eingeschätzt werden, ohne rassistische
Kriterien wie Aussehen, Name oder Geburtsort einzubeziehen? Was kann daraus geschlossen werden, wenn eine Person ihre Privilegien lehrbuchreif darlegt?
Bedeutet es, dass sie in einem ernsthaften Reflexionsprozess steht oder ist es ein
Anzeichen dafür, dass sie weiß, was sie zu sagen hat? Wie soll das eingeschätzt
und von wem bewertet werden? Hier stellt sich die Frage, was genau mit welchen

4 Diese Forderung stammt aus politisch-emanzipativen Kämpfen mit dem Ziel, unterschiedliche
soziale Positionierungen von Sprechenden bzw. Schreibenden offen zu legen (vgl. Dennert et
al. 2007: 134).

Handlungsanweisungen erreicht werden soll, was sinnvolle Instrumente für diese Zwecke sind und welche Mittel kontraproduktiv sein können.

Ambivalenzen, Widersprüchlichkeiten und Mehrdeutigkeiten als Chance

Neben den genannten Beispielen ließen sich noch eine Reihe weiterer Ambivalenzen, Widersprüchlichkeiten und Mehrdeutigkeiten benennen, auf die Rassismuskritik stoßen kann oder sogar muss. Es ließen sich auch unzählige Versuche benennen, wie diese aufgelöst und Eindeutigkeiten geschaffen werden sollen. Ich plädiere aber dafür, nicht diesem Impuls nachzugeben, sondern einen genauen Blick auf das zu werfen, was nicht in die Erklärungsmuster passt. Denn wenn etwas nicht zu unseren Theorien passt, es zu Ambivalenzen, Widersprüchlichkeiten und Mehrdeutigkeiten kommt, dann sollte geprüft werden, ob dies ein Hinweis darauf ist, dass die Theorie zu vereinfachend oder ungenau ist. Das Nicht-passende kann uns zeigen, wo mehr Analyse, Theoriebildung und Entwicklung von Handlungsmöglichkeiten nötig ist und wo wir unseren eigenen Zugang, unsere Einstellungen und Perspektiven überdenken sollten. Zum anderen plädiere ich dafür, dass wir einen anerkennenden Umgang mit Ambivalenzen, Widersprüchlichkeiten und Mehrdeutigkeiten entwickeln. Der Impuls, sie aufzulösen, sollte kritisch hinterfragt und abgebaut werden. Unstimmigkeiten sollten als Teil der gesellschaftlichen Komplexität und jeglicher wissenschaftlicher Arbeit anerkannt werden, die nicht zu beseitigen sind. Hierfür müssen sowohl Ambivalenzen, Widersprüchlichkeiten und Mehrdeutigkeiten theoretisiert sowie eine Pädagogik entwickelt werden, die dazu befähigt, Unstimmigkeiten auszuhalten und einen produktiven Umgang mit ihnen zu finden.

Ambivalenzen, Widersprüchlichkeiten und Mehrdeutigkeiten irritieren und sind deshalb wertvoll. Sie sollten nicht als Problem, sondern als Chance betrachtet und gesucht werden. Die besondere Herausforderung hierbei ist es, Uneindeutigkeiten im reflektierten Schreiben ebenso wie im Handeln zuzulassen. Dafür muss eine kritische Reflexion der eigenen Wissenschaftspraxis und der Vermittlung von Theorien die eigene Forschung begleiten.

Mein Plädoyer lässt sich mit einem auf Rassismuskritik (und damit auch auf rassismuskritische Migrationsforschung) abgewandelten Zitat von Rosenstreich fassen:

> [Rassismuskritik] geht nicht ohne Widersprüche und Ambivalenzen von statten. Mein Anliegen ist nicht, diese aufzulösen, denn ich glaube nicht, dass dies möglich ist. Vom genaueren Hinschauen und Ernstnehmen der mehrschichtigen Dilemmata erhoffe ich mir, mehr Handlungsfähigkeit für die komplexe – und durchaus brüchige – gesellschaftliche Realität zu gewinnen.

Meine Ausführungen sind somit als Plädoyer für kritische Selbstreflexion und mehrdimensionales Denken in der [Rassismuskritik] zu verstehen. (2009: 195; Ergänzung durch die Autorin)

Literatur

Ahmed, Aischa (2005). „Na ja, irgendwie hat man das ja gesehen". Passing in Deutschland – Überlegungen zu Repräsentation und Differenz, in: *Eggers,* Maureen Maisha/*Kilomba,* Grada/*Piesche,* Peggy/*Arndt,* Susan (Hg.): Mythen, Masken und Subjekte. Kritische Weißseinsforschung in Deutschland, Münster, 270–282.

Böcker, Anna/*Goel,* Urmila/*Heft,* Kathleen (2010). Integration, in: *Nduka-Agwu,* Adibeli/*Hornscheidt,* Antje Lann (Hg.) (2010): Rassismus auf gut Deutsch. Ein kritisches Nachschlagewerk zu rassistischen Sprachhandlungen, Frankfurt am Main, 304–310.

Broden, Anne/*Mecheril,* Paul (Hg.) (2007). Re-Präsentationen. Dynamiken der Migrationsgesellschaft, Düsseldorf.

Castro Varela, María do Mar/*Dhawan,* Nikita (2010). Mission Impossible: Postkoloniale Theorie im deutschsprachigen Raum? in: *Reuter,* Julia/*Villa,* Paula-Irene (Hg.): Postkoloniale Soziologie. Empirische Befunde, theoretische Anschlüsse, politische Intervention, Bielefeld, 303–331.

Castro Varela, María do Mar/*Dhawan,* Nikita (2007). Migration und die Politik der Repräsentation, in: *Broden,* Anne/*Mecheril,* Paul (Hg.): Re-Präsentationen. Dynamiken der Migrationsgesellschaft, Düsseldorf, 29–46.

Castro Varela, María do Mar/*Dhawan,* Nikita (2006). Das Dilemma der Gerechtigkeit: Migration, Religion und Gender, in: Das Argument 266/2006, 427–440.

Castro Varela, María do Mar/*Dhawan,* Nikita (2005). Postkoloniale Theorie. Eine kritische Einführung, Bielefeld.

Castro Varela, María do Mar/*Jagusch,* Birgit (2009). Möglichkeitsräume und Widerstandsstrategien. Überlegungen zu einer geschlechtergerechten und antirassistischen Jugendarbeit, in: *Scharathow,* Wiebke/*Leiprecht,* Rudolf (Hg.): Rassismuskritik. Band 2: Rassismuskritische Bildungsarbeit, Schwalbach/Ts., 266–282.

Crenshaw, Kimberlé Williams (1995). Mapping the margins: intersectionality, identity politics and violence against women of colour, in: *Crenshaw,* Kimberlé Williams */Gotanda,* Neil/*Peller,* Garry/*Thomas,* Kendall (Hg.): Critical Race Theory: The Key Writings that formed the Movement, New York, 357–383.

Danielzik, Chandra-Milena (2011). Rezension von Adibeli Nduka-Agwu & Antje Lann Hornscheidt (Hg.): Rassismus auf gut Deutsch. Ein kritisches Nachschlagewerk zu rassistischen Sprachhandlungen, in: Peripherie, Nr. 124, 31. Jahrgang, 526–529.

Dennert, Gabriele/*Leidinger,* Christiane/*Rauchut,* Franziska (2007). Kämpfe und Konflikte um Macht und Herrschaft – Lesbenbewegung in der BRD der 80er Jahre, in: *Dennert,* Gabriele/*Leidinger,* Christiane/*Rauchut,* Franziska (Hg.): In Bewegung bleiben – 100 Jahre Politik, Kultur und Geschichte von Lesben, Berlin, 126–159.

Dietrich, Katharina (2009). „Die Russen mögen die Türken nicht" – Zur (Re-)Produktion von Rassismen am Beispiel junger Spätaussiedlerinnen und Spätaussiedler, in: *Scharathow,* Wiebke/ *Leiprecht,* Rudolf (Hg.): Rassismuskritik. Band 2: Rassismuskritische Bildungsarbeit, Schwalbach/Ts: Wochenschau, 349–365.

Eggers, Maureen Maisha/*Kilomba,* Grada/*Piesche,* Peggy/*Arndt,* Susan (Hg.) (2005). Mythen, Masken und Subjekte. Kritische Weißseinsforschung in Deutschland, Münster.

Elverich, Gabi/*Kalpaka,* Annita/*Reindlmeier,* Karin (Hg.) (2009). Spurensicherung. Reflexion von Bildungsarbeit in der Einwanderungsgesellschaft, Münster.

Erdem, Esra (2009). In der Falle einer Politik des Ressentiments. Feminismus und die Integrationsdebatte, in: *Hess,* Sabine/*Binder,* Jana/*Moser,* Johannes (Hg.): nointegration?! Kulturwissenschaftliche Beiträge zur Integrationsdebatte in Europa, Bielefeld, 187–206.

Erel, Umut/*Haritaworn,* Jin/*Gutiérrez Rodríguez,* Encarnación/*Klese,* Christian (2008). On the Depoliticisation of Intersectionality Talk: Conceptualising Multiple Oppressions in Critical Sexuality Studies, in: *Kuntsman,* Adi/*Miyake,* Esperanza (Hg.): Out of Place. Interrogating Silences in Queerness/Raciality, York, 265–292.

Feyerabend, Paul (1993). Against Method, London.

Goel, Urmila (2011). Zweite Generation Inder_innen, Deutsch-Inder_innen, Halb-Inder_innen, Indogerman_innen oder Desis: über gefühlte und zugeschriebene Zugehörigkeiten zu natio-ethno-kulturellen Gemeinschaften, in: migrazine 2011/2, Internet: http://www.migrazine.at/ artikel/r-ume-der-zweiten-generation (Recherchedatum 03.08.11)

Goel, Urmila (2010), „Kinder statt Inder" – Normen, Grenzen und das *Indernet,* in: *Riegel,* Christine/*Geisen,* Thomas (Hg.): Jugend, Zugehörigkeit und Migration. Subjektpositionierung im Kontext von Jugendkultur, Ethnizitäts- und Geschlechterkonstruktionen, Wiesbaden, 165–184.

Goel, Urmila (2007). Ein Raum für die Uneindeutigen – Das Internetportal Indernet, in: *Gunsenheimer/*Antje (Hg.): Grenzen Differenzen Übergänge – Spannungsfelder inter- und transkultureller Kommunikation, Bielefeld, 215–230.

Ha, Kien Nghi (2007). Weißes Europa: Eine un/mögliche Diskussion zwischen einem Mitglied von Kanak Attak und Kien Nghi Ha, in: *Ha,* Kien Nghi/*Lauré al-Samarai,* Nicola/*Mysorekar,* Sheila (Hg.) (2007): re/visionen. Postkoloniale Perspektiven von People of Color auf Rassismus, Kulturpolitik und Widerstand in Deutschland, Münster, 445–450.

Ha, Kien Nghi/*Lauré al-Samarai,* Nicola/*Mysorekar,* Sheila (Hg.) (2007). re/visionen. Postkoloniale Perspektiven von People of Color auf Rassismus, Kulturpolitik und Widerstand in Deutschland, Münster.

Kilomba, Grada (2008). Plantation Memories. Episodes of Everyday Racism, Münster.

Kuhn, Thomas (1970). The Structure of Scientific Revolutions, Chicago.

Lakatos, Imre (1970). Falsification and the Methodology of Scientific Research Programmes, in: *Lakatos,* Imre/*Musgrave,* Alan (Hg.): Criticism and the Growth of Knowledge, Cambridge, 91–196.

Luttmer, Michael (2009). „Schimpft uns nicht Zigeuner!" – Geschichte und Gegenwart des Antiziganismus, in: *Melter,* Claus/*Mecheril,* Paul (Hg.): Rassismuskritik. Band 1: Rassismustheorie und -forschung, Schwalbach/Ts., 106–122.

Mecheril, Paul (2003). Prekäre Verhältnisse. Über natio-ethno-kulturelle (Mehrfach-)Zugehörigkeit, Münster.

Mecheril, Paul/*Melter,* Claus (2010). Gewöhnliche Unterscheidungen. Wege aus dem Rassismus, in: *Mecheril,* Paul/*Castro Varela,* María do Mar/*Dirim,* İnci/*Kalpaka,* Annita/*Melter,* Claus (Hg.): Migrationspädagogik, Weinheim, 150–178.

Mecheril, Paul /*Melter*, Claus (2009). Rassismustheorie und -forschung in Deutschland. Kontur eines wissenschaftlichen Feldes, in: *Melter*, Claus/*Mecheril*, Paul (Hg.): Rassismuskritik. Band 1: Rassismustheorie und -forschung, Schwalbach/Ts, 13–24.

Melter, Claus/*Mecheril*, Paul (Hg.) (2009). Rassismuskritik. Band 1: Rassismustheorie und -forschung, Schwalbach/Ts.

Messerschmidt, Astrid (2009). Rassismusanalyse in einer postnationalsozialistischen Gesellschaft, in: *Melter*, Claus/*Mecheril*, Paul (Hg.): Rassismuskritik. Band 1: Rassismustheorie und -forschung, Schwalbach/Ts., 59–74.

Mysorekar, Sheila (2007). Guess my Genes. Von Mischlingen, MiMiMis und Multiracials, in: *Ha*, Kien Nghi/*Lauré al-Samarai*, Nicola/*Mysorekar*, Sheila (Hg.): re/visionen. Postkoloniale Perspektiven von People of Color auf Rassismus, Kulturpolitik und Widerstand in Deutschland, Münster, 161–170.

Randjelović, Isidora (2007). „Auf vielen Hochzeiten spielen": Strategien und Orte widerständiger Geschichte(n) und Gegenwart(en) in Roma Communities, in: *Ha*, Kien Nghi/*Lauré al-Samarai*, Nicola/*Mysorekar*, Sheila (Hg.): re/visionen. Postkoloniale Perspektiven von People of Color auf Rassismus, Kulturpolitik und Widerstand in Deutschland, Münster, 265–180.

Rommelspacher, Birgit (2009). Was ist eigentlich Rassismus?. in: *Melter*, Claus/*Mecheril*, Paul (Hg.): Rassismuskritik. Band 1: Rassismustheorie und -forschung, Schwalbach/Ts., 25–38.

Rommelspacher, Birgit (1998). Dominanzkultur. Texte zu Fremdheit und Macht, Berlin.

Scharathow, Wiebke/*Leiprecht*, Rudolf (Hg.) (2009). Rassismuskritik. Band 2: Rassismuskritische Bildungsarbeit, Schwalbach/Ts.

Schäuble, Barbara/*Scherr*, Albert (2009). Politische Bildungsarbeit und Antisemitismus bei Jugendlichen, in: *Scharathow*, Wiebke/*Leiprecht*, Rudolf (Hg.): Rassismuskritik. Band 2: Rassismuskritische Bildungsarbeit, Schwalbach/Ts, 283–299.

Schmidt, Bettina/*Dietrich*, Katharina/*Herdel*, Shantala (2009). Anti-Bias-Arbeit in Theorie und Praxis – kritische Betrachtung eines Antidiskriminierungsansatzes, in: *Scharathow*, Wiebke/*Leiprecht*, Rudolf (Hg.): Rassismuskritik. Band 2: Rassismuskritische Bildungsarbeit, Schwalbach/Ts, 154–170.

Tißberger, Martina/*Dietze*, Gabriele/*Hrzàn*, Daniela/*Husmann-Kastein*, Jana (Hg.) (2009): Weiß – Weißsein – Whiteness. Kritische Studien zu Gender und Rassismus, Frankfurt am Main

Walgenbach, Katharina (2007). Gender als interdependente Kategorie, in: *Walgenbach*, Katharina/ *Dietze*, Gabriele/*Hornscheidt*, Antje/*Palm*, Kerstin (Hg.): Gender als interdependente Kategorie. Neue Perspektiven auf Intersektionalität, Diversität und Heterogenität, Opladen, 23–64.

Wollrad, Eske (2005). Weißsein im Widerspruch. Feministische Perspektiven auf Rassismus, Kultur und Religion, Königstein/Taunus.

Kulturvergleichende Migrationsforschung? Der Umgang mit Differenz und Bildung in Deutschland und den USA

Merle Hummrich

Einleitung

Der Gebrauch des Kulturbegriffs in der Migrationsforschung ist umstritten. Einerseits ist „Kultur", wenn sie verdinglicht verwendet wird, die Basis für die Essenzialisierung von Differenz, die Festschreibung von Nicht-Zugehörigkeit und Entfremdung (vgl. Hamburger 1994). Andererseits liefert die Bezugnahme auf „Kultur" und „Kulturdifferenz" Erklärungsmöglichkeiten für die Herstellung von Unterschieden in Schule und Unterricht. Das „Dilemma der Differenz" (Kiesel 1996) spiegelt sich in den Ansätzen und Konzepten einer alltagsweltlichen „interkulturellen Pädagogik" wider, die weniger theoretisch-systematische Bezüge aufweisen, als vielmehr „praktische Erfordernisse der Problembewältigung, bildungspolitische Regulierungen, pädagogische Programmformulierungen und erziehungswissenschaftliche Reflexionen und Untersuchungen verschränken" (Hamburger 2009: 127). Mit der Kritik am „naiven Habitus des Antirassismus" (ebd.) scheint schließlich der Gebrauch des Kulturbegriffs in Zusammenhang mit Migration und Bildung suspekt, weil durch die Verwendung jener lebensweltlichen Deutungen Zu- und Festschreibungen stattfinden.

Dennoch stellt sich die Frage, ob eine kritische Perspektive auf Kultur und Interkulturalität nicht auch zu einer Entgrenzung dessen führt, was in Zusammenhang mit Migration und Kultur betrachtet, beobachtet und beforscht werden kann? Insofern greifen wir in diesem Beitrag den Titel des Bandes „Migrationsforschung als Kritik" als eine Möglichkeit auf, die Kritik an der Interkulturalität selbst kritisch zu hinterfragen. Denn – dies deutet sich in einem ersten vergleichenden Zugang über bildungsbezogene Migrationsforschung in Deutschland und den USA an – die Entgrenzung des Kulturbegriffs führt möglicherweise dazu, dass der „Migrationshintergrund" in Schule und Bildung unsichtbar wird, sodass ungleiche Bedingungen von Lernen und Bildung aus dem Blick geraten. Das Spannungsfeld zwischen Entthematisierung und (Über-)Thematisierung, zwischen Gleichsetzung und Differenzierung lässt sich unseres Erachtens nach in den Blick neh-

men, indem der Kulturbegriff nochmals „bemüht" wird, und zwar in Gestalt des
„cultural turn" der Migrationsforschung und eines daran gekoppelten kulturvergleichenden Vorgehens. Dazu werden wir im Folgenden die grundlegenden Perspektiven und Annahmen zu Kultur, Kulturvergleich und Migrationsforschung
vorstellen und davon ausgehend grundlegende methodologische Voraussetzungen eines kulturvergleichenden empirischen Vorgehens skizzieren, das die kritischen Impulse der Migrationsforschung in der Auseinandersetzung mit „Kultur"
aufnimmt. In einer Falldarstellung wird das Verfahren „kulturvergleichender Migrationsforschung" schließlich idealtypisch anhand zweier Bildungsgesetze vorgestellt, abschließend werden die Ergebnisse mit Bezug auf die Kritikfähigkeit
der Migrationsforschung und das eingangs skizzierte Spannungsfeld diskutiert.

Kultur, Kulturvergleich und Interkulturalität

Wenn Migration im *Kulturraum Deutschland* thematisiert wird, so geht es insbesondere um die Integrationsfähigkeit *des* Schul- und Bildungssystems und die
Fähigkeit der Migrationsanderen, *sich in das* Schul- und Bildungssystem zu integrieren. Dies scheint uns ein interessanter Zugang, da hier die Frage nach gesellschaftlichen Zugehörigkeitsmöglichkeiten und -barrieren thematisiert und dabei
konträre Modelle des Schul- und Bildungssystems diskutiert werden. Einerseits
gehen neo-institutionalistische Ansätze – insbesondere jene um den Stanforder
Wissenschaftler John W. Meyer – von einer weltweiten Angleichung sich stetig
modernisierender Bildungssysteme aus, in denen die Idee universaler Bildung als
demokratische Grundlage und Ermöglichungsstruktur gesellschaftlicher Integration verwirklicht wird (vgl. Meyer 2005). Andererseits kommen in weniger ma-
krostrukturellen Zugängen immer wieder Differenzen zwischen unterschiedlichen Staaten – auch den als „modernisiert" geltenden – zur Sprache (vgl. Amos
2006; Caruso 2010). Ist in der erstgenannten Perspektive von einer „Weltkultur"
die Rede, so scheint es hinsichtlich der institutionellen und interaktiven Umsetzung von Bildung eher Differenzen zu geben. Doch sind diese Differenzen nicht
als normative Grenzen zu verstehen, bei denen die Grenzen von Kulturen mit
den Grenzen von Nationalstaaten identisch sind, sondern sie müssen die kontingenten Grundlagen von Kultur einbeziehbar machen. Dies scheint uns mit dem
Kulturbegriff von Max Weber möglich, demnach Kultur „ein vom Standpunkt
des Weltgeschehens aus mit Sinn und Bedeutung bedachter endlicher Ausschnitt
aus der sinnlosen Unendlichkeit des Weltgeschehens ist" (Weber 1981: 180). Damit muss Kultur bedeutungsorientiert als eine Kategorie gefasst werden, die Ordnungsstrukturen verbindet, die der Ungeordnetheit „des Weltgeschehens" entge-

gengesetzt werden. Insofern wäre Nationalstaatlichkeit als eine kulturell formierte Ordnungsstruktur zu fassen, die symbolisch verankert wird (in Gesetzen), wobei der hier benutzte Kulturbegriff selbst *nicht-normativ* ist, denn er schreibt die Ordnung nicht auf die Nationen fest (Reckwitz 2000) und essenzialisiert nicht deutsche, türkische, amerikanische usw. Kulturen als festgeschriebene Strukturen (vgl. Hamburger 1994). Der Abschied von einem normativen Kulturbegriff und die Bezugnahme auf einen Begriff von Kultur als symbolische Ordnung ermöglicht es, die Differenzierungsmacht von Kultur*en* zu betrachten, etwa durch die Frage, wie hier Inklusion und Exklusion, Eigenes und Fremdes verhandelt werden (vgl. Waldenfels 1997).

Diese Dimensionierung macht sich u. a. auch die Kulturwissenschaft mit der Rede vom „cultural turn" zu eigen, der die „oft positivistische und ökonomische Erklärung des Sozialen ablöst und eine grundlegende Neubewertung von Symbolisierung, Sprache und Repräsentation auf den Weg bringt" (Bachmann-Medick 2007). Auch hier erfolgt in der Benutzung des Kulturbegriffs eine Distanzierung von einer Festschreibung auf nationalstaatliche Einheitskulturen (Hall 1999), deren Relationierung und Relativierung rückt ins Blickfeld (vgl. Bauman 2000).

Insofern bietet der „Kulturvergleich" eine differenztheoretische Betrachtungsmöglichkeit von Gemeinsamkeiten und Differenzen zwischen unterschiedlichen symbolischen Ordnungsstrukturen, der Bildungsysteme und ihre kulturellen Setzungen, Institutionen und Interaktionen als Ausdrucksgestalten jeweiliger Auseinandersetzungen mit diesen Ordnungsstrukturen analysieren und vergleichend aufeinander beziehen kann. Die Rückholung des Kulturbegriffs in die kritische Migrationsforschung ist insofern mit einer begrifflichen Verschiebung oder Verlagerung verbunden: Nicht jene naiven Interkulturalitätskonzepte, die interkulturelles Lernen als Kennenlernen der *Anderen* verstehen und damit Differenz festschreiben oder die das Wissen über die *Anderen* in formelhafte Anwendungsorientierung gießen, bilden hier die Strukturlogik von Interkulturalität ab, denn ein solches Verständnis von interkultureller Bildung geht von einer prinzipiellen Verstehbarkeit des *Anderen* aus. Dies ist insofern problematisch, als hier eine Teleologie zugrunde gelegt wird, die auf die Aneignung des Fremden zielt (vgl. Koller 2003). Mit Waldenfels (1997) wissen wir jedoch, dass gerade in der Aneignung (des Fremden) eine Unterwerfungsstrategie liegt, die etwa der Anpassung – einer weiteren Bearbeitungsstrategie – kontradiktorisch entgegensteht. Man kann sagen, dass Konzepte interkultureller Bildung, die auf prinzipielles Verstehen gerichtet sind, die originale Unzugänglichkeit des Fremden (Kokemohr 2007) verkennen und basale Dimensionen von Reziprozität, wie sie noch bei Auernheimer (1995) und Nieke (2000) zugrunde gelegt werden, ausblenden. Die Rezeption der letztgenannten Konzepte setzt vielmehr auf eine vereinfachende und individualisierende Aneignung von Kompetenzen, die Interkulturalität zum Aneignungsgegenstand werden lassen. Dies ist unter anderem auch dadurch begründet, dass die systemische Dimension hier kaum beleuchtet ist (Radtke 2008).

Geht man hingegen von Kultur als symbolischer Ordnungsstruktur aus, ermöglicht dies, Interkulturalität als Bezugnahme unterschiedlicher Ordnungsstrukturen aufeinander zu begreifen und dabei sowohl die Ebenen persönlicher Kulturen einzubeziehen als auch interaktive und institutionelle sowie nationalstaatliche Ordnungsstrukturen zu untersuchen. Insofern wäre jede Kultur bereits interkulturell (Hamburger 2009), weil sie sich erst in Relationierung zu anderen Kulturen entfaltet und sie vor dem Hintergrund beständiger Auseinandersetzungen mit anderen Kulturen nur als kontingent zu fassen ist. Vor diesem Hintergrund wäre Kulturvergleich in der Migrationsforschung vor allem mit Blick auf die Relationierungen und Positionierungen von Personen, Institutionen und nicht zuletzt Nationen in Anordnungs- und Lagerungsstrukturen möglich. Ein solches Verständnis entfaltet sich etwa in postkoloniale Theorien (Castro Varela/Dhawan 2005), denen ein Verständnis von „Migrationsforschung als Kritik" innewohnt, die auch die Perspektive der Migrationsforschung selbst kritisch hinterfragt. Wir möchten an dieser Stelle eine andere Richtung einschlagen und zunächst nach den methodologischen Implikationen einer kulturvergleichenden Migrationsforschung fragen.

Methodologische Überlegungen für eine „Migrationsforschung als Kritik"

Als Bedingungen des Kulturvergleichs in der bildungsbezogenen Migrationsforschung gilt es also festzuhalten: erstens besteht ein Spannungsverhältnis zwischen der Universalisierung von Bildung und ihrer Differenzierung in unterschiedliche Kulturen; zweitens ist Kultur als symbolische Ordnung zu begreifen, die drittens auf mehreren Ebenen gesellschaftlichen Handelns zum Ausdruck kommt. Viertens muss es im Fall von Migration um die Frage der Relationierung und Positionierung von Personen, Institutionen und auch Nationen, jeweils verstanden als handlungsfähige Akteurinnen und Akteure, gehen.

Wie gestalten sich vor diesem Hintergrund Forschungszugänge? Bekannte Studien, die sich der Bildungsungleichheit im internationalen Vergleich widmen, sind etwa die PISA-Studien, die immer wieder die Benachteiligungsrisiken von Jugendlichen mit Migrationshintergrund herausstellen.[1] Was die internationalen

---

1   Wobei Deutschland im Vergleich zu anderen sich als „modern" verstehenden Nationen, schlechter abschneidet. Das Benachteiligungsrisiko scheint in Deutschland größer zu sein als anderswo.

Leistungsvergleichsstudien wie PISA, TIMSS und DESI eint, ist die Annahme einer weltweit standardisierten Bildung, die der Entwicklung der Wirtschaft folge (Lenhardt 2008). Studien, die Migration in den Vordergrund ihrer Betrachtung stellen, zeigen indes, dass der Umgang mit Migration auch etwas mit den staatlichen Haltungen zu tun haben muss, die sich vor dem Hintergrund jeweiliger kulturell-historischer Bedingungen entfaltet haben (vgl. Gogolin 2005).

Hierin deutet sich ein Verständnis von „Migrationsforschung als Kritik" an, das sich an das Verständnis einer „Sozialforschung als Kritik" (Bonß/Honneth 1982) anlehnt und bereits in zahlreichen Einzelbeiträgen qualitativer Migrationsforschung artikuliert ist (vgl. Hamburger et al. 2005). Es geht um das Hinterfragen von Forschungsergebnissen und Haltungen zu Migration durch forschende Zugänge. In der Geschichte der Migrationsforschung ist in diesem Zusammenhang ein Einschnitt zu verzeichnen, der einerseits einen Perspektivenwechsel von der Defizit- und Problemorientierung hin zur Chancenorientierung fordert (Hamburger 1994), andererseits auf eine Systematisierung der Migrationsforschung drängt (Gomolla/Radtke 2009; Hamburger 2009). Systematisierend lässt sich an dieser Stelle ein methodologisches Konzept einer kritischen Migrationsforschung entfalten, das wie folgt gefasst werden kann:

1. Vereinseitigenden Perspektiven auf Migration als Defizit oder Migration als besondere Chance wird eine rekonstruktive Forschungsmethodologie entgegengehalten, die den Forschungsgegenstand als Möglichkeitsraum bestimmt, der im Fall von Migration eine besondere Konnotation erfährt, weil Migration sich durch die Deutungen als besondernde Erfahrung als Differenzkriterium und Besonderung in Institutionen und Biografien einschreibt (vgl. King/Koller 2009; Mecheril/Hoffarth 2009; Hummrich 2006; 2009).

2. Im Anschluss an die kritisch-theoretischen Forderungen nach „Offenheit" im Forschungsprozess (Bonß 1983) muss es darum gehen, den Ableitungscharakter positivistischer Ergebnisdarstellungen zu überwinden, die das Besondere als Ableitung von etwas Größerem, Allgemeinerem verstehen. „Es geht [...] nicht um die Subsumtion des Besonderen unter das Allgemeine, sondern um die Entdeckung der widersprüchlichen Allgemeinheit im Besonderen" (Bonß 1983: 204). Insofern wird im folgenden Fallbeispiel nach Deutungen und Interpretationen des Anspruchs universaler Bildung unter Bedingungen der Migrationsgesellschaft gesucht.

3. Entsprechend ist ein Deuten und Interpretieren gefordert, das die Strukturiertheit des Umgangs mit Migration als Ausdrucksgestalt des Umgangs mit Differenz begreift. Der Blick auf die Strukturiertheit kann in diesem Fall nur rekonstruktionslogisch erfolgen, weil erst durch die Rekonstrukti-

on die Reproduktionslogiken des Umgangs mit Differenz resp. Migration herausgearbeitet werden können. Wir rekonstruieren also auf allen Aggregierungsebenen das Besondere, können aber anhand dieser Besonderungen zum Allgemeinen vordringen. In Anlehung an Oevermann (1983: 273) heißt das für die Migrationsforschung: wir gewinnen erstens Erkenntnisse über allgemeine Strukturgesetzlichkeiten, die im Besonderen erzeugt werden; zweitens können wir am Besonderen die historische (und kulturelle, Anm. d. Verf.) Transformationsgesetzlichkeit erkennen, die sich etwa als Möglichkeitsraum der Verortung und Positionierung von sozialen Gebilden und Lebenspraxen artikulieren; drittens ist es uns möglich, am Besonderen die generativen Regeln von sozialen Praxen herauszuarbeiten (etwa unter der Frage: Wie verfertigt sich eine soziale Praxis in ihrem Vollzug? Oder noch spezifischer: Welche Strategien im Umgang mit Migration lassen sich in einer besonderen Praxis analysieren?); viertens als Typus sozialer Gebilde, die vor dem Hintergrund der je spezifischen Möglichkeitsräume in sozialen Gebilden und Lebenspraxen entsteht.

4.   Finden wir in den letzten beiden Punkten vor allem allgemeine rekonstruktionslogische Bezüge, so muss auch das Thema einer rekonstruktiven kulturvergleichenden Migrationsforschung hier angesprochen werden. Auch dafür ist die Auseinandersetzung mit der Dialektik von Allgemeinem und Besonderem wesentlich. Die Rekonstruktion ermöglicht einerseits, die allgemeinen Bedingungen *des* Sozialen zu analysieren (etwa die Tatsache, dass es Gesetze gibt, die den Umgang mit Differenz oder den Zugang zu Bildung regulieren und damit auf den Anspruch von Demokratie und universaler Bildung reagieren), andererseits die Spezifika *im* Sozialen in ihrer *Bedingtheit* herauszuarbeiten (wie sich der Umgang mit übergreifenden Bedingungen vollzieht, welche Positionierungen in Bezug auf „Menschen mit Migrationshintergrund" vorgenommen werden). Dabei werden grundsätzliche Herausforderungen formuliert: in der kulturvergleichenden Migrationsforschung liegen sie im Ethnozentrismus der Forschungsperspektive, in der Unbestimmtheit der Kriterien des Forschungszugangs und in der Inkommensurabilität der Forschungsgegenstände (Cappai 2005); in der Migrationsforschung lässt sich mit Koller (2003) eine Dialektik von Verstehen und Nicht-Verstehen als Kernfrage ausmachen. Beide Positionen verweisen darauf, dass einerseits die begrenzte Reichweite der einzelnen Forschungszugänge anerkannt werden muss, andererseits Untersuchungsgegenstände und Vergleichskriterien in Form von Heuristiken erfasst und beschrieben werden müssen.

5. Die unter Punkt 2 angesprochene „Offenheit" des Forschungsprozesses steht dieser Erfassung jedoch nicht entgegen, sondern sie ist integraler Bestandteil einer kulturvergleichender Migrationsforschung. Daraus entsteht die Voraussetzung, dass das Verstehen der in Migrationsforschung nicht als unendlich begriffen werden kann, sondern auch die Schließmechanismen der Forschungszugänge selbst bedacht werden müssen. Hierin schließt auch die Forderung an, dass nach der Analyse der machtförmigen Implikationen, die erst durch Migrationsforschung entstehen, die Ergebnisse der Migrationsforschung selbst zum Gegenstand der Kritik werden (müssen).

Ein deutsch-US-amerikanischer Kulturvergleich zum Umgang mit Migration

Diese Überschrift ist angesichts unseres erst zu beantragenden Projektvorhabens etwas hoch gegriffen. Gleichwohl möchten wir hier am Fall orientiert die Möglichkeiten einer kulturvergleichenden Migrationsforschung aufzeigen. Wir bestimmen den Untersuchungsgegenstand über die Frage nach dem Umgang mit Differenz in Deutschland und den USA, wobei wir annehmen, dass sich dieser Umgang mit Differenz besonders an der Frage nach dem Umgang mit Migration verdeutlichen lässt. Dies liegt unseres Erachtens nach darin begründet, dass in nationalstaatlich verfassten Bildungssystemen, wie sie in beiden Staaten vorliegen, die Frage nach Teilhabe und die Realisierung der Idee universaler Bildung unter den Bedingungen von Einwanderung – also idealtypisch gedacht: des beständigen Wechsels von Zugehörigkeit und Nicht-Zugehörigkeit – dauerhaft Thema sind.

Für eine Kontrastierung von Deutschland und den USA sprechen in diesem Zusammenhang die unterschiedlichen Modernisierungspfade, die beide Nationen genommen haben (Münch 1983) und die sich nach Schaub und Baker (2001) insbesondere in der Struktur des Bildungssystems ausdrücken. So entspricht das Modell der USA einer umfassenden Modernisierung, während die Mehrgliedrigkeit des Bildungssystems und die Tradierung sozialer Ungleichheit in Deutschland makrostrukturell den Eindruck einer feudalen Organisation (ebd.) macht. Schließlich ist der staatliche Umgang mit Einwanderung sehr unterschiedlich, was unter anderem an den Bildungsgesetzen zum Ausdruck kommt, die im Folgenden diskutiert werden.

Ein erster Schritt, dieser heuristischen Vorannahme rekonstruktiv zu begegnen, liegt also in der Frage: wie wird in beiden Staaten der Idee universaler Bildung begegnet und welche Folgerungen werden daraus für den Umgang mit Kindern mit Migrationshintergrund gezogen? Hier setzt unsere Rekonstruktion an.

Das Bildungsgesetz für Berlin ist als eine Broschüre verfügbar, die im Internet heruntergeladen werden kann (SchulG 2010). Auf der Titelseite war bis zum Dezember 2010 ein dunkelhaariger Junge abgebildet, der einen Stift in der Hand hält. Die Aufmachung der Broschüre implizierte, dass es bei diesem Gesetz nicht um die Sicherstellung einer Pflicht geht, sondern um eine Gabe, die von der Stadt Berlin gegeben oder gewährt wird. Man kann dies im Sinne einer Dienstleitung verstehen, die von jenen, die sich bilden, gewährt wird: Bildung geschieht im Dienste Berlins. Wer sich bildet, wird zum Dienstleister. Nicht diejenigen, die bilden (Schulen und Lehrer), sondern diejenigen, die sich bilden sollen, stehen damit im Dienst des Bundeslandes. Dabei wird auch der „Auftrag der Schule" umrissen.

> Auftrag der Schule ist es, alle wertvollen Anlagen der Schülerinnen und Schüler zur vollen Entfaltung zu bringen und ihnen ein Höchstmaß an Urteilskraft, gründliches Wissen und Können zu vermitteln. (SchulG 2010: 9)

Es geht also darum, den oder die Einzelnen zu fördern, folglich für jede(n) zu erkennen, welche Möglichkeiten und Anlagen er oder sie hat und diese zur Entfaltung zu bringen. Individuation steht im Vordergrund von Erziehung und Bildung. Jedes Kind hat ein Recht darauf, die Eltern und die Institutionen haben die Pflicht, dies zu ermöglichen. Dies alles findet unter der Maßgabe der positiven Selektion statt: nicht das, was unwert ist, wird aussortiert, sondern das, was wertvoll ist, soll zur Entfaltung gebracht werden – wobei der Begriff „wertvoll" sehr unspezifisch verwendet wird. Bereits hier lässt sich ein verdinglichtes Verständnis von Bildung ablesen: das Kind ist passiver Gegenstand von Bildung, die ihm erteilt wird – durch Erwachsene, die sich seiner (Anlagen) aktiv gestaltend annehmen. Zudem liegt hier eine moralisch Aufladung vor: Lehrerinnen, Lehrer und Eltern werden in den Dienst der Bildung gestellt und entscheiden über die Förderung oder Nicht-Förderung des Kindes. Diese Aufladung konkretisiert sich dann auch als Formulierung eines Bildungszieles, das auf „die Heranbildung von Persönlichkeiten" gerichtet ist „welche fähig sind, der Ideologie des Nationalsozialismus und allen anderen zur Gewaltherrschaft strebenden, politischen Lehren entschieden entgegenzutreten". Hier wiederholt sich die passivische Perspektivnahme auf das Kind, dessen Bildung von anderen gestaltet wird. Gleichwohl ergibt sich eine Paradoxie: aus der heteronomen Rahmung (das Kind wird gebildet) soll entschiedenes Handeln (Autonomie) werden. Dabei stellt der besondere Begriff des „Heranbildens" sich in diesem Zusammenhang als Konglomerat aus unterschiedlichen Metaphern dar, die das Aufwachsen betreffen: geht es um das „Heranziehen", so ist der Prozess des Züchtens und Abrichtens angesprochen; geht es um das „Herausbilden", liegt wieder ein Anschluss an eine Trennung wertvoller und nichtwertvoller Anlagen nahe; geht es um das „Bilden" an sich, so werden pädagogische Machbarkeitsvisionen suggeriert. Gerade in diesem Widerspruch zwischen passivierender „Heranbildung" und entschiedener Kritik – vor allem an national-sozialistischem Gedankengut – wird ein Bildungsbegriff, der auf Eigenaktivität und Entfaltung im Sinne aktiver Welt- und Selbsttransformation (und somit das humboldtsche Bildungsideal) ausgerichtet ist, deutlich in seine Schranken gewiesen. Indem jedoch alles Erziehen auf eine Bearbeitung der nationalsozialistischen Vergangenheit hin erfolgt, werden anderen Entwicklungsmöglichkeiten verstellt. Bildung ist hier nicht mehr nur Bildung zu Autonomie (vgl. Meseth 2005), womit die Autonomieentwicklung heteronom gerahmt und moralisch aufgeladen auf die Kritik am Nationalsozialismus enggeführt wird.

In den USA hingegen finden wir im Internet keine ansprechend aufgemachte Broschüre, sondern einen Text, der zunächst sehr gouvernmental wirkt. Es handelt sich um einen bürokratisch strukturierten Gesetzestext, der überschrieben ist mit:

An Act

To close the achievement gap with accountability, flexibility, and choice, so that no child is left behind. (PUBLIC LAW 107–110—JAN. 8, 2002: 1.425)

Der Formulierung des Berliner Gesetzestexts „jedem Kind" steht nun die negative Variante gegenüber: „kein Kind". Das US-amerikanische Gesetz ist nicht gemacht im Sinne einer Dienstleistung, die Kinder erbringen sollen, sondern es soll jenen dienen, die zur Schule gehen oder die ihre Kinder zur Schule bringen. Der strukturelle Unterschied zu „Bildung für Berlin" lässt dabei das Besondere beider Gesetzestexte deutlich werden: erstens werden im Fall von Deutschland das Kind (und seine Eltern) in die Pflicht genommen. In den USA scheint das Gesetz gemacht worden zu sein, um eine Lücke in der bisherigen Gesetzgebung zu schließen, durch die die staatliche Leistung nicht erreicht werden konnte – das Gesetz wird im Dienste des Staates und seiner Bürger gemacht. Zweitens wird deutlich, dass im deutschen Bildungsgesetz der Anspruch Autonomieentwicklung höchst widersprüchlich gerahmt ist. Das einzelne Kind soll befähigt werden, aber es ist passiv, während Eltern, Lehrerinnen und Lehrer eine aktive Rolle bei der Gestaltung der Bildung einnehmen, damit das Kind später aktiv handeln kann. Sie unterwerfen sich der Inpflichtnahme, um dem Kind etwas zu ermöglichen. Prozesse des Wissenserwerbs werden gekoppelt an die Erziehung zu moralischem Handeln. In der US-amerikanischen Formulierung hingegen geht es darum, alle mitzunehmen. Keine/r wird zurückgelassen, es erfolgt eine Orientierung an der Gemeinschaft. Schulische Bildung hat vor allem ein Ziel: Bürgerinnen und Bürger zu bilden, die ihr Land unterstützen – eine Anforderung, die an den meisten öffentlichen Schulen in einem allmorgendlichen Ritual artikuliert wird: dem

„Pledge of Alligiance", in dem alle Kinder (ob amerikanisch oder nicht amerikanisch) ihre Nähe zu den USA und der Flagge bezeugen. Das bedeutet aber gerade nicht Individuation, sondern die Unmöglichkeit *nicht* mitgenommen zu werden. Umgekehrt heißt dies auch, dass niemand zurückbleiben darf, auch wenn er oder sie will. Hier drängt sich die Metapher eines fahrenden Zuges auf, der alle mitnimmt, ob sie wollen oder nicht. Das Inklusions- und Zugehörigkeitsversprechen bedeutet zugleich auch die Unmöglichkeit, sich zurückzuziehen.

Dieser – man kann hier fast sagen nationalen – Vereinnahmung steht in Berlin folgender Passus in § 41 des Bildungsgesetzes (SchulG 2010) gegenüber:

> Ausländische Kinder und Jugendliche, denen auf Grund eines Asylantrags der Aufenthalt in Berlin gestattet ist oder die hier geduldet werden, unterliegen der allgemeinen Schulpflicht. (SchulG 2010: 44)

Statt Vereinnahmung steht hier also die Verpflichtung im Vordergrund. Statt Vergemeinschaftung, die allen gleichermaßen zuteil wird und niemanden besondert, erfahren die ausländischen Kinder eine besondere Aufmerksamkeit, da ihr Aufenthaltsstatus darüber Aufschluss gibt, ob sie legitimerweise beschult werden dürfen und sich dem Staat unterwerfen müssen. Interessanterweise spielt die Frage, ob Kinder mit Migrationshintergrund der Schulpflicht unterworfen werden, in den USA keine Rolle. Vielmehr geht es darum, dass das national verankerte Bildungsgesetz die Bundesstaaten finanziell unterstützt, damit Kindern mit Migrationshintergrund ihre Teilhabe ermöglicht wird:

> It is the purpose of this part to assist States to –
>
> (1) support high-quality and comprehensive educational programs for migratory children to help reduce the educational disruptions and other problems that result from repeated moves;
>
> (2) ensure that migratory children who move among the States are not penalized in any manner by disparities among the States in curriculum, graduation requirements, and State academic content and student academic achievement standards;
>
> (3) ensure that migratory children are provided with appropriate educational services (including supportive services) that address their special needs in a coordinated and efficient manner;
>
> (4) ensure that migratory children receive full and appropriate opportunities to meet the same challenging State academic content and student academic achievement standards that all children are expected to meet;
>
> (5) design programs to help migratory children overcome educational disruption, cultural and language barriers, social isolation, various health-related problems, and other factors that inhibit the ability of such children to do well in school, and to prepare such children to make a successful transition to postsecondary education or employment; and
>
> (6) ensure that migratory children benefit from State and local systemic reforms (PUBLIC LAW 107–110—JAN. 8, 2002: 1.571)

Es geht also nicht um die Frage, ob eine gesetzliche Verpflichtung vorliegt, sondern darum, mit welchen Mitteln die einzelnen Staaten ausgestattet werden, wenn sie – etwa aufgrund eines hohen Sprachförderbedarfs, der Binnenmigration – zusätzliche Kurse anbieten müssen. Dabei werden nun allerdings im Gegensatz zum deutschen Gesetz, wo zunächst nur von allgemeiner Schulpflicht die Rede ist, zunächst implizite Defizitannahmen angeführt: Kinder mit Migrationshintergrund bedürfen der besonderen Förderung, damit ihnen keine Nachteile erwachsen.

Was bedeutet nun dieser Unterschied? Erstens: Wir haben auf der einen Seite die widersprüchliche Rahmung des Berliner Bildungsgesetzes, das Autonomie und Individuation moralisierend ausrichtet und die Wissensvermittlung als Förderung von Kompetenzen und Anlagen mit einem deutlichen Erziehungsauftrag verbindet. Auf der anderen Seite liegt in den USA eine gemeinschaftliche, national vereinnahmende Bildungspolitik vor, die jeden „mitzunehmen" verspricht, also auf Inklusion gerichtet zu sein. Während in den USA also deutlich Abstand von Selektion genommen wird, wird in Berlin mit der „Förderung aller wertvollen Anlagen" Selektion vorgenommen. Zweitens: Wir finden einen Umgang mit Migrantenkindern, der in Berlin zunächst auf diejenigen beschränkt ist, die partizipieren dürfen: Teilhaben darf nur, wer zumindest mit dem offiziellen Status der Duldung ausgestattet ist. Dies steht dem universalistischen Anspruch („jedes Kind") als Widerspruch entgegen. Dass die Kinder der allgemeinen Schulpflicht unterliegen, wiederholt nun die Inpflichtnahme. Machtanalytisch gesprochen liegt hier eine Struktur der Unterwerfung vor. In den USA finden wir keine Auseinandersetzung mit dem Aufenthaltsstatus, hier wird die unspezifische Formel „migratory children" verwendet. Auf sie herrscht ebenfalls eine Inklusionsorientierung, damit sie Anschluss finden und ihnen keine Nachteile entstehen.

Es wird deutlich, dass der Umgang mit dem Zusammenhang von Migration und Bildung in beiden Ländern sehr unterschiedlich ist. Während die deutsche Beherrschtheit auch im Fall von Migration dokumentiert wird, wobei sich auch eine Exklusivität der Partizipationsrechte andeutet, werden im US-amerikanischen Gesetz „migratory children" in ihrem Förderbedarf unterschieden, um dem Ziel der Vollinklusion Folge zu leisten. Dabei bedeutet die Bezeichnung von Personen mit Migrantenstatus ein besonderes Distinktionsmoment. Während jedoch bei „ausländischen Kindern" die nationalstaatliche Verbundenheit zum Ausgangspunkt der Entscheidung über Teilhabe und Nicht-Teilhabe gemacht wird, steht die Beschulung in den USA auch bei auf Dauer gestellter Migration außer Frage. Der Staat und seine Institutionen haben an der Vollinklusion zu arbeiten. In der deutschen Gesetzgebung hingegen führt der besondere Verweis auf das

„Unterliegen der Schulpflicht" die mögliche Verweigerung und Auseinandersetzung mit dem Staat und seinen Institutionen implizit mit sich.

Ewige Reflexion oder Abschied von der Migrationsforschung?

Vor dem Hintergrund des unterschiedlichen Umgangs mit Migration lassen sich
nun erste Annahmen zu unterschiedlichen Kulturen des Umgangs mit Migration
um Bildung formulieren. Allerdings haben wir mit den Gesetzestexten lediglich
die Ebene gesellschaftssystemischer Bedingungen in den Blick genommen, die
institutionellen und handlungspraktischen Ausdrucksgestalten des Umgangs mit
Differenz müssen erst noch erhoben und interpretiert werden. Studien aus dem
deutschen Sprachraum, die institutionelle und interaktive Umgangsweisen mit
Migration in den Blick nehmen, lassen jedoch vermuten, dass sich hier ebenso
ein Modernisierungsdefizit artikuliert (Hamburger 2009; Hummrich 2009) wie
in den Gesetzestexten, wo dem modernen Anspruch auf „Bildung für alle" implizite Ausschlusskriterien entgegengesetzt werden. Gleichzeitig ist zu vermuten,
dass sich die Differenzierungen im Widerspruch zur Universalisierung institutionell verstärken und dass sie sich gerade unter Anwendung von interkulturell
pädagogischen Ansätzen beständig reproduzieren (Hamburger 2009). Doch auch
wenn auf der Gesetzesebene die USA entschiedener modern sind (Schaub/Baker
2011), haben wir damit noch keine Ergebnisse, wie sich unter Bedingungen dieses Anspruchs der Umgang mit Migration ausformt – insbesondere dann, wenn
dem inklusiven Bildungsgesetz Ausgrenzungsmöglichkeiten auf der Grundlage
einer *zero-tolerance policy* entgegenstehen.

Auch wenn sich vorerst nur ein vages Bild davon ergibt, was kulturvergleichende Migrationsforschung insgesamt sein kann, so können wir dennoch die
eingangs gestellte Frage nach der Möglichkeit einer „Migrationsforschung als
Kritik" hier noch einmal stellen. In diesem Zusammenhang bedeutet der Fokus kulturvergleichender Migrationsforschung eine Beobachtungsperspektive,
die die vielschichtigen Zugehörigkeitsmöglichkeiten und -begrenzungen in ihrer Wechselwirkung systematisch in den Blick zu nehmen vermag, insbesondere
unter der Annahme eines nicht-normativen, als symbolische Ordnung verstan-
denen Kulturbegriffes.

Das Kritikpotenzial ergibt sich aus der Möglichkeit, Erkenntnisse zu gene-
rieren, die die Bearbeitung allgemeiner „weltkultureller"[2] Phänomene, wie z. B.

---

2   Der Begriff „weltkulturell" wurde hier in Anführungszeichen gesetzt, um dem Bewusstsein
    über die eurozentristische Gebundenheit des Konzeptes der „Weltkultur" Ausdruck zu ver-
    leihen. Wir nehmen an, dass solche Konzepte den dominanten Diskurs und die Ausgestaltung

die zunehmende Universalisierung von Bildung, in je spezifischen Grenzen von symbolischen Ordnungen (Kulturen) vergleichend in den Blick nehmen und die kulturellen Umgangsstrategien im Wechselspiel vorgeblich universeller und historisch-spezifischer Bedingungen untersuchen. Insofern kommt es zu einer wechselseitigen Kritik der unterschiedlichen Ordnungen, wobei jedoch die Kriterien des Vergleichs nicht „besser-schlechter" lauten, im Sinne eines „die USA gehen besser mit Migration um als Deutschland" oder umgekehrt, sondern im Sinne einer gegenstandsbezogenen Reflexion der Möglichkeitsräume und -grenzen des Umgangs mit Migration und Teilhabeoptionen. So kann an der radikalen Modernisierung des amerikanischen Gesetzes der eingeschränkte Modernisierungsraum der deutschen Gesetzgebung deutlich sichtbar gemacht werden, umgekehrt kann anhand der Einheit von Bildung und Erziehung in Deutschland das rationalisierte Menschenbild der USA konturiert werden. Insofern meint Kritik die Reflexionsmöglichkeit in der Migrationsforschung durch Kulturvergleich, wobei der Reflexionsbegriff mit Hamburger (2009) als „radikale (Selbst-) Konfrontation" zu verstehen ist.

„Migrationsforschung als Kritik" muss in ihrer kulturvergleichenden Variante ferner auch noch ein zweites kritisches Moment beinhalten: die Kritik der kulturvergleichenden Migrationsforschung selbst. Der empirischen Forschung wird zuweilen vorgeworfen, sich selbst und ihre Ergebnisse als unhinterfragbar darzustellen. Hierbei wird herausgehoben, dass Forschung selbst machtförmig (ein-) gebunden ist und somit jede Forschung Machtstrukturen reproduziert – und auch davon ist die kulturvergleichende Migrationsforschung nicht ausgenommen, auch wenn der Kulturvergleich selbst schon kritisch gegen die „einheimischen" Forschungskonventionen gewendet sein kann. Die Hoffnungen einer Beobachtung zweiter Ordnung hingegen richten sich auf die Erkenntnis der machtförmigen Gebundenheit und die in der Anerkenntnis der Ergebnisse eingebundenen blinden Flecken der Erkenntnis. Insofern bedeutet „Migrationsforschung als Kritik" und die Bezugnahme auf Kulturvergleich immer auch Reflexion des eigenen (reflexiven) Zugangs und seiner kontingenten Grundlagen (Laclau/Mouffe 2006). So ist hier davon auszugehen, dass kulturvergleichende Migrationsforschung die Differenz von Migration und Nicht-Migration und von unterschiedlichen Kulturen präsupponiert. Die sprachliche Fixierung der um den Forschungsgegenstand zentrierten Begrifflichkeiten (Kulturvergleich und Migration) beinhaltet einerseits ein Moment des Verkennens, der Unterwerfung unter eine rationalisierende

---

symbolischer Ordnungen prägen, folgen aber dem normativen Impetus des Konzeptes nicht. Vielmehr ist es gerade unser Bestreben, die Besonderungen herauszuarbeiten, die vor dem Hintergrund dieses dominanten Diskurses entstehen.

Forschungsperspektive und taktischen Lokalisierung (Foucault), andererseits ein Moment der Festschreibung von Differenzen. Dies geschieht auf der Handlungsebene – etwa indem von „ausländischen Kindern" und „migratory children" geredet wird. Diese Feststellung der Differenz in der Rede von Kindern mit Migrationshintergrund eröffnet somit zwar Erkenntnisse in Bezug auf die Relationierung dieser Kinder im Verhältnis zur Gesellschaft und dem Bildungssystem. Sie markiert jedoch auch die taktische Lokalisierung eines Forschungsfeldes (Foucault), indem sie den Anspruch erhebt, dass diese Differenz markant und untersuchenswert sei. Doch was ist mit dieser Erkenntnis zu tun? Und wie kann man sicher sein, dass diese Feststellung nicht selbst Bestandteil einer taktischen Lokalisierung des Forschungsgegenstandes Kulturvergleich und Migration sei? Schreibt kulturvergleichende Migrationsforschung nicht Differenzen selbst fest, indem sie sie vermeintlich objektiviert? Man kann auf diese Fragen antworten, indem man auf die Ungewissheit wissenschaftlicher Gewissheit verweist. Die Reflexion dieser Ungewissheit ermöglicht in diesem Zusammenhang zwar eine „analytische Selbstkontrolle", jedoch sind die eigenen Haltungen darin noch nicht ausreichend beachtet. Hier ist an die Arbeiten von Georges Devereux (1984) und Mario Erdheim (1994) zu erinnern, die bereits früh fordern, die eigene Perspektive auf den (fremden) Forschungsgegenstand zu beleuchten und damit die eigene Verwobenheit in das Forschungsfeld reflexiv zugänglich zu machen. Insofern wäre kulturvergleichende Migrationsforschung nicht die Nutzung kultureller Fremdheit zur Erforschung des Fremden, sondern die interpretative und sinnerschließende Auseinandersetzung mit den entstehenden Perspektiven. Hierzu kann die rekonstruktive Forschungsmethodologie einen bedeutsamen Beitrag leisten, insofern sie die Involviertheit der Forschungsperspektive in den Forschungsgegenstand oder die Gegenstandssetzungen in der Forschung mitberücksichtigt.

Literatur

Amos, Sigrid Karin (2006). Zero Tolerance an öffentlichen Schulen in den USA – amerikanisches Syndrom oder Symptom für eine Neubestimmung gesellschaftlicher Mitgliedschafts- und Erziehungsverhältnisse, in: ZfPäd 5/2006, 717–731.

Auernheimer, Georg (1995). Einführung in die Interkulturelle Erziehung, Darmstadt.

Bachmann-Medick, Doris (2007). Cultural Turns. Neuorientierungen in den Kulturwissenschaften, Reinbek bei Hamburg.

Bauman, Zygmunt (2000). Moderne und Ambivalenz. Das Ende der Eindeutigkeit, Hamburg.

Bonß, Wolfgang (1983). Empirie und Dechiffrierung von Wirklichkeit. Zur Methodologie bei Adorno, in: *Friedenburg*, Ludwig von/*Habermas*, Jürgen (Hg.): Adorno-Konferenz 1983, Frankfurt am Main, 201–225.

Bonß, Wolfgang/*Honneth*, Axel (1982). Einleitung: Zur Reaktualisierung der Kritischen Theorie; in: *Bonß*, Wolfgang/*Honneth*, Axel (Hg.): Sozialforschung als Kritik. Zum sozialwissenschaftlichen Potential der Kritischen Theorie, Frankfurt am Main, 7–30.

Cappai, Gabrielle (2005). Der interkulturelle Vergleich. Herausforderungen und Strategien einer sozialwissenschaftlichen Methode, in: *Srubar*, Ilja/*Renn*, Joachim/*Wenzel*, Ulrich (Hg.): Kulturen vergleichen. Sozial- und kulturwissenschaftliche Grundlagen und Kontroversen, Wiesbaden, 48–78.

Caruso, Marcelo (2010). Geist oder Mechanik: Unterrichtsordnungen als kulturelle Konstruktionen in Preußen, Dänemark (Schleswig-Holstein) und Spanien 1800–1870, Frankfurt am Main.

Castro Varela, María Do Mar/*Dhawan*, Nikita (2004). Postkoloniale Theorie. Eine kritische Einführung, Bielefeld.

Devereux, Georges (1984). Angst und Methode in den Verhaltenswissenschaften, Frankfurt am Main.

Erdheim, Mario (1994). Psychoanalyse und Unbewußtheit in der Kultur, Frankfurt am Main.

Gogolin, Ingrid (2005). „Integration" – deutsche Erfahrungen und Beispiele von anderswo, in: *Hamburger*, Franz/*Badawia*, Tarek/*Hummrich*, Merle (Hg.): Migration und Bildung. Über das Verhältnis von Anerkennung und Zumutung in der Einwanderungsgesellschaft, Wiesbaden, 279–294.

Gomolla, Mechthild/*Radtke*, Frank-Olaf (2009). Institutionelle Diskriminierung. Die Herstellung ethnischer Differenz in der Schule, Wiesbaden.

Hall, Stuart (1999). Die zwei Paradigmen der Cultural Studies, in: *Hörnig*, Karl H./*Winter*, Rainer (Hg.): Widerspenstige Kulturen. Cultural Studies als Herausforderung, Frankfurt am Main, 13–42.

Hamburger, Franz (1994). Pädagogik in der Einwanderungsgesellschaft, Frankfurt am Main.

Hamburger, Franz (2009). Abschied von der interkulturellen Pädagogik? Weinheim/Basel.

Hamburger, Franz/*Badawia*, Tarek/*Hummrich*, Merle (2005). Migration und Bildung. Über das Verhältnis von Anerkennung und Zumutung in der Einwanderungsgesellschaft, Wiesbaden.

Hummrich, Merle (2006). Fremdheit als konstitutives Moment der Migrationsforschung, in: *Badawia*, Tarek/*Luckas*, Helga/*Müller*, Heinz (Hg.): Das Soziale gestalten. Über Mögliches und Unmögliches in der Sozialpädagogik, Wiesbaden, 295–310.

Hummrich, Merle (2009). Bildungserfolg und Migration Biografien junger Frauen in der Einwanderungsgesellschaft, Wiesbaden.

Kiesel, Doron (1996). Das Dilemma der Differenz. Zur Kritik des Kulturalismus in der Interkulturellen Pädagogik, Frankfurt am Main.

King, Vera/*Koller*, Hans-Christoph (Hg.) (2009). Adoleszenz – Migration – Bildung. Bildungsprozesse Jugendlicher und junger Erwachsener mit Migrationshintergrund, Wiesbaden.

Kokemohr, Rainer (2007). Bildung als Welt- und Selbstentwurf im Anspruch des Fremden, in: *Koller*, Hans-Christoph/*Marotzki*, Winfried/*Sanders*, Olaf (Hg.): Bildungsprozesse und Fremdheitserfahrung. Beiträge zu einer Theorie transformatorischer Bildungsprozesse, Bielefeld, 13–68.

Koller, Hans-Christoph (2003). „Alles Verstehen ist daher immer zugleich ein Nicht-Verstehen". Wilhelm von Humboldts Beitrag zur Hermeneutik und seine Bedeutung für eine Theorie interkultureller Bildung, in: Zeitschrift für Erziehungswissenschaft 6(2003), 515–531.

Laclau, Ernesto/*Mouffe*, Chantal (2006). Hegemonie und radikale Demokratie. Zur Dekonstruktion des Marxismus, Wien.

Lenhardt, Gero (2008). Vergleichende Bildungsforschung – Bildung, Nationalstaat und Weltge-sellschaft, in: *Helsper*, Werner /*Böhme*, Jeanette (Hg.): Handbuch Schulforschung, Wiesba-den, 1009–1032.

Mecheril, Paul/*Hoffarth*, Britta (2009). Adoleszenz und Migration. Zur Bedeutung von Zugehörig-keitsordnungen, in: *King*, Vera /*Koller*, Hans-Christoph (Hg.): Adoleszenz – Migration – Bil-dung, Bildungsprozesse Jugendlicher und junger Erwachsener mit Migrationshintergrund, Wiesbaden, 239–258.

Meseth, Wolfgang (2005). Aus der Geschichte Lernen. Über die Rolle der Erziehung in der bundes-deutschen Erinnerungskultur, Frankfurt am Main.

Meyer, John W. (2005). Weltkultur. Wie die westlichen Prinzipien die Welt durchdringen, Frank-furt am Main.

Münch, Richard (1983). Die Kultur der Moderne, Frankfurt am Main.

Nieke, Wolfgang (2000). Interkulturelle Erziehung und Bildung. Werteorientierungen im Alltag, Opladen.

Oevermann, Ulrich (1983). Zur Sache. Die Bedeutung von Adornos methodologischem Selbstver-ständnis für die Begründung einer materialen soziologischen Strukturanalyse, in: *Freidenburg*, Ludwig von/*Habermas*, Jürgen (Hg.): Adorno-Konferenz 1983. Frankfurt am Mainz, 234–292.

PUBLIC LAW 107–110—JAN. 8, 2002: No Child left Behind Act of 2001. http://www.gpo.gov /fdsys/ pkg/PLAW-107publ110/content-detail.html (Recherchedatum 01.12.2010).

Rademacher, Sandra (2009). Der erste Schultag. Pädagogische Berufskulturen im deutsch-ameri-kanischen Vergleich, Wiesbaden.

Radtke, Frank-Olaf (2008). Schule und Ethnizität, in: *Helsper*, Werner /*Böhme*, Jeanette (Hg.): Hand-buch Schulforschung, Wiesbaden, 625–646.

Reckwitz, Andreas (2000). Die Transformation der Kulturtheorien. Ein Theorieprogramm, Weilerswist.

Schaub, Maryellen/*Baker*, David P. (2012). Conservative Ideologies and the World Educational Cul-ture A Comparison of German and American Old Order Amish Education, in: *Hummrich*, Merle/*Rademacher*, Sandra (Hg.): Kulturvergleich in der qualitativen Forschung, Wiesbaden (im Erscheinen).

Schulgesetz (SchulG) (2010). Schulgesetz für das Land Berlin, Internet: http://www.berlin.de/impe-ria/md/content/sen-bildung/rechtsvorschriften/schulgesetz.pdf (Recherchedatum 01.12.2010).

Waldenfels, Bernhard (1997). Topographie des Fremden. Studien zur Phänomenologie des Frem-den 1, Frankfurt am Main.

Weber, Max (1981). Wirtschaft und Gesellschaft. Grundriss der verstehenden Soziologie, Tübingen.

Exzellenz oder Existenz? Die Kritikposition von MigrantInnen im Feld gegenwärtiger kritischer Gesellschaftsforschung

Radostin Kaloianov

Das „Kritische" und die „Kritik" der kritischen Migrationsforschung lässt sich aus zwei Richtungen beleuchten. Einerseits kann über die Kontrastierung mit den institutionellen, epistemologischen, begriffspolitischen und forschungskulturellen Eigenheiten der „normalwissenschaftlichen" Sozial- und Migrationsforschung ein grobes Profil kritischer Sozialforschung gezeichnet werden. Andererseits, und diese zweite Richtung schlage ich hier ein, kann über die Gegenüberstellung verschiedener sozialtheoretischer Kritikarten das „Kritische" und die „Kritik" einer migrationstheoretischen Gesellschaftskritik im vielfältigen Spektrum kritisch-theoretischer Ansätze verortet werden.

Wenn in der Kontrastierung zwischen „normalwissenschaftlicher" und „kritischer" Migrationsforschung zur Diskussion steht, dass erst letztere Probleme der Migration (soziale Ungerechtigkeit, Diskriminierung) so beleuchtet, wie sie sich auch für die Betroffenen stellen, so werfen doch erst die „gattungsinternen" Differenzierungen innerhalb eines breit gefächerten kritisch-theoretischen Wissensschaffens genug Licht auf das „Kritische" der kritischen Migrationsforschung. Solche „Binnendifferenzierungen" handeln vor allem von der „Wie"-Frage: Wie können die diversen Arten theoretischer Gesellschaftskritik die realen gesellschaftlichen Zusammenhänge entschlüsseln, in denen sich die Grundbedingungen und Problemlagen der Migration als soziale Lebensform in den gegenwärtigen westlichen Aufnahmegesellschaften formieren und auswirken?

Diese „Wie"-Frage verweist weiters auf die Frage, was theoretische Gesellschaftskritik als soziale Handlungspraxis performiert. Handlungspraktisch kann theoretische Gesellschaftskritik die Bedeutung von Prüfung oder Protest haben. Die theoretische Gesellschaftskritik kann dann als Exzellenzkritik (zur Exzellenz verpflichtete Prüfung der sozialen Wirklichkeit) oder als Existenzkritik (Protest in Reaktion auf existenzielle Schieflagen) auftreten.

„Gut, Besser, Kritische Theorie". Exzellenzkritik in Frankfurt

Im Kontext theoretischer Exzellenzkritiken wird mit „Kritik" eine doppelte Exzellenzleistung anvisiert: einerseits die theoretische Entwicklung wissenschaftlicher Kriterien und Prozeduren zur Prüfung der sozialen Wirklichkeit, andererseits die diagnostische Anwendung solcher Prüfungsmaßstäbe, die die Ursituation des akademischen Lehrbetriebs und der wissenschaftlichen Exzellenz nachempfindet und auf die Prüfung als musterhafte Kritikleistung wissenschaftlicher Rationalität fokussiert. Die Umsetzung von Kritik als Prüfung entfacht im akademischen Umfeld einen regelrechten „run" auf die Eigenschaft „kritisch" als Auszeichnung denkerischer und forscherischer Exzellenz.

Kritik als Prüfung der sozialen Realität ist die Suche nach der Exzellenz in der Erarbeitung und Anwendung von Prüfungsunterlagen, -kriterien und -verfahren, das unaufhörliche Streben nach Perfektionierung der Prüfungsunterlagen gegenüber den theoretischen Vorläufern und angesichts der strukturellen und kulturellen Wandlungen der sozialen Wirklichkeit. Von der Exzellenz des Prüfungsvorgangs hängen auch die Berechtigung und Wirkung der Kritik ab, welche an gesellschaftlichen Prozessen und Zuständen ausgeübt werden kann. Die exzellenzkritische Perspektive versucht, Prüfunterlagen zu entwickeln, die die Ungerechtigkeiten, Widersprüche, Paradoxien und systemisch angelegte wie intentional herbeigeführte Problemlagen auf eine beinahe „objektive", „objektivierbare" Weise theoretisch auffangen, in eine allgemeingültige diskursive Form übersetzen und auf eine Weise aufdecken wollen, die das Vorkommen und die Bedeutsamkeit von Missständen der sozialen Welt als unbestreitbar ausweist. Die Prüfintention, die Erarbeitung von universalisierungsfähigen Rationalitätsstandards sowie das Streben nach quasi „objektivierbaren" Befunden im Sinne von konsensfähigen, möglichst außer Streit stehenden diagnostischen Ergebnissen, sind allesamt Aspekte von Exzellenzkritik, die das Mainstreaming kritisch-theoretischer Erkenntnisse, Konzepte und Theorie im normalwissenschaftlichen Regelbetrieb verschiedener sozialwissenschaftliche Disziplinen ermöglichen und für die hohen Akzeptanz herausragender kritisch-theoretischer Autoren in den wissenschaftlichen Communities entscheidend sind.[1] All das konfrontiert prüfende Gesellschaftskritiken – und die gegenwärtige Kritische Theorie der Frankfurter Schule ist in dieser Hinsicht beispielhaft – mit der Frage, ob sie nicht durch ihre

---

1   Als universalisierungsfähige Reaktionsstoffe zum Scannen der sozialen Wirklichkeit auf Fehlentwicklungen, Paradoxien, Widersprüche wechseln in der gegenwärtigen Kritischen Theorie der Frankfurter Schule Kommunikations-, Anerkennungs- und Rechtfertigungsverhältnisse einander ab.

theoretische Machart und gesellschaftspraktische Performanz (des Prüfens) gegenüber realen Problemlagen und Betroffenheiten auf Distanz gehen. Exzellenzkritische Theorieentwürfe, wie in der gegenwärtigen Kritischen Theorie der Frankfurter Schule, stehen als Prüfungen der sozialen Wirklichkeit und mit ihrer Orientierung am Wert wissenschaftlicher „Exzellenz" vor einem generellen Repräsentationsproblem, das in ihrer theoriegeleiteten Reproduktionslogik angelegt ist. Angesichts des Repräsentationsdilemmas bieten gerade die Exzellenzorientierung und die Prüfungsperformanz als Merkmale theoretischen Denkens beste Aussichten für das Mainstreaming exzellenzkritischer Konzepte, Theorien und Methoden im normalwissenschaftlichen State of the Art. Die Exzellenz als Wert und die Prüfung als Performanz bahnen den Weg von kritischen Ideen und Theorien in den Mainstream akademischer Institutionen, Öffentlichkeiten, Diskussionen an.

Natürlich ist das „Prüfen" als Performanz von Gesellschaftskritik kein alleiniges Markenzeichen der Kritischen Theorie der Frankfurter Schule. Dennoch stellen gegenwärtig Beiträge von Jürgen Habermas und Axel Honneth Ansätze dar, die die Leitideen und Kernbefunde von exzellenzkritischer Prüfungsarbeit weit über die Grenzen von akademischen Seminaren verbreitet haben. Aber auch die jüngeren Generationen der Kritischen Theorie der Frankfurter Schule rücken mit theoretischen Arbeiten nach, denen ein noch mehr gesteigertes Exzellenzverständnis von theoretischer Gesellschaftskritik attestiert werden kann (z. B. Forst 2011).

Die Diskursethik von Jürgen Habermas (Habermas 1983: 96; 1992: 135ff.; 2009) versetzt theoretische Reflexion und gesellschaftliche Wirklichkeit in ein Prüfungsverhältnis, das ein idealisiertes Prüfungsverfahren nachspielt und Exzellenzmaßstäbe begründet, die als Testgrößen „quasi-objektive" Abweichungen, Verletzungen und Abstufungen anzeigen und die soziale Welt, in der alle diese vorkommen, somit kritisierbar machen. Die diskursethische Prüfveranstaltung geht vom gesellschaftlichen (politischen, kulturellen, weltanschaulichen, religiösen etc.) Pluralismus als empirisches Moment aus, um dann Kriterien der kritischen Überprüfbarkeit von Gesellschaftszuständen, von konkreten Interaktionen und Verhältnissen, die Momente der kommunikativen und im weiteren Sinne der praktischen Rationalität ausfindig zu machen. Diese müssen selbst dem Anspruch genügen, dass sie „außer Streit" stehen, und somit als minimale konsensuale Bezugspunkte die rationale Kritisierbarkeit von Konflikt-, Unterdrückungs- und Beherrschungsverhältnissen ermöglichen.

Aber auch Autoren wie aktuell Axel Honneth, der die praxisabgehobene Performanz von Exzellenzkritik als Wirklichkeitsprüfung näher an die soziale Praxis bringen und die Empfindsamkeit theoretischer Gesellschaftskritik auf sozialen

Protest wiederherstellen will, können den Gravitationskräften des Prüfungsmo-
dells der Gesellschaftskritik nicht entkommen. Prominent ist die Prüfungsinten-
tion der anerkennungstheoretischen Gesellschaftskritik von Honneth in ihrer methodologischen Positionierung als „rekonstruktive Kritik". Die „rekonstruktive
Kritik" will der sozialen Empirie Maßstäbe der Kritik abgewinnen, um eine kritische Prüfung der sozialen Realität mit ihren „eigenen" Maßstäben zu ermöglichen (Honneth 2011: 28).

Auch das Herunterspielen der „Kampfproblematik" in einer Theorie, die im
vollen Wortlaut eine Theorie vom „Kampf um Anerkennung" (Honneth 1998) sein
will, weist Honneths Anerkennungstheorie als eine theoretische Exzellenzkritik
aus. Nicht nur in seinen Werken, auch in deren akademischen Rezeptionen über-
wiegt die analytische und systematische Ausarbeitung der Anerkennungsproble-
matik, die unter anderem auch die Kriterien einer kritisch-theoretischen Gesell-
schaftsprüfung und der Diagnose von gesellschaftlichen „Pathologien" liefert.
Bezeichnend werden in dem Kapitel im „Kampf um Anerkennung", vornehmlich die analytischen, deskriptiven und explikativen Vorzüge des Anerkennungs-
modells gegenüber dem Interessenparadigma für eine theoretische Fassung sozialer Kämpfe und sozialer Bewegungen ausgelotet (Honneth 1998: 256ff.). Auch
hier werden mit der Vorlage der „Anerkennung" die Theorie und Praxis sozialer
Kämpfe geprüft, wobei die Anerkennungsverhältnisse mehr in den Fokus geraten
als das Kampfgeschehen selbst. Dieser exzellenzkritischen Logik zufolge können soziale Kämpfe unausweichlich und am besten als Verhältnisse und Praktiken sozialer Anerkennung (zum Fordern oder Erzwingen von Respekt oder Wert-
schätzung) beschrieben und erklärt werden. Die „kollektive Semantik", welche
die Brücke zwischen „privaten Verletzungserfahrungen" und den „unpersönli-
chen Zielsetzungen einer sozialen Bewegung" schlägt, stellen solche „moralische Lehren und Ideen" bereit, die „unsere Vorstellungen von der sozialen Gemeinschaft normativ zu bereichern vermögen [...] mit der Aussicht auf erweiterte
Anerkennungsbeziehungen" (Honneth 1998: 261f.). Dennoch lässt die Betonung
des Effekts der „Bereicherung" der Verhältnisse die anerkennungstheoretische
Kampftheorie ziemlich kampfscheu erscheinen, wo doch auch „Widersetzung",
„Entunterwerfung" oder radikal negative Formen der Entgegensetzung realisti-
sche Optionen sind, um mit den bestehenden Verhältnissen in Kampf zu treten,.
Während Honneths Interesse der Frage gilt, inwieweit in Anerkennungsverhält-
nissen entstandene normative Erwartungen motivational an sozialem Protest und
Kampf beteiligt sind, wird die umgekehrte Fragestellung – inwieweit überhaupt
enttäuschte Anerkennungsansprüche (notwendig) in Kampfhandlungen aufgehen – nicht einmal gestellt.

Das Aufgeben der Kampfproblematik zugunsten der Anerkennungsanalyse ist keine Einzelentscheidung Honneths, sondern ein Gesamtergebnis des akademischen Kontexts der Entstehung und vor allem der Rezeption dieser Theorie. Mag der soziale Kampf nur ein mögliches (also unterbestimmtes) Ergebnis negativer Anerkennungserfahrungen sein, hat der Beitrag einer systematischen Anerkennungstheorie zur Prüfung der gesellschaftlichen Wirklichkeit vor allem für die professionalisierten Sozialwissenschaften einen stärkeren Appeal. Nichtsdestotrotz votieren jüngere VertreterInnen der Frankfurter Kritischen Theorie für eine radikale Umorientierung:

> Die kritische Theorie muss deshalb die Ebene der metatheoretischen Reflexion und der metakritischen Analyse der Bedingungen der Kritik verlassen und sich selbst ins „Handgemenge" der kritischen Praxis begeben, die in keinem speziellen Wissen der kritischen Theoretiker begründet werden kann, sondern eine auf den jeweils spezifischen Kontext bezogene und wesentlich politische Praxis der Kritik darstellt. (Celikates 2009: 240)

Existenzkritik am Beispiel der Black Feminist Studies

Vertritt Exzellenzkritik als Spielart kritischer Sozialforschung das komparative Anliegen der Exzellenz (besser als VorgängerInnen und ZeitgenossInnen die soziale Welt prüfen zu können), so ist die theoretische Gesellschaftskritik, die ich hier als Existenzkritik bezeichne, von einem artikulativen Anliegen getragen. Kritische Erkenntnispraxis, die theoretisch Protest artikuliert, zielt darauf ab, die „eigene" Position, die „eigene" Betroffenheit so zum Ausdruck zu bringen, dass diese als eine „gemeinsame" Betroffenheit und geteilte Problemlage rezipiert werden und einen Prozess von Resonanzen, Dissonanzen, Vernetzung und Solidarisierung in Gang setzen können. Liegt der Schwerpunkt von Exzellenzkritik in der Exzellenz der Prüfung der Welt, fällt der Fokus des kritischen Interesses von Existenzkritiken auf die soziale Existenz von unterdrückten Gruppen.

Existenzkritiken sind theoretische Artikulationen existenzieller Betroffenheit von unterdrückten, benachteiligten und diskriminierten Gruppen und sozialen Lebensformen wie jene von AfroamerikanerInnen, Subalternen, (Post-)Kolonialisierten, Frauen oder MigrantInnen. Die Intention ist hier nicht die soziale Welt kritisch zu prüfen, sondern gegen hintergründige, theoretisch, politisch, medial ausgeblendete, diskursiv verschleierte, entschärft und entproblematisiert abgebildete oder schlichtweg verschwiegene Grundbedingungen zu protestieren, die Kräfte (epistemische, diskursive, argumentative, motivationelle) zu erzeugen, diesen Gruppen eine „eigene" Stimme wiederzugeben und sie öffentlich vorzubringen.

„Existenzkritik" ist kein neues Idiom und in der Literatur durchaus bekannt (Boltanski/Honneth 2009; Trom 2010), wichtige Anhaltspunkte und Schnittstellen finden sich auch in Foucaults einflussreichem Konzept von Kritik (Foucault 2007; Butler 2002). Protest ist für das Selbstverständnis und die Erkenntnispraxis von theoretischen Existenzkritiken nicht nur als gesellschaftspraktische Performanz zentral, sondern auch als Forschungsthema, vor allem weil das, was mit „Protest" gemeint sein kann und als „Protest" ausgeführt wird, nicht eindeutig ist, ja konträre Richtungen einschlagen kann. Foucaults Verständnis von Protest als „Entunterwerfung" ist nicht nur gegen die Objekte und Erträge epistemischer und politischer Setzungen, gegen die die Verhältnisse der Unterwerfung und Selbstunterwerfung konstituierenden Regeln, Ordnungen und Grenzen gerichtet, sondern auch gegen die Produktionsbedingungen, die Genese solcher Regel, Grenzlegungen, Annahmen, Wahrheiten, Aufmerksamkeiten und Verdeckungen, die hier wirksam und formativ sind. Dennoch bleibt Foucaults Konzept von Kritik als *arts of existence* ein elitäres und solitäres Protestvorhaben: ein Protest von oben, der den Aufgaben der individuellen Emanzipation, Transformation und persönlichen Selbstverwirklichung verschrieben ist – jedoch nicht vor der Aufgabe steht, einen Protest von unten zu artikulieren.[2]

Die theoretische Kritik im Kontext der Black Feminist Studies und speziell in den Werken von Particia Hill Collins baut auf einem Verständnis von Protest als „talking back to elite discourses" (Collins 1998). Es setzt bei der Selbstaffirmierung jener sozialer Gruppen und Lebensformen an, welche sich in und durch „elite discourses" degradiert, unterworfen oder schlicht verstummt wissen. Protest von unten und theoretische Existenzkritiken, die diesen Protest artikulieren, zielen weniger auf die Schwächung und den Sturz von Mächtigen ab, sondern umgekehrt liegt ihre erste Aufgabe darin, die Schwachen zu stärken und die Machtlosen zu ermächtigen, damit sie in weiterer Folge Kraft, Selbstgewissheit, Ressourcen, Ansprüche und Fähigkeiten herausbilden können, um Machtkämpfe einzugehen und bestehen zu können. Im Kontext theoretischer Existenzkritik, und die Studien der Black Feminist Studies sind nur ein Beispiel unter anderen, verschreiben sich die theoretischen Artikulationen des Protests von unten der Stärkung, dem Selbst-Empowerment unterlegener Gruppen, der Organisation von in epistemischer, normativer und politischer Hinsicht suborganisierter Gruppen und Lebensformen zu (selbst-)erkennbaren, anspruchs- und handlungsfähigen Kol-

---

2   Elitistische Machtkritiken sind bestrebt, bestehende politische, wirtschaftliche und wissen-
     schaftliche Machtstellungen und Dominanzverhältnisse zu schwächen, was nicht unbedingt
     zur Stärkung der Position unterlegener Gruppen führt und zum Empowerment solcher Gruppen
     beiträgt, sondern der Austragung von Macht- und Umverteilungskämpfen unter gesellschaft-
     lichen Eliten dient.

lektivitäten. Die Stoßrichtung theoretischer Kritiken, die Protest von unten artikulieren, gilt der Herausbildung positiver Selbstbilder und nicht der Konstruktion negativer Gegenbilder.[3] Für Patricia Hill Collins besteht die zentrale Aufgabe von Black Feminist Thought als „critical social theory" in der Rückgewinnung der „power" Schwarzer Frauen „of self-definition, or the power to name one's own reality" (Collins 1998: 45).

„Invisibility" (Unsichtbarkeit) der Lebensrealitäten unterdrückter Gruppen sowie die Verstummung („silencing") sind die thematischen Eckpunkte des theoretischen Protestwissens von Black Feminist Studies. Mit der Blockade der Unsichtbarkeit sind theoretische Artikulationen benachteiligter Lebensformen konfrontiert, insofern diese nicht „auf einer gemähten Wiese" stattfinden, sondern mit den dominanten Wirklichkeitsdefinitionen und Problemdiagnosen kollidieren, welche in Wissenschaft, Kultur, Medien oder Politik öffentlich wirksam sind. Die Unsichtbarmachung der Realitäten unterlegener Gruppen ist die Kehrseite der Durchsetzung und Reproduktion eines „public transcript" (Scott 1990), das aus Erfahrungen, Wissensbeständen, Diskursen, Glaubenssätzen, Erwartungen, Annahmen, Normen, Deutungsmuster und Themensetzungen in Politik, Medien, Wissenschaft oder Wirtschaft gestrickt ist. Die heuristische wie politische Aufgabe von „public transcript" – das Konzept kommt in feministischen wie auch rassismuskritischen Theorien zur Verwendung (Collins 1998; Goldberg 2002) – besteht darin, die realen Benachteiligungen, Unterdrückungen und Erniedrigungen unterlegener Gruppen in der öffentlichen Arena nicht zum Thema werden zu lassen, vom Auge der Öffentlichkeit fernzuhalten bzw. den Augen der Öffentlichkeit Unempfindlichkeit darauf anzutrainieren.

Wissenschaftliche Definitionen von Migration und MigrantInnen betreiben eine Politik der Invisibilisierung, ob gewollt oder nicht. Gewöhnlich wird die „Migrationseigenschaft" aus humangeographischer Sicht allen verliehen, die eine räumliche Bewegung vollzogen und Grenzen durchquert haben, oder aus politikwissenschaftlicher Perspektive an jene, die (noch) keine StaatsbürgerInnen des Aufnahmelandes sind. So wird wissenschaftlich autorisiert, wer wo „MigrantIn" *ist* und zugleich verdeckt, wer dort als „MigrantIn" *gilt*. Die Kluft zwischen denjenigen, die im Sinne humangeographischer oder politik- bzw. rechtswissenschaftlicher Definitionen MigrantInnen *sind*, und jenen, die als „MigrantInnen" *gelten*, ist beispielhaft für die Verdeckungen, die die Sozialwissenschaften bei-

---

3 Selbstaffirmierung wird vermittelt, indem z. B. die Ist-Lage unterlegener Gruppen historisch beleuchtet wird, deren Geschichte vom eigenen Standpunkt aus erzählt wird. Nicht umsonst gehören gerade die Vorstöße feministischer, postkolonialer oder subalterner studies auf dem heiß umkämpften Terrain der Geschichtsschreibung zu den Flaggschiffen protestkritischer Rationalität.

steuern können. Wer wo als „MigrantIn" *gilt*, ist keine propositionale, diskursive Leistung, sondern eine praktische Kategorisierung, die in den alltäglichen Interaktionen, durch die Art institutioneller Behandlung und medialer Berichterstattung, durch Missverhältnisse (der Repräsentation, der Partizipation) oder durch die strukturellen *outcomes* festgesetzt wird.

Sozialwissenschaftlich reicht die Unsichtbarkeit von MigrantInnen bis in die Forschungsprämissen hinein. Allein die Metapher von „H2R"-Gruppen („hard-to-reach populations"), mit der in Soziologie, Ethnographie oder Demographie operiert wird und welche neben „immigrant populations" unter anderem auch „racial minorities", „sexual minorities", „linguistic and cultural minorities" meint, spricht Bände für die verdeckten Lebensrealitäten von MigrantInnen, allerdings in dem Glauben, dass der „bedeckte" Status am Gegenstand (den beforschten Gruppen), und nicht an den wissenschaftlichen Interventionen liegt.

Umgekehrt kann die Unsichtbarkeit auch aus epistemologischen Postulaten resultieren. Die Befolgung des sozialwissenschaftlichen Postulats zum Anti-Essentialismus erscheint im Kontext der kritisch-theoretischen Selbstverständigung unterlegener Gruppen als eine Blockade ihrer epistemischen Selbstvergewisserung und Widerstandsfähigkeit. Wenn jede Berufung auf Kollektivitäten, welche um geteilte soziale Diagnosen oder gemeinsame politische Ansprüche konstituiert sein können, mit dem Vorwurf „essentialisierend" zu sein gekontert werden kann, können die Versuche, in diese Richtung theoretisch zu arbeiten, noch im Keim erstickt werden.

Sind jedoch die epistemischen Blockaden der Unsichtbarmachung vornehmlich in einem Außen errichtet, ist mit der zweiten großen Blockade, gegen die die protestkritische Epistemologie der Black Feminist Studies antreten will, eine Sperrung angezeigt, die bis in die Innerlichkeit von Menschen hineinreicht und sich dort als Schweigen und Verstummen breit macht. Das Schweigen und Verstummen von Unterlegenen ist das zentrale Thema vieler studiestheoretischen Protestkritiken, die auf existenzielle Betroffenheiten bestimmter Gruppen artikulativ reagieren und die ihre zentrale epistemische wie politische Aufgabe in der Rückgewinnung von Macht, Positionen und Mitteln zur Selbstdefinition solcher Gruppen verstehen.

Problematisch am Verstummen marginaler Gruppen ist eigentlich nicht, dass diese gar keine Stimme – politisch, kulturell, wissenschaftlich oder moralisch – besitzen. Es kann sich zwar auch um Schweigen und physische Abwesenheit von Stimmen handeln, wie auch kritische Beiträge zur Migrationsforschung auf die verlorenen Sprechpositionen und die Selbstrestringierung von MigrantInnen als SprecherInnen hinweisen (Terkessidis 1998; Ha/Schmitz 2006). Auch der Black Feminism positioniert die emanzipatorischen und ermächtigenden Aktionen von „breaking the silence" gegenüber einer „silence", welche eine physische Abwesenheit und Unmöglichkeit, zur eigenen Stimme zu kommen, suggeriert (Collins 1998: 48).

Empirisch ist aber ein Verständnis von *silencing* als Stimmenlosigkeit unter gegenwärtigen Bedingungen eher unwahrscheinlich, allein aufgrund der steigenden Anzahl, Formen und Zugänglichkeit von technischen Mitteln zur Veröffentlichung der eigenen Meinung. Problematisch ist das *silencing* vielmehr als Einordnung der Stimmen von Benachteiligten in ein existierendes Machtgefüge, das diese Stimmen ihrer Mitteilungs-, Wirkungs- und Geltungskraft beraubt, diese abwertet, deplausibilisiert oder als Idiosynkrasien hinstellt. Zu Leidenschaften und Affekten degradiert, als mit „Schweiß und Blut" befleckte Positionen eines „Anderen der Vernunft" isoliert, als Verletzung von argumentativen und grammatikalischen Regeln disqualifiziert, wird über sie bestimmt, wie etwas zu sagen ist und was gehört gehört (ebd. 44).

Die Erkenntnispraxis feministischer Existenzkritik[4] hebt sich sowohl von der normalwissenschaftlichen als auch von der exzellenzkritischen Sozialforschung insofern ab, als feministische Epistemologien theoretischer Kritik auch für eine gesellschaftskritische Migrationsforschung einleuchtend bleiben. Die Strategie des „talking back to elite discourses" ist als *Artikulation* – im Sinne von Äußerung aber auch Zusammensetzung – ausgeblendeter, abgewerteter Lebensrealitäten und verstummten Perspektiven aufgebaut. Solche theoretischen Artikulationen treten als Instrumente der epistemischen Organisierung jener unterlegenen Gruppen auf, deren Unterlegenheit nicht zuletzt daher rührt, dass diese auf Erfahrungsschätze und Wissensbestände, Welt- und Selbstbilder in einem Streuzustand rekurrieren. Die Anhebung des epistemischen Niveaus wird durch *Standpunkttheorien* verfolgt, welche sich in den „glass ceilings" des Verdeckens, Verschweigens, Überhörens durchbohren und durch Pointierungen die Lebensrealitäten und Stimmen unterlegener Gruppen geltend machen wollen.

Allerdings haben protestkritische Artikulationen und Standpunkte schlechte Karten als „Theorie" oder „Wissenschaft" angesehen zu werden, wenn sie die *dominierenden epistemologischen Postulate* von „Wissenschaftlichkeit", wie die „Objektivität" und „Universalität" sozialwissenschaftlicher Erkenntnisse, nicht *kritisch* in ihrer Doppelfunktion als Ideal und Ideologie *verabschieden* und sich *radikal umgedeutet* als Prozesse der Objektivierung und Universalisierung singulärer oder partikulärer Wissensbestände und Erkenntnisperspektiven wieder

---

4   Hier kann nicht auf alle bedeutsame Aspekte feministischer Kritik eingegangen werden. Detaillierter habe ich diese Fragen in *Kritik und Migration* (Kaloianov 2011b) diskutiert.

aneignen. Den Ideologien der „Objektivität" und „Universalität" wird Partikularität als einzig real möglicher Kern sozialwissenschaftlicher Erkenntnispraxis entgegengehalten und eine durch diese Postulate kanonisierte Unempfindlichkeit der „Wissenschaft" gegenüber realen Protesterfahrungen und Betroffenheiten diagnostiziert. Den existenziellen *Betroffenheiten* durch soziale Missstände wird im existenzkritischen Kontext des Feminismus hingegen ein hoher heuristischer, kognitiver und empirischer Stellenwert beigemessen. Betroffenheit gleicht beinahe einem epistemischen „Privileg" und wird neben und gegen „Methode" als Instanz wissenschaftlicher Empirie aufgestellt. Nicht nur spielt das Prinzip der „Betroffenheit" in der Input-Phase des Erkenntnisprozesses eine starke Rolle (als Anregerin und Quelle kritischer und im weitesten Sinne innovativer Perspektiven), sondern werden auch in der Output-Phase wissenschaftlicher Erkenntnispraktiken insofern Betroffenheiten als Validierungsinstanzen beteiligt, als wissenschaftliche Erkenntnisse nur durch Betroffenheiten die *Resonanzen* zu wecken vermögen, die das Anwachsen ihrer „Objektivität" und „Universalität" und somit das Fortschreiten der Prozesse derer „Objektivierung" und „Universalisierung" vorantreiben.

Die existenzkritischen Themen und Bausteine, die sich in den feministischen Epistemologien kritischer Sozialwissenschaft finden und die ich an dieser Stelle nicht weiter ausführen kann, sind für die Selbstverständigung und die Erkenntnispraxis gesellschaftskritischer Migrationsforschung nicht zuletzt auch deshalb wichtig, weil die Reflexionen zur Migrationsforschung in der Regel den Orbit der Methodologie nicht in Richtung grundsätzlichere epistemologische Momente durchbrechen. Auf der methodologischen Ebene zu bleiben ist für eine theoretische Gesellschaftskritik zu wenig – in diesem Fall gibt weiterhin die „normalwissenschaftliche" Epistemologie den „playing ground" und die Spielregeln vor. Gesellschaftskritische Wirkung erzielen erst die epistemologischen Eingriffe zur Veränderung von Regeln und Axiomen des epistemischen Spiels.

Verortung und Stoßrichtungen gesellschaftskritischer Migrationsforschung

Mit Exzellenz- und Existenzkritik wird hier das zwischen Prüfen und Protest eingeschlossene gesellschaftspraktische Spektrum kritisch-theoretischer Arbeit markiert, in welchem „Kritik" und „kritisch" als sehr heterogene, sich teilweise auch in konträre Richtungen bewegende sozialwissenschaftliche Forschungs- und Erkenntnispraktiken, Epistemologien und Methodologien bezeichnet werden und die sich an Ziel- und Wertvorstellungen orientieren, die wie die Exzellenzabsichten akademisch Forschender und die existenziellen Notlagen unterlegener sozialer Gruppen unterschiedlicher nicht sein können. Exzellenzkritik führt die ur-akademische Tätigkeit des Prüfens aus, etabliert Prüfungsverhältnisse, entwickelt und wendet Prüfungsunterlagen an. Die Rolle der oder des Prüfenden ist überlegen, unparteiisch und distanziert gegenüber den Geprüften, wie es nur Eliten sein können und müssen, die ihre Lebenslagen, Anliegen und Aussichten als Norm und Normalität ausgeben und durchsetzen wollen. Die intrinsische Normativität von Prüfungspraktiken, und daran anknüpfend die idealtypische Motivlage, kommt zugespitzt im Wert der Exzellenz zum Ausdruck. Prüfende AkteurInnen und Instanzen sind in Bezug auf machtpolitische, ökonomische, kulturelle Ressourcen, soziale Kompetenzen, Status und symbolisches „Kapital" überlegen.

MigrantInnen sind in den gegenwärtigen westlichen Aufnahmegesellschaften weder in den Institutionen, die einen Prüfungsauftrag haben, präsent oder für die prüferische Tätigkeit zuständig, noch haben sie die sozialen und kulturellen Ressourcen, sich prüferisch zu betätigen. Insoweit sie überhaupt in Prüfungssituationen und -verhältnisse einbezogen sind, gehören sie zu den Geprüften. Sie unterliegen diversen Prüfungen ihrer Lebensverhältnisse, müssen Sprachprüfungen absolvieren, sind in alltäglichen wie in außergewöhnlichen Lebenssituationen als Objekte von Prüfungen involviert. Die Situierung von MigrantInnen als Geprüfte in verschiedenen Prüfungsverhältnissen und -praktiken ist wesentlich an ihrer Unterlegenheit beteiligt. Es ist gerade diese unterlegene soziale Stellung der großen Mehrheit von MigrantInnen, die soziologisch gesehen für die Affinität migrationstheoretischer Kritikdiskurse zur Existenzkritik spricht.

Die soziale Unterlegenheit von MigrantInnen spricht weniger für die Ausrichtung gesellschaftskritischer Migrationsforschung an historischen Beispielen kritisch-theoretischer Protestartikulationen und mehr für die Unmöglichkeit, dass sich ein solcher kritisch-theoretischer Diskurs als Exzellenzkritik verhält. Vielmehr untermauert ein epistemologischer Aspekt die Affinität zwischen gesellschaftskritischer Migrationsforschung und Existenzkritiken der Gender, African-American, Cultural oder Postcolonialism Studies direkter. Die Kehrseite der sozialen Unterlegenheit, der epistemischen, normativen wie politischen Suborganisierung und Subordinierung, ist, wie von verschiedenen Perspektiven des studiestheoretischen Spektrums aus bestätigt wird, deren epistemische „Privilegierung", die gerade der sozialen Unterlegenheit entspringt (Harding 1991: 150f.). Die Stoßrichtung der These einer epistemischen Privilegierung von Frauen, Schwarzen Frauen oder sonstigen unterlegenen Gruppen, deren Lebensrealitäten verdeckt und deren Proteststimmen deplausibilisiert sind, geht dahin, die Blockaden vor der produktiven Einlösung solcher „Privilegierungen" auszuräumen.

Exzellenzkritische Theorien, wie jene der gegenwärtigen Frankfurter Kritischen Theorie, lassen sich ungern auf die Analyse solcher Blockaden ein, zumal
diese selbst von konventionellen Postulaten wissenschaftlicher Rationalität Gebrauch machen und entsprechend mit solchen „Privilegierungen" wenig anfan-
gen können. Ihre epistemologischen Reflexionen sind auf die Gestaltung und die
logisch-methodologische Regulation kritisch-prüferischer Praxis gerichtet und
weniger auf die wissenschaftliche Erkenntnispraxis fokussiert, die die prüferisch
kritisierbaren Problemlagen miterzeugt. Dieser Fokus exzellenzkritischer Episte-
mologiereflexionen mag mit den Gepflogenheiten und Wertigkeiten akademischer
Institutionen und professionalisierter Sozialforschung in Zusammenhang stehen,
in welchen die Praxis des Prüfens institutionell, kulturell und personell verankert ist und in welchen sich ProponentInnen theoretischer Protestkritik mit einem,
wie Patricia Hill Collins analysiert, „outsider within"-Status abfinden müssen.

Mit Blick auf MigrantInnen kann zu diesem berüchtigten (unterlegenen) aber
auch produktiven (epistemisch privilegierenden) „outsider within"-Status ein zu-
sätzlicher, verschärfter Aspekt hinzukommen. MigrantInnen und vor allem jene,
die als MigrantInnen und Fremde in den westlichen Gesellschaften *gelten*, sind mit
dem Status als „outsider within", aber auch als „outsider without" reichlich versehen und befinden sich noch außerhalb der Institutionen von Politik, Wirtschaft,
Medien oder Wissenschaft, in welchen sich z. B. Frauen mittlerweile bewegen.
Mit diesem „outsider within"- und „outsider without"-Status von MigrantInnen
hängt aus meiner Sicht die Positionierung einer gesellschaftskritischen Migrationsforschung als theoretische Existenzkritik zusammen, und auch ihre epistemologische Orientierung an historischen Vorläufern feministischer, postkolonialer,
afroamerikanischer Existenzkritik, die mit Blick auf die soziale Existenz unterlegener Gruppen und Lebensformen Protest von unten artikulieren und sich entsprechend weder der Zielvorgabe der wissenschaftlichen Exzellenz verpflichtet
sehen, noch sich an die „normalwissenschaftlichen" Postulate wie Objektivität,
Universalität, Unbetroffenheit und Konsistenz wissenschaftlicher Erkenntnisse
halten, an welchen wissenschaftliche Exzellenz bemessen wird. An diese Verortung und Stoßrichtung der gesellschaftskritischen Migrationsforschung knüpft
ihr transterritoriales und transdisziplinäres Verhalten an: in der Welt der Wissenschaft überall und nirgendwo zuhause zu sein, um sich in guerilla-taktischer
Manier aus diversen Feldern der Sozialwissenschaft für die eigenen Protestartikulationen theoretische Ressourcen anzueignen.

Aktuell klafft in den theoretischen Diskursen und politischen Diskussionen zur Migration der gegenwärtigen westlichen Gesellschaften ein Vakuum der
Vorstellbarkeit von „Migration" als soziale Kollektivität. Wenn Integrationszie-

le wie Gleichberechtigung und Chancengleichheit für MigrantInnen überhaupt noch einen Sinn haben sollen und die soziale und politische Partizipation von MigrantInnen ernst genommen wird, können auch MigrantInnen, wie alle anderen Bevölkerungsgruppen, nur als Kollektivität am demokratischen Mitbestimmungsprozess teilnehmen. Solange sie aber als Kollektivität weder theoretisch noch politisch vorstellbar und ansprechbar sind, kann auch von politischer Partizipation nicht ernsthaft die Rede sein. Vor dem Hintergrund dieses Vakuums stellt das Konzept der „sozialen Lebensform" ein theoretisches Werkzeug bereit, mit dem TheoretikerInnen im studiestheoretischen Umfeld das empirische Material konzeptuell anders zu organisieren suchten und Realitäten und Ansprüche identifizierten, die die politischen Agenden und das kulturelle Selbstverständnis der sogenannten „New Social Movements" (NSM) füllten. Migration als soziale Lebensform zu theoretisieren und auf diese Weise zumindest theoretisch die Wand der Unvorstellbarkeit (und des Unerwünscht-Seins) von Migration als Kollektivität zu durchbrechen, würde eine gesellschaftskritische Migrationsforschung zu den proto-multikulturalistischen Theorien der 1980er Jahren führen. Mit dem Konzept der „sozialen Lebensform" erschließen proto-multikulturalistische Sozial- und Politiktheorien seit den 1980er Jahren eine Dimension sozialer Kollektivität, die jenseits der etablierten, theoretisch feststellbaren und institutionell organisierten Formen von Kollektivität wie „ethno-kulturelle Gruppe", „Staat", „Nation", „Volk",„Klasse" oder „soziale Schicht" hinausgeht. Einen Anhaltspunkt in diese Richtung liefern die bahnbrechenden Arbeiten zur politischen Philosophie und Anthropologie sozialer Unterdrückung von Iris Marion Young (1990; 2007), die auf eine „politics of difference" als Gegenmittel setzt und selbst einen wichtigen Beitrag zur Anhebung des epistemischen Organisationsniveaus unterdrückter sozialer Gruppen und Lebensformen leistet.

Soziale Lebensformen von Frauen, Behinderten, AfroamerikanerInnen und Homosexuellen werden laut Young durch die verschränkten negativen Einwirkungen diverser „-ismen" und „-phobien" formiert, sind für die Betroffenen, wenn überhaupt, negativ als Entbehrungen, Ungerechtigkeiten, Diskriminierungen und Unterdrückungen erfahrbar. Anders gesagt, liegt für diese als Kollektivitäten die Gemeinsamkeit in der Faktizität des „Bösen" anstatt in verbindenden Ideen eines „guten Lebens". Eine soziale Lebensform kann ein sehr breites und widerspruchsreiches Spektrum an Erfahrungswelten, Identifikationen und Weltbildern beherbergen.

Migrationstheoretisch kann dieser konzeptuelle Vorschlag bedeuten, dass MigrantInnen nicht per se MigrantInnen, anders oder fremd sind, sondern bestimmte Menschen *gelten* als MigrantInnen, insofern sie durch die Migration als soziale Lebensform erfasst oder tangiert sind. Die formativen Kräfte und strukturelle Bedingungen, die die Lebensform der „Migration" definieren, können folgende Themen umfassen: Diskriminierung/Rassismus, Dequalifizierung, das systematische Phänomen der „Verspätung von MigrantInnen",[5] die komplexe Problematik der Assimilierung, die Subalternität von MigrantInnen (alltäglich erfahrbar in den unzähligen fehlerhaften Benennungen oder an Verlust oder Selbstverzicht auf Sprecherqualitäten, Sprecherpositionen) aber auch Hybridität, Transnationalität, Translingualität als Rahmenbedingungen der individuellen Lebensführung.[6]

Mit der theoretischen Konzeptualisierung von Migration als soziale Lebensform zeichnet sich einer der Gründe ab, diese Forschung epistemologisch wie thematisch an historischen Vorläufern von Existenzkritik zu orientieren. Der Auftrag der gesellschaftskritischen Migrationsforschung ist, das Niveau von Erkenntnis- und Wissensorganisation von MigrantInnen und zu Migrationsthemen anzuheben, um MigrantInnen als distinkte Kollektivität erkennbar zu machen, die über geteilte Problemlagen, Anspruchsmöglichkeiten und politische Agenden markiert sein kann.

Die gesellschaftskritische Migrationsforschung als atopische Kritik

Epistemologisch profiliert sich die gesellschaftskritische Migrationsforschung als theoretische Existenzkritik, die an der theoretischen Artikulation verdeckter Lebensrealitäten und verschwiegener Geschichten von MigrantInnen, an der Replausibilisierung verstummter Stimmen von MigrantInnen und zur Migration und Migrationsgesellschaft arbeitet. Sie begreift sich als Anstoß und Beitrag zur epistemischen Organisierung, zur Selbstaffirmation und Selbstermächtigung von MigrantInnen als „Kollektivität". Inhaltlich stößt gesellschaftskritische Migrationsforschung in verschiedene Richtungen vor, kreuzt verschiedene wissenschaftliche Disziplinen, theoretische Traditionen, kritik-theoretische Ansätze, lernt von diesen und eignet sie sich für das Theoretisieren der Lebensform der Migration an.

Diese epistemologischen und thematischen Aspekte legen nahe, die gesellschaftskritische Migrationsforschung als eine *atopische* Kritik zu charakterisieren.

---

5   Diesem Thema bin im Aufsatz „Verspätung als migrantische Problemlage. Eine Randbemerkung" (Kaloianov 2011a) nachgegangen.
6   Diese Aufzählung steht unter dem Vorbehalt, dass es sich dabei um meinen persönlichen Erfahrungs- und Wissenshorizont handelt.

a) Erstens ist dieser Kritikansatz atopisch, weil er selbst in der Welt der Wissenschaft überall und nirgendwo zuhause ist und transdisziplinär aus diversen Feldern der Sozialwissenschaft theoretische Ressourcen bezieht.

Diese Vorgehensweise profiliert die migrationstheoretische Gesellschaftskritik als eine polyglosse und interdisziplinäre Theorie, die sich die Sprachen, Logiken und Befunde diverser Studies und Disziplinen aneignet. Sie pendelt zwischen all diesen, da sich ihre Schwerpunktsetzungen nicht aus der disziplinären Treue zu einem akademischen Fach ergeben, sondern den existentiellen Betroffenheiten durch die Migration als soziale Lebensform gelten. Die Verdeckungen der Lebensrealitäten, das Verstummen von Stimmen und Standpunkten von MigrantInnen haben weder ihre einzige Quelle in Politik, Wissenschaft oder Medien, noch resultieren diese aus der Einnahme einer einzelnen disziplinären Perspektive auf Migration. Diese sachliche Komplexität macht es unumgänglich, die kritische Migrationsforschung als eine theoretisch polyglosse, disziplinär hybride und thematisch multifokale Theoriebildung anzulegen, die zur Erhellung invisibilisierter und verstummter Lebensrealitäten der Migration von verschiedenen kritisch-theoretischen Spielarten Gebrauch macht.

Die Polyphonie und Hybridität der Theoriebildung hat aber nicht nur mit der Sache zu tun, sondern ist auch ein strategisches Moment. Mehr Stimmen einzubeziehen, die zum selben Thema aus verschiedenen Blickwinkeln berichten, erhöht die Plausibilität von Positionen, die weitgehend deplausibilisiert sind. Außerdem steigert die Polyphonie die Reichweite möglicher Resonanzen sowie in politischer Hinsicht die Schnittmengen von Solidarisierung.

In diesem Sinne gilt es, eine polyglosse, hybride, transdisziplinäre, multifokale und somit atopische kritische Theorie aufzubauen, zur Artikulation verschiedener Lebensrealitäten von MigrantInnen mit verschiedenen Theorieansätze zu kollaborieren, in verschiedenen Disziplinen provisorisch zuhause zu sein und mit verschiedenen Theoriesprachen zu sprechen.

Dadurch kann eine gesellschaftskritische Migrationsforschung als theoretische Artikulation von Lebensrealitäten und Standpunkten, die durch institutionelle Diskursen und Handlungspraktiken von Politik, Wissenschaft und Medien überschattet, ausgeblendet, ungern gesehen und gehört werden, ihre protestkritische Schlagkraft entfalten.

b) Zweitens zeigt sich die gesellschaftskritische Migrationsforschung nicht nur aufgrund ihres epistemischen und theorietaktischen Verhaltens als atopisch. Insofern hier der Auftrag der theoretischen Arbeit nicht die forscherische Exzellenz, sondern die existenzielle Notlage von MigrantInnen ist, wirkt die gesellschaftskritische Migrationsforschung auch in Hinblick auf ihre Themen und Erkenntnisse atopisch. Die gesellschaftskritische Migrationsforschung artikuliert und macht verdeckte, verstummte Lebensrealitäten von MigrantInnen geltend, die noch keinen Platz auf den theoretischen Landkarten, kulturellen Topologien oder politischen Nomenklaturen gefunden haben. Diese Art von Forschung will für sie einen Platz in den institutionalisierten Topologien der Gesellschaft anbahnen. Atopisch sind die Erkenntnisse, weil sie jenen „situated and embodied knowledges" (Haraway 1998: 583) entstammen, die institutionell ausgeschaltet und abgewertet bleiben.

Mit der Offenlegung von Problemlagen in einem Zusammenhang, der Migration als soziale Lebensform erkennbar und nachvollziehbar macht, erfolgt eine Beweislastumkehr. Der *burden of proof* wird von den Einzelpersonen, die in die Lebensform der Migration hineingeraten sind, auf die Gesellschaft verlegt, in der eine derart benachteiligende Lebensform möglich, ja notwendig erscheint. Solche kritischen Artikulationen entlasten von inferiorisierenden Zuweisungen und ermutigen, Belastungen nicht zu internalisieren. So kann erkannt werden, dass es nicht die eigenen Schwächen und Defizite sind, die Unterlegenheiten und Ungerechtigkeiten erklären. Daraus kann Kraft und Einsicht geschöpft werden, die Zumutungen zurückzuweisen, die einen glauben machen wollen, selbst defizitär, unfähig, minderwertig usw. zu sein, die Entbehrungen und Ungerechtigkeit selbst verdient zu haben. Solche diagnostischen Bohrungen durchleuchten auch die Konturen von Migration als soziale Lebensform und bringen die Potentiale hervor, sich als Kollektivität um geteilte Diagnosen, verbindende moralische Ansprüche und solidarisierende politische Agenden zu konstituieren.

c) Drittens und letztens ist dieser kritisch-theoretische Ansatz auch in einem metaphorischen Sinne atopisch. Die gesellschaftskritische Migrationsforschung hat selbst noch keinen Platz in den Institutionen von Wissenschaft und Forschung und das Letzte, was mit Migration in Verbindung gebracht und von MigrantInnen erwartet wird, ist diese als KritikerInnen zu erleben. Kritik als soziale Praxis von MigrantInnen ist eine atopische Geste, MigrantInnen als KritikerInnen – unerwünschte und (noch) unmögliche Figuren.

Literatur

Boltanski, Luc/*Honneth*, Axel (2009). Soziologie der Kritik oder Kritische Theorie? Ein Gespräch mit Robin Celikates, in: *Jaeggi*, Rahel/*Wesche*, Tilo (Hg.): Was ist Kritik? Frankfurt am Main, 81–117.

Butler, Judith (2002). What is Critique? An Essay on Foucault's Virtue, in: *Ingram*, David (Hg.): The Political: Readings in Continental Philosophy, London, 212–229.

Celikates, Robin (2009). Kritik als soziale Praxis: Gesellschaftliche Selbstverständigung und kritische Theorie, Frankfurt am Main.

Collins, Particia Hill (1998). Fighting Words: Black Women and the Search for Justice, Minneapolis.

Forst, Rainer (2011). The Grounds of Critique. On the Concept of Human Dignity in Social Orders of Justification, Normative Orders Working Paper Nr. 1/2011, Internet: http://www.normativeorders.net/de/publikationen/working-paper (Recherchedatum 04.04.2011)

Foucault, Michel (2007). What is Critique? in: *Lotringer*, Sylvère (Hg.): The Politics of Truth, Los Angeles, 41–83.

Goldberg, David Theo (1993/2002). Racist Culture. Philosophy and the Politics of Meaning, Oxford.

Ha, Kien Nghi/*Schmitz*, Markus (2006). Der nationalpädagogische Impetus der deutschen Integrations(dis)kurse im Spiegel post-/kolonialer Kritik, in: *Mecheril*, Paul (Hg.): Cultural Studies und Pädagogik. Kritische Artikulationen. Bielefeld, 225–262.

Habermas, Jürgen (1983). Diskursethik – Notizen zu einem Begründungsprogramm, in: Moralbewusstsein und kommunikatives Handeln, Frankfurt am Main.

Habermas, Jürgen (1992). Faktizität und Geltung. Suhrkamp, Frankfurt am Main.

Habermas, Jürgen (2009). Zur Architektonik der Diskursdifferenzierung, in: *Habermas*, Jürgen: Zwischen Naturalismus und Religion. Philosophische Aufsätze. Frankfurt am Main, 84–106.

Haraway, Donna (1988). Situated Knowledges: The Science Question in Feminism and the Privilege of Partial Perspective, in: Feminist Studies, Vol. 14, No. 3, 575–599.

Harding, Sandra (1991). Whose Science? Whose Knowledge? Thinking from Women's Lives, Ithaca/London.

Honneth, Axel (1998). Kampf um Anerkennung. Zur moralischen Grammatik sozialer Konflikte, Frankfurt am Main.

Honneth, Axel (2011): Das Recht der Freiheit. Grundriß einer demokratischen Sittlichkeit. Suhrkamp, Frankfurt am Main.

Kaloianov, Radostin (2011a). Verspätung als migrantische Problemlage. Eine Randbemerkung, in: *Dahlvik*, Julia/*Fassmann*, Heinz/*Sievers*, Wiebke (Hg.): Migration und Integration – wissenschaftliche Perspektiven aus Österreich. Jahrbuch 1/2011, Göttingen, 167-181

Kaloianov, Radostin (2011b). Kritik und Migration. Unveröffentlichtes Manuskript.

Scott, James (1990). Domination and the Arts of Resistance. Hidden Transcripts. New Haven/London.

Terkessidis, Mark (1998). Psychologie des Rassismus, Opladen/Wiesbaden.

Trom, Danny (2010). Zwei Tropismen. Die Krise der Gesellschaftskritik aus Pariser und Frankfurter Sicht, in: Eurozine, Internet: http://www.eurozine.com/articles/2010-04-26-trom-de.html, (Recherchedatum 26.04.2010).

Young, Iris Marion (1990). Justice and the Politics of Difference, Princeton.

Young, Iris Marion (2007). Structural Injustice and the Politics of Difference, in: *Appiah*, Kwame Anthony/*Benhabib*, Seyla/*Young*, Iris Marion/*Fraser*, Nancy (Hg.): Justice, Governance, Cosmopolitanism, and the Politics of Difference. Reconfigurations in a Transnational World. Distinguished W.E.B. Du Bois Lectures 2004/2005, Berlin, 79–116.

Migrationsforschung in der neoliberalen Marktgesellschaft. Eine Kritik an der Vernachlässigung der sozialen Frage in Anlehnung an Walter Benn Michaels

Bernd Lederer

Einmal angenommen, über Nacht realisierte sich ein Menschheitstraum und alle, wirklich alle Formen rassistischer und geschlechtsbezogener Diskriminierung gehörten auf einen Schlag der Vergangenheit an. Zweifellos ein erhebender Gedanke. Aber: Auch dann hätte sich am nächsten Morgen noch nichts an der sozialen Differenz zwischen Oben und Unten, zwischen Arm und Reich geändert, auch dann wären die einkommens- und vermögensbezogenen soziostrukturellen Ungleichgewichte als solche immer noch vorhanden – lediglich die Differenz*linien*, also deren Verläufe *entlang* „Race"[1]- und Gender-Kriterien, hätten sich verschoben. Dies ist keine originelle Erkenntnis, vielmehr eine Selbstverständlichkeit, aber eben sehr wohl eine Tatsache, die – so die nachfolgend vertretene These – heute mehr und mehr vernachlässigt und aus dem Fokus antidiskriminatorischer Analysen zu rücken droht. Insbesondere Walter Benn Michaels, Professor für Literaturwissenschaft an der Universität Chicago, ist zu verdanken, dass die soziale Frage wieder stärker in den Diskurs zum Thema Diversität eingespeist wurde. Wobei hier eingestanden sei, dass Diversity-Studies natürlich keinesfalls bedeutungsgleich mit Migrationsforschung sind, geschweige denn mit einer sich dezidiert kritisch verstehenden. Gleichwohl kann das Thema Diversity mit Blick auf die Praxis entsprechender Angebotsstrukturen in Forschung und Lehre aber doch wohl als ein bedeutender thematischer Schwerpunkt im Rahmen der Migrationsforschung bezeichnet werden.

Michaels Buch „The Trouble with Diversity: How We Learned to Love Identity and Ignore Inequality" (2009) bringt die Hauptkritik bereits im Titel auf den Punkt. Die Ungleichheit von Arm und Reich, ergo die Diskriminierung Armer/ sozial Schwacher, so Michaels Analyse, ist heute *primär* ein zwangsläufiges Er-

---

1   Der Begriff „Race" ist nicht mit dem biologisch-genetisch definierten deutschen Begriff „Rasse" gleichzusetzen. Er wird „im US-amerikanischen Sprachgebrauch habituell begriffen und steht sowohl für den regionalen und ethnisch-kulturellen Ursprung eines Menschen […] als auch für andere Formen von Gemeinschaften." (Schenk 2006: 4)

gebnis der kapitalistischen Vergesellschaftungslogik, also ihrer Eigentumsver-
hältnisse, Verteilungsmechanismen und -dynamiken, und erst *sekundär* eine Re-
sultante von „Race" und/oder Gender. Die diskriminatorischen Praxen entlang
„Race"/Gender fungieren, so seine Überzeugung, letztlich „nur" als Auswahlkri-
terium: Sie verursachen die sozial-materielle Ungleichheit nicht in erster Linie,
haben aber Einfluss darauf, *wie* diese sich *konkret* manifestiert, eben vermittels
Prozessen negativer oder aber auch positiver Diskriminierung:

> Because it is exploitation, not discrimination, that is the primary producer of inequality to-
> day. It is neoliberalism, not racism or sexism (or homophobia or ageism) that creates the in-
> equalities that matter most in American society; racism and sexism are just sorting devices.
> (Michaels 2008: o. S.)

Mehr noch, so Michaels weiter, der Diversity-Diskurs sei sogar geeignet, grundlegende Mechanismen der Ungleichheitsproduktion zu verschleiern oder gar zu
affirmieren. Michaels stützt seine Kritik am Diversity-Ansatz auf eine Reihe empirischer Bestandsaufnahmen. US-amerikanische Universitäten seien heute er-
freulicherweise tendenziell weniger sexistisch und rassistisch als noch vor 30,
40 Jahren oder gar zu Beginn der Bürgerrechtsbewegung, was sich an der statistisch belegten höheren Zahl studierender Frauen und AfroamerikanerInnen ablesen lässt, gleichzeitig sei das Studium heute aber deutlich teurer und im Kontext gesellschaftlicher Ungleichheit *noch* elitärer und selektiver, als dies ohnedies
bereits traditionell der Fall war. Als Beispiel führt Michaels die Situation an der
Harvard-University an, dort studierten gegen Ende des letzten Jahrzehnts 9 % af-
roamerikanische StudentInnen, aber nur 7 % statistisch „Arme":

> The neoliberal ideal is a world where rich people of all races and sexes can happily enjoy their
> wealth, and where the injustices produced not by discrimination but by exploitation – there are
> fewer poor people (7 per cent) than black people (9 per cent) at Harvard, and Harvard's not the
> worst – are discreetly sent around to the back door. (Michaels 2009b: o. S.)

Weitere Indikatoren verstärkter sozialer Ungleichheit lassen sich mit Leichtigkeit
einschlägigen sozialempirischen Daten entnehmen, beispielsweise dem „Gini-
Koeffizient" (einem statistischen Maß zur Darstellung der Ungleichverteilungen
von Einkommen und Vermögen) oder „Quintil-Vergleichen" (das obere und unte-
re Fünftel der Gesellschaft werden nach Einkommen und Vermögen verglichen)
sowie anderen sozialstrukturellen Faktoren, die eine überaus deutlich verstärkte
Ungleichverteilung des gesellschaftlichen Reichtums belegen, und das natürlich

keineswegs nur in den USA (vgl. Butterwege 2009 mit Blick auf Deutschland, Hacker/Pierson 2010 mit Blick auf die Situation in den USA).[2] Michaels erläutert die von vielen systemkonformen Diversity-Programmatiken völlig entkoppelte Problematik steigender Armut anhand solcher sozialstatistischen Befunde:

> But it would be a mistake to think that because the US is a less racist, sexist and homophobic society, it is a more equal society. In fact, in certain crucial ways it is more unequal than it was 40 years ago. No group dedicated to ending economic inequality would be thinking today about declaring victory and going home. In 1969, the top quintile of American wage-earners made 43 per cent of all the money earned in the US; the bottom quintile made 4.1 per cent. In 2007, the top quintile made 49.7 per cent; the bottom quintile 3.4. And while this inequality is both raced and gendered, it's less so than you might think. White people, for example, make up about 70 per cent of the US population, and 62 per cent of those in the bottom quintile. Progress in fighting racism hasn't done them any good; it hasn't even been designed to do them any good. More generally, even if we succeeded completely in eliminating the effects of racism and sexism, we would not thereby have made any progress towards economic equality. A society in which white people were proportionately represented in the bottom quintile (and black people proportionately represented in the top quintile) would not be more equal; it would be exactly as unequal. It would not be more just; it would be proportionately unjust. (Michaels 2009b: o. S.)

Auch am Beispiel der Situation in Großbritannien verdeutlicht Michaels, dass eine „nur" antirassistische Sensibilität und Sichtweise unter Gesichtspunkten echter Gleichheit und Antidiskriminierung sich als unzureichend erweist, denn:

> [...] the logic of anti-racism requires only the correction of disparities within classes rather than between them. If about 1.5 per cent of your population is of Pakistani descent, then if 1.5 per cent of every income quintile is Pakistani, your job is done. The fact that the top quintile is four times better off than the bottom quintile – the advantage the children of rich Pakistanis would have over the children of poor ones – is not your problem. Which is why, in a society like Britain, whose GINI coefficient – the standard measure of income inequality – is the highest in the EU, the ambition to eliminate racial disparities rather than income inequality itself functions as a form of legitimation rather than as a critique. (Michaels 2009b: o. S.)

---

2   Weitestgehend offen bleibt indes, mit welchem Verständnis von Diskriminierung hier operiert wird. Andreas Zick und andere etwa verstehen Diskriminierung als Unterscheidungshandlung mit benachteiligendem Effekt (vgl. Zick 1997). Zudem gibt es natürlich auch sexuelle und rassistische Formen der Ausbeutung. Historisch sind Sexismus, sexualisierte Gewalt und Frauenunterdrückung zudem älter als Neoliberalismus und Kapitalismus. Wenngleich es außerhalb des Fokus des vorliegenden Aufsatzes liegt, wäre deshalb etwa kritisch anzufragen, welchen historischen Anspruch die Aussagen von Michaels haben. Wie wird theoretisch das Verhältnis von Sexismus (inklusive Gewalt, Arbeitsteilung und Ausbeutung bezahlter Erwerbsarbeit und unbezahlter Arbeit/Care-Arbeit) und Neoliberalismus gesehen?

Ergänzend hierzu zitiert Robert Rotifer in einem Kommentar zu den Krawallen in London und anderen englischen Großstädten im August 2011 die Tageszeitung Daily Telegraph:

> In der Blase der 1920er-Jahre streiften die obersten fünf Prozent der Verdiener ein Drittel aller Einkommen ein. Heute ist Großbritannien ungleicher – im Sinne von Gehältern, Reichtum und Lebenschancen – als zu jeder anderen Zeit seither. Allein im letzten Jahr stieg das Vermögen der reichsten 1000 Briten um 30 Prozent auf 333,5 Milliarden Pfund. Wenn auch das Epizentrum der gegenwärtigen Wirtschaftskrise die Eurozone ist, haben die britischen Regierungen doch dabei mitgespielt, die Armut, die Ungleichheit und die Unmenschlichkeit hervorzubringen, die jetzt durch die Finanzturbulenzen verschärft werden. (Rotifer 2011)

Diversity is good for business!

Solchen sozialen Asymmetrien zum Trotz scheint es aber eine weitverbreitete Auffassung auch unter DiskriminierungskritikerInnen zu geben, die steigenden Unterschiede zwischen Oben, Mitte und Unten bzw. die zunehmenden sozialen Ausschlüsse qua Arbeitslosigkeit und Prekarisierung in Kauf zu nehmen oder zumindest zu vernachlässigen, solange sich „Oben" nach Proporz mit ethischen und sexuellen Minderheiten bzw. gendergerecht zusammensetzt. W.B. Michaels formuliert seine Generalkritik wiederum in gewohnt provokanter Deutlichkeit:

> Das ist [...] eine ‚soziale Gerechtigkeit', die die durch den Kapitalismus erzeugte Ungerechtigkeit akzeptiert. Diversität ist kein Mittel, um Gleichheit zu erreichen. Sie ist eine Methode, um die Ungleichheit zu verwalten. (Michaels 2009c: 22)

Das ehrenwerte Ziel akademischer Disziplinen wie Migrationsforschung und die ihr nicht wesensfremden Diversity-Studies, Rassismus und Sexismus diskursiv zu bekämpfen, hat sich diesem Gedankenduktus zufolge als kompatibel mit den zentralen Anliegen des Wirtschaftsliberalismus erwiesen. Wachsende Toleranz gegenüber wirtschaftlichen und sozialen Ungleichheiten einerseits und wachsende Intoleranz gegenüber Diskriminierungen andererseits können demzufolge geradezu als ideologische Charakteristika und Anliegen eines modernen, globalisierten Kapitalismus gelten:

> My point is not that anti-racism and anti-sexism are not good things. It is rather that they currently have nothing to do with left-wing politics, and that, insofar as they function as a substitute for it, can be a bad thing. American universities are exemplary here: they are less racist and sexist than they were 40 years ago and at the same time more elitist. The one serves as an alibi for the other: when you ask them for more equality, what they give you is more diversity. The neoliberal heart leaps up at the sound of glass ceilings shattering and at the sight of doctors, lawyers and professors of colour taking their place in the upper middle class. Whence

the many corporations which pursue diversity almost as enthusiastically as they pursue profits, and proclaim over and over again not only that the two are compatible but that they have a causal connection – that diversity is good for business. But a diversified elite is not made any the less elite by its diversity and, as a response to the demand for equality, far from being leftwing politics, it is right-wing politics. (Michaels 2009b: o. S.)

Die Überzeugung, wonach das Hauptproblem moderner Gesellschaften primär mit der Anerkennung unterschiedlicher Identitäten und eben nicht durch die Reduzierung sozialer und wirtschaftlicher Ungleichheiten zu lösen sei, ist für Michaels ein nachgerade typisches Charakteristikum neoliberaler Ideologie:

Neoliberalism [...] has no [problems, B.L.] with inequality as long as its beneficiaries are as racially and sexually diverse as its victims.[...] it is not discrimination that has produced the almost unprecedented levels of inequality Americans face today; it is capitalism. (Michaels 2008: o. S.)

An Kernaussagen von Michaels vieldiskutiertem Buch „The Trouble with Diversity" lassen sich in diesem Sinne zusammenfassend anführen:

- Durch das Primat der Anti-Diskriminierung fokussieren die ehedem kritischen Geistes- und Sozialwissenschaften auf Fragen der „Rasse", des Geschlechts und der kulturellen Differenzen;

- Fragen politisch-ökonomischer Art, nämlich *wie* und in welchem Umfang soziale Unterschiede und Ausschlüsse im Kapitalismus zwangsläufig produziert werden, werden hingegen weitestgehend vernachlässigt;

- Es besteht kein Gegensatz zwischen der Perpetuierung gesellschaftlicher Eliten und ihrer Diversifizierung. Das Bemühen um mehr Vielfalt innerhalb der „ruling class" lässt sich vielmehr zur Legitimierung derselben verwenden und eignet sich in vielen Fällen, Eliten aus Politik und Wirtschaft zumindest in ein menschlicheres, sympathischeres Licht zu rücken;

- Diversifizierte Eliten in Staat und Gesellschaft dienen. nicht zuletzt auch als ideologische Legitimation sozialdarwinistischer Mechanismen im Sinne des Ideologems „Jede/r kann es schaffen!". Diese Akzentuierung der Ausnahmen lenkt aber nur von der strukturell-diskriminatorischen Regel ab.

Die Individualisierung und Kulturalisierung des Sozialen

Der Diversity-Ansatz in seiner heute diskursdominanten Konnotation fügt sich somit nahtlos in die Logik einer sozialen Transformation, die von Politischer Ökonomie immer weniger wissen will, und ökonomischen Erfolg oder Misserfolg in allererster Linie der individuellen Verantwortung des einzelnen überträgt („Selbst-

verantwortung", „Selbstverwirklichung", „Selbstorganisation"). Man scheint sich
auch in ehedem linken akademischen Milieus in starkem Maße daran gewöhnt zu
haben, dass das gesellschaftliche Problem der Armut und überbordenden sozialen Asymmetrie in identitär-kulturellen und eben weniger in sozialen bzw. sozioökonomischen Strukturproblemen besteht. Im Zuge einer „Kulturalisierung des
Sozialen" wird somit der Eindruck erweckt, als seien soziale Differenzen nicht
zwangsläufige Folge marktförmiger Vergesellschaftung, sondern eben überwiegend soziokulturellen und/oder psychomentalen Unterschieden geschuldet. „Un-
terschichtenfernsehen", „Hartzer", „bildungsferne Schichten" etc. sind einige
der Schlagworte, die dergleichen Diskurskonfigurationen im deutschsprachigen
Raum kennzeichnen. Armen fehlt es in einem solcherart kulturalisierten Sinne
nicht etwa an Geld, sondern – wie anderen diskriminierten Minderheiten auch –
vielmehr an Anerkennung und Respekt; eine Sichtweise, die W.B. Michaels mit
der Debatte um „Classism", der dritten Herrschafts- und Unterdrückungspraxis
neben „Race" und Gender, verknüpft. Er kritisiert in diesem Zusammenhang,
dass sich unter diesem Label im heute herrschenden Diskurs meist eben kein
Imperativ zur Kritik der Politischen Ökonomie mehr verbirgt, sondern vielmehr
die implizite Aufforderung zu Praktiken der Anerkennung des/der Armen unter
Zurückweisung diskriminierender, im Kern sozialdarwinistischer Diskurse von
Faulheit und „Versagertum". Entsprechend steht dann auch nicht der Aspekt einer
konkreten Verbesserung der materiellen Lebenssituation im Vordergrund (etwa
mittels höherer Sozialleistungen, der Umverteilung von Erwerbsarbeit oder einem öffentlichen Beschäftigungssektor oder ähnlichem für diejenigen, die vom
Arbeitsmarkt nicht (mehr) benötigt werden oder Armutslöhne beziehen),, sondern
eben eine Praxis der Ermunterung und Bestätigung. Dergleichen geschieht aber
weitgehend ungeachtet realer sozialer und arbeitsmarktlicher Strukturbedingun-
gen. Es handelt sich um eine sozial-reduktionistische Sichtweise, die auch für das
workfare-staatliche Paradigma mit seiner Devise des „Forderns und Förderns" als
durchaus wesenstypisch gelten darf. Die gegenwärtige Praxis in der Bundesrepublik Deutschland, arbeitslosen Hartz-IV-EmpfängerInnen Gutscheine für Mu-
sikunterricht, Nachhilfe oder Sportvereine für ihre Kinder zukommen zu lassen,
ohne ihnen die eigene Verantwortung für die sinnvolle Verwendung der extrem
knappen Mittel zuzutrauen, belegt eindrücklich die tatsächliche Entmündigungs-
logik aktueller Armutsverwaltung – und damit auch die Angemessenheit selbster-
mächtigender Programmatiken, wie sie im Sinne des Classism-Diskurses zu Recht
propagiert werden. Michaels bringt die oftmals sicher unbeabsichtigten diskurstheoretischen Konsequenzen einer solchen Sichtweise gleichwohl auf den Punkt:

Dann müssen wir unsere Reformbemühungen nicht mehr auf die Abschaffung der Klassen konzentrieren, sondern auf die Abschaffung dessen, was wir [...] Classism nennen. Der Trick besteht also darin, dass die Ungleichheit als Folge unserer Vorurteile angesehen wird und nicht mehr als Grundproblem unseres Gesellschaftssystems. (Michaels 2009c: 23)

Eine verstärkte Fokussierung auf Fragen der Individualität und Identität innerhalb jener Forschungsdisziplinen, die sich mit diskriminierenden Diskursen und Politiken beschäftigen, ist nicht zuletzt auch dem Abschied der poststrukturalen Schule von marxistischem Denken, in einem erweiterten Sinne vom Denken in Kategorien der Kapitalismuskritik, geschuldet. Jean-François Lyotards Parole „Vive la différence!" kann als paradigmatisch für eine Sicht auf Gesellschaft und ihre Subjekte gelten, die die soziale Klassenlage sowie Fragen von „Oben" und „Unten" oft als eine persönliche Eigenschaft neben anderen betrachtet, mithin kulturalisiert und letztlich verharmlost. Aus einer Ideologie der Ungleichheit droht indes schnell eine Ideologie der Ungleichwertigkeit zu werden, wie etwa die Politologen und Armutsforscher Rolf Ptak (2011) und Christoph Butterwegge (2009) in ihren Studien nachweisen. Der Soziologe Stefan Hradil ging Anfang der 1990er Jahre so weit, mit Blick auf gängige, vertikal gestaffelte Gesellschaftsmodelle individuelle Unterschiede im Lebensstil und in den soziokulturellen Interessen und Orientierungen als ebenso wichtig, wenn nicht wichtiger zu erachten als die konkrete sozioökonomische Situierung. Das gemeinsame Hobby des Reichen und des Armen, etwa Skifahren, wiege demnach in psychosozialer Hinsicht schwerer als die Frage, mit welchem Auto die Anreise erfolgt oder welches Hotel als Unterkunft dient. Ganz zu schweigen von der Frage, ob sich letzterer sein Hobby überhaupt noch leisten kann. Die Ergänzung der individuellen sozialen Lage auf der „y-Achse" gesellschaftlicher Schichtung wurde, beginnend bereits bei Max Weber, bis heute längst um horizontale Komponenten im Sinne persönlicher Grundorientierungen, Dispositionen, soziomoralischer Milieuorientierungen und Geschmäcker ergänzt, etwa in der Marktforschung gemäß der „Sinus-Milieu-Matrix". Fragen konkreter Einkommens- und Besitzverhältnisse werden seitdem verstärkt unter individualistische Konsum- und *Lifestyle*-Kategorien subsumiert (vgl. Hradil 1989, Tippelt/Reich 2006, Tippelt 1997, Homepage des Sinus-Instituts: www.sinus-institut.de).

„Neoliberale Linke": Ein polemischer Einwurf

Man muss deshalb noch keineswegs die Auffassung teilen, dass sich zumindest die am Leitziel Diversity orientierten Bereiche der Migrationsforschung als Beitrag zum Human-Resource-Management systemkonform in die Entwicklung zur marktkonformen Hochschule einfügen. Gleichwohl fällt auf: In den letzten beiden Jahrzehnten wurden nicht nur im deutschsprachigen Raum viele Lehrstühle und Fachbereiche nicht neu besetzt oder gar abgewickelt, die sich hinsichtlich Selbstverständnis und Forschungsinteressen an der Kritischen Theorie orientierten oder als kapitalismuskritisch begriffen oder auch nur als entsprechend konnotiert galten[3], wohingegen ein ganze Reihe von Lehrstühlen und Forschungsschwerpunkten in den Bereichen Migration und Diversity-Management neu begründet wurden und werden. Dies verweist, über die hohe gesellschaftliche Relevanz der Globalthematik hinaus, auch auf deren Förderwürdigkeit aus Sicht einer an ökonomischen und standortstrategischen Interessen orientierten Universitätslandschaft, und damit letztlich auf dessen gesellschaftspolitische Funktionalität im Sinne des heute überwiegend ökonomistischen Zielsetzungen und Imperativen verpflichteten Mainstreams. Ob die diagnostizierte Geringschätzung bzw. Vernachlässigung der sozialen Frage in vielerlei akademischen Disziplinen und Milieus, sowie die Vorliebe für minoritäre Partikularthemen [„Transgenderforschung", „Queerness-Studies" u. a.] auch dem Umstand geschuldet ist, dass sich besagte akademische Milieus nachweislich weit überwiegend aus Mittel- und Oberschichten rekrutieren und von daher Fragen von Armut und Deklassierung eher als unattraktiv und oftmals fern der eigenen sozialen Lage und Sozialisationserfahrung empfunden werden, sei hier dahingestellt. Ganz abgesehen davon sind derartige Forschungsfoki, seien sie womöglich noch dezidiert kapitalismuskritisch verortet, einer akademischen Karriere im Rahmen der Bologna-Universität heute kaum förderlich, geschweige denn drittmittelaffin.

Zur Unverzichtbarkeit einer Kritik der Politischen Ökonomie

Eine wieder verstärkt auf Klassenunterschiede rekurrierende antidiskriminatorische Gesellschaftskritik und -theorie äußert derzeit natürlich keineswegs nur Walter Benn Michaels. Analoge Argumentationen finden sich etwa auch bei Zygmunt Bauman. In seinem Buch „Gemeinschaften" (2009) setzt er sich reflexiv mit Fragen gesellschaftlicher Wohlfahrt auseinander. Eine Hauptthese hierbei lautet in nuce: Gerechtigkeit ist nur als soziale Gerechtigkeit/Verteilungsgerechtigkeit möglich, durch eine „ethische Gemeinschaft", die sich durch kollektive Absiche-

---

3   Ohne hier „namedropping" praktizieren zu wollen, ließen sich an besonders prominenten Fällen etwa das Ende der Kritischen Psychologie in der Tradition Klaus Holzkamps an der FU Berlin oder auch das faktische Auslaufen der politikwissenschaftlichen Schule nach Wolfgang Abendroth an der Uni Marburg anführen, weitere Fälle in allen Fachrichtungen geistes- und sozialwissenschaftlicher Provenienz wären leicht benennbar.

rung gegen individuelle Defizite und Unglücke auszeichnet und Teilhabe am gesellschaftlichen Reichtum und Mitwirkung ermöglicht. Anstelle einer für die soziale Frage im allgemeinen, für Fragen kapitalistischer Ungleichheitsproduktion im speziellen, teils unsensiblen, wenn nicht gar ignoranten Diversity-Forschung ließe sich mit Blick auf Ermöglichungsgründe sozialer Teilhabe und Vermeidungsstrategien sozialen Ausschlusses etwa für eine Rückbesinnung antidiskriminatorischer Argumentations- und Begründunglogiken im Sinne John Rawls plädieren. Rawls hat in seinem so überaus einflussreichen Hauptwerk „A Theory of Justice" (1971) bekanntlich die Leitfrage aufgeworfen: Welche Gerechtigkeitsprinzipien würden sich Mitglieder einer von ihnen selbst begründeten und gesetzlich geregelten Gesellschaft verordnen, wenn sie nicht wüssten, welche Positionen und Rollen sie später in ebendieser Gesellschaft einnehmen werden? An unhintergehbaren Prinzipien hätten dabei zu gelten:

1. Gleiche Grundrechte und -freiheiten für alle

2. Chancengleichheit für alle bzgl. Teilhabe und Zugang zu Ämtern, Positionen etc.

3. Verteilungsfragen müssen so geregelt werden, dass gerade die unterprivilegiertesten der Gesellschaft den größten Nutzen haben.

In diesem Zusammenhang liefert etwa auch die Studie von Picket/Wilkinson (2009) einen aktuellen Beitrag zur Debatte, der womöglich mehr für soziale Gleichheit und individuelle Emanzipation beizutragen vermag, als so manche gut gemeinten und lobenswerten Beiträge aus dem Bereich der Diversity-Studies. Anhand umfassenden empirischen Materials belegen der Autor und die Autorin, dass Gesellschaften, in denen der einkommens- und vermögensbezogene Abstand zwischen Oben und Unten geringer ist, in aller Regel auch bessere sozialempirische Daten bzgl. jener Lebensumstände aufweisen, die auch als Maß für tagtäglich erfahrene Diskriminierungen herangezogen werden können, wie etwa der Zugang zu medizinischer Versorgung oder der Konnex von sozialer Herkunft und Bildungserfolg, Arbeitslosigkeit, Kriminalitätsrate u. a. m. An dieser Stelle kann deshalb an die (eigentlich als überholt geltende) Debatte um gesellschaftliche „Haupt- und Nebenwidersprüche" angeknüpft werden. Ohne diese Dichotomie für fruchtbar halten zu müssen lässt sich doch konstatieren, dass die Verfügungsgewalt über das in Marktgesellschaften entscheidende Machtmittel Kapital (also nicht nur Geld) natürlich nicht jedwede, aber viele Erfahrungen von Diskriminierung wenn nicht zu verhindern, so doch zumindest zu lindern vermag. Genügend Geld zu besitzen kann etwa die Option eröffnen, eine der Hauptquellen „Race"- und Genderbedingter Diskriminierungen im Idealfall weitestgehend auszuschalten, nämlich

die oft erniedrigende Suche nach Lohnarbeit oder bezahlbarem Wohnraum. Solche Vermeidungsstrategien können natürlich nicht das Ziel einer antidiskrimina-
torischen sozialen Praxis sein, nichtsdestotrotz impliziert in einer Gesellschaft, in
der Güter und formalisierte soziale Beziehungen in aller Regel über Warencha-
rakter verfügen – mit anderen Worten: sehr vieles käuflich ist und einen Preis hat
– die Verfügungsgewalt über Geld reale Teilhabechancen. Wie ein Politskandal
aus jüngerer Vergangenheit in Kärnten/Österreich zeigt, ist hiervon nicht einmal
die Staatsangehörigkeiten ausgenommen, wurde doch eine solche gegen geldwer-
te Leistungen wie Parteispenden in Aussicht gestellt.

Der antidiskriminatorische und emanzipatorische Anspruch der Diversity-
Forschung ließe sich in diesem kritisch-provokanten Gedankenduktus beispielsweise auch aus Sicht einer alleinerziehenden Hartz-IV-Empfängerin dahingehend
hinterfragen, von welcher politischen Konstellation sie wohl größere Unterstützung
bei der Bewältigung ihres sozialen Alltags zu gewärtigen hätte. Etwa von einer
Regierung, die unter Diversity-Gesichtspunkten wenig zu wünschen übrig lässt,
(eine Frau steht als Kanzlerin an der Spitze, ein bekennender Homosexueller be-
kleidet das Vizekanzleramt, ein ranghoher Minister weist Migrationshintergrund
auf und ein Amtskollege mit Körperbehinderung leitet ein Schlüsselressort), die
als Regierung aber in sozialpolitischer Hinsicht die *Workfare*-Doktrin propagiert
und perpetuiert? Oder aber von einer hypothetischen Legislative, die sich zwar
in weitaus geringerem Maße nach Diversifizierungskriterien zusammensetzt, jedoch ihren vitalen sozialen Interessen in weit höherem Maße entspräche, indem
sie etwa Hartz-IV-Regelsätze signifikant erhöhte oder gar ein bedingungsloses
Grundeinkommen oder ähnliche sozialpolitische Innovationen implementierte?

Natürlich ist diese Denkfigur nahezu unredlich, das eine (Diversität) schließt
das andere (soziale Politik) keineswegs aus, und auch rein symbolische Selbster-
mächtigungsvorbilder sind begrüßenswert und geradezu ein Wert an sich. Umgekehrt kann aber ebenso keinesfalls selbstverständlich angenommen werden, dass
diversifizierte Zustände in Politik, Wirtschaft oder sonstigen gesellschaftlichen
Subsystemen automatisch sozialere, egalitärere Verhältnisse zeitigen. Mehr noch,
es darf nicht einmal davon ausgegangen werden, dass RepräsentantInnen mehrheit-
lich unterprivilegierter oder diskriminierter gesellschaftlicher Gruppen, die sich
in gehobeneren sozialen Zusammenhängen zu etablieren vermochten oder denen
es gelungen ist, in Positionen der Macht aufzusteigen, auch tatsächlich für die von
ihnen repräsentierten Minderheiten bessere Zustände in Blick auf Akzeptanz und
Teilhabechancen eröffnen. Allzu oft greift der Mechanismus der „sozialen Schlie-
ßung" (Max Weber), wonach AufsteigerInnen, also jene, „die es geschafft haben",
nach ihrem Aufstieg kein Interesse mehr daran haben, dass nach ihnen auch an-

deren, etwa MigrantInnen oder BildungsaufsteigerInnen, derselbe Erfolg beschieden sei.[4] Das Ausmaß, mit dem etwa in Österreich die nationalchauvinistische bis rechtsextreme FPÖ österreichische StaatsbürgerInnen mit serbischem und kroatischem Migrationshintergrund angesichts einer propagierten gemeinsamen antiislamisch-„abendländischen" Gesinnung umgarnt, und dabei in Teilen durchaus auf nennenswerte Gegenliebe stößt, ließe sich ebenso als aktuelles Beispiel anführen wie die deutsche „Sarrazin-Debatte" mit der sozialdarwinistischen Unterscheidung zwischen „Ausländern", die dem Wirtschaftsstandort „nutzen" und solchen, die lediglich als Armutsflüchtlinge „zu uns" kommen (vgl. etwa Friedrich 2011).[5] In einer Leistungs- und Konkurrenzgesellschaft, die auf systematische, strukturfunktionale Weise Gewinner, Verlierer, ja sogar „Überflüssige" produziert und nachgerade produzieren muss, in der die entscheidenden Ressourcen, namentlich Geld und Macht, systemlogisch stets ungleich verteilt werden, führt beispielsweise – um es mit einem bitterbösen Paradoxon zu formulieren – auch der vereinzelte Aufstieg von Frauen in elitäre Positionen wirtschaftlicher oder politischer Macht letztlich doch nur zu einer Art „Feminisierung des Patriarchats". An den patriarchalen, und das heißt immer auch vermachteten, strukturell geschlossenen Verhältnissen von Über- und Unterordnung selbst muss sich deshalb noch nichts ändern.

Solche Erkenntnisse sind weder neu, noch sind sie besonders originell und investigativ. Und doch ist der Grad der Erregung, der durch eine hier nur skizzierte Be- und Hinterfragung der gesellschaftspolitischen Funktion einer Migrationsforschung (bzw. bestimmter Aspekte und Bereiche derselben, die auf politisch-ökonomische Analysen und Kritiken verzichtet), ein Indiz, dass womöglich doch Widersprüchliches oft ausgeklammert bleibt. Dies ist nicht zuletzt wohl auch der vermeintlichen Alternativlosigkeit der vorherrschenden politisch-ökonomischen Verhältnisse geschuldet, die dann eben eine verstärkte Fokussierung auf „weiche" Fragen symbolischer Anerkennungspraktiken nahe legt. Soziale Gleichheit meint aber nicht nur quotierte Repräsentanz einzelner VertreterInnen minoritärer gesellschaftlicher Gruppen und symbolische Anerkennungs- und Ermunterungs-

---

4   Martin Scorsese hat in seinem Film „Gangs of New York" dieses aus der Geschichte sattsam bekannte Phänomen am Beispiel der New Yorker Bandenkämpfe zwischen aus England stammenden Einwanderern der ersten Generation und aus Irland kommenden Personen der zweiten Generation in der Mitte des 19. Jahrhunderts eindrücklich vor Augen geführt.

5   In seiner seit 2002 jährlich durchgeführten Einstellungs- und Wertestudie „Deutsche Zustände" diagnostiziert Wilhelm Heitmeyer 2010 der von sozialer Unsicherheit und Abstiegsängsten geplagten Mittelschicht eine „rohe Bürgerlichkeit" im Zuge einer „sozialen Vereisung" des gesellschaftlichen Klimas, die sich in einem „Klassenkampf von oben" und somit in einem Anstieg abwertender, unsolidarischer Einstellungen gegenüber benachteiligten Gruppen der Gesellschaft äußert. Dies betrifft vor allem „Ausländer" (hierbei vor allem solche, die als Muslime identifiziert werden) und Sozialhilfeempfänger (vgl. Heitmeyer 2010).

praktiken, sondern tangiert vielmehr ganz konkrete „harte" Fragen von Haben und Nicht-Haben, Fragen der Verteilung und Aneignung des gesellschaftlich-arbeitsteilig erzeugten Reichtums einer Gesellschaft. In Anlehnung an Bill Clinton, zweifellos ein Protagonist politischer Diversity-Programmatiken, zugleich aber auch neoliberaler Reformator des „*welfare-to-workfare*"-Paradigmenwechsels in der Sozial- und Arbeitsmarktpolitik, sei deshalb abschließend in Erinnerung gerufen: „It's the economy, stupid!"

Literatur

Bauman, Zygmunt (2009). *Gemeinschaften*. Frankfurt.
Butterwegge, Christoph (2009). Armut in einem reichen Land. Wie das Problem verharmlost und verdrängt wird, Frankfurt am Main/New York.
Friedrich, Sebastian (Hg.) (2011). Rassismus in der Leistungsgesellschaft. Analysen und kritische Perspektiven zu den rassistischen Normalisierungsprozessen der „Sarrazindebatte", Münster.
Hacker, Jacob S./*Pierson*, Paul. (2010). Winner-Take-All Politics. How Washington Made the Rich Richer – And Turned its Back on the Middle Class, New York.
Heitmeyer, Wilhelm (2010). Deutsche Zustände, Folge 9, Frankfurt am Main.
Hradil, Stefan (1989). Sozialstrukturanalyse in einer fortgeschrittenen Gesellschaft. Von Klassen und Schichten zu Lagen und Milieus, Opladen.
Michaels, Walter Benn (2008). New Left Review, No. 52; Juli/August 2008, Internet: http://newleftreview.org/?page=article&view=2731 (Recherchedatum 29.11.2011)
Michaels, Walter Benn (2009a). The Trouble with Diversity: How We Learnend to Love Identity and Ignore Inequality, New York.
Michaels, Walter Benn (2009b). What Matters, in: London Review of Books, Vol. 31(16), 11–13, Internet: http://www.lrb.co.uk/v31/n16/walter-benn-michaels/what-matters (Recherchedatum 12.08.2011)
Michaels, Walter Benn (2009c). Wider den multikulturellen Imperativ. Die Linke hat eine andere Aufgabe, in: Le Monde diplomatique Nr. 8810, 22–23.
Pickett, Kate/*Wilkinson*, Richard (2009). Gleichheit ist Glück. Warum gerechte Gesellschaften für alle besser sind, Berlin.
Rawls, John (1979). Eine Theorie der Gerechtigkeit, Frankfurt am Main (Originaltitel: A Theory of Justice, 1971)
Rotifer, Robert. Tägliche Demütigung durch Überfluss. DER STANDARD (Printausgabe), 11.08.2011.
Ptak, Rolf (2011). Mehr und bessere Bildung durch Markt und Wettbewerb? Thesen zur politischen Ökonomie der aktuellen Bildungsdebatte, in: *Lohmann*, Ingrid/*Mielich*, Sinah/*Muhl*, Florian/*Pazzini*, Karl-Josef/*Rieger*, Laura/*Wilhelm*, Eva (Hg.): Schöne neue Bildung? Zur Kritik der Universität der Gegenwart, Bielefeld, 105–120.

Schenk, Christian (2006). Zu den Ursprüngen des Diversity-Management-Konzepts. Hausarbeit im Rahmen des postgradualen Studiengangs GenderKompetenz an der FU Berlin, Internet: http://www.christian-schenk.net/politik/diversity-management/diversity_management.pdf (Recherchedatum 20.09.2011)

Tippelt, Rudolf (1997). Sozialstruktur und Erwachsenenbildung. Lebenslagen, Lebenstile und soziale Milieus, in: *Brödel*, Rainer (Hg.): Modernisierung und Erwachsenenbildung, Opladen, 53–69.

Tippelt, Rudolf/*Reich*, Jutta (2006): Weiterbildung und soziale Milieus. Grundlagen für Programmplanung und Bildungsmanagement, Kaiserslautern.

Zick, Andreas (1997): Vorurteile und Rassismus. Eine sozialpsychologische Analyse. Münster.

Widerstände sichtbar machen. Zum Potenzial einer performativen Methodologie für kritische Migrationsforschung

Andrea Ploder

> „Es ist die Kritik, die uns gewissermaßen vor den
> Versöhnungen des täglichen Lebens schützt."
> (Castro Varela/Dhawan 2003: 285)

Einleitung

Der vorliegende Beitrag widmet sich dem Potenzial einer performativen Forschungslogik für kritische Migrationsforschung. Ausgangspunkt ist eine Unterscheidung verschiedener Lesarten des Kritikbegriffs und eine Selbstverortung des Beitrags im Feld der Kritik. In einem zweiten Schritt wird dieses Kritikverständnis als Ausdruck einer „verspäteten Repräsentationskrise" in den Sozialwissenschaften gelesen und dadurch in seinem Anspruch präzisiert. Homi K. Bhabhas Konzept der kreativen Intervention verspricht einen Ausweg aus der Repräsentationskrise. Ein Fokus auf widerständige Positionierungen von ForschungsteilnehmerInnen ermöglicht ein Durchbrechen des Zirkels gewaltvoller Repräsentationen und kann insofern eine beachtenswerte Strategie für kritische Migrationsforschung darstellen. Vor diesem Hintergrund wird eine Verknüpfung kritischer Migrationsforschung mit der *Performative Social Science* vorgeschlagen, die das diskurskritische Potenzial von ForschungsteilnehmerInnen methodologisch unterstützt.[1]

Dimensionen kritischer Migrationsforschung

Die dem vorliegenden Band zugrunde liegende Tagung hat einmal mehr gezeigt, dass das Spektrum kritischer Migrationsforschung breit und vielfältig ist. Zur Verortung des Beitrags in diesem Spektrum möchte ich eine Unterscheidung von fünf Dimensionen von Migrationsforschung als Kritik vorschlagen. Sie erhebt weder Anspruch auf Vollständigkeit noch auf Trennschärfe. Gerade weil konkrete Projekte zumeist mehrere Formen der Kritik miteinander verknüpfen, scheint mir diese Unterscheidung sinnvoll. Sie macht gezielte Schwerpunktsetzungen möglich und trägt durch eine Klärung des jeweils verfolgten Kritikverständnisses zu einer Schärfung der Argumentationen bei.

a. Als *Gesellschaftskritik* hinterfragt kritische Migrationsforschung bestehende gesellschaftliche und politische Rahmenbedingungen von Migration/en und

---

1   Für wertvolle Hinweise zu früheren Fassungen dieses Textes danke ich Susanne Arens, Anna Kröppel, Petra Neuhold, Johanna Stadlbauer und den HerausgeberInnen.

weigert sich, sich unter Berufung auf ein falsch verstandenes Prinzip der Werturteilsfreiheit einer politischen Bewertung der untersuchten Verhältnisse zu entziehen. Beispiele hierfür sind u. a. die Arbeiten von Ha (2003), Ha/Schmitz (2006) und Boatcă/Costa (2010).

b. Kritische Migrationsforschung als *Wissenschaftskritik* drückt sich in einer kritisch-reflexiven Grundhaltung gegenüber dominanten Geschichten, Theorien, Methoden und Praxis der Migrationsforschung aus. Hierher gehören etwa die Arbeiten von Said (1978/1994) und Hall (1992/1994) zur wissenschaftlichen Konstruktion von „West" und „Rest" im Zusammenhang mit der Ausbreitung des Kolonialismus, aber auch die Arbeiten von Bojadžijev (2008) und Hess/Moser (2009) zur Geschichte des Integrationskonzepts in Wissenschaft, Politik und medialer Öffentlichkeit.

c. Als *Forschungskritik* reflektiert kritische Migrationsforschung das Problem der Reproduktion ethnisierender und kulturalisierender Zuschreibungen in der sozialwissenschaftlichen Forschungspraxis – auf der Ebene der Datenproduktion, der Interpretation und der Ergebnisdarstellung. Wo sie das Ziel, gewaltvolle Repräsentationen in der eigenen Forschungskonstellation zu vermeiden, verfehlt, versucht sie, die Hintergründe dieses Scheiterns reflexiv einzuholen und zu explizieren (vgl. Dannenbeck 2002; Mecheril et al. 2003; Lutz 2010).

d. Kritische Migrationsforschung als *Interdependenzkritik* hinterfragt die politischen Rahmenbedingungen und Konsequenzen von Migrationsforschung und nimmt die Wechselwirkungen zwischen wissenschaftlichen und außerwissenschaftlichen Migrationsdiskursen kritisch in den Blick. (vgl. u. a. Georgi/Wagner 2009).

e. Migrationsforschung als *politische Aktion* versucht schließlich dieser Wechselwirkung eine produktive Wendung zu geben. Sie sucht nach Wegen, den gesellschaftskritischen Einsichten der Migrationsforschung politische Durchschlagskraft zu verleihen und unterstützt die Bildung diskursiver Räume, in denen politisch unterrepräsentierte MigrantInnengruppen zu Wort kommen können.[2] Ihr Ziel ist es letztlich, die bestehenden sozialen und politischen Verhältnisse nicht nur kritisch zu hinterfragen, sondern zu verändern.[3]

---

2   Vgl. etwa Castro Varela/Dhawan (2003: 279): „Die Aufgabe der Kritik besteht [...] darin, Räume zu schaffen, in denen die Anderen gehört werden. [...] Eine kritische Praxis muss [...] in der Lage sein, das Nichtgedachte der dominanten Diskurse zu denken, und denen zuzuhören, die zur Zielscheibe der epistemischen Gewalt werden."

3   Besonders eindrücklich wird dieses Ziel bei Rainer Winter formuliert, der ganz allgemein „für ein kritisches Verständnis qualitativer Forschung plädier[t]. Diese soll durch transformative und interventionistische Untersuchungen eine emanzipatorische Agenda zur Verwirklichung

Dieser Beitrag enthält Bezüge zu all diesen Dimensionen. Im Zentrum steht das Moment der *Forschungskritik*: Es geht mir vor allem um die Frage, wie im Forschungsprozess mit dem Problem der Reproduktion diskursiver Zuschreibungen und essenzialisierender Bilder über Menschen, die zum Gegenstand der Migrationsforschung werden, sinnvoll umgegangen werden kann. Diese Frage hat zunächst einen forschungsethischen Hintergrund. Als Forschende tragen wir gegenüber unseren ForschungsteilnehmerInnen Verantwortung dafür, dass wir die sie unterdrückenden Verhältnisse nicht durch unsere Forschung unterstützen und mit dem Siegel der Wissenschaftlichkeit versehen. Darüber hinaus spielen aber auch *interdependenzkritische*, *wissenschaftskritische* und *gesellschaftskritische* Momente eine Rolle: Wenn wir damit rechnen müssen, dass unsere Forschung zur Legitimierung migrationspolitischer Diskurse und Aktionen herangezogen werden kann, gewinnt die Repräsentationsproblematik deutlich an Brisanz. Vor dem Hintergrund des wachsenden Interesses politischer AkteurInnen an sozialwissenschaftlichem Wissen zu Migration steigt die politische Verantwortung der Migrationsforschung für ihre Ergebnisse (vgl. Georgi/Wagner 2009). Weiter verstärkt wird diese Verantwortung, wenn wir einen *wissenschaftskritischen* Blick in die Geschichte der sozialwissenschaftlichen Migrationsforschung werfen, die durch Produktion einseitiger Bilder an der Konstruktion eines problematischen Fremdbilds von „MigrantInnen" mitgewirkt und über die Formulierung von Theorien der Assimilation und Integration (vgl. hier insbesondere das vielrezipierte Werk von Hartmut Esser) wesentlich zur Gestaltung des migrationspolitischen Status Quo beigetragen haben. Aus diesen Überlegungen leitet sich schließlich auch das *gesellschaftskritische* Anliegen ab, die sozialen und politischen Rahmenbedingungen von Migration/en in der Forschung zu thematisieren und mit Hilfe von Forschung wirksam zu hinterfragen. Der Vorschlag, den ich im letzten Abschnitt machen werde, bietet außerdem Anschlussmöglichkeiten für das Konzept von Migrationsforschung als *politische Aktion*.

Eine verspätete Repräsentationskrise?

Das hier mit Blick auf die sozialwissenschaftliche Migrationsforschung formulierte Anliegen ist nicht neu und einige der damit verbundenen Schwierigkeiten sind bereits – außerhalb der Sozialwissenschaften und ohne direkten Bezug zur Migrationsforschung – diskutiert worden. Weil die dort entwickelten Strategien

---

sozialer Gerechtigkeit entwickeln sowie zu einer radikalen Demokratie beitragen. [...] Eine kritische qualitative Forschung möchte Veränderungen im Alltagsleben von Menschen bewirken." (Winter 2010: Par. 4)

auch für den hier vorgeschlagenen Lösungsansatz relevant sind, möchte ich die
Debatte kurz in Erinnerung rufen: Die Rede ist von der *Krise der Repräsentation*. Eine der wichtigsten Triebfedern dieser Krise, die die Ethnologie und angrenzende Disziplinen in den 1970er und 80er Jahren nachhaltig erschüttert hat,
waren die Schriften zur postkolonialen Theorie.[4] Es waren nicht zuletzt die Werke von Frantz Fanon (insb. 1952; 1961), Albert Memmi (1967) und insbesondere
Edward Said (1978/1994), die der Ethnologie ihre zweifelhafte Rolle im Prozess
der Exotisierung und „Veranderung" „fremder Völker" vor Augen geführt und sie
dazu gezwungen haben, über die Implikationen ihres Forschungshandelns für die
Selbst- und Fremdwahrnehmung von ForschungsteilnehmerInnen nachzudenken.

Neben den Schriften postkolonialer TheoretikerInnen (und zum Teil durch sie
vermittelt) haben auch die Werke von Foucault und Derrida die Repräsentationskrise mitbestimmt. Mit Foucault (1969) wurde das Wechselspiel von Wissen und
Macht in den Fokus gerückt und ein Verständnis für das Gewicht von Diskursen
als herrschaftsstabilisierende Wissensbestände entwickelt. Derrida hat die Idee
der „infiniten Iterabilität von Zeichen" ins Spiel gebracht, der zufolge Zeichen ihre
Bedeutung mit jeder Verwendung verändern können. Jedes Zeichen ist demnach
immer schon zitiert, ohne dass jemals ein „originaler" Verwendungskontext ausgemacht werden könnte, der die „wahre" Bedeutung des Zeichens verbürgt (vgl.
Derrida 1967). Vor diesem Hintergrund wurden die Foucaultschen Diskurse auch
als gewaltvolle Fixierungen von Zeichenbedeutung verstehbar.

Auf der Basis dieser Überlegungen hat die Ethnologie spätestens im Zuge der
„*writing-culture-Debatte*" in den 1970er und 80er Jahren (vgl. Clifford/Marcus
1986) die Praxis des ethnographischen Schreibens als Schreiben-über-Beforsch-
te unter Anmaßung eines scheinbar neutralen Standpunktes systematisch reflektiert.[5] Der ethnographische Text geriet als Medium der Be- und Fest-Schreibung
in den Blick (vgl. Clifford 1986: 10–14). Die Idee, die Perspektive der Ethnologie
sei der ihrer Beforschten in irgendeiner Weise überlegen oder gar neutral, wurde in Frage gestellt und die Unausweichlichkeit einer perspektivischen Bindung
durch das Forschungsinteresse, die Geschichte der Disziplin sowie die persönliche Geschichte der Forschenden deutlich. Vor diesem Hintergrund wurde auch
die Forderung formuliert, den Standpunkt von AutorInnen im Text sichtbar zu
machen, um der unausweichlichen Perspektivität von Forschung durch ein erhöh-
tes Maß an Reflexivität und Explikation Rechnung zu tragen. Die Praxis der Re-

---

4   Zur Krise der Repräsentation u. a. Berg/Fuchs (1993).
5   Auch wenn die Debatte inhaltlich älter ist, wird sie für gewöhnlich an dem von Clifford und
     Marcus 1986 herausgegebenen Band „Writing Culture. The Poetics and Politics of Ethnography"
     festgemacht.

präsentation wurde nicht länger als etwas zu Vermeidendes, sondern als unausweichlicher Bestandteil ethnologischer Forschung verstanden.

Die Krise der Repräsentation hat in der Ethnologie und den angrenzenden Wissenschaften einen Schub an methodischen Innovationen ausgelöst, die als Krisenbewältigungsstrategien gelesen werden können. Auf einige dieser Strategien greift auch die *Performative Social Science* zurück, auf die ich noch zurückkommen werde. In den Sozialwissenschaften, insbesondere in der deutschsprachigen Soziologie, wurde die Repräsentationskrise jedoch lange Zeit nicht in vollem Umfang wahrgenommen. Zwar hat sich im Selbstverständnis der qualitativen Sozialforschung seit den 1970er Jahren eine grundsätzliche Sensibilisierung für die Perspektivengebundenheit empirischer Forschung, das Verhältnis von Forschenden und Beforschten und die Notwendigkeit einer reflexiven Haltung niedergeschlagen, gerade die Implikationen der Repräsentationskrise für die sozialwissenschaftliche *Migrationsforschung* wurden aber lange nicht erkannt. Mittlerweile nimmt jedoch ein großer Teil der sich als kritisch verstehenden Migrationsforschung im deutschsprachigen Raum auf postkoloniale Theorien Bezug.[6] Diese Rezeption scheint eine nachholende, verspätete Repräsentationskrise ausgelöst zu haben, in der die Probleme der ethnologischen Repräsentationskrise erneut aufgeworfen werden.[7] Das betrifft insbesondere die *forschungskritische* Frage nach der Festschreibung kultureller Identität im Forschungsprozess und eine *wissenschaftskritische* Reflexion der Verantwortung akademischer Wissensproduktion für die politische Situation der Beforschten.

Bhabhas Konzept der kreativen Intervention

Die aktuelle Repräsentationskrise unterscheidet sich von der der 1970er Jahre unter anderem dadurch, dass innerhalb des postkolonialen Theorierahmens neu-

---

6 Gutiérrez Rodríguez (2003: 18) zufolge findet seit 1997 eine verstärkte Rezeption postkolonialer Theorie in der deutschsprachigen Migrationsforschung statt. Sie wird gestützt durch vielfältige Anknüpfungspunkte: Beide sind interessiert an einer Historisierung politischer, medialer und wissenschaftlicher Migrations- und Fremdheitsdiskurse sowie an der Analyse gesamtgesellschaftlicher, migrationspolitischer, wissenschaftlicher und forschungsbezogener Machtverhältnisse. Darüber hinaus weisen beide eine ausgeprägte Tendenz zur Wissenschafts- und Forschungskritik auf (vgl. z. B. Scherke 2009; Reuter/Villa 2010).

7 In diesem Zusammenhang lohnt sich auch ein (wissenschaftskritischer) Blick auf die Disziplinengeschichten: Wie u. a. Stuart Hall (1992) gezeigt hat, waren die Entwicklung und das ursprüngliche Selbstverständnis von Sozialwissenschaften und Ethnologie Ausdruck und Motor der Konstruktion einer politisch folgenreichen West/Rest-Dichotomie. Das Bild, das die Forschung auf der Basis dieser Unterscheidungen über westliche und nicht-westliche Kulturen gezeichnet hat, ist bis heute fixer Bestandteil öffentlicher und wissenschaftlicher Migrationsdiskurse.

es Material zu ihrer Bewältigung zur Verfügung steht. Das Werk von Homi K. Bhabha ist hier besonders interessant, weil es erlaubt, die „Objekte diskursiver Zuschreibungen" als „Subjekte des Widerstands" zu denken. Mit dem Konzept der kreativen Intervention zeigt es implizit einen Weg aus dem sozialwissenschaftlichen Festschreibungsdilemma, der nicht auf eine bloße Reflexion des forschenden Standpunkts beschränkt ist: Bhabhas in den letzten Jahren verstärkt rezipiertes Hybriditätskonzept[8] (vgl. Bhabha 1994/2004) geht davon aus, dass kulturelle Identitäten nicht statisch, sondern als immer wieder neu in Gang gesetzte Aushandlungsprozesse *(Identifikationen)* zu verstehen sind. Der Begriff der Identifikation betont die Prozesshaftigkeit identitärer Aushandlungen, ihre Flüchtigkeit und ihre Gebundenheit an interaktive Settings und soziale Situationen (vgl. ebd. 5–12; Bhabha 1997). Die diskursiven Orte dieser Aushandlung bezeichnet Bhabha als *third spaces*. Es handelt sich dabei um Zwischenräume, Orte an der Grenze bzw. zwischen Grenzen zweier als Alternativen gedachter Eindeutigkeiten (vgl. Bhabha 1994/2004: 321).[9] Sie werden von jenen Dichotomien aufgespannt, die den Migrationsdiskurs und angrenzende Diskurse bestimmen (z. B. von schwarz/weiß, Ost/West, Süd/Nord, türkisch/deutsch, Frau/Mann, etc.) und liegen selbst im „Dazwischen". Durch dieses Dazwischen-Sein, durch ihre Grenzlage oder *Liminalität* ermöglichen *third spaces* Identifikation als widerständigen Prozess.[10] Sie ermöglichen ein Hin- und Herspringen, eine wiederholte Grenzüberschreitung, die die Frage nach Zugehörigkeit im Chaos der Antworten verhallen lässt. Diesen Prozess versteht Bhabha als „Performativität im Sinne einer kreativen, differenzbewussten Ausgestaltung von postkolonialer Repräsentation und Handlungsmacht" (Bachmann-Medick 2006: 110).

---

8   Ha spricht bereits 2005 (durchaus kritisch) von einem „Hype um Hybridität". Er bezieht sich
      dabei auf werbewirksame oder politische Vereinnahmungen sowie auf verkürzte wissenschaftli-
      che Rezeptionen des Konzepts, die sein widerständiges Potenzial zu schwächen drohen.

9   Tatsächlich gibt es Bhabha zufolge auch jenseits des *third space* keine „reinen" kulturellen
      Zonen, die seine Grenzen markieren könnten: „Vielmehr kennzeichnet er eine kulturelle Verfas-
      sung, die überhaupt keine reinen, unvermischten Zonen enthält, sondern aus Überlagerungen
      in sich widersprüchlicher und differenter Schichten einer Kultur besteht" (Bachmann-Medick
      2006: 205).

10   Hybridität und die Fähigkeit zu kreativer Intervention sind keineswegs spezielle „Talente"
      postkolonialer MigrantInnen, auch wenn Bhabha dieser Gruppe besondere Aufmerksamkeit
      schenkt und sein Konzept an ihrem Beispiel ausarbeitet. Sie entstehen vielmehr immer dort,
      wo Menschen einer extremen diskursiven Vereindeutigung (z. B. als „MigrantInnen" und/oder
      „Angehörige einer fremden Kultur") ausgesetzt sind. Dazu auch Bachmann-Medick (2006:
      206f.), Bronfen/Marius (1997) zitierend: „‚Das Subjekt ist Knoten- und Kreuzungspunkt der
      Sprachen, Ordnungen, Diskurse, Systeme wie auch der Wahrnehmungen, Begehren, Emotionen,
      Bewusstseinsprozesse, die es durchziehen.' Somit zeigt sich Hybridität nicht erst zwischen
      den (verschiedenen) Kulturen, sondern bereits als innere Differenzierung einer Kultur, ja der
      Subjekte selbst."

Solchen dynamischen und prozesshaften Identitifikationen, einer „Performance von Hybridität", stehen vereindeutigende Migrationsdiskurse gegenüber, die ein statisches Bild migrantischer Identitäten zeichnen – als Andere der Einwanderungsgesellschaft, als *radikal „Fremde"* und TrägerInnen von Eigenschaften, die an eine vermeintlich eindeutige ethnische oder kulturelle Zugehörigkeit gebunden sind. Zu diesen Konstruktionen zählen rassistische Bilder genauso wie positive Essenzialisierungen, die MigrantInnen auf die „Exotik ihrer Heimatkultur" festlegen, und ein friedliches Miteinander in einer „multikulturellen Gesellschaft" propagieren. Diese Diskurse und die Stereotypen, in denen sie zum Ausdruck kommen, sind Instrumente der vereindeutigenden Repräsentation, wie sie oben mit Verweis auf Foucault und Derrida erläutet wurden. Sie sind Bhabha zufolge nicht deshalb problematisch, weil sie Repräsentationen sind, sondern weil sie vereindeutigen:

> The stereotype is not [...] a false representation of a given reality. It is [...] an arrested, fixated form of representation that, in denying the play of difference [...], constitutes a problem for the representation of the subject in significations of psychic and social relations. (Bhabha 1994/2004: 107)

Bhabha geht davon aus, dass die diskursive Lage von MigrantInnen sie mit einem Potenzial zum Widerstand ausstattet. Der *third space* ist demnach nicht nur ein Ort der Verhandlung von Identität sondern auch ein Ort des Widerstands gegen Zuschreibungen: „Being in the ‚beyond' [...] is to inhabit an intervening space [...]. [T]he intervening space ‚beyond', becomes a space of intervention in the here and now." (Bhabha 1994/2004: 10). Bhabha sieht in kulturellen Uneindeutigkeiten, in einem „Leben an der Grenze" die Chance, dominante Diskurse zu irritieren und ihnen ihre Kontingenz bzw. die Unmöglichkeit eines neutralen Standpunkts vor Augen zu führen. Er nennt das das Potenzial zu *kreativer Intervention*:

> The intervention [...], which makes the structure of meaning and reference an ambivalent process, destroys th[e] mirror of representation in which cultural knowledge is customarily revealed as an integrated, open, expanding code. Such an intervention quite properly challenges our sense of the historical identity of culture as a homogenizing, unifying force, authenticated by originary Past, kept alive in the national tradition of the People. In other words, the disruptive temporality of enunciation displaces the narrative of the Western nation. (ebd. 54)

Als Literaturtheoretiker hat sich Bhabha in erster Linie mit kreativer Intervention in Gedichten und literarischen Prosa-Texten befasst. Mit Blick auf diesen impliziten Fokus auf privilegierte SprecherInnen wird ihm mitunter vorgeworfen, die Potenziale kultureller Hybridität DichterInnen, KünstlerInnen und Intellektuellen vorzubehalten (vgl. z. B. Friedman 2000: 79). Mittlerweile haben zwar ver-

schiedene Untersuchungen die Relevanz einer „Hybridität des Alltags" aufgezeigt (vgl. etwa Tate 2005; Dannenbeck 2002), aber die Frage nach der politischen
Schlagkraft von „Alltagsinterventionen" stellt sich weiterhin: Welche Auswirkungen hat es auf die politische Situation von MigrantInnen in Deutschland, wenn
eine junge Frau im Münchner Westend beim Interview mit einem Sozialwissen-
schaftler ihre kulturelle Identität widerständig verhandelt (vgl. Dannenbeck 2002:
81–108)? Mit Ha (2004) ist davon auszugehen, dass die mediale Sichtbarkeit und
damit auch die politische Wirksamkeit von Alltagsinterventionen begrenzt sind.
Daraus folgt aber nicht, dass sie für kritische Forschung keine Relevanz haben –
im Gegenteil: Gerade durch die *Sichtbarmachung* von Alltagsinterventionen und
eine Sensibilität für Interventionen in der Forschungssituation kann kritische Migrationsforschung zu einer Veränderung der wissenschaftlichen und politischen
Migrationsdiskurse beitragen.

Bhabha zufolge haben diskurskritische Artikulationen die Kraft, dominante Diskurse zu *irritieren*, und sie damit nicht nur unter dem Vorzeichen der Kritik zu reproduzieren, sondern die dahinter liegenden Vereindeutigungsstrategien
als solche sichtbar und fragwürdig werden zu lassen. Wenn widerständige Positionierungen im Sinne Bhabhas im Forschungsprozess auftreten, kann kritische
Migrationsforschung versuchen, mit den dadurch ausgelösten Irritationen zu arbeiten. Sie kann versuchen, sie in ihrer Ambivalenz und diskurskritischen Kraft
durch den Forschungsprozess hindurch in den wissenschaftlichen und letztendlich auch in den politischen Migrationsdiskurs hineinzutragen.[11] Dabei werden
Migrationsforschende keinesfalls als AkteurInnen *außerhalb* dieser Diskurse
gedacht. Denn nur weil und insofern sich wissenschaftliche und politische Migrationsdiskurse in Forschungssetting, Fragestellungen, Interviewthemen und im
Verhalten der Forschenden widerspiegeln, können sie durch widerständige Positionierungen von ForschungsteilnehmerInnen unterlaufen werden.[12] Die produktive Nutzung diskurskritischer Artikulation im Forschungsprozess ist also nicht
an die Fiktion von Forschung als „außerdiskursives Ereignis" gebunden, sondern
wird im Gegenteil durch die Präsenz der betroffenen Diskurse in der Forschungssituation erst ermöglicht.

Aber wie kann dieses Vorhaben methodisch umgesetzt werden? Welche Voraussetzungen muss eine Methodologie erfüllen, die die Beforschung von wider-

---

11   Dazu ausführlicher Ploder 2009.
12   Was als widerständige Positionierung in den Blick kommt, hat also vor allem damit zu tun,
      welche Diskurse in der Forschungssituation „präsent" sind. Aus diesem Grund ist eine alltag-
      sähnliche Interviewsituation, in der auch die Überzeugungen der Forschenden zur Sprache
      kommen, bewusst „einseitig" ausgerichteten narrativen Interviewformen vorzuziehen. Auch
      Gruppendiskussionen können hier interessant sein.

ständigen Äußerungen ermöglicht, ohne dabei ihr kritisches Potenzial zu schwächen? Die gesuchte Methodologie muss zunächst eine besondere Sensibilität für Momente der Irritation im Forschungsprozess aufweisen, die es ihr erlaubt, das widerständige Potenzial kreativer Interventionen zu erkennen. Sie muss außerdem dazu in der Lage sein, diskursive Grenzlagen als „intervening spaces" in den Blick zu nehmen. Um das für eine wirksame Diskurskritik unerlässliche Irritationsmoment zu bewahren, darf sie insbesondere nicht an der Herstellung abschließender Deutungen interessiert sein, sondern muss auch in ihrer Ergebnisdarstellung interpretativ offen bleiben. Nur so kann es gelingen, auch die RezipientInnen von Forschungsergebnissen mit der diskurskritischen Kraft der widerständigen Artikulation zu konfrontieren.

Zum Potenzial einer performativen Methodologie für kritische Migrationsforschung

Der Begriff der Performativität hat in den letzten Jahren vor allem in den verschiedenen Spielarten der *cultural studies* und in den deutschsprachigen Kulturwissenschaften an Popularität gewonnen. In den deutschsprachigen Sozialwissenschaften wird er (abgesehen von einer frühen Thematisierung im Zusammenhang mit Judith Butler) noch zögerlich, aber mit wachsendem Interesse aufgenommen.[13] Für das oben formulierte Anliegen ist insbesondere die Idee einer performativen Methodologie relevant:[14]

Seit dem Erscheinen eines Aufsatzes von Norman Denzin (2001/2008) werden unter dem Sammelbegriff der *Performative Social Science* (kurz PSS) verschiedene Spielarten der qualitativen Sozialforschung zusammengefasst, die dem Interesse Bhabhas an der sozial wirksamen Inszenierung von Uneindeutigkeit und dem Konzept der Liminalität sehr nahe stehen. Hinter dieser Vielfalt steht eine gemeinsame Forschungslogik, die bis zu John L. Austins (1961) Konzept der Performativität zurückverfolgt werden kann (vgl. Wirth 2002). Diese Forschungslogik ist bestimmt von einer performativen Epistemologie, der zufolge Erkenntnis

---

13 Zeichen für das Interesse, das ihm die Community der deutschsprachigen *qualitativen Sozialforschung* entgegenbringt, sind das FQS-Schwerpunktheft 9(2) (vgl. Guiney Yallop et al. 2008) sowie seine Thematisierung in den Mittagsvorlesungen des Berliner Methodentreffen Qualitative Forschung 2010 und 2011 (vgl. Winter 2010, Diaz-Bone 2011). Außerhalb der qualitativen Methodendiskussion taucht der Begriff der Performativität unter anderem im Zusammenhang mit Versuchen auf, poststrukturalistische Theorien und *cultural studies* für die Sozialwissenschaften fruchtbar zu machen (vgl. etwa Moebius/Reckwitz 2008).

14 Für einen ausführlicheren Überblick über Theorie und Praxis performativer Methoden vgl. Roberts 2008; Winter/Niederer 2008; Fischer-Lichte 2012 sowie Ploder 2011.

situativ gebunden ist: Sie entsteht (*dialogisch*) in Momenten der Begegnung und kommt in einer *Transformation* zum Ausdruck. Ziel performativer Forschung ist nicht die Produktion von Wissen über Beforschte und die Weitergabe dieses Wissens an die Scientific Community, sondern die Herstellung von (flüchtigen, nur in ihren Spuren einholbaren) Momenten „situativer" Erkenntnis. Dahinter steht die Überzeugung, dass die Sozialwissenschaften keine abschließenden Bedeutungen produzieren, sondern Bedeutungsangebote machen und Transformationen in Gang setzen sollen. Konsequenterweise verabschieden sich viele performativ Forschende vom klassischen wissenschaftlichen Textformat und greifen in die Werkzeugkiste von Literatur, Theater und Videokunst (vgl. Guiney Yallop et al. 2008)

Damit schließen die PSS an die dialogischen und theatralen Ansätze der ethnologischen Disziplinen an, die dort als Reaktion auf die Repräsentationskrise und im Zuge der *writing culture*-Debatte entwickelt worden sind. Das be trifft insbesondere die an den ethnographischen „fieldwork-account" angelehnten Selbsterzählungen (später: Autoethnographien), ethnographische Dichtung (vgl. zu beidem Clifford 1986) und das Ethnodrama in der Tradition von Victor Turner und Richard Schechner (vgl. Turner 1982/2002). Sie orientieren sich aber auch an Theaterwissenschaften, Literatur und zeitgenössischer Medienkunst. Kennzeichnend für die Methoden innerhalb der PSS ist die Überschreitung von Disziplin- und Genregrenzen, vor allem der Grenze zwischen Wissenschaft und Kunst: So versucht etwa die Autoethnographie als „ethnographisches Schreiben über sich selbst" im Rahmen einer literarischen Darstellung das subjektive Erleben von ForscherInnen zu thematisieren, die zugleich als Forschende, Beforschte und SchriftstellerInnen agieren. Sie geht davon aus, dass jede Darstellung subjektiver Erlebnisse (sofern sie in einer Weise erfolgt, die literarisch ansprechend und kraftvoll ist) über sich selbst hinaus weist und erkenntnisgenerierende Reflexions- und Transformationsprozesse bei den LeserInnen auslösen kann. Im Ethnodrama dagegen wird das Verständnis Forschender von ihrem Feld im Rahmen einer theatralen Inszenierung zur Aufführung gebracht – ein Verständnis, das im Zuge der Aufführung an die Beforschten rückvermittelt wird. Auch das Spielen mit AutorInnen-Perspektiven, der Einsatz von Film- und Bildmaterial in einer kommunikativen (und nicht rein illustrativen) Weise oder die Verknüpfung wissenschaftlicher, literarischer oder poetischer Textformate (vgl. etwa Mecheril 2007) können als Ausdruck einer performativen Forschungslogik verstanden werden.

Performative Sozialforschung zielt nicht auf eine korrekte Beschreibung oder adäquate Deutung der beforschten Verhältnisse ab. Stattdessen will sie Erkenntnismomente evozieren, die sich in erster Linie in einem Perspektivenwechsel niederschlagen. Zentral für diese Art der Erkenntnis ist ein Moment der Irritation,

in dem eine bisher unhinterfragte (diskursiv vermittelte) Ordnung plötzlich fragwürdig wird. Zu diesem Zweck inszenieren Forschende die eigene Felderfahrung
in Gedichten, literarischen Prosatexten, bildlichen Darstellungen, musikalischer,
theatraler oder Tanz-Performance oder über eine Mischung dieser Elemente mit
klassischen wissenschaftlichen Prosatexten. Sie versuchen dabei, ihre Erlebnisse in einer Weise zur Aufführung zu bringen, die die RezipientInnen berühren,
eine Reflexion der eigenen Verhältnisse und einen Wechsel der Perspektive auf
das beforschte Phänomen und ihr eigenes Verhältnis dazu in Gang setzen kann
(vgl. u. a. Winter 2010: Par. 32f.).

Aber wie kann innerhalb der performativen Forschungslogik festgestellt werden, ob wir es mit „guter", „gelungener" Forschung zu tun haben? Norman Denzin misst die Qualität performativer Forschung an ihrer politischen Wirkmächtigkeit; daran, ob sie

> [...] die vorhandenen kulturellen, sexistischen und rassistischen Stereotype infrage stellt [...];
> der Erinnerung und ihrer Verbindung zur konkreten gelebten Erfahrung Priorität gibt; dialo-
> gisch und einer Ethik der persönlichen Verantwortung verpflichtet ist; [...] eine emanzipato-
> rische Agenda umsetzt, die sich für Gleichheit, Freiheit, und soziale Gerechtigkeit sowie für
> partizipatorische demokratische Praktiken engagiert; Gemeinschaft, kollektive Aktion, Soli-
> darität und Gruppenermächtigung betont. (Denzin 2003/2008: 223)[15]

Mary Gergen und Kip Jones (2008: 10) referieren auf die Intensität des Rezep-
tions-Erlebnisses und das Maß der interpretativen Offenheit des Forschungspro-
dukts. In beiden Ansätzen wird die Güte performativer Forschung an ihrer Wirkung gemessen, was verschiedene Probleme mit sich bringt. Zum einen liegt es
nicht mehr allein in der Hand der Forschenden, dafür zu sorgen, dass ihre Forschung qualitativ hochwertig ist. Zum anderen braucht ein Kriterium, das auf
Wirkungen abzielt, eine recht klares Verständnis davon, welche Wirkungen wünschenswert sind und welche nicht. Im Hintergrund muss also eine sozialpolitische
Agenda stehen, die expliziert und argumentativ untermauert werden muss. Hier
zeigt sich ein grundsätzliches Problem „kritischer" Forschung: Kritik ist als Praxis der normativen Bewertung immer auf einen Maßstab des Wünschenswerten
angewiesen (wenn wir etwas kritisieren, dann deshalb, weil es nicht so ist, wie
es sein *sollte*). Dieser Maßstab wird allerdings in den seltensten Fällen expliziert
und kann innerhalb der sozialwissenschaftlichen Forschungslogik auch kaum argumentativ gestützt werden.[16]

---

15   Damit setzt sich PSS deutlich von den gängigen Gütekriterien qualitativer Forschung ab, die
      nach wie vor stark an den standardisierten Verfahren orientiert sind. Vgl. Flick 2007: 487ff.
16   Ein interdisziplinärer Brückenschlag zur praktischen Philosophie könnte hier Abhilfe schaffen,
      hat aber bislang kaum stattgefunden.

Die Ausarbeitung einer tragfähigen Methodologie der PSS ist in mehrerlei Hinsicht ein unabgeschlossenes Projekt: Neben der bisher nicht restlos zufriedenstellenden Antwort auf die Frage nach Gütekriterien und dem eben angesprochenem Problem einer oft nicht-explizierten und jedenfalls nicht argumentativ untermauerten politischen Agenda stellen sich auch einige forschungsethische Fragen, die mit dem Fokus auf das Auslösen eines starken Erlebens und der besonderen Nähe zu den ForschungsteilnehmerInnen verbunden sind, die performative Forschung mit sich bringt.

Für das oben formulierte Anliegen, diskurskritische Artikulationen von Beforschten in den wissenschaftlichen und politischen Migrationsdiskurs hineinzutragen, hat die Idee performativer Erkenntnis dennoch großes Potenzial. Mit Shirley Tate (2005; 2007) ist davon auszugehen, dass Hybridität und kreative Intervention nicht auf das Medium des literarischen Textes beschränkt sind, sondern auch in Gesprächen und nonverbalen Interaktionen auftreten können. Da sich die Kraft der Performance (wie die *performance studies* eindrücklich zeigen) nicht in einer verbalen Beschreibung oder Deutung des dazugehörigen Erlebens einfangen lässt, sondern im Moment des Erlebens selbst und in der dadurch bewirkten Transformationen aufgeht (vgl. Fischer-Lichte 2012), kann eine interpretative Forschungslogik hier nicht weiterhelfen. Mit den Mitteln der *Performative Social Science* jedoch kann kritische Migrationsforschung den Fokus auf genau dieses Erleben richten – sowohl in der Forschungssituation als auch in der Kommunikation mit den RezipientInnen von Forschung. Durch eine (Re-)Inszenierung des forschenden Erlebens kann sie versuchen, ein (inhaltlich nicht näher bestimmtes, nur thematisch fokussiertes) Irritations-Erlebnis bei den RezipientInnen anzustoßen. Die RezipientInnen werden darin als VertreterInnen des herrschenden wissenschaftlichen oder politischen Migrationsdiskurses angesprochen mit dem Ziel, ihr unhinterfragtes Verständnis von dem, was „MigrantIn-Sein" bedeutet (und die Idee, es gäbe eine eindeutige Antwort auf diese Frage), zu erschüttern.[17] In dieser Hinsicht zeigt sich die Methodologie der *Performative Social Sciences* als vielversprechender Ansatz im Rahmen des hier entwickelten Anliegens einer kritischen Migrationsforschung, der es erlaubt, die diskurskritische Kraft im Forschungsprozess zu bewahren. Einige spannende Beispiele für deutschsprachige

---

17   Wichtig ist dabei, dass nicht die Performance der Beforschten (re)inszeniert wird, sondern deren Erleben durch die Forschenden. Eine Inszenierung „fremder Kultur" auf der Bühne der eigenen, womöglich mit dem Anspruch einer „authentischen" Darstellung, würde in das Muster der kulturalisierenden Repräsentation zurückfallen, das es ja gerade zu überwinden gilt.

Migrationsforschungsprojekte mit performativem Charakter liegen bereits vor.[18] Ob es ihnen gelingt, sich im Feld kritischer Migrationsforschung und darüber hinaus im sozialwissenschaftlichen Feld durchzusetzen, werden die Entwicklungen der nächsten Jahre zeigen.

Literatur

Austin, John L. (1961). Performative Utterances, in: *Urmson*, J.O./*Warnok*, Geoffrey (Hg.): J. L. Austin: Philosophical Papers, Oxford, 220–239.

Bachmann-Medick, Doris (2006). Cultural Turns: Neuorientierungen in den Kulturwissenschaften, Hamburg.

Berg, Eberhard/*Fuchs*, Martin (Hg.) (1993): Kultur, soziale Praxis, Text. Die Krise der ethnographischen Repräsentation, Frankfurt am Main.

Bhabha, Homi K. (1997). Die Frage der Identität, in: *Bronfen*, Elisabeth (Hg.): Hybride Kulturen. Beiträge zur angloamerikanischen Multikulturalismusdebatte, Tübingen, 97–122.

Bhabha, Homi K. (1994/2004). The Location of Culture, London/New York.

Boal, Augusto (1974). Teatro del oprimido y otras poéticas políticas, Buenos Aires.

Boatcă, Manuela/*Costa*, Sérgio (2010). Postkoloniale Soziologie: ein Programm, in: *Reuter*, Julia/*Villa*, Paula-Irene (Hg.): Postkoloniale Soziologie. Empirische Befunde, theoretische Anschlüsse, politische Intervention, Bielefeld, 67–90.

Bojadžijev, Manuela (2008). Die windige Internationale. Rassismus und Kämpfe der Migration, Münster.

Castro Varela, María do Mar/*Dhawan*, Nikita (2003): Postkolonialer Feminismus und die Kunst der Selbstkritik, in: *Steyerl*, Hito/*Gutiérrez Rodríguez*, Encarnación (Hg.): Spricht die Subalterne deutsch? Migration und postkoloniale Politik, Münster, 270–290.

Clifford, James (1986). Introduction: Partial Truths, in: *Clifford*, James/*Marcus*, George (1986): Writing Culture. The Poetics and Politics of Ethnography, Berkeley/Los Angeles/London, 1–26.

Clifford, James/*Marcus*, George (Hg.) (1986). Writing Culture. The Poetics and Politics of Ethnography, Berkeley/Los Angeles/London.

Dannenbeck, Clemens (2002). Selbst- und Fremdzuschreibungen als Aspekte kultureller Identitätsarbeit. Ein Beitrag zur Dekonstruktion kultureller Identität, Opladen.

Denzin, Norman K. (2001/2008). Das reflexive Interview und eine performative Sozialwissenschaft, in: *Winter*, Rainer/*Niederer*, Elisabeth (Hg.): Ethnographie, Kino und Interpretation: Die performative Wende der Sozialwissenschaften. Der Norman K. Denzin-Reader, Bielefeld, 137–168.

---

18 Als Beispiele für deutschsprachige Migrationsforschungsprojekte mit performativem Charakter sei hier exemplarisch auf die Beiträge in Ha et al. 2007 sowie Hess et al. 2009 verwiesen. Im forschungsnahen politischen Aktivismus haben Theater- und andere künstlerische Interventionsprojekte außerdem bereits seit längerer Zeit Tradition (vgl. etwa die Arbeit des Linzer Kollektivs MAIZ), die zum Teil bis zu Bert Brechts politischem Theater oder Augusto Boals „Theater der Unterdrückten" (1974) zurückgeht.

Denzin, Norman K. (2003/2008). Lesen und Schreiben als performativer Akt, in: *Winter*, Rainer/ *Niederer*, Elisabeth (Hg.): Ethnographie, Kino und Interpretation: Die performative Wende der Sozialwissenschaften. Der Norman K. Denzin-Reader, Bielefeld, 203–238.

Derrida, Jacques (1967). De la grammatologie, Paris.

Diaz-Bone, Rainer (2011). Die Performativität der qualitativen Sozialforschung, in: Forum Qualitative Sozialforschung 12(3), Art. 22. Internet: http://nbn-resolving.de/urn:nbn:de:0114-fqsl103227 (Recherchedatum 24.10.2011)

Fanon, Frantz (1952). Peau noire, masques blancs, Paris.

Fanon, Frantz (1961). Les damnés de la terre, Paris.

Fischer-Lichte, Erika (2012). Performative/Performance Studies, in: *Moebius*, Stephan (Hg.): Kulturforschungen der Gegenwart. Von den *disability* bis zu den *visual* studies, Berlin, o. S. (im Erscheinen).

Flick, Uwe (1995/2007). Qualitative Sozialforschung: Eine Einführung, Hamburg.

Foucault, Michel (1969). L'Archéologie du savoir. Paris.

Friedman, Jonathan (2000). Global crises, the struggle for cultural identity an intellectual porkbarrelling: Cosmopolitans versus locals, ethnics an nationals in an era of de-hegemonisation, in: *Werbner*, Pnina/*Modood*, Tariq (Hg.): Debating cultural hybridity. Multi-cultural identities and the politics of anti-racism, London, 70–89.

Georgi, Fabian/*Wagner*, Fabian (2009). Macht Wissen Kontrolle. Bedingungen kritischer Migrationsforschung, in: kulturrisse. Zeitschrift für radikaldemokratische Kulturpolitik, Heft 1, 24–27.

Gergen, Mary/*Jones*, Kip (2008). Editorial: A Conversation about Performative Social Science, in: Forum Qualitative Sozialforschung 9(2), Art. 43. Internet: http://nbn-resolving.de/urn:nbn:de:0114-fqs0802437 (Recherchedatum 24.10.2011)

Guiney Yallop, John J./*Lopez de Vallejo*, Irene/*Wright*, Peter R. (2008). Editorial: Overview of the Performative Social Science Special Issue [20 paragraphs], *in: Forum Qualitative Sozialforschung* 9(2), Art. 64. Internet: http://nbn-resolving.de/urn:nbn:de:0114-fqs0802649 (Recherchedatum 24.10.2011)

Gutiérrez Rodríguez, Encarnación (2003). Repräsentation, Subalternität und postkoloniale Politik, in: *Steyerl*, Hito/*Gutiérrez Rodríguez*, Encarnación (Hg.): Spricht die Subalterne deutsch? Migration und postkoloniale Politik, Münster, 17–37.

Ha, Kien Nghi (2003). Die kolonialen Muster der deutschen Arbeitsmigrationspolitik, in: *Steyerl*, Hito/*Gutiérrez Rodríguez*, Encarnación (Hg.): Spricht die Subalterne deutsch? Migration und postkoloniale Politik, Münster, 56–107.

Ha, Kien Nghi (2004). Ethnizität und Migration Reloaded. Kulturelle Identität, Differenz und Hybridität im postkolonialen Diskurs, Berlin.

Ha, Kien Nghi (2005). Hype um Hybridität. Kultureller Differenzkonsum und postmoderne Verwertungstechniken im Spätkapitalismus, Bielefeld.

Ha, Kien Nghi/*Schmitz*, Markus (2006). Der nationalpädagogische Impetus der deutschen Integrations(dis)kurse im Spiegel post-/kolonialer Kritik, in: *Mecheril*, Paul/*Witsch*, Monika (Hg.): Cultural Studies und Pädagogik, Bielefeld, 226–266.

Ha, Kien Nghi/*al-Samarai*, Nicola Lauré/*Mysorekar*, Sheila (Hg.) (2007). re/visionen. Postkoloniale Perspektiven von People of Color auf Rassismus, Kulturpolitik und Widerstand in Deutschland, Münster.

Hall, Stuart (1992). The West and the Rest: Discourse and Power, in: Hall, Stuart/Gieben, Bram (Hrsg.): Formations of Modernity. Cambridge, 275–320.

Hess, Sabine/*Binder*, Jana/*Moser*, Johannes (Hg.) (2009). No integration?! Kulturwissenschaftliche Beiträge zur Integrationsdebatte in Europa, Bielefeld.

Hess, Sabine/*Moser*, Johannes (2009). Jenseits der Integration. Kulturwissenschaftliche Betrachtungen einer Debatte, in: *Hess*, Sabine/*Binder*, Jana/*Moser*, Johannes (Hg.): No integration?! Kulturwissenschaftliche Beiträge zur Integrationsdebatte in Europa, Bielefeld, 11–25.

Lutz, Helma (2010). Biographieforschung im Lichte postkolonialer Theorien, in: *Reuter*, Julia/*Villa*, Paula-Irene (Hg.): Postkoloniale Soziologie. Empirische Befunde, theoretische Anschlüsse, politische Intervention, Bielefeld, 115–136.

Mecheril, Paul/*Scherschel*, Karin/*Schrödter*, Mark (2003). „Ich möchte halt von dir wissen, wie es ist, du zu sein." – Die Wiederholung der alienierenden Zuschreibung durch qualitative Forschung, in: *Badawia*, Tarek/*Hamburger* Franz/*Hummrich*, Merle (Hg.): Wider die Ethnisierung einer Generation – Beiträge zur qualitativen Migrationsforschung, Frankfurt am Main, 93–110.

Mecheril, Paul (2007). Beschen, beschrieben, besprochen. Die blasse Uneigentlichkeit rassifizierter Anderer, in: *Ha*, Kien Nghi/*al-Samarai*, Nicola Lauré/*Mysorekar*, Sheila (Hg.): re/visionen. Postkoloniale Perspektiven von People of Color auf Rassismus, Kulturpolitik und Widerstand in Deutschland, Münster, 219–228.

Memmi, Albert (1967). The colonizer and the colonized, Boston.

Moebius, Stephan/*Reckwitz*, Andreas (Hg.) (2008): Poststrukturalistische Sozialwissenschaften. Frankfurt am Main.

Ploder, Andrea (2009). Wollen wir uns irritieren lassen? Für eine Sensibilisierung der Methoden qualitativer Forschung zur interkulturellen Kommunikation durch postkoloniale Theorie, in: Forum Qualitative Sozialforschung 10(1), Art. 42. Internet: http://nbn-resolving.de/urn:nbn:de:0114-fqs0901426 (Recherchedatum 24.10.2011)

Ploder, Andrea (2011). The Power of Performance. Methodologische Neuorientierungen in den Sozialwissenschaften, in: *Lechleitner*, Gerda/*Liebl*, Christian (Hg.): Jahrbuch 2 des Phonogrammarchivs der Österreichischen Akademie der Wissenschaften, Göttingen, 139–168.

Reuter, Julia/*Villa*, Paula-Irene (Hg.) (2010). Postkoloniale Soziologie. Empirische Befunde, theoretische Anschlüsse, politische Intervention, Bielefeld.

Roberts, Brian (2008). Performative Social Science: A Consideration of Skills, Purpose and Context, in: Forum Qualitative Sozialforschung 9(2), Art. 58. Internet: http://nbn-resolving.de/urn:nbn:de:0114-fqs0802588 (Recherchedatum 24.10.2011)

Said, Edward (1978/1994). Orientalism, New York.

Scherke, Katharina (2009). Eine fruchtbare Begegnung? Anmerkungen zum Verhältnis von soziologischer Migrationsforschung und postkolonialer Theoriebildung, in: LiTheS. Zeitschrift für Literatur- und Theatersoziologie 2, 114-121. Internet: http://lithes.uni-graz.at/lithes/beitraege09_02/heft_2_scherke.pdf (Recherchedatum 24/10/2011)

Tate, Shirley (2005). Black Skin, Black Masks: Hybridity, Dialogism, Performativity, Burlington.

Tate, Shirley (2007). Foucault, Bakhtin, Ethnomethodology: Accounting for Hybridity in Talk-in-Interaction, in: Forum Qualitative Sozialforschung 8(2), Art. 10. Internet: http://nbn-resolving.de/urn:nbn:de:0114-fqs0702107 (Recherchedatum 24.10.2011)

Turner, Victor (1982/2002). Dramatisches Ritual – Rituelles Drama: Performative und reflexive Ethnologie, in: *Wirth*, Uwe (Hg.): Performanz: Zwischen Sprachphilosophie und Kulturwissenschaften, Frankfurt am Main, 193–209.

Winter, Rainer/*Niederer*, Elisabeth (Hg.) (2008). Ethnographie, Kino und Interpretation. Die performative Wende der Sozialwissenschaften: Der Norman K. Denzin-Reader, Bielefeld.

Winter, Rainer (2010). Ein Plädoyer für kritische Perspektiven in der qualitativen Forschung, in: Forum Qualitative Sozialforschung 12(1), Art. 7. Internet: http://nbn-resolving.de/urn:nbn:de:0114-fqs110171 (Recherchedatum 24.10.2011)

Wirth, Uwe (Hg.) (2002). Performanz: Zwischen Sprachphilosophie und Kulturwissenschaften, Frankfurt am Main.

.

Position beziehen. Artikulation und Agency als Konzepte der Kritik in der Migrationsforschung

Tina Spies

Migrantinnen und Migranten werden im gesellschaftlichen Diskurs zumeist als „kulturell Andere" wahrgenommen, die sich anzupassen haben bzw. unter dem Stichwort „Integration" in spezieller Weise gefördert und behandelt werden müssen (vgl. z. B. Mecheril/Rigelsky 2007). Soziale und räumliche Mehrfachbindungen gelten innerhalb dieses Diskurses, der in Politik, Medien und Wissenschaft immer noch (re-)produziert wird, als defizitäre Folgen einer gescheiterten Integration, und nicht als Ergebnis der Auseinandersetzung mit den Bedingungen der Migration. Hieran hat sich seit den ersten „Leitkultur"-Debatten in den 1990er Jahren wenig verändert. Die Diskussionen, die das Erscheinen von Sarrazins Buch und Wulffs Rede zum Tag der Deutschen Einheit[1] ausgelöst haben, zeigen dies in aller Deutlichkeit bzw. stehen für einen „Rückschritt in der Debatte", die womöglich schon einmal weiter war (Denkler 2010; vgl. z. B. auch Seidel 2010).

Eine kritische Migrationsforschung – so mein Plädoyer – muss genau hier ansetzen, zumindest dann, wenn sie sich als Kritik an gesellschaftlichen Strukturen und herrschenden Diskursen versteht. Eine Möglichkeit besteht dabei sicherlich darin, selbst in den Feuilletons der großen Tageszeitungen aktiv zu werden, wie dies z. B. das Netzwerk kritischer Migrations- und Grenzregimeforschung mit der Stellungnahme „Demokratie statt Integration"[2] getan hat. Allerdings sind nicht nur Politik und Medien an den Prozessen des Ein- und Ausschlusses, des Fremdmachens und Zuschreibens beteiligt, sondern auch die Forschung selbst, daher muss Kritik an gesellschaftlichen Verhältnissen nicht zuletzt auch dort ansetzen. Es muss eine Auseinandersetzung mit pluralen Formen von Zugehörigkeit stattfinden, eine Diskussion jenseits essentialistischer Vorstellungen von Kultur,

---

1   Gemeint ist jene Debatte, die 2010 nach dem Erscheinen von Thilo Sarrazins Buch entbrannt ist und durch die Rede des Bundespräsidenten Wulff zum Tag der Deutschen Einheit 2010 sowie durch die Aussage der Union, Multikulti sei tot bzw. gescheitert, weiter angeheizt wurde.
2   Vgl. http://demokratie-statt-integration.kritnet.org (Recherchedatum: 26.11.2010); erschienen ist der Appell unter der Überschrift „Nein zur Ausgrenzung" auf der Titelseite der *tageszeitung* am 01. Oktober 2010.

Identität, Nation und Ethnizität. Dies ist in den letzten Jahren, vor allem im Anschluss an Überlegungen aus den Postcolonial und Cultural Studies, sicherlich
zum Teil schon geschehen (vgl. u. a. Gutiérrez Rodríguez 1999; Mecheril 2003;
Lutz/Schwalgin 2006; Huxel 2008), doch handelt es sich hier eben nur um einen
Teil der Migrationsforschung, wohingegen in zahlreichen Studien immer noch
„Fremdheitserfahrungen in den Mittelpunkt der Analyse von Migrationsbiographien gestellt" und „Krisen und Misserfolge […] als Resultate von Entwurzelung
[…] beschrieben" werden (Lutz 2010: 122). Migration wird so als „Sonderposten"
behandelt; als eine „Unordentlichkeit" bzw. Abweichung, die erklärt und auf die
Bezug genommen werden muss (Lutz 2010: 125).

   Dies hängt – so meine Einschätzung und Ausgangsthese – zum Teil mit einem Subjektverständnis zusammen, das zwar nicht mehr von einem unveränder-
baren inneren Kern des Subjekts ausgeht, aber dem doch eine diskursive Perspektive auf Identität und die Vorstellung von Identitäten, die sich zwar als Einheit
darstellen, aber aus Fragmentierungen bestehen, relativ fremd sind. Damit bin
ich beim Thema meines Beitrages angelangt. Bei der Suche nach Theoriekonzep-
ten, die eine andere Perspektive auf Migration ermöglichen und dabei den Einfluss gesellschaftlicher Diskurse berücksichtigen, waren für mich die Arbeiten
Stuart Halls weiterführend (vgl. Spies 2009a; 2010). Sein Konzept der *Artikulation* und die damit zusammenhängende Möglichkeit von *Agency* (häufig übersetzt
als Handlungsmacht) möchte ich hier vorstellen. Dabei geht es mir um die Frage, inwiefern die Integration dieser Konzepte in die eigene Forschung einen anderen Blick auf soziale und räumliche Mehrfachbindungen ermöglicht und dazu
geeignet ist, Migrationsforschung als Kritik zu betreiben.

   Im ersten Teil meines Beitrages stelle ich daher zunächst das Konzept der
Artikulation vor und werde hierbei vor allem auf den Prozess der Positionierung
eingehen. Anschließend werde ich diesen Prozess am Beispiel eines Artikels der
Autorin Hilal Sezgin (2010) zeigen, der im Zuge der so genannten „Sarrazin-Debatte" veröffentlicht wurde. Sezgin positioniert sich in diesem Artikel als Muslimin, zeigt jedoch gleichzeitig, inwiefern eine solche Position nicht oder nur zum
Teil ihrem Selbstbild entspricht. Theoretisch kann eine solche Form der Selbstverortung mit dem Begriff *Agency* gefasst werden, worauf ich im dritten Abschnitt näher eingehen und dabei auch auf die Parallelen in den Arbeiten Stuart
Halls und Judith Butlers verweisen möchte. Abschließend geht es um die Frage,
inwiefern *Artikulation* und *Agency* als Konzepte der Kritik in der Migrationsforschung geeignet sind, welche Einschränkungen in diesem Zusammenhang gelten und inwiefern sie neue Perspektiven für die Migrationsforschung eröffnen.

Das Konzept der Artikulation

Stuart Hall hat sich seit Beginn der 1990er Jahre mit den Verknüpfungen und Überschneidungen von Identität, Ethnizität und Kultur sowie mit dem Einfluss dominanter Diskurse und Herrschaftsstrukturen auseinandergesetzt.[3] Ausgehend von der Dekonstruktion des souveränen Subjekts der Moderne (vgl. u. a. Hall 1994) versteht Hall Identität als einen Treffpunkt bzw. eine Nahtstelle zwischen Diskursen und Praktiken einerseits, und Prozessen, die Subjektivitäten produzieren, andererseits (vgl. v. a. Hall 1996).

Hall geht davon aus, dass innerhalb eines Diskurses unterschiedliche Subjektpositionen entstehen, in die das Subjekt hineingerufen wird (vgl. auch Hall 1997; 2000). Hierbei handelt es sich jedoch nicht um einen willentlichen Selbst-Anschluss, sondern der/die Einzelne wird vielmehr – im Sinne Althussers (1977) – in die Position hineingerufen. Durch die Anrufung wird das Subjekt konstituiert. Den diskurstheoretischen Arbeiten Laclaus und Mouffes (Laclau 1990; Laclau/Mouffe 2006) folgend versteht Hall dieses Verhältnis zwischen Diskurs und Subjekt als *Artikulation*. Es ist eine Verknüpfung, die aus zwei verschiedenen Elementen eine Einheit herstellen kann, die aber nicht über alle Zeiten hinweg bestehen bleiben muss bzw. sich auch verändern kann (Hall 2000: 65; vgl. auch Supik 2005; Spies 2009a; Lutz 2010). Subjekte sind mit Diskursen verknüpft, aber nicht für immer mit diesen verbunden. Eine Subjektposition kann eingenommen, aber auch wieder verlassen werden. Der/die Einzelne ist nicht auf eine Position festgelegt, sondern er/sie kann innerhalb unterschiedlicher diskursiver Kontexte verschiedene Positionen einnehmen (vgl. auch Boatcă/Costa 2010: 83f.):

> […] I understand identities as points of suture, points of *temporary* attachment, as a way of understanding the constant transformations of who one is or as Foucault put it, 'who one is to become'. You only discover who you are because of the identities you are required to take on, into which you are interpellated: but you must take up those positionalities, however temporarily, in order to act at all. Identities are, as it were, the forms in which we are obliged to act, while always knowing that they are representations which can never be adequate to the subject processes that are temporarily invested in them. Identities also have histories, within the discourses which construct or narrate them, and they are going to be transformed. (Hall 1995: 65, Hervorhebung im Original)

Mit einem solchen Verständnis von Identität öffnet Hall den Blick für hybride Perspektiven und verweist gleichzeitig auf den Einfluss dominanter Repräsentationsregime. Nach Halls Verständnis konstituieren sich Identitäten u. a. aus der Adaption von Subjektpositionen, aber sie sind wesentlich komplexer und unor-

---

3   Die Überlegungen dieses Abschnittes habe ich an anderer Stelle bereits ausführlicher dargestellt (vgl. Spies 2009a; 2009b; 2010).

dentlicher als diese (vgl. auch Villa 2010b). Identität ist dementsprechend „Verhandlungssache, ein ‚Kampf um Bedeutungen'" innerhalb machtvoller Diskurse (Reuter/Wieser 2006: 181).

„Deutschland schafft mich ab" – ein Beispiel

Wie ein solcher „Kampf um Bedeutungen" aussehen kann, möchte ich im Folgenden am Beispiel eines Artikels der Autorin Hilal Sezgin verdeutlichen, der im September 2010 in der ZEIT erschien.[4] Sezgin setzt sich darin kritisch mit Sarrazins Buch „Deutschland schafft sich ab" (2010) auseinander, wobei sie darauf verweist, dass Sarrazin nicht der Erste sei, „für den die Worte muslimisch und migrantisch offenbar dasselbe bezeichnen" (Sezgin 2010):

> Das geht schon seit Jahren so. Vielleicht gibt es in unseren neuen biometrischen Pässen bereits eine Rubrik dafür? Einmal Migrant, immer Migrant. Einmal Muslim, immer Fremder. Wie jeder weiß, bedeutet das unter anderem, bildungsfern und -faul zu sein. Als Mädchen bereits unters Kopftuch, dann in die Ehe gezwungen zu werden. (Sezgin 2010)

Sezgin erzählt von ihrer Kindheit in Frankfurt am Main, wo sie „zwischen dem Senckenberg-Naturkundemuseum mit seinen Dinosaurierskeletten [...] und dem Springbrunnen auf dem Campus der Universität" als Tochter zweier Wissenschaftshistoriker aufgewachsen sei. Dadurch versucht sie deutlich zu machen, dass an dem „Muslim-Diskurs, wie er von Sarrazin und zig anderen Protagonisten unserer Medienlandschaft geführt wird" alles falsch sei:

> Weil er für Millionen von Menschen wenige, grobe Rubriken entwirft – die bereits nach genau jenen Bildern und Vorurteilen modelliert sind, die bestätigt werden sollen. Migrant, Muslim, Deutscher, Fremder – dieser Diskurs trennt einzelne Bevölkerungsteile säuberlich voneinander, stellt sie einander gegenüber und hetzt sie sogar gegeneinander auf. (Sezgin 2010)

Von einem Prozess der „Muslimifizierung" spricht Sezgin in diesem Zusammenhang. Man werde zum Muslim gemacht – egal ob man wolle oder nicht. Und auch wenn dies sicherlich nicht für alle Deutsche gelte („Es gibt ‚die' Deutschen so wenig wie es ‚die' Muslime gibt."), seien Muslime für eine steigende Zahl Deutscher „nie Teil des gemeinsamen Wir, sondern immer die anderen. ‚Sie' machen ‚uns' zu ‚denen'". Für Sezgin bedeutet dies, dass sie heute damit beschäftigt ist, „falsche Koranzitate abzuwehren" und sich „vom Terrorismus zu distanzieren.

---

4   Eine leicht gekürzte Version des Artikels wurde später auch in dem von Hilal Sezgin herausgegebenen „Manifest der Vielen" (2011) veröffentlicht.

Ich ‚bin' schließlich Muslimin. Obwohl ich hier geboren und aufgewachsen bin, ‚bin' ich muslimische Migrantin." (Sezgin 2010)

Sezgin wird also – um mit den Worten Stuart Halls zu sprechen – in eine Position als „Muslimin" hineingerufen. Sie schildert diesen Prozess der Anrufung als Prozess der „Muslimifizierung", der ihr – infolge der Sarrazin-Debatte – keine alternative Möglichkeit der Verortung mehr lässt. Sezgin würde sich selbst sogar als Muslimin bezeichnen, wie sie an einer anderen Stelle im Text erwähnt: „Immerhin bin ich tatsächlich, also auch eigenem Verständnis nach, Muslimin. Bin als solche aufgewachsen und hatte schon im Koran gelesen, bevor der Herr im blauen Sakko danach fragte." Jedoch bekommt die Position „Muslimin" nun eine neue Konnotation. Sie ist zu einer Position im Muslim-Diskurs geworden, in dem „Muslimin-Sein" nicht bedeutet, Mitglied einer Religion, sondern anders, fremd und gefährlich zu sein.

Agency

Sezgins Artikel steht als Exempel einer Praxis, denn es lässt sich anhand dieses Beispiels veranschaulichen, was Hall in Anlehnung an Laclau und Mouffe mit *Artikulation* meint: Hilal Sezgin wird als „Muslimin" angerufen und nimmt diese Subjektposition im Diskurs ein. Sie verortet sich als „Muslimin". Hierbei setzt sie sich jedoch kritisch mit den Implikationen des „Muslimin-Seins" auseinander und bemerkt u. a., dass sie gegenüber jener Person „fremdelt", die sie selber heute ist. Sezgin ist dem Diskurs nicht ausgeliefert, gerade durch und mit dem Artikel kämpft sie gegen die Position an bzw. füllt sie auf ihre Weise. Hall spricht in diesem Zusammenhang von *Agency*, wobei der Begriff mit dem Konzept der Artikulation eng verknüpft ist und auf einer theoretischen Unterscheidung zwischen Individuum und Subjekt(position) basiert. Ich möchte daher im Folgenden auf diese Unterscheidung sowie den Zusammenhang zwischen Diskurs und Subjekt etwas genauer eingehen und mich mit den Möglichkeiten von *Agency* – zunächst theoretisch und dann noch einmal am Beispiel des Artikels – auseinandersetzen.

Im Feld diskurstheoretischer bzw. poststrukturalistischer Ansätze ist der Begriff des *Individuums* bzw. der *(konkreten) Person* nicht gleichzusetzen mit dem Begriff des *Subjekts*. Hierauf hat vor allem Judith Butler sehr dezidiert hingewiesen, die sich in ihren subjekttheoretischen Überlegungen wiederum stark auf Foucault, aber auch auf Althusser und Lacan beruft (vgl. z. B. Villa 2010b: 204; 2003: 37ff.).

> Die Genealogie des Subjekts als kritischer Kategorie verweist [...] darauf, dass das Subjekt nicht mit dem Individuum gleichzusetzen, sondern vielmehr als sprachliche Kategorie aufzufassen ist, als Platzhalter, als in Formierung begriffene Struktur. Individuen besetzen die Stelle,

den Ort des Subjekts (als welcher „Ort" das Subjekt zugleich entsteht), und verständlich werden sie nur, soweit sie gleichsam zunächst in der Sprache eingeführt werden. (Butler 2001: 15)

Es lassen sich hier Parallelen zwischen Butler und Hall erkennen. Denn auch
wenn Hall in seinen Arbeiten die Begriffe Individuum und Subjekt durchaus synonym verwendet, so unterscheidet er doch zwischen Individuum und Subjekt-
position. Das Verhältnis zwischen Individuum und Subjektposition definiert er
ähnlich wie Judith Butler das Verhältnis zwischen Individuum und Subjekt: *Subjektpositionen* (bei Hall) bzw. der *Ort des Subjekts* (bei Butler) müssen von Individuen eingenommen werden, um sprechen zu können (vgl. Spies 2010: 114).[5] In
den Worten Halls: „Selbst wenn sie sich nur positionieren, um später diese Position wieder aufzugeben, selbst wenn sie es später zurücknehmen wollen: Sie
müssen in die Sprache eintreten, um aus ihr herauszukommen." (Hall 1994: 77)

Doch wie wird der *Ort des Subjektes* bzw. eine *Subjektposition* eingenommen? Stuart Hall versteht Identität als das Vernähen des diskursiven „Außen" mit
den „inneren" Prozessen von Subjektivität (vgl. Barker/Galasiński 2001: 36). In
Anlehnung an Laclau (v. a. 1990; 2002) spricht er von Identität als einem *Prozess
der Identifizierung*.[6] Dabei geht er davon aus, dass Identifizierung sich nicht ein
für alle Mal ereignet, sondern abhängig ist von den Diskursen, die uns umgeben
und die sich im Laufe der Zeit verändern. Halls Vorstellung vom Subjekt ist also
ohne eine gesicherte, wesentliche oder lang anhaltende Identität konzipiert (vgl.
Hess/Linder 1997: 37). Wir werden – so Hall – „mit einer verwirrenden, fließenden
Vielfalt möglicher Identitäten konfrontiert, von denen wir uns zumindest zeitweilig
mit jeder identifizieren könnten" (Hall 1994: 183). Die vereinheitlichte, kohärente
Identität sei daher eine Illusion: „Wenn wir meinen, eine einheitliche Identität von
der Geburt bis zum Tod zu haben, dann bloß, weil wir eine tröstliche Geschichte oder ‚Erzählung unseres Ich' über uns selbst konstruieren." (Hall 1994: 183)

Ganz ähnlich wird der Prozess der Subjektivation von Butler beschrieben:
Individuen werden durch Anrufungen dazu aufgefordert, den Ort des Subjektes
zu besetzen (vgl. Butler 2001: 91ff.; 1998: 42f.). Das Subjekt wird demnach konstituiert, indem der/die Einzelne auf die Anrufung reagiert; sich also umwendet
wie in der von Althusser (1977: 142f.) beschriebenen Szene mit dem Polizisten,
der „He, Sie da!" ruft und dadurch den Ruf des Gesetzes verkörpert. Auch bei
Butler muss der/die Einzelne die Anrufung annehmen und sich mit dieser identifizieren (vgl. Villa 2006: 228f.; 2009: 117; Alkemeyer/Villa 2010: 320f.): „Indem

---

5   Butler spricht in diesem Zusammenhang von diskursiver Performativität, die sie als „ständig
     wiederholende und zitierende Praxis" definiert (Butler 1997: 22; vgl. auch Villa 2006: 227).
6   Ausführlicher zur Diskurstheorie von Laclau/Mouffe sowie zu deren Subjektbegriff (vgl. Spies
     2009a; 2010: 126ff.).

der Passant sich umwendet, erhält er eine bestimmte Identität [...]. Der Akt der Anerkennung wird zu einem Akt der Konstitution; die Anrede ruft das Subjekt ins Leben." (Butler 1998: 43)[7]

Und genau in diesem Prozess der Identifikation bzw. der „Umwendung" (Butler 2001: 157) verbirgt sich sowohl bei Butler als auch bei Hall die Möglichkeit von *Agency*, also von Handlungsmacht bzw. Handlungsfähigkeit. Denn die Verbindung, die hier zustande kommt, darf „nicht als einseitiger Prozess des Ergriffen- oder Angesprochenwerdens des Individuums verstanden werden" (Mecheril 2006: 126f.). Vielmehr handelt es sich um „einen Vorgang, der nur gelingen kann, wenn das Individuum ‚sich' in die ihm zukommende, zurufende, zuschreibende Subjektposition einbringt" (Mecheril 2006: 127). Hierauf verweist auch Villa, wenn sie in Bezug auf Butler (2001) schreibt:[8]

> Identifikation erfordert [...] die Eigenleistung der Personen, die, nachdem oder sobald sie mit intelligiblen Titeln angerufen werden („junge Frau", „Mutter", „Lesbe", „Studentin", „Schwuler"', „Manager" usw.), sich diese auch aneignen müssen, um als Personen auch „Subjekte von Gewicht" zu sein. Darin besteht, und zwar immanent und systematisch, die Chance, sich eben nicht umzuwenden oder die Anrufung kreativ umzudeuten. (Villa 2006: 229)

Darüber hinaus meine Umwendung „nicht schlicht Verinnerlichung oder funktionale Anpassung", sondern „vielmehr einen zeitlich beschränkten Akt, der sich aber andauernd in verschiedensten Bezügen und in Bezug auf verschiedenste Subjektpositionen vollziehen muss" (Villa 2006: 229; vgl. auch Villa 2010a). Die individuelle Identität erschöpfe sich daher nicht in der Annahme einer Subjektposition innerhalb eines bestimmten Kontextes, sondern der/die Einzelne sei immer mehr als eine Position und könne sich zu dieser verhalten; sie annehmen oder abwenden, sie ironisch distanziert umwenden usw. (vgl. auch Villa 2005: 52f.; 2010b: 205):[9]

> Reale Personen sind keine Subjekte im beschriebenen Sinne, sondern schaffen (konstruieren) sich aktiv in der Auseinandersetzung mit normativen Konstitutionsverhältnissen eine Identi-

---

7 Butler (1998: 51ff.) verweist jedoch über Althusser hinausgehend auch darauf, dass sich das Subjekt nicht immer umwenden muss, um als Subjekt konstituiert zu werden: „Akzeptiert man [...] die Vorstellung, dass die sprachliche Konstituierung des Subjekts auch ohne das Wissen des Subjekts vonstatten gehen kann, wenn jemand gleichsam außer Hörweite konstituiert wird [...], dann kann sich die Anrufung auch ohne das ‚Umwenden' vollziehen, also ohne daß irgend jemand erwidert: ‚Hier bin ich!'" (Butler 1998: 53f.)

8 Vgl. zu den Möglichkeiten der Handlungsmacht bei Hall: Spies 2009a; 2010: 137ff.

9 Hierauf verweist – mit Bezug auf Butler – auch Stefanie Graefe (2010: 292, Herv. im Orig.): „Eigensinnige Subjekte [...] können sich zwar nicht entscheiden, *nicht* angerufen zu werden – wohl aber dafür, dem Ruf nicht in der erwarteten Weise zu folgen [...]." Kritische Handlungsfähigkeit bzw. Eigensinn existiere bei Butler daher „nicht trotz oder neben der Reichweite der Subjektivierungsmacht", sondern begründe sich im Adressiertsein der Subjekte (Graefe 2010: 306).

tät – und zwar andauernd, immer wieder (und wenn auch nur minimal) anders, eigensinnig. Wir scheitern – so betrachtet – bei dieser alltäglichen Konstruktionsarbeit an der Verkörperung von „Normen". (Villa 2006: 229)

Dieses „Scheitern" hat Villa in einigen ihrer Texte am Beispiel des Tangos verdeutlicht (vgl. Villa 2009; 2010a; 2010b). Dabei geht es ihr vor allem um die Kluft zwischen Diskurs und Erfahrung, zwischen regulativen Normen (in Form von Diskursen) und praxeologischem Tun.[10] Butler und Foucault folgend kommt sie dabei zum Schluss, dass wir alle danach streben (müssen und sollen), Subjektpositionen gerecht zu werden. Doch dies könne nicht erreicht werden, da jede/r Einzelne mehr ist als nur eine Position und wir „immer wieder über das [stolpern], was aus den häufig so engen, sozial akzeptablen Orten, die die Diskurse anbieten, ausgeschlossen wird" (Villa 2010b: 213). Jede/r Einzelne scheitere daher daran, Subjekt zu werden bzw. müsse das, was jede Person „mehr" ist, ausgeblendet werden, um eine Subjektposition einzunehmen (vgl. Villa 2010a: 265; Alkemeyer/ Villa 2010: 325f.; Villa 2003: 48ff.). In den Worten Butlers: „Der Prozeß der Subjektformierung ist ein Prozeß der Unsichtbarmachung [...]" (Butler 2001: 177).

In dem Artikel von Hilal Sezgin kommt dieses „Scheitern" bzw. *Agency* – verstanden als Handlungsmacht beim Einnehmen einer Subjektposition – zum Ausdruck und wird zum Spiel mit der Differenz. Sezgin verweist auf die Kluft zwischen Individuum und Subjekt(position); zwischen dem, wie sie im derzeitigen Diskurs angerufen wird, und dem, was sie (auch) ist: nämlich „Muslimin", „Tochter zweier Wissenschaftshistoriker", „in Deutschland geboren und aufgewachsen", „Frankfurter Philosophie-Studentin" etc.[11] Sie kann all diese Positionen einnehmen und ist (als Person bzw. Individuum) stets mehr als nur eine dieser Subjektpositionen. Dennoch – und auch das wird in Sezgins Artikel deutlich – ist im derzeitigen Diskurs vor allem eine Position dominant: Sie wird als „Muslimin" angerufen und damit zur potentiell gefährlichen, nicht integrierbaren Anderen. Alle anderen Positionen fallen hinter dieser zurück bzw. werden unsichtbar gemacht. Genau dagegen kämpft Sezgin in ihrem Artikel an: Es geht ihr darum, sich eben nicht abschaffen zu lassen.

---

10   Villa beschreibt, dass sich die Bilder und Geschichten über Tango immer von der Erfahrung, Tango auszuüben, unterschieden. Doch „[d]ie Kluft zwischen Diskurs und Erfahrung" sei „einer der Hauptantriebe dafür, dass die Tango-Szene lebendig und dynamisch bleibt" (Villa 2010b: 209).

11   Letztlich wird diese Form von Agency auch durch das Bild verdeutlicht, das über dem Artikel in der Print-Ausgabe der ZEIT prangt und gut ein Drittel der Seite einnimmt. Es zeigt Hilal Sezgin auf einem Eimer hockend inmitten ihrer Ziegen. „Typisch türkische Hirtin?", fragt daher auch der Untertitel, löst jedoch sofort auf: „Nein, unsere Autorin mit ihren Tieren auf ihrem Hof in der Lüneburger Heide".

Artikulation und Agency als Konzepte der Kritik

Wenn Positionierungen als *Artikulationen* betrachtet werden, so wird deutlich, dass eine Selbstverortung als „Muslim/in" keinesfalls so eindeutig ist, wie sie vielleicht auf den ersten Blick scheint. Es ist eine Subjektposition im Diskurs, die von dem/der Einzelnen eingenommen wird, weil er/sie im derzeit herrschenden Diskurs so angerufen wird. Aber der/die Einzelne ist stets mehr als diese eine Subjektposition und darüber hinaus nicht auf alle Zeit auf eine Position festgelegt. Die Verknüpfung zwischen Diskurs und Subjekt, die hier zustande kommt, muss nicht bestehen bleiben: Gegenüber einem anderen Gesprächspartner, im Rahmen anderer situativer und kommunikativer Bedingungen und innerhalb anderer Diskurse können hiervon abweichende Positionierungen eingenommen werden (vgl. Spies 2011). Darüber hinaus – und das ist mit *Agency* gemeint – kann der/die Einzelne auch gegen eine Position ankämpfen und beim Sprechen (oder Schreiben) deutlich machen, dass er/sie die Position nur strategisch innerhalb eines bestimmten Kontextes einnimmt, dass das Einnehmen der Position mit einer bewussten Entscheidung gegen andere Positionen einhergeht, oder aber dass die Position eigentlich nicht dem Selbstbild entspricht.

Dies klingt ein wenig nach einem großen Jahrmarkt der (Positionierungs-)Möglichkeiten, doch gibt es klare Einschränkungen (vgl. auch Mecheril 2006: 127), wie der Artikel von Sezgin eindrücklich zeigt. *Agency* ist immer nur in den gegebenen Verhältnissen möglich, Determinierung und Ermöglichung sind also eng miteinander verknüpft (vgl. Villa 2010a: 256). Judith Butler spricht in diesem Zusammenhang davon, dass „[d]ie Handlungsfähigkeit des Subjekts [...] als Wirkung seiner Unterordnung" erscheint (Butler 2001: 16). Und auch Stuart Hall verweist darauf, wenn er sich von Laclau und Mouffe abgrenzt und betont, dass „nicht alles potenziell mit allem artikulierbar ist" (Hall 2000: 71). Die Wahl der aktiven Positionierungsmöglichkeiten der dezentrierten Subjekte sei immer eingeschränkt durch historische und kulturelle Bedingungen (vgl. auch Supik 2005: 112).[12]

---

12 So beschreibt Hall (1994: 29) z. B. „[d]ie verschiedenen Weisen, mit denen schwarze Menschen und schwarze Erfahrungen in den dominanten Repräsentationsregimes positioniert und unterworfen wurden" als „Effekte einer gezielten Ausübung von kultureller Macht und Normalisierung". Jedes Repräsentationsregime sei ein Machtregime, das durch Macht und Wissen geformt sei. Das Wissen sei dabei jedoch nicht (nur) äußerlich, sondern würde internalisiert: „Wir wurden durch jene Regimes nicht nur im Sinne von Saids ‚Orientalism' innerhalb der Wissenskategorie des Westens als unterschiedene und andere konstruiert. Vielmehr hatten sie die Macht, uns dazu zu bringen, dass wir *uns selbst* als ‚Andere' wahrnahmen und erfuhren." (Hall 1994: 29f., Hervorhebungen im Original)

Den Zusammenhang von Diskurs und Subjekt als *Artikulation* zu verstehen, bedeutet daher nicht „die Macht von unten unkritisch zu feiern und die weiterhin bestehenden Strukturen von Herrschaft und Unterdrückung zu vernachlässigen" (Winter 2001: 317). Individuen besetzen unterschiedliche Subjektpositionen im Diskurs, die sich zum Teil auch widersprechen können, und verlassen diese wieder. Im Zusammenhang mit bestimmten biographischen Erfahrungen, situativen Bedingungen und sich verändernden Diskursen wechseln sie zwischen Subjektpositionen, füllen diese auf unterschiedliche Weise aus oder kämpfen gegen sie an. Sie leisten also auf eine gewisse Art und Weise „Widerstand". Dies alles geschieht jedoch im Rahmen von Herrschafts- und Machtstrukturen, die sie nicht selbst bestimmen. Die aktiven Positionierungsmöglichkeiten sind eingeschränkt durch die jeweils dominanten Diskurse, die derzeit eine klare Verortung entweder „hier" oder „dort" verlangen. Darüber hinaus werden sie – und das ist ein weiterer wichtiger Aspekt, der hier nur angedeutet werden kann (vgl. Spies 2010; 2011) – durch Kategorien sozialer Ungleichheit beeinflusst. Über Positionierungsmöglichkeiten von Migrantinnen und Migranten zu sprechen bedeutet daher immer auch, ihre Lebensbedingungen im Blick zu haben: Bildung, Sozial- und Aufenthaltsstatus, Geschlecht und Religion sind Faktoren, die die Möglichkeiten der Verortung beeinflussen und bestimmen. Es müssen also sowohl diskursive als auch materielle Unterdrückungs- und Marginalisierungseffekte berücksichtigt werden, die wiederum auf das engste mit den Konstruktionen des „Anderen" verwoben sind (vgl. Reuter/Villa 2010: 22).[13]

Die Konzepte von *Artikulation* und *Agency* erweisen sich also als (methodologische) Instrumente wissenschaftlicher Kritik, die den Zusammenhang zwischen (dominanten) Diskursen und Positionierungen in den Blick nehmen. Wenn der Zusammenhang zwischen Diskurs und Subjekt als *Artikulation* betrachtet und gleichzeitig die Möglichkeiten von *Agency* berücksichtigt werden, so ist klar, dass jede/r Einzelne stets mehr ist als die jeweilige Position und eine Anrufung auch kreativ umgedeutet, strategisch angenommen oder auch verweigert werden kann. Dies bedeutet, dass eine Positionierung (als „Muslim/in") möglicherweise nur eine unter vielen Positionierungen ist, die die jeweilige Identität des/der Einzelnen ausmachen, und dass eine scheinbar eindeutige Positionierung (als „Muslim/in") nicht gleichzusetzen ist mit dem, was im gerade dominanten Diskurs darunter verstanden wird (fremd, anders, gefährlich, nicht „integrationswillig"). Über

---

13   So muss das (vorgeführte) „Scheitern" Sezgins beim Einnehmen einer Position als „Muslimin" sicherlich auch im Zusammenhang mit ihrer Position als „intellektuelle Migrantin" und „Autorin der ZEIT" gesehen werden. Sie verfügt über kulturelle und materielle Ressourcen, die es ihr ermöglichen, eine hybride Position einzunehmen und ihre eigene Stimme in den Diskurs einzubringen.

Positionierungen zu sprechen bedeutet daher immer auch die Positionierungs-*möglichkeiten* im Diskurs in den Blick zu nehmen, und gleichzeitig sehr genau auf die Zwischentöne und feinen Nuancen des Widerstands zu hören. Es handelt sich um Subjektpositionen im Diskurs; und als solche gilt es sie zu diskutieren. Wenn dies in der Migrationsforschung gelingt, so ist sie auf dem besten Weg zu einer „kritischen Forschung", der ein anderer Blick auf soziale und räumliche Mehrfachbindungen gelingt. Sie ist dann als Kritik an gesellschaftlichen Strukturen zu verstehen – mit dem Potential, diese auch zu verändern.[14]

Literatur

Alkemeyer, Thomas/*Villa,* Paula-Irene (2010). Somatischer Eigensinn? Kritische Anmerkungen zu Diskurs- und Gouvernementalitätsforschung aus subjektivationstheoretischer und praxelogischer Perspektive, in: *Angermüller,* Johannes/*van Dyk,* Silke (Hg.): Diskursanalyse meets Gouvernementalitätsforschung: Perspektiven auf das Verhältnis von Subjekt, Sprache, Macht und Wissen, Frankfurt am Main/New York, 315–335.

Althusser, Louis (1977). Ideologie und ideologische Staatsapparate, Hamburg/Westberlin.

Barker, Chris/*Galasiński,* Dariusz (2001). Cultural studies and discourse analysis. A dialogue on language and identity, London.

Boatcă, Manuela/*Costa,* Sérgio (2010). Postkoloniale Soziologie: ein Programm, in: *Reuter,* Julia/*Villa,* Paula-Irene (Hg.): Postkoloniale Soziologie. Empirische Befunde, theoretische Anschlüsse, politische Intervention, Bielefeld, 69–90.

Butler, Judith (1997). Körper von Gewicht. Die diskursiven Grenzen des Geschlechts, Frankfurt am Main.

Butler, Judith (1998). Hass spricht. Zur Politik des Performativen, Berlin.

Butler, Judith (2001). Psyche der Macht. Das Subjekt der Unterwerfung, Frankfurt am Main.

Denkler, Thorsten (2010). „Man kann den Kampf der Kulturen auch herbeireden". Interview mit Rita Süssmuth, in: Süddeutsche Zeitung vom 05.11.2010, Internet: http://www.sueddeutsche. de/politik/rita-suessmuth-im-gespraech-man-kann-den-kampf-der-kulturen-auch-herbeireden-1.1019669 (Recherchedatum 23.11.2010)

Graefe, Stefanie (2010). Effekt, Stützpunkt, Überzähliges? Subjektivität zwischen hegemonialer Rationalität und Eigensinn, in: *Angermüller,* Johannes/*van Dyk,* Silke (Hg.): Diskursanalyse meets Gouvernementalitätsforschung: Perspektiven auf das Verhältnis von Subjekt, Sprache, Macht und Wissen, Frankfurt am Main/New York, 289–313.

---

14 Ich danke Helma Lutz, Paul Mecheril, Oscar Thomas-Olalde, Claus Melter, Lisa Romaner, Susanne Arens und Anita Konrad für ihre hilfreichen Überarbeitungshinweise und Kommentare.

168   Tina Spies

Il

Gutiérrez Rodríguez, Encarnación (1999). Intellektuelle Migrantinnen – Subjektivitäten im Zeitalter von Globalisierung. Eine postkoloniale dekonstruktive Analyse von Biographien im Spannungsverhältnis von Ethnisierung und Vergeschlechtlichung, Opladen.

Hall, Stuart (1994). Rassismus und kulturelle Identität. Ausgewählte Schriften 2, Hamburg.

Hall, Stuart (1995). Fantasy, Identity, Politics, in: *Carter*, Erica/*Donald*, James/*Squires*, Judith (Hg.): Cultural remix. Theories of politics and the popular, London, 63–69.

Hall, Stuart (1996). Introduction: Who needs ‚identity'?, in: *Hall*, Stuart/*Du Gay*, Paul (Hg.): Questions of cultural identity, London, 1–17.

Hall, Stuart (1997). Minimal Selves, in: *Gray*, Ann/*McGuigan*, Jim (Hg.): Studying Culture. An Introductory Reader, London, 134–138.

Hall, Stuart (2000). Postmoderne und Artikulation. Ein Interview mit Stuart Hall. Zusammengestellt von Lawrence Großberg, in: *Hall*, Stuart: Cultural Studies. Ein politisches Theorieprojekt. Ausgewählte Schriften 3, Hamburg, 52–77.

Hess, Sabine/*Linder*, Andreas (1997). In between. Die antirassistische Bewegung und hybride Identitäten, in: iz3w 226, Dezember 1997, 36–39.

Huxel, Katrin (2008). Ethnizität und Männlichkeitskonstruktion, in: *Baur*, Nina/*Luedtke*, Jens (Hg.): Die soziale Konstruktion von Männlichkeit. Hegemoniale und marginalisierte Männlichkeiten in Deutschland, Opladen/Farmington Hills, 61–78.

Laclau, Ernesto (1990). New reflections on the revolution of our time, London.

Laclau, Ernesto (2002). Macht und Repräsentation, in: *Laclau*, Ernesto: Emanzipation und Differenz, Wien, 125–149.

Laclau, Ernesto/*Mouffe*, Chantal (2006). Hegemonie und radikale Demokratie. Zur Dekonstruktion des Marxismus, Wien.

Lutz, Helma (2010). Biographieforschung im Lichte postkolonialer Theorien, in: *Reuter*, Julia/*Villa*, Paula-Irene (Hg.): Postkoloniale Soziologie. Empirische Befunde, theoretische Anschlüsse, politische Intervention, Bielefeld, 115–136.

Lutz, Helma/*Schwalgin*, Susanne (2006). Globalisierte Biographien: Das Beispiel einer Haushaltsarbeiterin, in: *Bukow*, Wolf-Dietrich/*Ottersbach*, Markus/*Tuider*, Elisabeth/*Yıldız*, Erol (Hg.): Biographische Konstruktionen im multikulturellen Bildungsprozess. Individuelle Standortsicherung im globalisierten Alltag, Wiesbaden, 99–113.

Mecheril, Paul (2003). Prekäre Verhältnisse. Über natio-ethno-kulturelle (Mehrfach-)Zugehörigkeiten, Münster.

Mecheril, Paul (2006). Das un-mögliche Subjekt. Ein Blick durch die erkenntnispolitische Brille der Cultural Studies, in: *Keupp*, Heiner/*Hohl*, Joachim (Hg.): Subjektdiskurse im gesellschaftlichen Wandel. Zur Theorie des Subjekts in der Spätmoderne, Bielefeld, 119–141.

Mecheril, Paul/*Rigelsky*, Bernhard (2007). Nationaler Notstand, Ausländerdispositiv und die Ausländerpädagogik, in: *Riegel*, Christine/*Geisen*, Thomas (Hg.): Jugend, Zugehörigkeit und Migration. Subjektpositionierung im Kontext von Jugendkultur, Ethnizitäts- und Geschlechterkonstruktionen, Wiesbaden, 61–80.

Reuter, Julia/*Villa*, Paula-Irene (2010). Provincializing Soziologie. Postkoloniale Theorie als Herausforderung, in: *Reuter*, Julia/*Villa*, Paula-Irene (Hg.): Postkoloniale Soziologie. Empirische Befunde, theoretische Anschlüsse, politische Intervention, Bielefeld, 11–46.

Reuter, Julia/*Wieser*, Matthias (2006). Postcolonial, gender und science studies als Herausforderung der Soziologie, in: Soziale Welt, 57, 177–191.

Sarrazin, Thilo (2010). Deutschland schafft sich ab: Wie wir unser Land aufs Spiel setzen, München.

Seidel, Eberhard (2010). Die Sehnsucht nach Homogenität, in: die tageszeitung vom 15.10.2010, 3.

Sezgin, Hilal (2010). Deutschland schafft mich ab, in: Die Zeit vom 2. September 2010, 49, Internet: http://www.zeit.de/2010/36/Muslimifizierung (Recherchedatum 31.01.2011)

Sezgin, Hilal (Hg.) (2011). Manifest der Vielen. Deutschland erfindet sich neu, Berlin.

Spies, Tina (2009a). Diskurs, Subjekt und Handlungsmacht. Zur Verknüpfung von Diskurs- und Biografieforschung mithilfe des Konzepts der Artikulation, in: Forum Qualitative Sozialforschung/Forum: Qualitative Social Research, 10(2), Art. 36, Internet: http://nbn-resolving.de/urn:nbn:de:0114-fqs0902369 (Recherchedatum 30.04.2009)

Spies, Tina (2009b). „...ich sag Ihnen jetzt mal was..." Subjektpositionierungen unter dem Einfluss gesellschaftlicher Diskurse über Gewalt, Geschlecht und Ethnizität, in: Feministische Studien, 27. Jg.(1), 67–82.

Spies, Tina (2010). Migration und Männlichkeit. Biographien junger Straffälliger im Diskurs, Bielefeld.

Spies, Tina (2011). ‚Alte' Männlichkeiten und ‚neue' Ethnizitäten – Positionierungen junger Migranten in transnationalen Räumen, in: Gender. Zeitschrift für Geschlecht, Kultur und Gesellschaft, Heft 1/2011, 65–80.

Supik, Linda (2005). Dezentrierte Positionierung. Stuart Halls Konzept der Identitätspolitiken, Bielefeld.

Villa, Paula-Irene (2003). Judith Butler, Frankfurt am Main.

Villa, Paula-Irene (2005). Wer weiß was? Geschlechtersoziologische Überlegungen zum produktiven Scheitern konkreter Menschen bei der Subjektwerdung, in: *Funder,* Maria/*Dörhöfer,* Steffen/ *Rauch,* Christian (Hg.): Jenseits der Geschlechterdifferenz? Geschlechterverhältnisse in der Informations- und Wissensgesellschaft, München/Mering, 39–57.

Villa, Paula-Irene (2006). Scheitern – ein produktives Konzept zur Neuorientierung der Sozialisationsforschung? In: *Bilden,* Helga/*Dausien,* Bettina (Hg.): Sozialisation und Geschlecht. Theoretische und methodologische Aspekte, Opladen/Farmington Hills, 219–238.

Villa, Paula-Irene (2009). „Das fühlt sich so anders an..." Zum produktiven ‚Scheitern' des Transfers zwischen ästhetischen Diskursen und tänzerischen Praxen im Tango, in: *Klein,* Gabriele (Hg.): Tango in Translation – Tanz zwischen Medien, Kulturen, Kunst und Politik, Bielefeld, 105–122.

Villa, Paula-Irene (2010a). Subjekte und ihre Körper. Kultursoziologische Überlegungen, in: *Wohlrab-Sahr,* Monika (Hg.): Kultursoziologie. Paradigmen – Methoden – Fragestellungen, Wiesbaden, 251–274.

Villa, Paula-Irene (2010b). Verkörperung ist immer mehr. Intersektionalität, Subjektivierung und der Körper, in: *Lutz,* Helma/*Herrera Vivar,* María Teresa/*Supik,* Linda (Hg.): Fokus Intersektionalität. Bewegungen und Verortungen eines vielschichtigen Konzeptes, Wiesbaden, 203–221.

Winter, Rainer (2001). Die Kunst des Eigensinns. Cultural Studies als Kritik der Macht, Weilerswist.

Wulff, Christian (2010). „Vielfalt schätzen – Zusammenhalt fördern". Rede von Bundespräsident Christian Wulff zum 20. Jahrestag der Deutschen Einheit am 3. Oktober 2010 in Bremen, Internet: http://www.bundespraesident.de/Anlage/original_667187/Vielfalt-schaetzen-Zusammenhalt-foerdern.pdf (Recherchedatum 26.11.2010).

Der Markt und der Mensch. Ökonomieanalyse aus Migrationsperspektive – Migrationanalyse als kritische Ökonomielehre. Ein Vorschlag

Deniz Utlu

Einleitung

Die Sphären der Kultur, des Sozialen und der Ökonomie werden in der Gesellschaftsforschung häufig getrennt untersucht. Vor allem betrifft dies ökonomische Fragestellungen. In der Marxistischen Politischen Ökonomie findet über die Kategorie der Klasse eine Verbindung der ökonomischen und sozialen Sphäre statt. Für die Fragen, die sich einer Migrationsforschung stellen, sind hingegen vor allem die soziale und die kulturelle Sphäre in den Blick genommen worden. Ökonomische Aspekte, so ein zunehmend formulierter Vorwurf, wurden dabei jedoch stark vernachlässigt.

In diesem Aufsatz möchte ich daher das Konzept des Ökonomen Karl Polanyi als einen möglichen Referenzrahmen für eine kritische Migrationsforschung vorschlagen, insofern sich mit seinem Modell die verschiedenen gesellschaftlichen Sphären – Soziales, Kultur und Ökonomie – zusammenführen lassen. So kann mit Hilfe des Modells zum Beispiel der Markt aus der Perspektive kritischer Migrationsforschung als Institution analysiert und die Bedeutung der Marktmechanismen für die Einbettung des Menschen in spezifische soziale Ordnungen in diesem Licht herausgearbeitet werden.

Im ersten Teil dieses Aufsatzes werde ich zunächst etwas genauer auf die hier markierten Desiderate (kritischer) Gesellschaftstheorie und -forschung zu sprechen kommen sowie die Spuren des Ökonomischen in der aktuellen Migrationsforschung anreißen, um die Notwendigkeit für ein gesellschaftliches Modell aufzuzeigen, in dem die Sphären zusammen gedacht werden.

Im zweiten Teil werde ich Polanyis Modell, wie er es in „The Great Transformation" entwickelt hat, entlang ausgewählter migrationsgesellschaftlich bedeutsamer Aspekte darstellen. Wichtige Momente hierbei sind: das Grenzregime; der Zusammenhang von globaler, ökonomischer Ausbeutung mit Alterisierungs- und Rassifizierungsprozessen innerhalb nordamerikanischer und europäischer Staa-

ten; Differenzierungen von Klassismus und Rassismus; der Sozialstaat als hege-
moniales Instrument der Marktgesellschaft sowie das Konzept der Hybridität und
seine Einbettung in die Institution des Marktes.

In diesem Aufsatz geht es in erster Linie nicht darum, einen Beitrag zur Erforschung oben genannter Punkte zu leisten. Ziel ist es vielmehr, exemplarisch
anhand dieser Themen aufzuzeigen, wie ein reziprok fruchtbares Verhältnis von
Migrationsperspektive und Ökonomischer Theorie, speziell der polanyi'schen in-
stitutionenökonomischen Theorie, denkbar ist. Diesem Anliegen werde ich in drei
Abschnitten nachgehen: Ich versuche zunächst mit Hilfe einer Anbindung von
Bhabas Hybriditätskonzept an Polanyis Begriff der Institution einen Vorschlag zu
einer „migrationsgesellschaftlich-herrschaftskritischen Kapitalismusanalyse" zu
machen. Anschließend werde ich das Konzept des „Sozilstaats" sowie das Grenzregime als Momente einer hegemonialen Doppelbewegung herausarbeiten, um
dann noch einmal weitergehend auf den Zusammenhang von „Markt" und Alterisierungsprozessen zu sprechen zu kommen.

Der vierte Teil dieses Beitrags greift schließlich kurz einige kritische Be-
merkungen zu Polanyis Modell auf, wie sie insbesondere von Nancy Fraser formuliert wurden und modifiziert so die bisherigen Überlegungen unter Bezug auf
das Stichwort „Emanzipation".

Abschließend werden die zentralen Erkenntnisse meiner Überlegungen noch
einmal zusammenfassend herausgestellt.

Perspektive kritischer Gesellschaftsforschung und ökonomische Theorie

Ausgangspunkt meiner Überlegungen war die Suche nach einem Modell, mithilfe
dessen einerseits der Markt aus sozialer Perspektive analysiert werden kann, andererseits (migratios-)gesellschaftliche Ungleichheitsverhältnisse auch und insbesondere zu ökonomischen Aspekten ins Verhältnis gesetzt und analysiert werden können. Dieses Anliegen ist dreifach begründet:

1.   durch den Anspruch einer kritischen Analyse,
2.   durch eine starke Vernachlässigung ökonomischer Aspekte in der (kritischen)
      Migrationsforschung und damit verbundenen Kontexten und
3.   durch die methodologische Blindheit der ökonomischen Theorie für soziale
      bzw. soziokulturelle Differenzen.

Diese Punkte möchte ich im Folgenden kurz ausführen.

Was heißt Kritik?

Maria do Mar Castro Varela bezieht sich in ihrer Antwort auf die Frage „Was heißt Kritik?" auf Foucault und Butler und kommt zu dem Schluss, dass Kritik ein *Hinterfragen des Regiertwerdens* bedeutet. Und „Regiertwerden heißt uns vorschreiben unter welchen Bedingungen Existenz möglich oder nicht möglich ist". Das Hinterfragen dieses Regiertwerdens geschieht durch eine „Kunst der reflektierten Unfügsamkeit"; entsprechend etwa dem Sinn von Erziehung bei Adorno : als Erziehung zur kritischen Selbstreflexion (vgl. Castro Varela 2010).

Hiernach geht es der Kritik also nicht zuletzt um die Befragung von „Wahrheit" oder „Wahrheitsregimen", insofern das, was in einem bestimmten Kontext als Wahrheit gelten kann, die „Bedingungen der Existenz" konstituiert. Das Feld möglicher Existenzen also wird durch eben solche Wahrheitsregime hervorgebracht und strukturiert. In diesem Sinne etwa spricht auch Judith Butler von der „Politik der Wahrheit", nämlich „als Wahrheit, die die Welt auf eine bestimmte Regelhaftigkeit und Regulierbarkeit hin ordnet und die wir dann als das gegebene Feld des Wissens hinnehmen" (Butler 2001).

In der Rede von und über „Migration" nun wird gesellschaftliche Wirklichkeit anhand eines Wissens über (Nicht-)Zugehörigkeit hervorgebracht. Migrationsdiskurse konstituieren 'uns' und 'die Anderen' indem sie Wissen darüber zur Verfügung stellen, welche Mitglieder in selbstverständlicher und legitimer Weise (nicht) zu 'uns' gehören. Sie halten Muster der Unterscheidung von Menschen und Gruppen anhand nationaler, ethnisierender und/oder rassialisierender Kategorien bereit, die „auf den unterschiedlichen Ebenen gesellschaftlicher Wirklichkeit (Gesetze, Institutionen, alltagsweltliche Interaktionen, individuellen Selbstverständnissen) optional zur Verfügung stehen (Leiprecht, Mecheril, Scharathow, Melter 2010: 9).

Wenn Kritik ein Hinterfragen des Hingenommenen bedeutet, dann heißt „Kritische Migrationsforschung (…) das Fürchten lehren, in dem die Realität, die tatsächlich beängstigend ist, als bedrohlich empfunden werden kann." So Maria do Mar Castro Varela auf der Konferenz „Migrationsforschung als Kritik?" an der Universität Innsbruck (vgl. auch do Mar Castro Varela in diesem Band). *Kritischer Migrationsforschung* geht es vor diesem Hintergrund also darum, das Feld des Wissens zu hinterfragen, mit dem der/die *Andere* als anders kategorisiert und an seinen/ihren Platz in der Gesellschaft verwiesen oder gar von ihr ausgeschlossen wird.

Die kritische Befragung scheinbar selbstverständlichen Wissens lässt sich aber nicht nur aus migrationsgesellschaftlicher, sondern auch aus marktgesellschaftlicher Perspektive begründen. Hierbei kommt dem Begriff der „Rationalität" eine wichtige Bedeutung zu. Die Unterstellung einer (utilitaristischen) „Rationalität" nämlich liegt modernen ökonomischen Theorien oftmals implizit zugrunde und konstituiert so eine Wirklichkeit, die von einem vollkommen rationalen Menschen ausgeht. Die Frage nach der Rationalität ist aus Sicht der herrschenden ökonomischen (neoklassischen) Lehre, die Frage danach, ob Individuen ihre Nutzenfunktionen kennen und/oder ob ihre kognitiven Fähigkeiten dazu ausreichen, gegebene Informationen optimal abzuwägen (vgl. Utlu 2008). Einige neoklassische Ansätze haben versucht, diese Frage kritisch zu beantworten, indem sie die Rationalität z. B. in Anhängigkeit der Informationszufuhr formuliert haben, wie im Konzept der „bounded Rationality" (vgl. u. a. Simon 1955). Für eine Kritik, wie ich sie in diesem Beitrag verstehe, genügt aber ein herausfordernder Umgang mit der Fragestellung nicht. Nicht zuletzt mit Foucault stellt sich die Frage, inwiefern „Rationalität" als Regierungsform verstanden werden muss. Foucault „identifiziert die ‚Rationalität' als die regierungsintensivierende Auswirkung auf die Ontologie." Eine kritische Gesellschaftsforschung, die in diesem Sinne der Kritik, die *Marktgesellschaft* analysiert, muss am Wahrheitsanspruch einer modernen ökonomischen Theorie rütteln, die vom Homo Oekonomicus ausgeht – und sei er abermals modifiziert. Hier könnte u. U. die migrationsgesellschaftliche Perspektive einen kritischen Beitrag zur Ökonomielehre leisten.

Insgesamt stellt sich damit also einerseits die Frage, ob und wie weit sich das hier skizzierte ökonomische Wahrheitsregime des „Homo Oekonomicus" mit migrationsgesellschaftlichen Unterscheidungs- und Ausgrenzungsmechnismen verbindet. Andererseits, ob und wie die Zusammenführung beider Perspektiven einen Beitrag zur Kritik eben einer solchen Form der „Wahrheitsprodukion" und der damit verbundenen Herstellung gesellschaftlicher Wirklichkeit leisten kann. Der kritische Anspruch dieses Beitrags richtet sich somit auf die Befragung von gesellschaftlicher Wirklichkeit am Verbindungspunkt von „Ökonomie" und „Migrationsregimen".

Migrationsforschung und Ökonomie

Wie bereits erwähnt wird aktuell zunehmend häufig ein Desiderat kritischer Migrationsforschung beobachtet: die untergeordnete oder gar bedeutungslose Rolle der „Ökonomie". Wo ökonomische Aspekte beachtet werden, tendieren die Modelle dazu ökonomistisch zu sein – so z. B. bei Hartmut Esser (vgl. Hetfleisch 2010).

Dieser Vorwurf trifft nun allerdings nicht allein die kritische Migrationsforschung, sondern auch andere, mit ihr verbundene Kontexte. Für die kritische Theorie im allgemeinen etwa bemerkt Nancy Fraser, dass Kapitalismuskritik von der Agenda der aktuellen Kritischen Theorie verschwunden ist:

„Whether the focus was jurisprudence or moral philosophy, democratic theory or cultural criticism. This work tended to proceed in relative disconnection from fundamental questions of social theory. The critique of capitalist society, which had been pivotal for earlier generations of critical theorists albeit vanished from the agenda of critical theory. Critique centered on capitalist crisis especially was pronounced didactic, deterministic and day passé." (Fraser 2010)

Im Rahmen der Postcolonial Studies schreiben die beiden Ökonominnen Eiman O. Zein-Elabdin und S. Charusheela in der von ihnen herausgegebenen Wissenschaftsanthologie „postcolonialism meets economics": „Yet, although the influence of postcolonial theory has spread rapidly across the humanities and social sciences, the discipline of Economics, with only a few exceptions, has not been touched by this ‚postcolonial revolution.' Similarly, postcolonial scholars have engaged only sporadically with Economics, leaving their contributions wide open to charges of irrelevance and even complicity with hegemony" (Zein-Elabdin, Charusheela 2004: 1). Auch hier wird also ein wechselseitiges Versäumnis gegenseitiger Kenntnisnahme bemängelt. Entsprechend geht es den Autorinnen darum, die Ökonomie (economic life) mit einem subalternen Verständnis der Moderne, einschließlich der hegemonialen Rolle der Volkswirtschaftslehre (Economics) darin und in der Beziehung von Kultur und Wirtschaft zu überdenken. Dazu versuchen sie, institutionenökonomische Theorien (vor allem Veblen) und die marxistische politische Ökonomie mit den Arbeiten der postkolonialen Denker der ersten Stunde – Said, Hall, Spivak, Bhabha – zu verbinden.

Ein solches Vorhaben rückt nicht nur die Verflochtenheit und gegenseitige Konstitution ökonomischer und postkolonialer Dominanzverhältnisse in den Blick, sondern kann auch an den Anspruch kritischer Migrationsforschung rückgebunden werden. Es verweist auf die Notwendigkeit, nicht nur nach den Mechanismen der Erzeugung, Aufrechterhaltung und Legitimierung dominanter Unterscheidungsmuster zu fragen, in welchen die `Anderen' hervorgebracht und positioniert werden, sondern v. a. auch nach deren Bedingungen und Konsequenzen. Hierfür aber wird es notwendig, die Frage nach der Erzeugung von Zugehörigkeitsordnungen und Unterscheidungspraxen in (postkolonialen) Migrationsgesellschaften eben in ihrer Verflochtenheit mit anderen Dominanzverhältnissen zur Darstellung zu bringen. Dabei spielt die „Ökonomie" eine bedeutende Rolle.

Wo kritische Migrationsforschung entsprechende Verflechtungen unberücksichtigt lässt, scheint es sinnvoll, sie selbst einer kritischen Befragung zu unterziehen. Als einen solchen Versuch etwa können wir auch den Beitrag von Bernd Lederer (in diesem Band) verstehen. Lederer bezieht sich auf Walter Benn Michaels „The trouble of Diversity. How we learn to love identity and ignore equality." Er fragt kritisch, ob in der Migrationsforschung Armut nicht ethnisiert und vom politisch-ökonomischen Kontext entkoppelt wird. Laut Michaels sei der Unterschied zwischen arm und reich „primär zwangsläufiges Ergebnis kapitalistischer Vergesellschaftung (...) und erst sekundär ein Resultat von Race und Gender. (...)" Rassismus und Sexismus verursachen ökonomische „Ungleichheit nicht, haben aber Einfluss darauf, wie diese sich manifestiert." Hier wird also die Frage nach dem Zusammenhang von ‚Rasse' und Klasse gestellt, die in einer Migrationsforschung, die im obigen Sinne herrschaftskritisch sein möchte, unumgänglich ist.

Der Diversity-Mechanismus sei dazu geeignet, Ungleichheiten zu verschleiern oder gar zu affirmieren und Michaels postuliere weiter „wachsende Toleranz gegenüber wirtschaftlichen und sozialen Ungleichheiten einerseits und wachsende Intoleranz gegenüber Diskriminierung andererseits sind sogar Charakteristika des Wirtschaftsliberalismus." Die Fokussierung der Geistes- und Sozialwissenschaften hin zu einer Kritik an ethnisch bzw. sexuell diskriminierenden Strukturen, so Lederer, werde zum Problem, wenn der polit-ökonomische Rahmen nicht mehr hinterfragt wird.

Das Für und Wider einzelner Punkte, die Lederer aus Michaels' Arbeit referiert, sind sicherlich diskussionswürdig. Worum es Lederer aber geht ist, was diese Argumentation insgesamt impliziert, nämlich den spezifischen Anspruch an eine kritische Migrationsforschung, den polit-ökonomischen Rahmen bei der Analyse von Race und Gender mitzudenken.

Dabei muss der Begriff der Migration im heutigen Sinne doppeldeutig verstanden werden: Einmal geht es um *die (Erzeugung der) ‚Anderen'* oder *Alterisierten* innerhalb der Gesellschaft, die Migrationsforschung darf hier aber nicht stehen bleiben. Es muss auch um die Ursachen der Migration gehen, also um das globale Machtgefälle.

Methodologie der modernen ökonomischen Theorie

Ich habe mich an anderer Stelle detailliert mit den Grundannahmen der neoklassischen, also herrschenden ökonomischen Theorie auseinandergesetzt (Utlu 2008). Den neoklassischen Modellen liegt ein methodologischer Individualismus zugrunde, der strukturelle Unterschiede zwischen bestimmten Gruppen kaum sichtbar zu machen vermag. Unterschiede zwischen den Individuen sind in neoklassischen Modellen als Unterschiede in den Präferenzordnungen denkbar, also wie sich ein Individuum bei Preisveränderungen eines Gutes entscheidet. Machtstrukturen können allenfalls in Unterschieden der Erstausstattungen berücksichtigt werden, also mit Unterschieden in den verfügbaren Vermögen der Individuen. Allerdings untersuchen neoklassische Modelle Entscheidungen an Grenzen: Wie viel Geldeinheiten mehr ist ein Individuum bei einer marginalen Veränderung des Preises bereit zu zahlen? Bei so einer Grenzwertanalyse ist die Erstausstattung des Individuums irrelevant, weil sie als Konstante in der Nutzenfunktion bei der Berechnung der ersten Ableitung, also der marginalen Zahlungsbereitschaft, wegfällt. Mit anderen Worten fallen bei einer neoklassischen Grenzwertanalyse nicht nur Kategorien der sozialen Benachteiligung (wie race und gender) weg, sondern auch Kategorien der ökonomischen Benachteiligung, wie Klasse. Hier nun könnte eine migrationsgesellschaftliche Perspektive ihrerseits als eine Kritik hinsichtlich der Blindheit gegenüber gesellschaftlichen Ungleichheitsverhältnissen fungieren. Es liegen jedoch kaum Ansätze einer (migrations-)gesellschaftlichen Reformulierung ökonomischer Theorie und Forschung vor. Dort, wo Versuche der Verbindung von „Migration" und „Ökonomie" unternommen wurden, haben vielmehr neoklassische Modelle Eingang in die Migrationsforschung gefunden. Vor allem in die von Hartmut Esser, über dessen Integrationsmodell Gerhard Hetfleisch in einer Kritik schreibt: „Esser kreiert in einem Konglomerat von Privatideologemen, wissenschaftsideologischen Theoremen und naturalisierten ökonomischen Kategorien eine moderne Ungleichheitsideologie, die zugleich ökonomistisch und kulturalistisch ist." (Hetfleisch 2010: 123)

Esser verwendet drei ökonomische Modelle:

1. Diskriminierung durch „tastes": Gary S. Becker ist der Meinung, dass es zwar Diskriminierung auf dem Arbeitsmarkt gebe, wenn z. B. Arbeitgeber weiße Angestellte den schwarzen Bewerbern bevorzugen, dass allerdings der Marktmechanismus „zur Aufhebung der Diskriminierung" führe (Hetfleisch 2010: 112). Dies begründet Becker damit, dass Unternehmer mit vorurteilsfreier Personalpolitik einen Wettbewerbsvorteil hätten, weil sie auf die billigeren schwarzen Arbeitskräfte zurückgreifen könnten. Mittelfristig führe das zu einer Angleichung der Löhne.

2. Statistische Diskriminierung: Für die Ökonomen Kenneth Arrow und Edmund Phelps ist die Diskriminierung auf dem Arbeitsmarkt ein Resultat der asymmetrischen Informationsverteilung. Der Unternehmer möchte seine Kosten minimieren. Er braucht Informationen über die Produktivität seiner Bewerber. Diese einzuholen ist wiederum mit Kosten verbunden. „Daher schätzen Unternehmer statistisch, auch über ihren Erfahrungsschatz, die durchschnittliche Produktivität eines Bewerbers durch Vergleich mit den repräsentativen Eigenschaften einer Gruppe ein, der sie den Bewerber zurechnen." (Hetfleisch 2010, 114) Essers Antwort auf dieses Problem ist denkbar einfach: Die jeweilige Gruppe muss zusehen, dass sie ihr Image verbessert.

3. Transaktionskosten als „Erklärung" für Diskriminierung. Hier geht es vor allem um etwas, was der Ökonom Kevin Lang als Transaktionskosten der sprachlichen Vielfalt bezeichnet. Schwarze Arbeiter würden schlechter

englisch sprechen als weiße, das Lohnniveau werde aber vom weißen Markt bestimmt, weshalb die Anstellung schwarzer Arbeiter für den Unternehmer mit hohen Transaktionskosten verbunden sei, er also diskriminieren müsse. Diskriminierung wird also auf Sprachbarrieren reduziert. Dass gerade bezogen auf die USA, wo die meisten African Americans englische Muttersprachler sind, so ein Modell entwickelt wird, ist wie Hetfleisch auch anmerkt, besonders irritierend.

Solche Modelle bleiben blind für soziale oder soziokulturelle Differenzen und können deshalb auch keine Herrschaftsstrukturen hinterfragen.

Die Wirtschaftsanalyse von Karl Polanyi, die gleichzeitig eine Gesellschaftsanalyse ist, könnte für diesen Anspruch brauchbar sein, wenn sie in die Migrationsforschung integriert wird, weil Polanyi mit einem anthropozentrischen Ansatz die Entstehung des Marktes als Institution analysiert und die Marktstruktur eben nicht als natürlich hinnimmt. Er beschreibt, wie der Markt teilweise mit Gewalt etabliert wurde und wie er die Menschen verändert hat. In sein Modell könnte sowohl das Konzept der Hybridität – als neue Kultur, die entsteht und sobald sie entstanden ist vom Marktprozess berührt wird – als auch das „Nord-Süd-Gefälle" und sein kolonialer Kontext eingebaut werden.

Karl Polanyi, The Great Transformation und Migrationsforschung

Karl Polanyi (1886–1964) veröffentlichte seine ökonomische Theorie während des Zweiten Weltkrieges im Jahre 1944. In dem Werk verbindet er Wirtschaftsgeschichte mit Kulturanthropologie und versucht den institutionellen Prozess der Entstehung der Marktgesellschaft und ihres Kollapses zu verstehen. Das Werk beginnt mit dem Satz: „Die Welt des 19. Jahrhunderts ist zusammengebrochen."

Das Aufkommen des Faschismus, die Verarmung des Proletariats und der Bauern und die Verrohung der oberen Schichten sieht Polanyi in engem Zusammenhang mit der Etablierung des Marktes als zentrale Institution der westlichen Welt. Er definiert den Begriff der Institutionen als „Verkörperungen menschlicher Sinngebung und Zielsetzung" (Polanyi 1978: 336).

Institutionen und Hybridität: zur Verflechtung verschiedener Prinzipien in der (Markt)gesellschaft

Polanyi analysiert verschiedene nicht kapitalistische Wirtschaftssysteme und beobachtet im Wesentlichen drei Prinzipien mit den dazugehörigen Institutionen:

1. Reziprozität – eine Person gibt der anderen etwas und bekommt dafür Anerkennung. Dieses Prinzip wird durch die Institution der Symmetrie ermöglicht.
2. Redistribution – ein Teil der Ernte wird einer zentralen, autoritären Stelle übergeben, und von dieser an die Vorratskammer weitergeleitet. Bei Festen, etc., wird der Vorrat verteilt. Die Institution der *Zentrizität* bildet die Basis für das Prinzip der Redistribution (Polanyi 1978: 79).
3. Das Prinzip der Haushaltung, also die Produktion zum Eigenbedarf wird ermöglicht durch die institutionelle Einrichtung der Autarkie.

Wichtig ist, dass keine dieser drei Formen zu Wirtschaften eigene Institutionen schafft, sondern, dass, umgekehrt, die bereits vorhandenen gesellschaftlichen Institutionen, wie z. B. Symmetrie, Zentrizität oder Autarkie, zu bestimmten Formen des Wirtschaftens führen. „Das ökonomische System stellt sich (...) als Funktion der gesellschaftlichen Organisation dar." (Polanyi 1978: 80)

Bei der Marktform ist das anders: Die *Marktform* schafft die Institution des Marktes, die die Struktur der Gesellschaft verändert (Polanyi 1978: 88). „Die Wirtschaft ist nicht mehr in die sozialen Beziehungen eingebettet, sondern die sozialen Beziehungen sind in das Wirtschaftssystem eingebettet." (Polanyi 1978: 88f) Die „menschliche Sinngebung und Zielsetzung" wird dann ersetzt durch eine marktliche „Sinngebung und Zielsetzung." In diesem Sinne muss, laut Polanyi, für die Etablierung des Marktsystems Kultur, wie sie bis dahin bestand, zerstört werden. Polanyis Kulturverständnis bezieht sich auf die gesellschaftlichen Institutionen. Dabei ist es zunächst nicht wichtig, um was für bzw. welche Institutionen es sich handelt, was zählt ist, dass sie nicht dem Profitstreben, also dem Marktmechanismus unterworfen sind, sondern gesellschaftlichen Prinzipien, also Werte und Normen. Polanyi reflektiert diesen Aspekt nur flüchtig und es müsste kritisch untersucht werden, inwiefern sein Kulturbegriff essentialistische Züge aufweist. Dennoch lässt sich der Mechanismus der „kulturellen Zerstörung" auch in eine kritische Migrationsforschung übersetzen, die einen essentialistischen Kulturbegriff ablehnt

Polanyis Überlegungen zur Verdrängung bestimmter gesellschaftlicher Prinzipien, (Reziprozität, Redistribution, Haushaltung) und Institutionen, (Symmetrie, Zentrizität und Autarkie) durch den Markt könnte Bhabhas Hybriditätskonzept angedockt werden. Wenn Hybridität als ein Widerstandsprozess verstanden wird, durch den die Dominanzkultur in spezifischer Weise von subalternen Gruppen verändernd übersetzt und deshalb subversiert wird (vgl. Bhabha 2000: 160ff, Ha 2010: 68ff, Varela, Dhawan 2005: 92f), gilt es, im ersten Schritt Momente von Institutionen auszumachen, die zunächst zumindest partiell als hybride Räume außerhalb der Marktgesellschaft verstanden werden können. Außerhalb, weil sie sich der Institution des Marktes nicht unmittelbar unterwerfen. So war bspw. der Markt als Institution anfangs sicherlich nicht entscheidend für Hip-Hop Musik, sondern vielleicht eher das Prinzip der Solidarität und des Widerstands (vgl. Kaya 2001). Mit der Kommerzialisierung könnte der Markt als Institution andere, nicht marktrelevante Prinzipien verdrängt haben. Die Frage, die sich hier stellt ist, ob der Prozess der kulturellen Zerstörung bei der Einführung des Marktes als Institution in hybriden Subkulturen immer wieder aufs Neue geschieht (vgl. Utlu 2010: 14), ob also über die Etablierung des Marktes in einem solchen Raum Hybridität als Widerstandsprozess im Sinne Bhabhas aufgehoben und durch eine (gehypte) Hybridität, die ethnisierend und exotisierend ist, ersetzt wird (vgl. Ha 2010: 68ff). Auf der anderen Seite – auch durchaus im Sinne Bhabhas, kann es vielleicht auch durch die Einverleibung anderer Institutionen in die Logik des Marktes zu Irritationsmomenten des Marktsystems selbst kommen.

Es bleibt natürlich fraglich, ob Institutionen, die dem Markt widersprechen innerhalb einer Marktgesellschaft auch nur partiell existieren können. Weder Subkulturen noch Communities sind abgeschlossene Entitäten oder „Parallelgesellschaften", wie sie manchmal genannt werden. Im Gegenteil sind sie verzahnt mit den Institutionen der Marktgesellschaft, nicht zuletzt über Einrichtungen wie die Schule, über Medien, über Consumerism und über die Erwerbsarbeit. Wenn aber Sozialisation und Lebensführung bereits an die Institution des Marktes gebunden ist, sind dann Institutionen mit anderen Funktionen überhaupt noch möglich? Keine Gruppe entwickelt sich in einem kulturellen Vakuum. In ihrem Essay „Sexism and Misogyny: Who Takes the Rap? Misogyny, gangsta rap, and The Piano" kritisiert bell hooks die „dämonisierende" Kritik am „Gansta Rap". Den Protagonisten des „Gangsta Rap" wird zurecht Sexismus und Misogynie vorgeworfen. Allerdings auf eine perfide Art und Weise. Anstatt Sexismus und Misogynie als gesamtgesellschaftliches Phänomen zu analysieren, dämonisieren die Medien (hooks verweist exemplarisch auf einen Artikel aus der New York Times) schwarze Männer. Für bell hooks handelt es sich aber um eine Widerspiegelung des „white supremacist capitalist patriarchy" der Mehrheitsgesellschaft. Der Mainstream Sexismus und Gewaltverherrlichung im Gangsta Rap, so bell hooks, sei nicht aus aus dem „Schwarzsein", der „schwarzen Kultur der Protagonisten" zu erklären. Vielmehr entwickelt sich die „schwarze Kultur" nicht in einem Vakuum, sondern, ist unmittelbar mit der Mehrheitskultur verzahnt und spiegelt diese. Das Begehren nach materiellem Reichtum, nach großen Autos und Geld ist nicht (nur) Teil der schwarzen Kultur, sondern Teil der US-amerikanischen Gesellschaftsstruktur. Rapper, die mit ihren Stücken kommerziellen Erfolg haben möchten, müssen vom Mainstream konsumierbar sein. Der Mainstream, meistens weiß und männlich, präferiert aber „Gansgta Rap" und nicht politischen Rap. „Gangsta Rap" als angesagteste und bekannteste Form des HipHop ist damit ein Resultat des Markprozesses, in bell hooks Worten des „white supremacist capitalist patriarchy", der jede Widerstandskultur durch die Etablierung der Maktkultur aufhebt.

Zusammenfassend kann festgehalten werden, dass über die Verbindung von Polanyis Institutionenbegriffs mit Bhabhas Vorstellung von Hybridität eine migrationsgesellschaftlich-herrschaftskritische Kapitalismusanalyse denkbar ist, die „kulturelle Praxen" bzw. subkulturelle Kontexte in ihrer Verflechtung mit der Institution des Marktes fokussiert. Im Folgenden soll des Weiteren die Frage formuliert werden, wie Polanyis Konzept der „Doppelbewegung" mit migrationsgesellschaftlichen Themen – Grenzregime, Alterisierungsprozesse, Emanzipation – integriert werden können.

Sozialstaat und Grenzregime als Momente in einer Doppelbewegung

Polanyis Modell verspricht über die bisherigen Überlegungen hinaus auch für weitere migrationsgesellschaftliche Aspekte Anschlussfähigkeit: Polanyi arbeitet die zentralen Schritte zur Etablierung des Marktes als wichtigste gesellschaftliche Institution heraus und schaut sich an, in was für einem institutionellen Rahmen diese Schritte getan werden und wie sie den Rahmen verformen – nämlich prozessual als „Doppelbewegung". Mit Bezug auf diese „Doppelbewegung" nun kann nicht zuletzt das für migrationsgesellschaftliche Verhältnisse zentrale Thema des Grenzregimes kontextualisiert werden:

Polanyi versteht das System des „selbstregulierenden Marktes" in seiner Idealform als unerreichbar. Es kann lediglich eine Tendenz zu ihm hin oder von ihm weg geben. Eine vollständige Installierung des Marktsystems würde gleichzeitig seine Aufhebung bedeuten: Im Marktsystem werden alle Güter für den Markt produziert und alles, was in den Produktionsprozess fließt, muss Ware sein. In einer einfachen, wie breiten Definition versteht Polanyi all diejenigen Dinge als Waren, die mit dem Ziel des Verkaufs produziert werden. Diese scheinbar simple Voraussetzung hat für die Gesellschaft tiefgreifende Folgen, denn es sind gerade die Güter, die für den Produktionsprozess in der Marktwirtschaft essentiell sind, die diese Voraussetzung nicht erfüllen. Die Güter Arbeit, Boden und Geld sind keine Waren, weil sie nicht zum Verkauf produziert wurden.

Arbeit, so Polanyi, ist erst einmal eine Tätigkeit des Menschen, die zum Leben gehört. Boden ist lediglich die natürliche Umwelt, in der diese Tätigkeit ausgeführt wird. Geld ist ein Symbol für die Kaufkraft. Keiner dieser drei Faktoren wird für den Verkauf produziert. In einer Marktgesellschaft aber müssen sie

gehandelt werden als wären sie für den Markt produziert worden. Sie sind keine
Waren, sie sind „Warenfiktionen". Diese Fiktionalisierung hat reale Folgen für
die Gesellschaft:

> „Das System, das über die Arbeitskraft eines Menschen verfügt, würde gleichzeitig über die
> physische, psychologische und moralische Ganzheit >Mensch< verfügen (...). Menschen, die
> man auf diese Weise des Schutzmantels der kulturspezifischen Institutionen beraubte, würden
> an den Folgen gesellschaftlichen Ausgesetztseins zugrunde gehen; sie würden als die Opfer
> akuter gesellschaftlicher Zersetzung durch Laster, Perversion, Verbrechen und Hunger ster-
> ben." (Polanyi 1978: 108)

Um sich vor den Folgen des selbstregulierenden Marktes zu schützen, engagieren
sich Kräfte in der Gesellschaft für die Zurückeroberung der Regulierungshoheit,
d. h. für die Einbettung des Marktes zurück in Gesellschaft. Polanyi bezeichnet
diesen über den Staat entfalteten Prozess als eine „Doppelbewegung" der Entbet
tung (Prinzip des Wirtschaftsliberalismus) und Einbettung (Prinzip des Schutzes der Gesellschaft) des Marktes in die Gesellschaft (vgl. Polanyi 1978: 185f).

Auf der einen Seite gab es einen Anstieg des Handels bzw. der freien Zirku-
lation von „echten" Waren, der sich immer weiter beschleunigte. Auf der anderen
Seite nahm die Regulierung der fiktiven Waren zu – hier vor allem der Arbeitskraft (vgl. Polanyi 1978: 112). Das nordamerikanische und europäische Grenzregime ist eine Form der Regulierung der Warenfiktion.

Grenzen widersprechen dem Prinzip des Wirtschaftsliberalismus, der oben
als einer der beiden Stränge der Doppelbewegung definiert wurde. Das libera-
le Credo besagt, dass Produktionsfaktoren ob ihres Warencharakters mobil sein
müssen. Die Marktwirtschaft ist einer der Grundsätze der Europäischen Union
und doch hat diese die paramilitärische Agentur Frontex damit beauftragt die EU-
Grenzen zu bewachen. Jährlich sterben zahlreiche Menschen im Mittelmeer bei
dem Versuch ans europäische Festland zu gelangen.

In Polanyis Modell wäre das Grenzregime Teil des protektionistischen Stranges der Doppelbewegung und diente dazu, die Entstehung eines internationalen freien Arbeitsmarktes, d. h. die vollständige Vollstreckung der Warenfiktion
der Arbeitskraft zu verhindern. Die Herausbildung eines freien internationalen
Arbeitsmarktes würde die Institution der Sozialstaatlichkeit innerhalb Europas
gefährden. Obwohl die Institution des Marktes in (fast) allen Ländern der Welt
durchgesetzt wurde, bleibt die Mobilität von Arbeit ein Privileg bestimmter Länder. In Polanyis Worten gilt für die Länder, deren Arbeit nicht (oder nur reguliert) mobil sein darf, was er zur Etablierung des Marktes im 19. Jh. in den Kolonien geschrieben hat: „Während ihnen die eigene Kultur keine Ziele mehr bietet,
die der Mühen oder Opfer wert gewesen wären, versperren ihnen rassische Ar-

roganz und Vorurteile der weißen Eindringlinge den Zugang zu deren Kultur" (Polanyi 1978: 218).

Das Grenzregime zur Bewahrung des Prinzips der Sozialstaatlichkeit und Verhinderung eines internationalen Arbeitsmarktes könnte auch auf das Ergebnis schließen lassen, das Polanyi aus dem Speenhamland-System[1] folgert: „wenn die Werktätigen physisch entmenscht waren, dann waren die besitzenden Klassen moralisch verkommen", mit einer „Ablehnung jeglichen Verantwortungsgefühls für die Lebensverhältnisse ihrer Mitmenschen" auf Seiten der Wohlhabenden (Polanyi 1978: 146).[2] In gewisser Weise stellt das eine Paradoxie der Doppelbewegung dar: wenn die Forderungen nach sozialem Schutz und also der Einbettung des Marktes gleichzeitig eben doch auch das „Ausgesetztsein", also den Ausschluss bestimmter Menschen vom sozialen Schutz oder gar die Finanzierung des Schutzes der einen über die Ausbeutung der anderen bedeuten. Diese Paradoxie wird von Polanyi zwar relativ ausführlich beschrieben, aber nie explizit ausgesprochen oder theoretisiert. Nancy Fraser schlägt eine Modifikation von Polanyis Modell vor, die diese konzeptionelle Schwäche aufhebt, in dem die Kategorie der Emanzipation ins Modell mit eingebaut wird, was in Kapitel 4 angerissen werden soll.

Markt und Alterisierungsprozesse

Als letztes Beispiel für die Anwendungsmöglichkeit polanyianischer Theorie auf migrationsgesellschaftliche Themen, möchte ich auf eine Idee von Polanyi zurückgreifen, die seinen Beschreibungen implizit ist, ohne dass er sie ausführlicher theoretisiert hätte: Eine Gegenüberstellung der Richtung, in die der Anreizmechanismus des Marktes wirkt, mit der Richtung, in die Diskriminierung wirkt. Polanyi zeigt, wie nach der Schaffung eines freien Arbeitsmarktes im England des 19 Jh. über Praktiken und Diskurse eine spezifische Hierarchie in der Gesellschaft produziert wurde, die eine strukturelle Diskriminierung von verarmten Menschen und Arbeitslosen erlaubte. Nach der Abschaffung des (Speenhamland) Zuschusssystems wurde das

---

1   Ein finanzielles Zuschusssystem, das in zahlreichen englischen Counties von 1795 bis 1834 wirkte und der Armut der Landbevölkerung entgegen wirken sollte, in dem die Löhne staatlich auf ein Existenzminimum aufgestockt wurden. Dies führte, so Polanyis Kritik, zu einer indirekten Subvention der Großgrundbesitzer und verstärkte so indirekt nur die Armut. Die Zusammenhänge waren verquer und wurden damals nicht erkannt, was die oberen Schichten ihrer Verantwortung enthob. 1834 wurden die Speenhamland Gesetze abgeschafft. Polanyi datiert auf dieses Jahr die Entstehung des Arbeitsmarktes.

2   Bei dieser Kritik Polanyis darf nicht vergessen werden, dass er die Gesellschaft von Institutionen her denkt. Ihm geht es also nicht, um eine unzulässige Verallgemeinerung, im Gegenteil weist er auf verantwortungsbewusste Wohlhabende seiner Zeit hin, wie Robert Owen. Polanyi fokussiert die Veränderungen „menschlicher Zielsetzung und Sinngebung".

„Arbeitshaus (…) mit einem Stigma versehen; der Aufenthalt darin wurde zu einer psychologischen und moralischen Tortur entwickelt. Die Gebote der Sauberkeit und Anständigkeit wurden dabei nicht nur eingehalten, sondern auf raffinierte Weise als Vorwand für weitere Erniedrigung benützt (…). Sogar das Begräbnis eines Paupers wurde zu einer Handlung durch die seine Mitmenschen noch im Tode jegliche Solidarität mit ihm zurückwiesen" (Polanyi 1978: 146).

Die Anreizmechanismen während des Zuschusssystems, wirkten so, dass eine Verpönung der Armut nicht nötig war. Im Gegenteil versuchten sich die Armen noch ärmer darzustellen als sie es waren. Erst mit der Einführung des freien Marktes bildete sich ein Klassismus heraus. Die Diskriminierung der Verarmten und der Arbeitslosen fungierte jetzt als Verstärker der Anreizmechanismen des Marktes. Wenn es vorher legitim war arm zu sein, weil die Unternehmer um die Höhe der Armenzuschüsse, die Löhne senken konnten und deshalb die wahren Profiteure der Zahlungen waren, drehte sich der Mechanismus nach dem Ende des Speenhamland-System um. Die Armen mussten für ihre Armut selber verantwortlich sein, damit gerechtfertigt war, dass keine Zuschüsse gezahlt wurden. Das bedeutete, dass Armut nun als selbst verschuldet betrachtet wurde – jetzt schadeten die Armen mit ihrer Faulheit der Gesellschaft als Ganzes.

Polanyi setzt die Bedingungen der Alterisierung der weißen englischen Unterschicht und der Schwarzen in den Kolonien im Rahmen der institutionellen Zerstörung durch die Doppelbewegung gleich. Er vergleicht die Effekte der kolonialen Expansion auf indigene Gruppen mit der Unterdrückung der weißen Unterschichten im 18. Jh. als die Marktgesellschaft sich herauszubilden begann:

„Was der weiße Mann vielleicht heute noch in entlegenen Regionen praktiziert, nämlich die Zerschlagung von Gesellschaftsstrukturen, um aus ihnen das Element der Arbeitskraft herauszupressen, wurde im 18. Jahrhundert zu ähnlichen Zwecken von weißen Männern weißen Bevölkerungen angetan." (Polanyi 1978: 226)

Dabei betont Polanyi, dass die Einführung des Marktes nicht allein, ja noch nicht einmal in erster Linie, ein ökonomischer Prozess gewesen ist, sondern ein kultureller. Die Folgen der Veränderungen der Institutionen seien viel weitreichender gewesen als die Folgen ökonomischer Ausbeutung. Als Beispiel nennt Polanyi die Hungersnöte in Indien in der zweiten Hälfte des 19. Jh., die er vor allem in der Zerstörung der indischen Dorfgemeinschaft begründet sieht (vgl. Polanyi 1978: 217-220).

Polanyi merkt zwar an, dass die zerstörerischen Auswirkungen auf Menschen aus der Arbeiterklasse im Vergleich zu den zerstörerischen Auswirkungen auf andere „Rassen" als Ausnahme betrachtet werden müssen (vgl. Polanyi 1978: 217), setzt dennoch die Bedingungen der Alterisierung der weißen englischen Unterschicht und der Schwarzen in den Kolonien im Rahmen der institutionellen

Veränderungen durch die Doppelbewegung gleich. Es muss trotzdem einen Unterschied zwischen den Bedingungen dieser Phänomene geben. Alterisierungsprozesse gab es bereits vor der Industrialisierung. Und auch nach der Industrialisierung gab es Formen des Rassismus, vor allem des Antisemitismus, die nicht zwangsläufig im Zusammenhang mit der Doppelbewegung oder der Institution des Marktes zu sehen sind. Eine solche – weiter auszuarbeitende – Kritik an Polanyis Gleichsetzung von Rassismus und Klassismus könnte neue Aufschlüsse über beide Phänomene geben.[3] In jedem Fall bietet Polanyis Ansatz die Möglichkeit Ökonomie und Kultur über seinen Institutionenbegriff als eins zu denken.

Emanzipation – kritische Anmerkungen zu Polanyis Ansatz

Nancy Fraser kritisiert die Wertmaßstäbe, die Polanyis Modell unterliegen. Seine Vision der Entbettung des Marktes sei zu dunkel und die Vision der Einbettung des Marktes in die Gesellschaft sei zu euphorisch. Denn der freie Markt könne Möglichkeiten der Emanzipation eröffnen und sozialem Schutz könnten totalitäre Momente innewohnen. Fraser schlägt vor, Polanyis Konzept der Doppelbewegung um einen Strang zu erweitern. Es müssten herrschaftskritische Bewegungen integriert werden, die sich gegen jede Form der Herrschaft wendeten, ganz gleich, ob diese über Marktliberalisierung oder sozialen Schutz vermittelt werde. Aus der Doppelbewegung macht Fraser eine Dreifachbewegung, in dem sie den Strang der Emanzipation hinzufügt. In dem Dreieck von Marktliberalismus, sozialem Schutz und Emanzipation stünden sich immer zwei Stränge über einen dritten gegenüber. Wenn aus der Doppelbewegung eine Dreifachbewegung wird, muss konsequenterweise auch der institutionelle Rahmen um ein Glied erweitert werden, über den emanzipatorische Ansprüche geltend gemacht werden: Die Zivilgesellschaft. Der dreigliedrige institutionelle Rahmen ist in Frasers erweitertem Modell viergliedrig: Gesellschaft, Wirtschaft, Staat und die zivilgesellschaftliche Öffentlichkeit.

Ihrer Analyse von Emanzipationsbewegungen, wie der feministischen Bewegung, der schwarzen Bürgerrechtsbewegung oder der Schwulenbewegung vor dem Hintergrund einer Dreifachbewegung, generiert einerseits neue Einsichten über die Funktionsweise moderner kapitalistischer Gesellschaften und enthüllt andererseits die Ambivalenz dieser Bewegungen. So ist beispielsweise die feministische Bewegung da ambivalent, wo sie unbewusste und deshalb gefährliche Koalitionen mit dem Markt eingeht. Aus (anti-imperialistischer) Emanzipations-

---

3 Zum Beispiel könnte dafür die Rassismuserfahrung von Menschen in höheren Schichten untersucht werden.

perspektive enthüllt sich die Ambivalenz sozialen Schutzes, wenn letzter nämlich über den Ausschluss von einer Gruppe von Menschen finanziert wird – das Phänomen also, das ich oben bei der Anwendung von Polanyis Konzept auf Grenzregime als konzeptuelle Paradoxie bezeichnet habe (Fraser 2010).[4]

Schluss

In diesem Aufsatz habe ich Polanyis Gesellschaftsmodell als Bezugspunkt für eine kritische Migrationsforschung vorgestellt. Polanyis Konzept ist für diese deshalb interessant, weil hier die Sphären der Ökonomie, Kultur und des Sozialen über Institutionen „als Verkörperung menschlicher Zielsetzung und Sinngebung" zusammen gedacht werden. Die Durchsetzung des Marktes war, Polanyi zufolge, kein natürlicher Prozess. Im Gegenteil mussten für die Marktgesellschaft essentielle Dinge, die keine Waren sind, weil sie nicht für den Verkauf produziert werden, als Waren gehandelt also fiktiv zu Waren gemacht werden. Dies hatte unmittelbare Auswirkungen auf die gesellschaftlichen Institutionen – die „menschliche Sinngebung und Zielsetzung" musste einer „marktlichen" weichen. Ist die Ökonomie in allen anderen Formen des Wirtschaftens eine Funktion der Gesellschaft, wird in der Marktgesellschaft umgekehrt die Gesellschaft eine Funktion der Ökonomie. Würde dieser Prozess voll durchgesetzt, käme es zu einer Zerstörung der Gesellschaft und somit auch der Marktgesellschaft. Aus diesem Grund unterliegt die Marktgesellschaft einer Doppelbewegung. Der eine Strang dieser Doppelbewegung, der Wirtschaftsliberalismus, entkoppelt den Markt von der Gesellschaft, der andere, der Interventionismus, bettet ihn zurück in die Gesellschaft. Für die Migrationsforschung ist vor allem, aber nicht nur, wichtig, was dabei mit der Warenfiktion der Arbeitskraft geschieht. So könnte das Nordamerikanische und das Europäische Grenzregime als Teil des interventionistischen Stranges der Doppelbewegung gedacht werden, mit dem die Entstehung eines internationalen, freien Arbeitsmarktes verhindert wird. Der Zusammenhang von Rassifizierungs- und Alterisierungsprozessen und der ökonomischen Ausbeutung vieler, vor allem ehemals kolonisierter Länder des „Südens" von der Doppelbewegung her gedacht, würde bedeuten, dass die Diskriminierung innerhalb der Industriestaaten in dieselbe Richtung wirkt, wie die Mechanismen des Marktes. Aufgrund der Mittelbarkeit, der indirekten Zusammenhänge von Verarmung auf der einen Seite und

---

4   Die tatsächliche (und nicht konzeptuelle) Paradoxie bleibt natürlich erhalten und wird mit Frasers Konzept noch deutlicher: Auf der einen Seite die Besinnung auf die Werte der Aufklärung auf der anderen Seite menschenverachtende Ausbeutung. Ein Plädoyer der Verantwortlichkeit bei gleichzeitiger Zurückweisung jeder Verantwortung.

Diskriminierung auf der anderen Seite, können die Menschen ihre Verantwortung für das Elend in den ausgebeuteten Ländern von sich weisen. Die diskursiv und über Praktiken konstituierte Alterisierung bzw. Rassifizierung von Gruppen in den Industrieländern könnte verstärkend auf diese Haltung wirken.

Die Einführung des Marktes als zentrale Institution bedeutet, laut Polanyi, die Zerstörung all derjenigen gesellschaftlichen Institutionen, die nicht der „Sinngebung und Zielsetzung" des Marktes unterliegen. Wenn hybride Kulturen in einer Phase ihrer Entstehung als vom Markt zumindest partiell unabhängige Subkulturen interpretiert werden, könnte die Kommodifizierung hybrider Kultur, die Zerstörung ihrer Institutionen bedeuten.

Auf der anderen Seite kann der Markt durchaus emanzipatorische Momente haben, während sozialer Schutz totalitär sein kann. Aus diesem Grund spricht Nancy Fraser von einer Dreifachbewegung mit Emanzipation als drittem Strang.

Dieser Aufsatz ist ein Vorschlag, die oben genannten Punkte empirisch wie theoretisch im Rahmen von Polanyis Modell zu erforschen. Dieser Vorschlag ist einerseits als epistemologische Kritik an der herrschenden ökonomischen Lehre zu verstehen und andererseits als Kritik an der ökonomischen Blindheit der Gesellschaftswissenschaften. Sicherlich ist der Anwendungsrahmen von Polanyis Modell für das vorgeschlagene Feld noch schärfer zu ziehen. Die Rolle des Staates müsste weiter spezifiziert werden, auch der philosophischen Frage, was der Mensch eigentlich ist, gebührt Aufmerksamkeit, wenn es darum geht, wie und ob der Markt den Menschen gestaltet. Auch bei Polanyi verbergen sich epistemologische Tücken. Sein anthropologischer Ansatz ist nicht ganz frei von den kolonialen Ursprüngen dieser Wissenschaft, wenn er die Wirtschaftssysteme von bestimmten ethnischen Gruppen beobachtet und kategorisiert. Zu fragen ist vielleicht auch, ob/wo Polanyis Ansatz nicht ein statisch-essentialistisches Kulturverständnis zugrunde liegt. Sein Konzept bietet aber die Möglichkeit, Fragen von Migration in der kapitalistischen Gesellschaft theoretisch neu zu stellen und empirisch zu erforschen. So könnte die Hypothese, dass die Kommerzialisierung von Hybridität zu der institutionellen Zerstörung derselben führt, untersucht werden, indem Akteure in der nicht kommerziellen hybriden Kulturproduktion interviewt werden oder eine interpretative Textanalyse von z. B. Hip Hop-Texten auf verschiedenen Stufen der Kommerzialisierung vorgenommen wird.

Polanyis Methode folgend könnten Prinzipien und dazugehörige Institutionen aufgezeigt werden, die (quasi-)unabhängig von der Marktgesellschaft bestehen. Polanyis Sicht auf den Kolonialismus als ein Projekt der Zerstörung von sozio-kulturellen Formationen zur Etablierung des Marktmechanismus könnte anhand heutiger Strukturen überprüft werden: z. B. anhand des Grenzregimes, anhand internationaler Organisationen und deren Vision von „Entwicklung". Gilbert Rists Definition, die auf Polanyis Konzept basiert, ist aufschlussreich: „Development consists of a set of practices (...), which require (...) the general transformation and destruction of the natural environment and of social relations. It's aim is to increase the production of commodities (...)." (Rist 2010: 13). Vor diesem Hintergrund wäre zu untersuchen, welche Institutionen über internationale Projekte, z. B. der UNO, in den Einflussgebieten verändert werden und mit welchen gesellschaftlichen Implikationen.

Polanyis Konzept, Kultur, Wirtschaft und Soziales über die gesellschaftlichen Institutionen als verbunden zu sehen, könnte ein Tor zu einer fundierten Gesellschaftskritik sein, die Fragen der Identität, Zuschreibung und Klasse einbezieht.

Literatur

Bhabha, Homi (2000). Die Verortung der Kultur. Tübingen, Stauffenburg
Butler, Judith (2001). Was ist Kritik? Ein Essay über Foucaults Tugend. Internet: http://eipcp.net/transversal/0806/butler/de, Recherchedatum: 30.09.2011
Charusheela, S., Zein-Elabdın, Eiman O (2004). Postcolonialism meets economics, Routledge Taylor & Francis Group, London/ New York
do Mar Castro Varela, Maria, Dhawan, Nikita (2010). Was heißt Kritik (in der kritischen Migrationsforschung)? Internet: http://cba.fro.at/41549, Recherchedatum: 30.09.2011
do Mar Castro Varela, Maria (2005). Postkoloniale Theorie. Eine kritische Einführung, transcript Verlag, Bielefeld
Fraser, Nancy (2010): The Crisis of Capitalism. Lecture I: Marketization, Social Protection, Emancipation. Internet: http://www.normativeorders.net/de/veranstaltungen/dokumentation/415-frankfurt-lecture-ii, Recherchedatum: 30.09.2011
Ha, Kien Nghi (2010): Unrein und vermischt. Postkoloniale Grenzgänge durch die Kulturgeschichte der Hybridität und der kolnialen „Rassenbastarde", transcript, Bielefeld
Hetfleisch, Gerhard (2010): Die Märkte kennen keine Ehre und keine Kultur. Hartmut Esser, Integrationstheoretiker, neoliberaler Ideologe. In: Oberlechner, Manfred/Hetfleisch, Gerhard (Hg.): Integration, Rassismen und Welwirtschaftskrise. Wien: Braunmüller. S. 97-125.
hooks, bell (1994): Sexism and Misogyny: Who Takes the Rap? Misogyny, gangsta rap, and The Piano, Internet: http://race.eserver.org/misogyny.html, Recherchedatum: 09.10.2011
Kaya, Ayhan (2001). Sicher in Kreuzberg. Constructing Diasporas. Turkish Hip-Hop Youth in Berlin. transcript, Bielefeld
Lederer, Bernd (2010). Migrationsforschung zwischen Kritik und Affirmation. Internet: http://cba.fro.at/41551, Recherchedatum: 30.09.2011

Leiprecht, Mecheril, Scharathow, Melter 2009: Rassimuskritik. In: Dies . (Hg.): Rassismuskritik. Rassismuskritik. Schwalbach/Ts: Wochenschau-Verlag. S.10-12

Polanyi, Karl (1978): The Great Transformation, Suhrkamp Verlag, Frankfurt/M, Originalausgabe 1944.

Rist, Gilbert (2010): The History of Development, Zed Books, New York

Simon, H. A.: (1955). A Behavioral Model of Rational Choice, Quarterly Journal of Economics, S.99-118.

Utlu, Deniz (2008). Zur Divergenz von betriebswirtschaftlicher und volkswirtschaftlicher Rationalität, Berlin (Diplomarbeit)

2.
Migrationsforschung
als Kritik politischer Praxen

Einleitend.
Migrationsforschung als Kritik politischer Praxen

Oscar Thomas-Olalde

Betrachtet man Forschung im Allgemeinen als eine bestimmte Praxis der Wissensproduktion, so ist die politische Dimension von Migrationsforschung auch dann gegeben, wenn die entsprechenden Forschungsansätze sich als politisch abstinent verstehen, denn Migration *ist* ein politisches und politisiertes Thema. In der Diskussion um Migration geht es um die Frage, wie ein politisches Gemeinwesen (konkret: die Nationalstaaten) „Grenzen" definiert, die nicht nur ein Innen und Außen markieren, sondern auch einen bestimmten Umgang mit Differenz und Ungleichheit innerhalb der Grenzen nahe- und festlegen.

Wenn der Gegenstand „Migration" auf eine konstitutive Art und Weise politisch ist, so ist die wissenschaftliche Auseinandersetzung damit auch politisch eingebettet bzw. hat politische Konsequenzen, – nicht zuletzt weil die von einer akademisch institutionalisierten Migrationsforschung produzierten Fragestellungen und Ergebnisse politische Effekte haben und mit politischen Aussagen verbunden sind. Die Analyse von „Politik" im Zusammenhang mit Migration verstehen wir nicht in einem staatszentrierten, staatstheoretischen oder rein politikwissenschaftlichen Sinne. Politische Orte sind überall dort anzutreffen, wo öffentliches Leben mit „Macht" in Berührung kommt beziehungsweise öffentliche Zusammenhänge Macht über sich selbst wirksam werden lassen. Insofern ist Politik immer intentionsvolle Deskription, normative Vorstellung und Ausverhandlung dessen, was eine „gute Ordnung" sein kann.

In der Einführung zu diesen Bänden haben wir HerausgeberInnen nachgezeichnet, dass und wie in unterschiedlichen Feldern Migrationsforschung eine explizit politische Dimension entfaltet. Wir gehen von der Annahme aus, dass Migration eine dynamische Kraft darstellt, die für das Gesellschaftliche und das Politische konstitutiv ist. Migrationsforschung berührt demnach immer jene Fragen, die v. a. um die Vorstellungen kreisen,

a. was sich für die Einzelnen als „gelungenes Leben" darstellt

b. wie dieses innerhalb eines Gemeinwesens verwirklicht werden kann

c. wie dieses Gemeinwesen verfasst sein soll, damit das Streben nach gutem,
    gelingenden Leben der „Pluralität der Menschen" (Arendt 1993: 9[1]) gerecht
    wird

d. wie weit oder wie eng diese Pluralität gefasst sein darf

e. welche Ein- und Ausschlüsse die Verfasstheit des Politischen produziert

f. wie diese Ausschlüsse, ihre Effekte sowie die davon herrührenden hegemo-
    nialen Formationen mit der politischen Grundfrage nach dem guten Leben
    zu vereinbaren sind.

Die Frage nach der Notwendigkeit von Veränderungen hin zu weniger Gewalt,
Unfreiheit, Deprivilegierung und Unterwerfung, und die Analyse dessen, was
Menschen bereits in ihren Möglichkeiten hindert, stehen im Zentrum einer Praxis der Wissensgenerierung, die den Anspruch auf Kritik erhebt. Zwar trägt der
Begriff der Kritik „[...] eine Unschärfe und Mehrdeutigkeit in sich" (Saar 2009:
578[2]), er lässt sich allerdings auf das Grundmoment der Hinterfragung und Pro-
blematisierung einer bestehenden Ordnung zurückführen. Kritik verstehen wir
nicht als eine Praxis, die auf einen Kanon an Positionen zurückgreift und normativ
begründete Maßstäbe für die politische Gestaltung gesellschaftlicher Wirklichkeit
setzt, sondern als eine kontingente Tätigkeit, deren zentrales Moment das Fragen
und die Infragestellung ist. Kritische Migrationsforschung stellt Fragen, die die
bestehende epistemisch-politische und gesellschaftliche Ordnungen destabilisieren. Kritik als Tätigkeit impliziert die Distanz zu politisch-selbstverständlichen,
hegemonialen Wissensbeständen. Ein weiterer erkenntnispolitischer Topos kritischer Migrationsforschung ist die Frage nach den Implikationen und Effekten,
die politische Maßnahmen und Praktiken für jene haben, die durch Migrationsforschung adressiert werden. Diese Effekte können mit Begriffen wie Othering,
Minorisierung und Diskriminierung beschrieben werden.

İnci Dirim setzt sich in ihrem Beitrag mit institutionellen Bedingungen (Zulassung, Studienangebot, Prüfungen) an österreichischen Universitäten auseinander,
die aufgrund von Sprache und Sprachpraxen selektierende und diskriminierende Effekte haben. Sie geht der Frage nach, ob und wie diese Praxen, mit denen
der Zugang zur oder der Verbleib in der universitären Bildung geregelt wird,
ausschließende Effekte haben, die an kolonialistische Diskursformationen und
Macht-Wissen-Systeme anschließen. Aus einer rassismuskritischen Perspektive

---

1   *Arendt*, Hannah (2003). Was ist Politik? Fragmente aus dem Nachlass, München.
2   *Saar*, Martin (2009): Macht und Kritik. In: *Forst*, Rainer/ *Hartmann*, Martin/*Jaeggi*, Rahel
     (Hg.): Sozialphilosophie und Kritik, Frankfurt am Main, S. 567–587.

stellt Dirim die Frage, ob Diskriminierungen aufgrund von Sprache durch ihre Effekte (Gruppenkonstruktion und Benachteiligung) nicht auch als race-making thematisiert und analysiert werden sollten.

Da wissenschaftliche Forschungsergebnisse häufig die erkenntnispolitische Basis für Programmatiken, Erklärungs- und Handlungsparadigmen und schlussendlich für politische Praxen darstellen, ist die Analyse von Wissensbeständen und ihren Prämissen gerade in der Migrationsforschung von großer Bedeutung. In seinem Beitrag *„Migrationsforschung als Apologie herrschender Verhältnisse am Beispiel Hartmut Essers"* untersucht **Gerhard Hetfleisch** die theoretischen Grundlagen und Referenzen der politisch breit rezipierten Integrationstheorie Hartmut Essers und bringt sie mit möglichen politischen Effekten ihrer Rezeption in Verbindung. Besonderes Augenmerk legt Hetfleisch auf die theoretischen Brüche, welche die Theorie selbst aufweist, sowie auf ihre Einbettung in breitere wissenschaftstheoretische und wirtschaftspolitische Paradigmen.

Begriffe sind mehr als bloße Instrumente der Wahrnehmung. Grundbegriffe und -kategorien der Migrationsforschung sind gleichzeitig semantische Kampfarenen, in denen erkenntnispolitische Positionen ausverhandelt und epistemische Räume immer wieder neu besetzt werden. Das Beschreiben, Besprechen und Überschreiben von Grundbegriffen gehört zu den zentralen Aufgaben kritischer Migrationsforschung. In seinem Beitrag *„Migration – Recht – Citizenship. Potentiale und Grenzen eines kritischen Diskurses"* nimmt **Henrik Lebuhn** den Begriff „Citizenship" in den Blick, der – anders als der dominante Begriff Staatsbürgerschaft – von transnationalen Migrationsbewegungen geprägte Zugehörigkeitsverhältnisse und den demokratisch-normativen Anspruch auf Teilhaberechte für die Wohnbevölkerung eines Gemeinwesens miteinander verbinden kann. In seiner Analyse greift Lebuhn u. a. kritisch auf Überlegungen von T.S. Marshall zurück und zeigt auf, dass die Kopplung von Rechten an die Staatszugehörigkeit keine politische Notwendigkeit, sondern eine ideologisch verwurzelte politische Entscheidung ist.

Kritische Migrationsforschung fragt nicht nur nach der Verfasstheit, den impliziten oder expliziten theoretischen Annahmen und nach den Subjektivierungseffekten von politischen Praxen, sondern auch nach den Ausblendungen und Lücken in der wissenschaftlichen und politischen Thematisierung von migrationsgesellschaftlichen Fragen. **Claus Melter** und **Erol Karayaz** untersuchen in ihrem Beitrag *„Die fehlende Debatte um Diskriminierungsformen im Bildungssystem in Österreich und Deutschland"* Argumentationsfiguren und Legitimierungspraxen im Rahmen von Diskursen über den Schulerfolg von Kindern und Jugendlichen mit sog. Migrationshintergrund. Die Autoren zeichnen gängige Topoi nach und stellen die Wirkmächtigkeit diskursiver Elemente fest, die auf zugeschriebene „kulturelle Differenz" zurückgreifen, um die Schlechterstellung der SchülerInnen vermeintlich zu erklären. Etablierte und teilweise institutionalisierte Praxen stereotypenbildender Diskriminierung werden – so die Autoren – in der öffentlichen, aber auch in der wissenschaftlichen Auseinandersetzung weitgehend ignoriert, verschleiert oder negiert. Karayaz und Melter treten in ihrem Beitrag für einen diskriminierungskritischen Ansatz und für die Intensivierung wissenschaftlicher Beschäftigung mit der empirisch nachgewiesenen Diskriminierung im Schulsystem ein.

Ulrike Selma Ofner nimmt in ihrem Beitrag *„Rekonstruktion als Kritik? Zur biographischen Analyse von gesellschaftlichen Barrieren für hochqualifizierte MigrantInnen"* eine Analyse von Zugangsbarrieren zum spezialisierten Arbeitsmarkt in Deutschland vor, die auf die Rekonstruktion von implizitem Wissen abzielt. Neben struktureller Benachteiligung thematisiert Ofner die widersprüchlichen Effekte von institutionellen und intersubjektiven Praxen des Einbezugs, die oft mit Phänomenen der Fremd- und Selbstethnisierung einher gehen. Angesichts dieser Ergebnisse fragt die Autorin nach den Effekten der eigenen rekonstruktiven Forschungspraxis, die einerseits Barrieren auf dem spezialisierten Arbeitsmarkt aufzeigt und dadurch den meritokratischen Mythos enthärvt, andererseits aber eine in der arbeitsmarktpolitischen Debatte dominante Fokussierung auf Leistung reproduziert.

Michaela Ralser übt in ihrem Beitrag *„Die Bio-Politik der Migrationsregime und die Normalität des Rassismus"* Kritik an Politiken und Praktiken des Grenz- und Migrationsregimes Europas, die den psychischen, sozialen und politischen Tod von Flüchtlingen und irregulären MigrantInnen nicht nur in Kauf nehmen, sondern in einer antagonistischen Dialektik als Garant für die Sicherheit der sich innerhalb dieser labilen und exterritorialisierten Grenze Befindenden diskursiv und politisch mobilisieren. Mit Bezugnahme auf den Begriff der Bio-Macht von Michel Foucault untersucht Ralser diskursive Momente und konkrete Praxen der Vermessung, Kategorisierung, Kontrolle und Regulierung als Manifestationen von Machttechniken und Machtmechanismen, denen die Grundfiguren rassistischen Denkens und Wissens zu Grunde liegen.

Rassialisierende Effekte? Eine Kritik der monolingualen Studieneingangsphase an österreichischen Universitäten

İnci Dirim

Vorbemerkung

Dieser Beitrag knüpft an die wissenschaftlichen Diskurse zur sprachlichen Gestaltung von Bildungssystemen in Migrationsgesellschaften an, wobei eine selten analysierte Institution Gegenstand der Betrachtung sein wird: die Hochschule bzw. Universität. Zahlreichen Forschungs- und Praxisprojekten geht es in erster Linie um die Frage, wie es an Schulen gelingen kann, an die sprachlichen Voraussetzungen der SchülerInnen (mit Migrationshintergrund) besser anzuknüpfen und deren Sprachkompetenzen im Deutschen so zu fördern, dass sie am monolingual deutschsprachigen Unterricht möglichst problemlos teilnehmen können. Diese Arbeiten werden vom gemeinsamen Konsens getragen, dass es etwas zu verbessern gilt. Damit wird das bestehende System auf die eine oder andere Weise kritisiert, die Perspektive dieser Kritik ist jedoch m. W. bisher nicht explizit Gegenstand der Betrachtung. Es werden im weiteren Sinne politische Haltungen und gesellschaftsbezogene Modelle zum Ausdruck gebracht, die für sinnvoll erachtet werden, oder im engeren Sinne didaktisch-methodische Vorgehensweisen expliziert.

Der vorliegende Beitrag behandelt die sprachliche Gestaltung einer hochschulpolitischen Maßnahme in Hinblick auf ihre möglichen diskriminierenden Effekte. Dabei wird der Versuch unternommen, eine theoretisch explizi(er)te Kritikperspektive einzunehmen, die darauf ausgerichtet ist, gesellschaftliche Machthierarchien und -hierarchisierungen zu erkennen und abzubauen. Die Explizierung der eingenommen Kritikperspektive ist doppelt marginal: sowohl auf dem Feld von „Sprache, sprachliche Bildung und Sprachförderung" als auch auf dem Feld der Hochschulbildung. Daher wäre es wünschenswert, dass dieses Experiment im Hinblick auf seine Gelungenheit und Nützlichkeit diskutiert wird. Inwieweit es generell möglich ist, auf einem zum Großteil staatlich finanzierten praxisbezogenen Forschungsfeld eben jene auf staatliche Maßnahmen bezogene Kritik darzulegen, wäre eine weitere diskutierenswerte Frage. Hinzu kommt auf dem Feld von „Migration, Bildung und Sprache" das spezielle Problem, dass die ForscherInnen – auch jene, die mehrsprachig aufgewachsen sind – Teil der nationalen monolingualen Bildungssysteme sind. Mit einer weitgehenden Anerkennung von Mehrsprachigkeit stünden sie vor der Herausforderung, die eigene „professionelle" Einsprachigkeit und die damit verknüpften Positionen und Handlungsfähigkeiten zu reflektieren. Eine solche Perspektive, die Mehrsprachigkeit nicht auf Deutsch und/oder Englisch reduziert, wäre möglicherweise eine, die das Selbstverständnis vieler ForscherInnen und deren Handlungsroutinen irritieren würde – vielleicht ist dies eine Überforderung, ein Hindernis. In jedem Fall danke ich den HerausgeberInnen des vorliegenden Bandes für die Anregung, mich mit einer möglichen Kritikperspektive für die Forschungsarbeit auseinanderzusetzen. Es ist mir nicht leicht gefallen, Kritikperspektive, Kritik und Gegenstand voneinander zu trennen.

Einführung

Im Rahmen des Österreichischen Wissenschaftstags Ende Oktober 2011 wurde den DiskutantInnen eines Podiums zum Thema „Wandernde Worte. Sprache, Literatur und Kultur in Migration" vorab folgende Frage gestellt: „Hat der Wissenschaftsdiskurs als ‚elitäre' Sprache nicht auch kolonialistische Momente?" Diese Frage eröffnete die Möglichkeit, über problematische und zweifellos weitreichende Effekte des monolingual deutschsprachigen Studienangebots und der (Studieneingangs-)Prüfungen an österreichischen Hochschulen nachzudenken. Auf meine Antwort – Studieneingangsprüfungen seien möglicherweise ein Instrument, das beabsichtigt oder unbeabsichtigt die *elitebildende Selbstethnisierung* der Universität (vgl. Melter 2011a) fördere und anknüpfend an die kolonialistische Figur der „Rassen"konstruktion Gruppen erzeugt, denen unterschiedliche Handlungsmöglichkeiten zugestanden werden – folgte große Irritation unter einem beträchtlichen Teil der zum Forschungstag eingeladenen Gäste. Dies ist Anlass für den im Folgenden unternommenen Versuch einer ausführlicheren Begründung dieser Überlegung. Gegenstand der Analyse, auf die diese Begründung gestützt wird, ist die Verwendung des Deutschen als alleinige Wissenschaftssprache[1] in einer von Migration geprägten Hochschullandschaft und der damit verbundene Einsatz des Deutschen in Prüfungen; Ziel der Analyse ist die Kritik des alleinigen Gebrauchs des Deutschen als Wissenschaftssprache.[2] Aufgrund meiner eigenen

---

1   Davon ausgenommen sind englischsprachige Studienangebote, die einer eigenen Analyse unterzogen werden müssten.
2   Auf eine Darstellung von Zahlen von Studierenden mit Migrationshintergrund wird verzichtet, da sie für die vorgenommene Analyse irrelevant ist.

institutionellen Einbindung stellt das Studienfach Germanistik an der Universität Wien den Erfahrungshintergrund dar, was jedoch als Beispiel für *alle* monolingual deutsch arbeitenden Fächer der österreichischen Hochschulen Gültigkeit hat. An diesem Beispiel werden das österreichische Hochschulwesen *insgesamt* betreffende Aspekte des Themas aufgezeigt und explizit in den Blick genommen. Die thematisierte Problematik gilt überdies – und darauf sei ausdrücklich hingewiesen – mit Sicherheit nicht nur für die österreichischen Hochschulen, sondern auch für die nationalen tertiären Bildungssysteme anderer Staaten, worauf im vorliegenden Beitrag jedoch nicht eingegangen werden kann.

Im folgenden Beitrag wird „Kritik" im Foucault'schen Sinne allgemein als Analyseperspektive (vgl. Foucault 1992) verstanden, deren konkretes Interesse es ist, aus der eingenommenen spezifischen Perspektive heraus die Funktionsweise des Deutschen als Wissenschaftssprache nachzuvollziehen und herauszuarbeiten, inwiefern deren (alleinige) Verwendung im österreichischen Hochschulwesen als „Regime" verstanden werden kann, mit dem Ungleichstellungen unter Studierenden mit und ohne Migrationshintergrund[3] erzeugt werden. Im Anschluss daran wird in gewissermaßen künstlicher Einstellung der Versuch unternommen, die Sicht der Studierenden zu übernehmen und in teilweise paternalistischer[4] Form die Foucault'sche Vorstellung des Ziels der Kritik zu realisieren, indem die Frage beantwortet wird, wie es gelingen kann, „nicht dermaßen regiert zu werden" (Foucault 1992: 13).[5] Die wahrscheinlich festzustellenden Ungleichstellungen könnten eine Figuration offenlegen, die – um die Frage aus der Diskussionsrun-

---

3   Unter der Bezeichnung „Kinder/Jugendliche/Familien etc. mit Migrationshintergrund" verstehe ich all jene Kinder, Jugendliche, Familien etc., die in der Migrationsgesellschaft als solche angesehen werden. Für den vorliegenden Beitrag ist irrelevant, welche Definition der Zuschreibung des Migrationshintergrunds zu Grunde gelegt wird. Im Folgenden wird auf sog. „BildungsinländerInnen" (mit Migrationshintergrund wahrgenommene Kinder, Jugendliche, Studierende, die zwei- oder mehrsprachig aufwachsen bzw. aufgewachsen sind) fokussiert, sowie auf „BildungsausländerInnen": neu, aus einem amtlich nicht deutschsprachigen Land migrierte Studierende, die Deutsch in der Regel erst kurz vor der Einreise als Fremdsprache gelernt haben. Zur Kritik der begrifflichen Zuschreibungen vgl. Castro Varela/Mecheril 2010.

4   Der Versuch einer selbstreflexiven bzw. selbstkritischen Praxis als Lehrende führt immer wieder zur Frage, inwiefern es legitim ist, für und über die Studierenden zu sprechen; einer Praxis, die in der erziehungswissenschaftlichen Literatur mit dem Begriff „Paternalismus" diskutiert wird. Zur Problematik des pädagogischen Paternalismus vgl. Zude 2010.

5   Die Möglichkeiten, Diskriminierung durch die Studieneingangs- und -orientierungsphase STEOP zu minimieren, wurden mit Studierenden des Faches Germanistik in Lehrveranstaltungen des Wintersemesters 2011/12 diskutiert. Allerdings handelt es sich nicht um jene Studierende, die selbst an der STEOP teilnehmen, sodass die Distanz zu den durch die STEOP potentiell diskriminierungsgefährdeten Studierenden nur in sehr vermittelter Weise, nämlich in Form der kommunikativen Validierung zwischen den Mitgliedern der universitären Statusgruppen „Dozierende" und „Studierende" reduziert wurde. Teil des Systems ist es, dass die Studierenden der STEOP quasi in einer unübersichtlich großen und anonymen Masse „untergehen" und unter

de aufzugreifen – an kolonialistische Gruppenkonstruktionen anschließt. Das österreichische Bildungssystem kennt zwar keine Zulassungsbeschränkung, aber
eine monolingual deutschsprachige Studieneingangs- und -orientierungsphase,
die der Reduzierung der Zahl der neuangemeldeten Studierenden dient. Wenn
aus dem Ausland kommende Studierende aufgrund von noch nicht ausreichend
vorhandenen Kompetenzen in der deutschen Wissenschaftssprache durch dieses
System ausgegrenzt würden, würden im Gegenzug die monolingual deutschsprachig aufgewachsenen Studierenden und BildungsinländerInnen – wenn auch unbeabsichtigt – bevorzugt. Damit wäre eine akademische Elitebildung begünstigt,
die mit einer Selbstethnisierung als österreichische bzw. deutschsprachige Elite
einhergehen könnte.

Die nachfolgende Analyse findet auf der Basis einer rassismuskritischen Perspektive (vgl. Mecheril/Melter 2010) statt, weil diese Perspektive die Möglichkeit
eröffnet, die Konstruktion gesellschaftlicher Gruppen durch Machtverhältnisse
zu erkennen und zu beschreiben. In der rassismuskritischen Perspektive ist das
Konstrukt biologischer „Rassen" Gegenstand der Analyse und der daran anschließenden Kritik, ebenso wie Konstruktionen, Handlungen und Vorgehensweisen,
die mit anderen als biologistischen Argumenten operierend an kolonialistische
„Rasse"konstruktionen anschließen. Rassismuskritische Analysen thematisieren,
wie Gruppenkonstruktionen im Alltag und in Institutionen Verwendung finden,
um Ungleichheit zu legitimieren. Wie in zahlreichen wissenschaftlichen Veröf-
fentlichungen dazu steht auch hier die Frage im Mittelpunkt, ob in den nationalen
Bildungssystemen Kategorisierungen stattfinden, die zwar nicht mit dem Konstrukt „Rasse" arbeiten, aber mit Differenzmerkmalen wie „Kultur" und „Sprache" *ähnliche* Ausschlussmechanismen und damit Diskriminierungen hervorrufen
wie einst im Kolonialismus. „Kultur-Rassismus" (Balibar 1990), „Sprachrassis-
mus" oder „Linguizismus" (vgl. Dirim 2010) meint demnach, dass rassistische
Unterscheidungen und Begründungen neben der Unterscheidung entlang biologischer und körperlicher Merkmale auf „Kultur" und „Sprache" zurückgreifen.
Der postkoloniale Neo-Rassismus ist damit als „Rassismus ohne Rassen" (vgl.
Balibar 1990) zu verstehen: als Herrschaftspraxis, die rassistisch wirksam ist,
ohne explizit auf das „Rasse"-Konzept zurückgreifen zu müssen. Diese mögliche Figuration soll im Folgenden ebenfalls diskutiert werden, wobei es ausdrücklich nicht meine Absicht ist, jemandem „Rassismus" vorzuwerfen oder ein *per-
sönliches* Fehlverhalten zu attestieren. Es geht mir ausschließlich darum, mittels
einer theoretischen Analyse darüber nachzudenken, ob im untersuchten System

---

derartigem Zeitdruck arbeiten müssen, dass es für die Dozierenden sowie die Studierenden
weitgehend unmöglich ist, Gespräche zur Reflexion der Situation zu initiieren und zu führen.

strukturell verankerte Ausgrenzungsmechanismen wirksam werden, die mit einer Hierarchiebildung der genannten Art einhergehen.

Bildungs- und Wissenschaftssprache Deutsch: die (Heraus-)Forderung ihrer Aneignung und Anwendung

Die deutsche Sprache besteht wie jede andere Sprache aus unterschiedlichen Varietäten, d. h. Dialekten, Soziolekten, Regiolekten, Standardsprachen, Fachsprachen etc. In der außerschulischen Sozialisation werden nicht alle Formen dieser Varietäten verwendet. Die schulische Bildungssprache wird entsprechend in der Schule praktiziert bzw. ist im schulischen Kontext im Rahmen der dortigen Interaktionen und Praktiken „erlernbar", da kein bildungssprachliches Sprachkompetenzmodell verfügbar ist, das alle Aspekte einer Klassenrauminteraktion berücksichtigt und somit auf die Schule vorbereitenden Sprachförderkonzeptionen zu Grunde gelegt werden könnte. Die Wissenschaftssprache bildet eine Fortführung der schulischen Bildungssprache, oft missverstanden als Schriftsprache oder Standard- bzw. Hochsprache. Ohne die Schwammigkeit dieser Bezeichnungen weiter zu diskutieren, lässt sich generell sagen, dass die in schulischen Zusammenhängen praktizierte Form des Deutschen sich insofern von der Schrift- und Standardsprache unterscheidet, als sie ein in einem spezifischen Kontext tradiertes sprachliches Register bildet, das bestimmte strukturelle Muster und einen bestimmten Wortschatz aufweist, fachsprachliche Elemente beinhaltet und auch in der mündlichen Form konzeptionell schriftsprachlichen Regeln folgt (zum Begriff Bildungssprache vgl. Gogolin 2007). Die Bewusstwerdung des Unterschieds zwischen der häuslichen deutschen Sprache und der schulischen deutschen Sprache wird von Wandruszka (1979) mit den Worten, sein erster Fremdsprachenlehrer sei sein Grundschullehrer gewesen, beschrieben.

Das heißt, dass sich SchülerInnen generell die schulische Bildungssprache aneignen müssen und dass die dabei zu überwindenden Hürden je nach Distanz zu dieser Varietät (weil z. B. zu Hause ein Dialekt gesprochen wird oder Vorformen der Literalität aufgrund sogenannter Bildungsferne nicht in von der Schule erwarteter Weise „geübt" werden können) in unterschiedlicher Form und in unterschiedlichem Ausmaß auftreten. Hinzu kommt der eloquente Umgang mit Sprache, der nach der Kapitaltheorie Bourdieus den Gesetzen des „sprachlichen Markts" folgt und in inkorporierter Form den Mitgliedern bestimmter sozialer Schichten zur Verfügung steht. Der Theorie des sprachlichen Markts entsprechend zeichnet sich der Prozess des Spracherwerbs nicht nur dadurch aus, dass Menschen sich von klein an sprachliche Elemente im engeren Sinne (z. B. syntaktische Mittel) aneignen, so Bourdieu, sondern darüber hinaus dadurch, dass sie „die soziale Fähigkeit der adäquaten Anwendung dieser Kompetenz in einer bestimmten Situation" (Bourdieu 1990: 12) erwerben. Das heißt, Kinder aus als „bildungsfern" geltenden Umgebungen haben im Prozess der Aneignung der Bildungssprache mehrfach Hürden zu überwinden, auch wenn sie zu Hause Deutsch sprechen und in eine Schule eingeschult werden, in der Deutsch die Unterrichtssprache ist. Sie müssen die in schulischen Zusammenhängen „legitime Form" des Deutschen anwenden, also eine tradierte, im Bildungskanon semantisch ausgefächerte, syntaktisch komplexe und habituell verankerte Sprachform. In der Schule machen die Kinder die Erfahrung, dass ihre mitgebrachte Sprache mit diesem Register mitunter nicht anschlussfähig ist:

> Die Sprachkompetenz, die ausreicht, um Sätze zu bilden, kann völlig unzureichend sein, um Sätze zu bilden, *auf die gehört wird*, Sätze, die in allen Situationen, in denen gesprochen wird, als rezipierbar anerkannt werden können. Auch hier ist die soziale Akzeptabilität nicht auf die Grammatikalität beschränkt. Sprecher ohne legitime Sprachkompetenz sind in Wirklichkeit von sozialen Welten, in denen diese Kompetenz vorausgesetzt wird, ausgeschlossen oder zum Schweigen verurteilt. (Bourdieu 1990: 60)

Bei der Aneignung der Bildungssprache handelt es sich um einen die gesamte Schullaufbahn umfassenden Prozess, der von Studierenden auch im Studium fortgesetzt wird, da an den Hochschulen Regeln des wissenschaftlichen Schreibens und des wissenschaftlichen Kommunizierens erwartet werden, die an schulische Sprachverwendungsmuster zwar anknüpfen, sich jedoch im Sinne weiterer Spezifizierung von ihnen abheben. Formen des wissenschaftlichen Schreibens und Sprechens wie das Verfassen von Hausarbeiten, von Referaten, das Halten von Referaten, das Sprechen vor größeren Gruppen von nur zum Teil vertrauten Personen, die Gestaltung von Handouts, die Unterscheidung von umgangssprachlichen und wissenschaftlichen Ausdrucksweisen etc., werden in der Regel in speziellen Lehrveranstaltungen geübt. Dies zeigt, dass zumindest erkannt wurde, dass die vollständige Beherrschung dieser Varietät trotz Hochschulreife nicht als gegeben vorausgesetzt werden kann.

Vom Prozess der Aneignung bildungssprachlicher Formen des Deutschen sind mehrsprachig aufwachsende Kinder aus Familien mit Migrationshintergrund selbstverständlich nicht ausgenommen. Im Gegenteil, die zu überwindenden Hürden sind in der Regel noch größer, zumal viele von ihnen zwei- oder mehrsprachig aufwachsen (vgl. Gogolin 1988).[6] Das heißt, dass sie sich von Geburt an in-

---

6   Auch Kinder von Eltern, die autochthonen Minderheiten angehören, müssen – sofern sie monolingual beschult werden – ähnlichen Herausforderungen begegnen wie Kinder aus Familien mit Migrationshintergrund.

putgesteuert und bedarfsorientiert Kompetenzen in mehreren Sprachen aneignen, die sie je nach Kontext im monolingualen oder bilingualen bzw. multilingualen Modus performieren. Der Sprachgebrauch in von Migration geprägten urbanen Regionen findet generell „sprachenteilig" (vgl. Krumm 2002) und häufig im Modus der Mehrsprachigkeit statt, er ist gekennzeichnet vom situativ alternierenden Gebrauch mehrerer Sprachen. Dadurch entstehen unterschiedliche, in ihren Anwendungszusammenhängen funktionale Kombinationen, die in unterschiedlichen nationalen Kontexten auf der Basis von zahlreichen soziolinguistischen Untersuchungen beschrieben worden sind (vgl. Dirim/Auer 2004). Kinder, die in Familien mit Migrationshintergrund aufwachsen, eignen sich in diesen Umgebungen in der Regel sprachliche Mittel an, die in einem dissonanten Verhältnis zu den von der Schule erwarteten Mitteln stehen: die Schule erwartet (Vor-) Formen bildungssprachlichen Deutschs (vgl. Dirim/Mecheril 2010), bi- und multilinguale Modi gelten generell als Störfaktoren, ungeachtet dessen, ob es sich im Einzelnen um literale oder orale, bildungssprachliche oder alltagssprachliche Mittel handelt. Wie prekär diese Dissonanz sein kann, zeigt sich in den Ergebnissen zahlreicher Untersuchungen zum Bildungserfolg von SchülerInnen mit Migrationshintergrund, auch wenn es sich nicht in erster Linie um sprachbezogene Untersuchungen handelt. Ebenfalls verdeutlichen diesen Umstand unzählige pädagogische Forschungs- und Praxisprojekte, die sich der Konstruktion und Anwendung von Modellen der Sprachförderung im bildungssprachlichen Deutsch widmen.[7] Für den hier behandelten Zusammenhang ist es wichtig sich zu vergegenwärtigen, dass es sich bei der Aneignung der Bildungssprache Deutsch um einen die gesamte Schullaufbahn umfassenden Prozess handelt, bei dem Kinder und Jugendliche mit Migrationshintergrund häufig – auch aufgrund ihrer Schichtzugehörigkeit – im monolingual deutschen Bildungssystem spezieller Unterstützungsmaßnahmen bedürfen. Mehrsprachig aufwachsende Kinder und Jugendliche mit Migrationshintergrund, die häufig in prekären sozialen Lagen leben, stehen in monolingualen Bildungssystemen wie dem österreichischen vor der doppelten Herausforderung, die dort „legitime Varietät der legitimen Sprache" (Mecheril/ Quehl 2006: 364f.) lernen zu müssen. Aus der Dissonanz zwischen den sprachlichen Ressourcen der mehrsprachig aufwachsenden Kinder und Jugendlichen mit Migrationshintergrund und den Erwartungen der Schule entstehen Schwierigkeiten, die im Bereich der Hochschulbildung fortgesetzt werden. Studierende mit Migrationshintergrund, die zwei- oder mehrsprachig aufgewachsen sind, sehen sich an österreichischen Hochschulen mit der (Heraus-)Forderung konfrontiert, „die wissenschaftssprachliche Varietät der legitimen Sprache" (ebd.) zu be-

---

7 Einen Über- und Einblick bieten die Publikationen der Reihe „FörMig-Edition".

herrschen. Die österreichische Schule vermag BildungsinländerInnen[8] sprachlich nicht ausreichend zu unterstützen, wodurch weitere sprachliche Schwierigkeiten im Studium verursacht werden, die zwar bisher nicht systematisch untersucht worden sind, von denen Dozierende jedoch immer wieder berichten. Die schriftlichen und auch mündlichen Leistungen von Studierenden mit Migrationshintergrund, die teilweise oder ganz das österreichische Bildungssystem durchlaufen haben, genügten den sprachlichen Erwartungen oft nur zum Teil, so die Berichte der Dozierenden. Dieses Problem wird auch in Berichten zum Ausdruck gebracht, die Erfahrungen aus den Aufnahmeprüfungen der Pädagogischen Hochschulen in Österreich wiedergeben. Hier scheinen studierwillige BildungsinländerInnen mit Migrationshintergrund trotz bestandener Matura (der österreichischen Hochschulzugangsberechtigung) besonders oft zu scheitern.[9] Dies wiederum ist eine Ursache dafür, dass es an österreichischen Schulen an Lehrkräften mit Migrationshintergrund mangelt.[10]

Sprachliche Diskriminierung durch monolingual deutschsprachige Studienangebote und die Studieneingangsphase STEOP

Das österreichische Bildungssystem ist offenbar nicht bzw. zumindest nicht vollständig in der Lage, SchülerInnen mit Migrationshintergrund in der Aneignung der Bildungssprache Deutsch so zu unterstützen, dass sie die Herausforderung der Verwendung der *legitimen Varietät der legitimen Wissenschaftssprache (Deutsch)* zu bewältigen vermögen und nicht in auffälligem Umfang an den Aufnahmeprüfungen scheitern. Hierin ist ein Indiz für eine Benachteiligung der Studierenden aufgrund von Sprache zu sehen. Diese Benachteiligung wird in Lehrveranstaltungen fortgesetzt, wie eine Durchsicht der Klausurergebnisse einer Vorlesung aus meinem Fachbereich an der Universität Wien zeigt. 50 von insgesamt ca. 250 Studierenden haben die Vorlesungsklausur nicht bestanden. Die Analyse der Namen lässt darauf schließen, dass es sich in aller Wahrscheinlichkeit ausschließlich

---

8   Studierende mit Migrationshintergrund, die das österreichische Bildungssystem (zumindest teilweise) durchlaufen haben.
9   Ich stütze mich auf Äußerungen von KollegInnen aus den Pädagogischen Hochschulen. Zahlen und Daten stehen mir hierzu bisher nicht zur Verfügung.
10 Um die Zahl der Lehrkräfte mit Migrationshintergrund an österreichischen Schulen zu erhöhen, wird an der Universität Wien ein vom österreichischen Bundesministerium für Unterricht, Kunst und Kultur (BMUKK) finanziertes Forschungsprojekt durchgeführt, das sich u. a. der Entwicklung eines diagnosegestützten individuellen Coachingverfahrens zur Unterstützung von Studierenden mit (und ohne) Migrationshintergrund im Umgang mit der Wissenschaftssprache Deutsch widmet. (Vgl. http://daf.univie.ac.at/projekte/aktuelle-daz-projekte/diversitaet-und-mehrsprachigkeit-in-paedagogischen-berufen/)

um Studierende mit Migrationshintergrund handelt. Da dieses Ergebnis vermutlich keine Ausnahme darstellt, lässt es damit verallgemeinernd die Hypothese zu, dass durch das monolingual deutsche und nicht auf die sprachlichen Bedürfnisse der Studierenden abgestimmte Studienangebot im österreichischen Hochschulsystem über die Zulassungsprüfungen hinaus weitere Benachteiligungen der Studierenden mit Migrationshintergrund stattfinden, die als Diskriminierung gedeutet werden können.[11] Der große und in allen Studienfächern existierende Mangel an Unterstützungsmaßnahmen, die die fachbezogenen und die sprachlichen Zugänge der Studierenden im Umgang mit der Wissenschaftssprache Deutsch berücksichtigen, führt zur Diskriminierung von Studierenden, die Deutsch nicht in ausreichendem Maße erwerben konnten. Dies gilt im Übrigen sowohl für BildungsinländerInnen als auch für BildungsausländerInnen, die nicht das österreichische Bildungssystem durchlaufen haben. Die letztgenannte Gruppe Studierender mit Migrationshintergrund, die direkt aus einem nicht deutschsprachigen Land zum Studium nach Österreich kommen, wird durch die neu eingeführte Studieneingangs- und Orientierungsphase aller Wahrscheinlichkeit nach im Vergleich zu Studierenden monolingual deutscher Herkunft und BildungsinländerInnen in besonderer Weise und in besonderem Maße benachteiligt werden, was im Folgenden näher beleuchtet werden soll.

„Drittstaatangehörige" StudienbewerberInnen müssen für die Zulassung zum Studium an einer österreichischen Universität mehrere Bedingungen erfüllen. Claus Melter (2011b) analysiert das österreichische Hochschulgesetz im Hinblick auf die Frage, ob durch diese Regelungen die Studierenden im Vergleich zu Studierenden aus den EU-Ländern benachteiligt werden, und kommt zu folgendem Ergebnis:

> Wenn formal gefragt wird, ob es sich bei den Regelungen des Universitätsgesetzes allgemein um Diskriminierung handelt, ist dies dementsprechend zu bejahen. Die Art der Diskriminierung im Universitätsgesetz in Kombination mit dem Niederlassungs- und Aufenthaltsgesetz sowie dem Arbeitsrecht durch das Instrument Sondergesetze (Fremdenrecht) und eine Verknüpfung des Universitätsgesetzes mit diesem kann spezifiziert werden als Nationen- oder EU-bezogene Diskriminierung, die zudem die deutsche Sprache als Qualifikationskriterium privilegiert. (Melter 2011b: 137)

Der letztgenannte Aspekt der „deutschen Sprache als Qualifikationskriterium" soll nun Gegenstand der Betrachtung sein. Ausländische StudienbewerberInnen, die um einen Studienplatz in Österreich ansuchen, haben – bis auf einige Ausnah-

---

11 Hier möchte ich ausdrücklich darauf hinweisen, dass nicht alle beteiligten KollegInnen meine Interpretation der Klausurergebnisse teilen. Es geht mir auch hier selbstverständlich nicht darum, jemandem *persönlich* diskriminierendes Verhalten zu unterstellen.

men – Deutschkenntnisse auf der Niveaustufe B2 des Gemeinsamen Europäischen Referenzrahmens für Sprachen (GERS) nachzuweisen. Diese liegt zwei Stufen unter der höchsten Niveaustufe und gilt als Nachweis folgender Kompetenzen:

- Kann die Hauptinhalte komplexer Texte zu konkreten und abstrakten Themen verstehen; versteht im eigenen Spezialgebiet auch Fachdiskussionen.

- Kann sich so spontan und fließend verständigen, dass ein normales Gespräch mit Muttersprachlern ohne größere Anstrengung auf beiden Seiten gut möglich ist.

- Kann sich zu einem breiten Themenspektrum klar und detailliert ausdrücken, einen Standpunkt zu einer aktuellen Frage erläutern und die Vor- und Nachteile verschiedener Möglichkeiten angeben." (http://www.langenscheidt. de/_downloads/buchhandel/Prsp_Referenzrahmen.pdf)

Dass diese Niveaustufe für ein Studium in Österreich als ausreichend gilt, ist eine politische und keine empirische Entscheidung. Beim GERS handelt es sich zudem um ein Instrument für den Fremdsprachenunterricht, mit dem verschiedene Sprachprofile mit unterschiedlichen Kompetenzen in einzelnen Sprachbereichen ermöglicht werden sollten. Seine Reduktion auf „Stufen" und seine Verwendung im Migrationskontext bzw. in deutschsprachigen Ländern sind bereits mehrfach stark kritisiert worden (vgl. Krumm 2007). Die Frage der Tauglichkeit des GERS für die Sicherung von Sprachkompetenzen für ein Studium in Österreich wäre eine eigene empirisch Prüfung wert, für den Zweck des vorliegenden Beitrags genügt es jedoch auf folgende Tatsache hinzuweisen: selbst wenn sie die Beherrschung der höchsten Niveaustufe des GERS nachweisen würden, brauchen Studierende, die im Ausland Deutsch als eine Fremdsprache gelernt haben, nach der Ankunft im österreichischen Hochschulwesen Zeit, um sich an die hiesigen Arbeitsformen und die hiesige Gesprächskultur zu gewöhnen, darin Routinen zu erlangen, im Falle der Beherrschung des Niveaus GERS B2 weiter Deutsch zu lernen, zumindest um unterschiedliche Aussprachevarianten des Deutschen verstehen und verarbeiten zu können. Nur so können sie im Vergleich zu Studierenden, die bereits in Österreich gelebt haben und zur Schule gegangen sind oder die aus einem anderen amtlich deutschsprachigen Land kommen, ohne „Wettbewerbsnachteile" – um einen ökonomischen Begriff zu verwenden – an Lehrveranstaltungen und Prüfungen erfolgreich teilnehmen.

Dieser notwendigen Eingewöhnungsphase steht allerdings die seit dem Wintersemester 2011/12 für österreichische Universitäten verpflichtende Studieneingangs- und Orientierungsphase (STEOP) entgegen, die zur Reduzierung der Studierendenzahlen eingesetzt wird. Der Homepage der Universität Wien ist folgende

Information über die STEOP zu entnehmen, die andere Universitäten in ähnlicher bzw. weitgehend gleicher Form ihren Studierenden geben:

Die Studieneingangs- und Orientierungsphase (STEOP)

Ab dem Wintersemester 2011/12 enthalten Bachelor-, Lehramts- und Diplomstudien im ersten Semester eine Studieneingangs- und Orientierungsphase (STEOP). Die STEOP ermöglicht einen Einblick in das Studium und klärt über Studieninhalte und Anforderungen auf.

Prüfungen der STEOP

- Die Prüfungen der STEOP sollten Sie im ersten Semester absolvieren.

- Erst wenn Sie alle Prüfungen der STEOP positiv bestanden haben, können Sie weitere Lehrveranstaltungen und Prüfungen des Studiums Bachelor Deutsche Philologie absolvieren.

- Die Prüfungen der STEOP dürfen Sie einmal wiederholen.

- Alle Prüfungstermine werden so angesetzt, dass Sie nach erfolgreichem Abschluss der STEOP im nächsten Semester weiterstudieren können (siehe Punkt 3.1.2 Module der STEOP)

(http://spl.univie.ac.at/fileadmin/user_upload/spl9/Factsheet_Bachelor studium.pdf)

Die STEOP ist also mit einer Prüfung abzuschließen, deren Ergebnis darüber entscheidet, ob die/der Studierende weiterstudieren darf oder nicht. Abgesehen von den bereits dargestellten Schwierigkeiten für als BildungsinländerInnen bezeichnete Studierende mit Migrationshintergrund wird deutlich, dass BildungsausländerInnen gefährdet sind, aufgrund der fehlenden Eingewöhnungszeit und des Fehlens von speziellen Unterstützungsmaßnahmen einer besonderen Benachteiligung durch Sprache zum Opfer zu fallen und Österreich sehr bald nach ihrer Einreise ohne Studium wieder verlassen werden müssen. Diese individuell schmerzliche Erfahrung, die natürlich auch Studierende ohne Migrationshintergrund in ähnlicher Weise machen müssen, wirkt der in den hochschulpolitischen Diskursen geforderten und als wünschenswert dargestellten Internationalisierung entgegen.

Fazit

Die dargestellten Überlegungen zeigen, dass BildungsinländerInnen sowie BildungsausländerInnen aufgrund monolingualer und ihre sprachlichen Bedürfnisse nicht berücksichtigender Studienangebote und Prüfungen im österreichischen Bildungswesen von besonderen Benachteiligungen bedroht sind. Die monolingual deutschsprachigen Studienangebote und Prüfungen des österreichischen Hochschulwesens können also, um die Foucault'sche Terminologie und den Kritikbegriff wieder aufzugreifen, als „Regime" verstanden werden, mit dem Ungleichstellungen unter Studierenden mit und ohne Migrationshintergrund erzeugt werden. Handelt es sich nun um solche Benachteiligungen, die an kolonialistische herrschaftsbildende und -stabilisierende Hierarchien anknüpfen? Eine Antwort auf diese Frage bedarf einiger Reflexionen und ist nicht ohne Weiteres eindeutig formulierbar. Zwar wird das Differenzmerkmal „Sprache" in dem genannten Rahmen so eingesetzt, dass damit die Gruppe der monolingual deutschsprachig aufgewachsenen Studierenden – bei allen sprachlichen Kompetenz- und Performanzunterschieden, die auch unter ihnen bestehen – im Vorteil ist, womit das österreichische Hochschulsystem einer „elitebildenden" Selbstethnisierung Vorschub leistet. Da allerdings die benachteiligten Studierenden nicht aufgrund der Zuschreibung einer bestimmten ethnischen Zugehörigkeit und damit verknüpften Eigenschaften ausgegrenzt werden, handelt es sich möglicherweise nicht um eine rassistische Diskriminierung, die an ethniebasierte Figuren des Kolonialismus anschließen würde. Wird jedoch die Zuschreibung des Differenzmerkmals „Ethnie" außer Acht gelassen, wird deutlich, dass das gruppenkonstruierende Merkmal der Benachteiligten „von der erwarteten Norm abweichende Sprachkompetenz im Deutschen" genannt werden könnte. Dies wäre eine an kolonialistische Denkfiguren anschließende Konstruktion einer Gruppe, der eingeschränkte Handlungsfähigkeiten zugeschrieben wird. So betrachtet kann also durchaus von einer im Sinne von „race making" (Miles 1991: 171) rassialisierenden bzw. linguizistischen (vgl. Dirim 2010) Diskriminierung die Rede sein. Es entstehen in Folge der oben beschriebenen Umstände sprachliche Gruppen mit unterschiedlichen Handlungsmöglichkeiten, weshalb – umgekehrt betrachtet – von einer sprachlichen Diskriminierung mit gruppenkonstruierenden Effekten gesprochen werden kann. Wie im primären und sekundären Bildungssystem mehrfach beobachtet, stellt sich auch für das tertiäre Bildungssystem heraus, dass durch die sprachliche Gleichbehandlung Ungleichstellungen der Studierenden erzeugt werden. Speziell die STEOP, die dazu dienen soll, aus der Gruppe der StudienanfängerInnen die für das jeweilige Studium geeigneten KandidatInnen herauszufiltern, wird zu einem besonderen sprachlichen Benachteiligungsverfahren. Den Informationen für die StudienanfängerInnen zufolge soll die STEOP allen gleichermaßen die Chance bieten, das Studium ihrer Wahl fortsetzen zu können. Dieses „Moment der Ermöglichung" zeigt sich jedoch bei genauer Betrachtung unter sprachbezogenen Aspekten gleichzeitig als ein „Moment der Verhinderung" (vgl. Mecheril 2005). Abgesehen von Fragen der testtheoretischen Gültigkeit, die es eigens zu untersuchen gilt, wird somit deutlich, dass Studierende aus dem Ausland, die aufgrund der rechtlichen Information im Glauben sind, die sprachlichen Voraussetzungen für ein Studium in Österreich erworben zu haben, nicht nur mit einer fachbezogenen, sondern gleichzeitig mit einer verdeckten sprachlichen Hürde konfrontiert werden. Damit ist die STEOP als eine mit dem Label der Gleichberechtigung maskierte Form der Ungleichbehandlung und Diskriminierung anzusehen.

Ausblick

Anschließend an die Foucault'sche Vorstellung von Kritik und stellvertretend für die betroffenen Studierenden möchte ich mit einigen Überlegungen zu der Frage schließen, wie es gelingen kann, „nicht dermaßen regiert zu werden" (Foucault 1992: 13). Was kann also unternommen werden, damit die speziellen, aufgrund des Differenzmerkmals Sprache ausgrenzenden Effekte der monolingual deutschsprachigen Studienangebote und Prüfungen im österreichischen Bildungssystem reduziert werden? Diese Frage wäre eine ausführlichere Behandlung wert, denn es gäbe durchaus Möglichkeiten, die monolingualen Angebote den unterschiedlichen sprachlichen Bedarfen und Kompetenzen entsprechend zu gestalten. Das Hochschulwesen könnte hier von den Erfahrungen profitieren, die im Hinblick auf den erfolgreichen Umgang mit sprachlich-kultureller Heterogenität an Schulen gemacht werden (vgl. Dirim/Mecheril 2010). In Frage kommen im Hinblick auf die sprachliche Gestaltung der Lehrveranstaltungen beispielsweise die Begleitung der Studierenden durch TutorInnen, die fachbezogene Kompetenzen besitzen und wissen, wie mit Deutsch als Fremd- und Zweitsprache angemessen umzugehen ist. Die Nutzung der nicht deutschsprachigen Ressourcen der Studierenden mit Hilfe eines begleitenden Einsatzes von Lehrmaterialien in verschiedenen Sprachen, die Nutzung von Internetangeboten aus anderen Staaten und Dolmetschphasen in den Lehrveranstaltungen wären einige weitere Möglichkeiten. Einige Universitäten, z. B. die Technische Universität Dortmund, bieten den Studierenden im Falle von sprachkundigen Dozierenden die Möglichkeit, Abschlussarbeiten in den Migrationssprachen zu verfassen.

Im Falle der STEOP wäre – zumindest aus rechtlichen Gründen – das Niveau B2 des Europäischen Referenzrahmens für Sprachen GERS in den Fragenformulierungen und bei der Bewertung der Textaufgaben zu berücksichtigen. Die Forderung nach einem GERS-Niveau C2 wäre auch kein Garant für das Eintreten des gewünschten Erfolgs, weil der GERS Wissenschaftssprache nicht abdeckt, vor allem auch keine Fachbezüge enthält. Darüber hinaus gibt es zahlreiche lokale sprachliche Besonderheiten wie Austriazismen (vgl. Hägi 2006) und unterschiedliche begriffliche Traditionen, vor allem in den Sozialwissenschaften, die weder der GERS noch ein Deutschkurs im Ausland berücksichtigen bzw. vermitteln können. Diese Besonderheiten sind fast ausschließlich in der Interaktion vor Ort erlernbar. Ehlich (2005) beschreibt in seiner Veröffentlichung zur „Lehre der deutschen Wissenschaftssprache" ein Register, das er „alltägliche Wissenschaftssprache" nennt. Dieses Register sei insbesondere für Studierende, die im Ausland Deutsch gelernt haben, wegen der durch wissenschaftliche Traditionen geprägten, aber nicht mehr logisch herleitbaren spezifischen Kollokationen und Regeln besonders schwierig.

Die STEOP befindet sich noch in der Entwicklungsphase, sodass es möglich wäre, den genannten Gefahren mit der Erprobung und Implementierung von verschiedenen didaktisch-methodischen Instrumenten entgegenzuwirken.[12] Letztlich sollte Mehrsprachigkeit im Sinne von Gerechtigkeit und Internationalisierung auch an der Universität als Querschnittsmaterie verstanden werden. Wünschenswert wären z. B. Informations- und Weiterbildungsangebote für HochschullehrerInnen zum Umgang mit Deutsch als Fremd- und Zweitsprache in den Lehrveranstaltungen und Prüfungen. Das Ziel kann selbstverständlich nicht sein, dass das sprachliche Niveau im Deutschen herabgesenkt wird, sondern die Studierenden zu befähigen, an das gegebene Niveau Anschluss zu finden. Da derzeit an Hochschulen nur marginal Aktivitäten zur Fragen der sprachlichen Gestaltung der regulären Studienangebote und Prüfungen stattfinden, handelt es sich um einen Bereich, in dem im Sinne der Reduzierung von Benachteiligungen in Zukunft verstärkt Mittel eingesetzt und Projekte durchgeführt werden müssten. Eine weitere Frage, die lohnenswert wäre eigens behandelt zu werden, ist der Ausbau des mehrsprachigen Potenzials von Studierenden mit Migrationshintergrund. An den Universitäten Bremen und Bielefeld gibt es beispielsweise Angebote zur Verwendung der türkischen und polnischen Sprache als Wissenschaftssprachen, gerichtet an Studierende, die diese Sprachen in Deutschland lebensweltlich erworben haben. Einer Universität, die eine migrationsbedingte Mehrsprachigkeit als Ressource ernst nimmt, kann es nicht nur darum gehen Fremdsprachenangebote zu machen, sondern auch Angebote für Studierende, die muttersprachliche Potenziale in den

---

12   Am Institut für Germanistik der Universität Wien wird daran gearbeitet.

Migrationssprachen mitbringen und diese als Wissenschaftssprache im Sinne einer Bildungsmehrsprachigkeit ausbauen möchten.

Literatur

Balibar, Etienne (1990). Rassismus und Nationalismus, in: *Balibar*, Etienne/*Wallerstein*, Immanuel (Hg.): Rasse Klasse Nation. Ambivalente Identitäten, Hamburg, 49–84.

Bourdieu, Pierre (1990). Was heißt Sprechen? Die Ökonomie des sprachlichen Tausches, Wien.

Castro Varela, María do Mar/*Mecheril*, Paul (2010). Grenze und Bewegung. Migrationswissenschaftliche Klärungen, in: *Mecheril*, Paul/*Castro Varela*, María do Mar/*Dirim*, İnci/*Kalpaka*, Annita/*Melter*, Claus: Migrationspädagogik, Weinheim, 23–42.

Dirim, İnci (2010). „Wenn man mit Akzent spricht, denken die Leute, dass man auch mit Akzent denkt oder so." Zur Frage des (Neo-)Linguizismus in den Diskursen über die Sprache(n) der Migrationsgesellschaft, in: *Mecheril*, Paul/*Dirim*, İnci/*Gomolla*, Mechtild/*Hornberg*, Sabine/ *Stojanov*, Krassimir (Hg.): Spannungsverhältnisse. Assimilationsdiskurse und interkulturellpädagogische Forschung, Münster, 91–114.

Dirim, İnci/*Auer*, Peter (2004). Türkisch sprechen nicht nur die Türken: über die Unschärfebeziehung zwischen Sprache und Ethnie in Deutschland, Berlin.

Dirim, İnci/*Mecheril*, Paul (2010). Die Schlechterstellung Migrationsanderer: Schule in der Migrationsgesellschaft, in: *Mecheril*, Paul/*Castro Varela*, María do Mar/*Dirim*, İnci/*Kalpaka*, Annita/*Melter*, Claus: Migrationspädagogik, Beltz, 121–138.

Ehlich, Konrad (1995). Die Lehre der deutschen Wissenschaftssprache: sprachliche Strukturen, didaktische Desiderate, in: *Kretzenbacher*, Heinz/*Weinrich*, Harald (Hg.): Linguistik der Wissenschaftssprache. Berlin/New York, 325–351.

Foucault, Michel (1992). Was ist Kritik? Berlin.

Gogolin, Ingrid (1988). Erziehungsziel Zweisprachigkeit. Konturen eines sprachpädagogischen Konzepts für die multikulturelle Schule, Hamburg.

Gogolin, Ingrid (2007). Herausforderung Bildungssprache – „Textkompetenz" aus der Perspektive Interkultureller Bildungsforschung, in: *Bausch*, Karl-Richard (Hg.): Textkompetenzen. Arbeitspapiere der 27. Frühjahrskonferenz zur Erforschung des Fremdsprachenunterrichts, Tübingen, 73–80.

Hägi, Sara (2006). Nationale Varietäten im Unterricht Deutsch als Fremdsprache, Frankfurt am Main/Wien.

Krumm, Hans-Jürgen (2002). „One sprachen konten wir uns nicht ferstandigen. Ferstendigung ist wichtig" – Entwicklung und Tendenzen in der Sprachlehrforschung im Bereich der Migration und Integration. Vortrag im Rahmen des Symposions „Sprache und Integration", Wien am 22.02.2002. Internet: https://www.univie.ac.at/linguistics/forschung/wittgenstein/critics/Kr-Sull.pdf (Recherchedatum 01.11.2011)

Krumm, Hans-Jürgen (2007). Profiles instead of Levels: The CEFR and its (Ab)Uses in the Context of Migration, in: Modern Language Journal 91(2007), 667–669.

Mecheril, Paul (2005). Die Unumgänglichkeit und Unmöglichkeit der Angleichung. Herrschaftskritische Anmerkungen zur Assimilationsdebatte, in: np-Sonderheft 2005, 124–140.

Mecheril, Paul/*Melter*, Claus (2010). Gewöhnliche Unterscheidungen. Wege aus dem Rassismus, in: *Mecheril*, Paul/*Castro Varela*, María do Mar/ *Dirim*, İnci/*Kalpaka*, Annita/*Melter*, Claus: Migrationspädagogik, Weinheim, 150–169.

Mecheril, Paul/*Quehl*, Thomas (2006). Sprache und Macht. Theoretische Facetten eines (migrations-)pädagogischen Zusammenhangs, in: *Mecheril*, Paul/*Quehl*, Thomas (Hg.): Die Macht der Sprachen. Englische Perspektiven auf die mehrsprachige Schule, Münster, 157–168.

Melter, Claus (2011a). Kritische Erziehungswissenschaft und Intervention für gerechtere Verhältnisse in der kapitalistischen Migrationsgesellschaft – Verpflichtung oder unangemessene Einmischung? Vortrag an der Universität Innsbruck. Internet: http://www.uibk.ac.at/iezw/texte/kritische_erziehungswissenschaft.pdf (Recherchedatum: 01.11.2011)

Melter, Claus (2011b). Wer darf an die Universität? Aspekte der rechtlichen und institutionellen Diskriminierung von Studierenden aus Drittstaaten, in: *Spannring*, Reingard/*Arens*, Susanne/*Mecheril*, Paul (Hg.): bildung – macht – unterschiede. 3. Innsbrucker Bildungstage, Innsbruck, 133–152.

Miles, Robert (1991). Die marxistische Theorie und das Konzept ‚Rasse‘, in: *Dittrich*, Eckhard J./ *Radtke*, Frank-Olaf (Hg.) (1991): Ethnizität. Wissenschaft und Minderheiten, Opladen, 155–178.

Wandruszka, Mario (1979). Die Mehrsprachigkeit des Menschen, München.

Zude, Heiko U. (2010). Paternalismus. Fallstudien zur Genese eines Begriffs, Freiburg/München.

Migrationsforschung als Apologie herrschender Verhältnisse am Beispiel Hartmut Essers

Gerhard Hetfleisch

Migrationsforschung als Apologie herrschender Verhältnisse

An Hartmut Esser ist in der deutschsprachigen Soziologie nicht vorbeizukommen: Annette Treibel hat Esser 2006 in die sechste Auflage ihres Standardwerks „Einführung in soziologische Theorien der Gegenwart" erstmals aufgenommen. Esser propagiere eine soziologische Großtheorie, so Treibel, zentrales Theorieelement sei dabei seine „General Theory of Action", die die „Gesetzmäßigkeiten der sozialen Wirklichkeit" aufzeige und – in den Worten Essers – für *„alle* Gesellschaftswissenschaften, *alle* Gesellschaften und *alle* historischen Epochen" Gültigkeit beanspruche (ebd. 140f., zitiert nach Esser 2001b: 534). Dieser Anspruch durchzieht als stets präsenter Subtext seine Schriften. Für Andreas Wimmer zählt „das umfangreiche Oeuvre Hartmut Essers zu Migrationsfragen" zum Besten der deutschsprachigen Soziologie und stellt „was die Kombination von analytischer Präzision, empirischer Fundierung und theoretischer Integration anbelangt, ebenso zweifellos die Spitze der deutschsprachigen Forschung im Migrationsbereich dar." (Wimmer 2009: 318). In der österreichischen Migrationsforschung wird Esser, wenn er überhaupt zitiert wird, auf theoretische Versatzstücke reduziert und in der Regel nur auf die vier Mechanismen der Sozialintegration – kulturelle, identifikative, soziale und strukturelle – verwiesen. Die dahinterstehende „voluminöse Sozialtheorie" (Nauck 2009: 289) Essers bleibt außen vor, die Dichotomie von Systemintegration und Sozialintegration wird nicht erkannt, wie bei Herczeg (2011), Fassmann (2010, 2006) oder Güngör/Riepl (2008). Eine tiefergehende kritische Rezeption gibt es in Österreich nur ansatzweise, etwa bei Max Haller im Rahmen einer generellen Kritik an Rational Choice-Theorien (2006: 281–388) oder bei Hilde Weiss (2007). Bei der Bedeutung und wachsenden Prominenz sind sowohl der oberflächliche Umgang der wissenschaftlichen Community als auch die noch wesentlich weiter verbreitete völlige Ignoranz gegenüber den Theorien Essers entweder grob fahrlässig und/oder ein möglicher Indikator für das eher bescheidene theoretische Fundament der österreichischen Migrations- und Integrationsforschung.

Anliegen dieses Beitrags ist es, zentrale Theoreme der Sozial- und Gesellschaftstheorie Essers, die als theoretisches Rückgrat seiner Migrationssoziologie
fungieren, im Sinne einer kritischen Migrationsforschung zu hinterfragen und
„,blinde Flecken' in der Sozialtheorie" (Wimmer 2009: 310) Essers anzuspre-
chen. Die gesellschaftstheoretischen Implikationen in seiner Rede über Integration, die immer Assimilation meint, werden erst vor dem Hintergrund seiner Sozialtheorie und seines Modells der soziologischen Erklärung (MSE) verständlich.

In diesem kurzen Beitrag kann das Werk Essers nicht angemessen dargestellt werden, es können aber zentrale Brüche in seiner „Großtheorie" aufgezeigt
werden, die etwa am Beispiel der höchst fragwürdigen biologischen und anthropologischen Grundlagen seiner soziologischen Erklärung unmittelbar greifbar
werden. Bisher ist dieser Aspekt aber der wissenschaftlichen Kritik entgangen.
Auch die theoretische „Versöhnung" von methodologischem Individualismus und
Systemtheorie als Indikator für eine wesentliche und tieferliegende Antinomie in
Essers Theorie wurde kaum wahrgenommen. Wieweit diese Brüche für Essers
Migrationssoziologie relevant werden, wird exemplarisch analysiert. Abschließend wird der Zusammenhang von soziologischer Erklärung und Ökonomismus
in seinem Werk dargelegt. Esser ist in eine neoliberal überformte wissenschafts-
und gesellschaftstheoretische Tradition einzuordnen, so die von mir vertretene
Hypothese (vgl. Hetfleisch 2010), die mit den hier vorliegenden Analysen weiter
untermauert werden kann.

Biologische und anthropologische Grundlagen

Esser zufolge ist die zentrale Aufgabe der Soziologie nicht zu beschreiben, sondern
soziale Phänomene des Gesellschaftlichen zu erklären (*soziologische Erklärung*).
Diese Phänomene erscheinen als „kollektive", sind jedoch dem methodologischen
Individualismus zufolge auf aggregierte „unintendierte Folgen absichtsvollen Handelns" (Esser 2001: 6) von Individuen zurückzuführen und daher prinzipiell nur
aus dem Verständnis des individuellen Handelns Einzelner erklärbar.

Der Logik der konkreten Situation in je bestimmter Umgebung angemessen (Situationslogik), wird von Individuen durch Selektion – aus meist mehreren
Möglichkeiten – eine Handlungsalternative gewählt. Wesentlich für die soziologische Erklärung ist, dass die Logik der Selektion einer Gesetzmäßigkeit unterliegt
(Esser 1996: 83–118; vgl. Treibel 2006: 139ff.). Situationslogik und Selektionslogik verschränkt Esser nun in die „Frame-Selektion-Theorie": Diese unterstellt
ein universelles gesetzmäßiges Handlungsprinzip, das *allen* Typen von möglichen
menschlichen Handlungen zugrunde liegt und durch jede Situationslogik und Se-

lektionslogik hindurch wirkt. Das universelle Prinzip seiner Handlungstheorie findet Esser in einem anthropologisch fundierten Modell, das er in seiner „Soziologie. Allgemeine Grundlagen" ausführlich darstellt (vgl. 1996: 141–244): „Der Mensch der sozialwissenschaftlichen Erklärungsmodelle sei ein Ressourceful, Restricted, Expecting, Evaluating, Maximizing Man. Abgekürzt also RREEMM" (ebd. 238). Diese „General Theory of Action" ist der ontologisch fixierte Schlüssel um menschliches Handeln zu allen Zeiten, in allen Kulturen erklären zu können. Dabei greift er auf anthropologische Positionen zurück, die stark an soziobiologische Argumentationsfiguren angelehnt sind.[1] Sein Ansatz ist wieder – wie seine soziologische Großtheorie – allumfassend:

> Die Logik des Vorgangs der Evolution läßt sich – im Prinzip – auch auf die Entwicklung nichtbiologischer Organismen, Programme oder Systeme anwenden. Es liegt dann der Gedanke durchaus nahe, auch die Entwicklung sozialer Systeme und die von Gesellschaften als eine solche Evolution zu verstehen. (Esser 1996: 185)

Im RREEMM-Modell sind somit „die wichtigsten Einzelkomponenten der biologischen und anthropologischen Grundlagen menschlicher Existenz zusammengefasst" (ebd. 238). Das hat bisher in der wissenschaftstheoretischen Kritik wenig Beachtung gefunden und ist doch der Schlüssel zu einer grundsätzlichen Kritik am theoretischen Fundament von Essers Werk. In den „Grundlagen der Evolutionstheorie – das Prinzip der Anpassung nach Maßgabe der natürlichen Selektion auf der Basis von Mutation und Selektion" (ebd. 191) findet Esser einen wesentlichen Meilenstein seiner Theorie und behauptet mit Richard Dawkins (vgl. 1976), dass „Meme Elemente von Wissen [sind] und damit – ganz analog zu den Programmen der biologischen Gene – kulturelle Träger von Informationen und Programmen. Sie übernehmen die Rolle der Gene für die Steuerung des Verhaltens." (Esser 1996: 203). Die Biogenese des Menschen sei von der sogenannten Tradigenese abgelöst worden, bei der es über Lernen zu Mutation und Selektion von erfolgreichem Wissen, von erfolgreichen Memen (ebd.) komme. Motor der Biogenese sind also Gene, die man sich als „durch und durch egoistisch" (ebd. 201) vorstellen muss, Motor der Tradigenese sind Meme, die sich wie Gene verhalten. Gemeinsame Kernmechanismen beider Gesetze sind Mutationen und Se-

---

1 Esser hat seine biologischen und anthropologischen Grundlagen in seiner „Soziologie. Allgemeine Grundlagen" dargelegt (1996: 141–244). Er stellt zwar selbst fest, dass diese Grundlagen „umstrittene Hypothesen" enthalten, die sich ändern können, für seine Zwecke sei das aber „nicht sehr bedeutsam". Es ginge letztlich um die „grundlegenden Funktionskomplexe der ‚letzten' Schritte in der Entwicklung zum homo sapiens" (ebd. 214, Fußnote 3), diese blieben universell gültig. Der eigenartige Umgang mit so zentralen Grundlagen seiner Theorie veranschaulicht die Tendenz Essers, seine Theorien mit Beispielen eher zu illustrieren als zu fundieren.

lektionen, wobei die Tradigenese die Biogenese „im Grunde von Beginn der Evolution des Lebens an" (ebd. 205) begleitet.[2]

Der Neurobiologe, Arzt und Psychotherapeut Joachim Bauer bezeichnet die Theorie Dawkins' schlichtweg „als Unsinn" (Bauer 2011: 39) und stellt weiter fest:

> Die von Richard Dawkins als Startpunkt des Lebens postulierten egoistischen „Replikatoren" (seine Bezeichnung für die Vorläufer von Genen) haben nie existiert [...]. Dieses Fantasieprodukt führt als „Mem" seither allerdings ein kurioses Eigenleben. Als „Meme" bezeichnete Dawkins, Meinungsführer des zeitgenössischen Darwinismus, menschliche Gedanken, Ideen und kulturelle Schöpfungen (Dawkins 1976/2004). Wie Gene, so stünden auch „Meme" im gegenseitigen Kampf um die Vorherrschaft. Mit seiner Vorstellung, vom Individuum abstrahierte „Meme" seien Akteure der Geschichte, reanimiert Dawkins kurioserweise – ohne sich als Zoologe dessen bewusst zu sein – Hegels Idee vom „Weltgeist". (Bauer 2010: 35f.)

Zur Selektion und Maximierung meint Bauer, dass sich Gene „aber keineswegs nur in Richtung maximaler Reproduktionsfähigkeit entwickeln." Gene und Genome folgen „drei biologischen Grundprinzipien [...]: Kooperativität, Kommunikation und Kreativität." (ebd. 17).

In das mit Dawkins gestützte biologistisch-deterministische Menschenbild ist das anthropologische RREEMM-Modell, Kern der „soziologischen Erklärung" eingebettet:

> Drei [.] universale Vorgaben [der Lernfähigkeit] sind insbesondere zu nennen: Erstens die Existenz von *Restriktionen* als unaufhebbare Bedingungen aller evolutionären Anpassungen; zweitens die im Rahmen der Restriktionen erfolgende *Maximierung* als evolutionär erfolgreiche und stabilisierte allgemeine Selektionsregel für das Handeln; und drittens das unvermeidbare (Miß-)Verhältnis zwischen der notgedrungen immer *kurzfristigen* Orientierung aller Anpassungsreaktionen der individuellen Organismen und ihren *langfristigen* Folgen. (Esser 1996: 220f., Hervorhebungen im Original)

Die Restriktionen sind das Kürzel für die Situationslogik, Maximierung das der Selektionslogik, das Missverhältnis zwischen kurzfristiger Handlungsorientierung und die langfristigen unintendierten Folgen des Handelns beschreibt den Kern der Logik der Aggregation: Essentiell ist für die Logik der Aggregation die „*Abkopplung*" (ebd. 228) kurzfristiger Orientierung im Handeln von den langfristigen und „kollektiven" Folgen. Im Sinne des methodologischen Individualismus und der

---

2   In diesem Zitat wird ein weiterer kritisch zu würdigender Kern der Theorie Essers erkennbar: Das jeder biogenetischen und sozial-kulturellen Evolution unterliegende Schlüsselprinzip lässt AkteurInnen wie Systeme im „Prozessieren" (Esser) im prinzipiellen Gleichklang der Zweckrationalität und Maximierung „ticken". Der Effekt ist die Passivierung der AkteurInnen, die zentral ist in der neoliberalen und neoklassischen ökonomischen Ideologie: Die unsichtbare Hand lenkt sozusagen seit Urzeiten die Geschicke der Menschheit als Grundakkord, und die AkteurInnen bilden sich ein den Ton anzugeben.

Soziobiologie sind „kollektive" Folgen auf der Makroebene als ein „aggregiertes Ergebnis des an Nahzielen [...] orientierten Handelns" (ebd. 229) der Individuen und unintendierter langfristiger Folgen desselben aufzufassen. Selbst Altruismus und Kooperation lassen sich im Rückgriff auf soziobiologische Altruismustheorien der Verwandtenbevorzugung (vgl. Haller 2006: 111) letztendlich als im Dienst des Eigennutzens stehend zurückführen. Der Mechanismus der Evolution sei nicht auf einer „kollektiven Ebene" anzusiedeln, wie der Verlauf der Evolution über „Populationen und Generationen" nahelegt, da sich ja nicht „Gruppen, sondern immer nur individuelle Organismen" (Esser 1996: 195) fortpflanzen. Esser warnt eindringlich vor der „*group selection fallacy*":

> Die Erhaltung der Art und die Resultate der evolutionär stabilen Strategien insgesamt sind nichts anderes als eine unintendierte Folge individuell motivierter Reproduktionsakte, individueller Mortalität der Organismen und von individuellen Eigenschaften in den Verhaltensweisen. (ebd. 199)

Diese Thesen stehen völlig im Gegensatz zu neueren Untersuchungen, die den „Menschen als ein in seinen Grundmotivationen primär auf soziale Akzeptanz, Kooperation und Fairness ausgerichtetes Wesen" ausweisen (Bauer 2011: 27). Auch die Forschungsergebnisse des Anthropologen und Verhaltensforschers Michael Tomasello stellen den kooperativen Aspekt ins Zentrum: „Die kooperative Infrastruktur menschlicher Kommunikation, einschließlich der sprachlichen Kommunikation, entsteht daher nicht nur aus der einzigartig kooperativen, kulturellen Weise des Lebens und Denkens der Menschen, sondern trägt auch zu ihr bei." (Tomasello 2009: 364f.).

Alpha und Omega der Theorie Essers ist das Gesetz der Selektion des Handelns durch Maximierung, die primäre Gesetzesregel im Explanans der soziologischen Erklärung, die Esser bei den Soziobiologen Flinn und Alexander in „vier Varianten" findet bzw. zu finden glaubt:

1. Imitiere die Erfolgreichen!
2. Verhalte Dich anders als die Erfolglosen!
3. Laß Dich eher von jenen belehren, die ein Interesse an Deinem Erfolg haben – wie Verwandte oder solche Personen, die die gleichen Interessen verfolgen wie man selbst!
4. Sei skeptisch gegenüber Belehrungen von jenen, die im Interessenkonflikt mit Dir stehen! (Esser 1996: 223)

Liest man die angegebene Quelle (vgl. Flinn/Alexander 1982: 394), fällt auf, dass es sich dabei um ein beinahe vollständiges, aus dem Englischen übersetztes Zitat handelt, das Esser als solches nicht kenntlich macht und quasi als Quintessenz der Auffassung von Flinn und Alexander präsentiert. Im angesprochenen

Text argumentieren die Autoren gegen die Dichotomie von kultureller und biologischer Evolution und finden die Klammer in Leitlinien (guidelines) der Selektion im sozialen Lernen:

> Such guidelines are likely [sic!] to maximize: (1) acquisition of the most adaptive cultural traits, (2) abilities to utilize traits in appropriate circumstances, and (3) efficiency of data storage and assortment. We hypothesize [sic!] that such effects are realized in human sozial environments by such shortcuts and cues as [...]. (ebd. 394)

Nach diesem Satz folgen die von Esser „zitierten" vier „Varianten" der Maximierung (siehe oben). Bei Esser aber werden aus den hypothetischen Annahmen Flinns und Alexanders, aus „shortcuts and cues" universelle Gesetze des Lebens:

> Die vier Varianten der Maximierungsregel sind nichts anderes als eine Zusammenfassung von evolutionär erfolgreichen Wegen der Reproduktion des Lebens allgemein. Und das heißt auch, daß diese vier Varianten ein grundlegender Teil auch der menschlichen Natur sind [...]. (Esser 1996: 223)

Die Regel müsse sich daher „bis in die hardware der menschlichen Physiologie zurückverfolgen" lassen (ebd.), womit Esser den Kurzschluss zur Biogenese untermauert. Bei aller Freiheit in der Selektion der Handlungsalternativen, die Esser nicht müde wird zu betonen, setzt sich das evolutionsbiologisch angelegte Programm trotz „Wahlfreiheit" über das Gesetz der Maximierung, die universelle Logik der Selektionsregel durch, und zwar über die langfristigen und unintendierten Folgen absichtsvollen Handelns im Augenblick:

> Die Begründung für die Universalität der Maximierungsregel bei Selektionen ist also keine bloße Annahme. Sie knüpft unmittelbar an die Bedingungen der biogenetischen Evolution an: Die Organismen, die dieser Regel – zwar unbewußt, aber faktisch bzw. so, „als ob" sie sie kennen würden – folgten, waren bei der differentiellen Reproduktion erfolgreicher. (ebd. 227)

Die Maximierungsregel ist daher eine „evolutionär stabile Strategie" (ebd.). Die Entwicklung von vormoderne Gesellschaften zu modernen funktional differenzierten Gesellschaften, die primär über die Mechanismen der Märkte integriert sind, ist damit im evolutionären Programm angelegt und kein Zufall der Geschichte.

Wissenschaftstheoretische Brüche in Essers soziologischer Erklärung

Die Quintessenz der Brüche in den biologischen und anthropologischen Grundlagen von Essers MSE kann eigentlich nur lauten, dass die „Großtheorie", die „General Theory of Action" als solche nicht zu halten ist, wie auch die weitere Kritik nachhaltig untermauern wird. Rainer Greshoff und Uwe Schimank (2006) weisen nach einer sehr detailreichen und gut verständlichen Beschreibung der soziologischen Erklärung auf einen weiteren Kritikpunkt hin, (ohne allerdings die Brüche in der Logik der Selektion zu sehen, die auf jene der Aggregation verweisen): Esser würde zwar in der Frame-Selektion-Theorie die Logik der Situation und Logik der Selektion theoretisch fundiert fassen, dies gelinge aber nicht für die Logik der Aggregation. Damit werde ein zentrales Anliegen des ambitionierten Projekts der „Großtheorie" Essers, die soziologische Erklärung von „kollektiven" gesellschaftlichen Phänomenen (Aggregation) nicht eingelöst, so Greshoff/Schimank, Esser „bleibt also ausgerechnet am entscheidenden Punkt weit hinter der eigenen Programmatik zurück" (ebd. 25). Mit Folgen, denn die Antinomie von Systemintegration und Sozialintegration gründet darin, wie unten noch ausgeführt wird.

Weitere Probleme aus wissenschaftstheoretischer Sicht zeigt die exzellente Kritik von Thomas Kron und Lars Winter (2006). Die Autoren spüren bivalentem Denken, binären Strukturen und der Dichotomisierung der Welt am Beispiel von Esser, Weber und Luhmann nach.

> Mehr oder weniger explizit gilt [.] auch heute noch in weiten Teilen der Wissenschaft – inklusive der Soziologie – die Orientierung an den von Aristoteles formulierten logischen Gesetzen vom ausgeschlossenen Widerspruch und vom ausgeschlossenen Dritten. Folglich ist jede Aussage per definitionem wahr oder falsch, wobei ausgeschlossen wird, dass eine Aussage wahr und falsch ist. (Kron/Winter 2006: 489)

Exemplarisch prüfen sie an Essers Theorie, ob diese „zu ‚primitiven Erklärungen' unter einem ‚kultur-extremistischen' Bezugsrahmen neigt" (ebd. 491). Sie kommen zu einem klaren Urteil:

> Im Ergebnis zeigt sich daher, dass die Esser'sche Theorieanlage (ebenso wie die Luhmann'sche Systemtheorie) nicht nur weiterhin dem bivalenten Denken verhaftet ist (und die damit verbundene Problematik nicht löst), sondern den bivalenten Ansatz sogar noch ein stückweit durch *Übertragung auf die Gegenstandsebene* radikalisiert. (ebd. 491, Hervorhebungen im Original)

Die Bivalenzen werden in den prinzipiell dichotom aufgebauten Frames, der binären Codierung der Alternativen der Frames und Skripte, in der Wert-Erwartungstheorie als Selektionsmechanismus und in den bivalenten Grundlagen der Logik der Wahrscheinlichkeit gesehen (ebd. 504ff.). Die Begründung dafür liefere Esser selbst, wie Kron und Winter mit nachfolgendem Zitat von Esser (2001b: 264f.) unterstreichen:

> Es wird also davon ausgegangen, dass immer nur *Paare* von einander ausschließenden Alternativen zur Wahl stehen [...] . Diese Annahme hat einen einfachen Grund: Ihre Funktion als Vereinfachung können die gedanklichen Modell nur dann haben, wenn sie wirklich deutlich vereinfachen und wenn sie mit ganz bestimmten „typischen" Objekten verbunden sind – und

mit anderen eben nicht. Die Aktivierung eines binär codierten Paares von Alternativen für die Beurteilung einer Situation und die Selektion aus nur zwei Alternativen ist die denkbar simpelste. (Kron/Winter 2006: 264f., Hervorhebungen im Original)

Wie im vorherigen Kapitel ausgeführt ist dieser Selektionsmechanismus außerordentlich geschichtsmächtig: Die bivalente Codierung nimmt die Form eines kulturanthropologisch fundierten Algorithmus an, der über Zeit und Raum hinweg wirkt und den funktional-differenzierten modernen Gesellschaften den Boden bereitet, zumindest in der Theorie.

Die Liste der Kritiker Essers gewinnt in den letzten Jahren an Breite. In der Nicht-Festschrift (sic!) zum 65. Geburtstag Essers legt Bernhard Nauck die Widersprüche seiner Sozial- und Gesellschaftstheorie offen und Andreas Wimmer die Antinomie zwischen den empirischen Arbeiten zum Assimilationsthema und den makrosoziologischen Arbeiten und theoretisch-politischen Positionen (vgl. Nauck 2009: 328ff.; Wimmer 2009: 334f.).

Brüche in der Migrationstheorie Essers

Bivalenzen sind ein evidentes Strukturmerkmal der Theorie Essers: *Moderne, funktional differenzierten Gesellschaften*, die systemisch über „Waren-, Arbeits-, Wohnungs- oder Heiratsmärkten" integriert sind, stehen *vormodernen Gesellschaften* entgegen. Dazu zählt Esser Staats , Feudal-, und mit Luhmann auch die heutigen alteuropäischen Nationalgesellschaften. Diese vormodernen Gesellschaften kennen Stände und Klassen, ihre Integration erfolgt über (staatlich gestützte) Hierarchien, kollektiv geteilte Werte und Ideologien sowie nationale und regionale Leitkulturen. Ethnische Differenzierungen und *unbedingte Ungleichheiten* sind Markenzeichen vormoderner Gesellschaften, *bedingte Ungleichheiten* die moderner Gesellschaften. In modernen Gesellschaften werden individuelle AkteurInnen von den Märkten auf ihre gesellschaftlichen Positionen marktkonform und meritokratisch über individuell messbare Verdienste und Leistungen platziert. Ungleichheiten bei Bildung, Einkommen, Rechten oder Platzierung sind daher nur individuell gegeben. Esser spricht von „bedingten (Un)Gleichheiten" oder sogar von „kategorialer Gleichheit" (Esser 2006: 28). Moderne Gesellschaften sind zudem „ethnisch homogen" (ebd. 35), da ja nur individuelle Unterschiede vorliegen, nicht aber solche von ethnischen Gruppen. Moderne Gesellschaften sind zudem *horizontal* und *hoch integriert*, über das unendliche Geflecht an Tauschbeziehungen, während vormoderne Gesellschaften *gering integriert* sind und vor allem *vertikal*, da sie wegen des Fehlens hoch kompetitiver Märkte und Tauschbeziehungen primär über den Mechanismus der Organisation(en) systemisch integriert sind, die per se vertikal strukturieren. Darin liegt ein wesentlicher Aspekt im Verständnis von Integration bei Esser: Nur MarktteilnehmerInnen mit auf Märkten tauschbaren interessanten Ressourcen sind in dieser Logik wirklich integriert, sonst aber exkludiert: eine Figur, die wir in neoliberalen Theorien finden (vgl. Rehmann 2008: 174). Je mehr marktförmige Ressourcen angeboten werden können, desto höher integriert ist ein Individuum. Damit wird eine weitere Konsequenz der Logik der funktionalen Differenzierung verstehbar, nämlich die „*Total*exklusion aus *allen* Funktionssystemen in Gestalt von Obdachlosen, Drogensüchtigen, Bettlern" (Esser 2000: 252; Hervorhebungen im Original), sowohl in den Gesellschaften als auch auf Ebene der Welt-Gesellschaften (man denke dabei an failed states). Diese Marginalisierung ist als „Massenschicksal [.] historisch ganz neu" (ebd. 252) und nach Luhmann eine zukünftige dominierende „Leitdifferenz" aller Gesellschaften, wie etwa heute schon in Städten der Dritten Welt mit ihren Elendsvierteln (Esser 2001: 15). Integration ist somit im System von Esser mit Assimilation gleichzusetzen, da es nur die Alternative zwischen Inklusion oder eben „*Total*exklusion von Menschen aus *allen* Funktionssystemen" gibt (Esser 2000: 252), dies aber in einem ganz spezifisch festgeschriebenen Modell von perfekten marktförmigen Gesellschaften. In einem Essay in der Geographischen Revue (2003) unterstreicht Esser diese migrationssoziologische Perspektive in seinem Werk: „Es gibt […] zur individuellen strukturellen Assimilation als Modell der intergenerationalen Integration keine (vernünftige) theoretische, empirische und auch wohl normative Alternative." (ebd. 20).

Systemintegration versus Sozialintegration

Für Esser ist der Begriff *Integration* „geklärt": Integration sei der „Zusammenhalt von Teilen in einem ,systemischen' Ganzen". Ein „Ganzes" könnten nach Esser Moleküle (sic!), lebende Organismen oder Bewusstseinsinhalte sein, aber auch soziale Systeme und „ganze Gesellschaften" (Esser 2001: ebd. 1). Der Gegenbegriff zu Integration ist *Segmentation*: „Dort sind die ,Teile' unabhängig und existieren jeweils für sich alleine" (ebd.). Synonyme für Integration und Segmentation sind das bivalente Begriffspaar *Inklusion* und *Exklusion* (Esser 1996: 254ff.), das Esser von Luhmann übernimmt.[3] Das unterscheidende Merkmal im

---

3   Esser grenzt sich zwar gerne verbalradikal von konkurrierenden Theorien ab, vor allem von makrosoziologischen Theorien wie dem Strukturfunktionalismus (Talcott Parsons) und vor allem von der Systemtheorie (Niklas Luhmann), übernimmt aber laufend Inhalte und Begriffe losgelöst von ihren originären Theoriezusammenhängen. Ein synkretistischer Zug ist bei Esser evident.

Verhältnis von segmentiertem Teil und integriertem Ganzen ist das Systemische, das den Zusammenhalt der Teile im „Ganzen" sichert. Nun wäre es hilfreich, wenn Esser irgendwo definieren bzw. genauer ausführen würde, was dieses
„Ganze" und das Systemische denn nun sind. Das nachfolgende Zitat zeigt, wie
unklar dieses „Ganze" gefasst ist, denn es ist nur „ein Name für die ungeplanten
Interdependenzen des Handelns der Menschen" (Esser 1996: 543). Was ist darunter vorstellbar? Produzieren die ungeplanten Interdependenzen wie die „invi-
sible hand" des Adam Smith etwa das System, das Ganze? Der augenfällige Widerspruch wird besonders deutlich in der Antinomie von Systemintegration und
Sozialintegration, den Schlüsselbegriffen seiner jüngeren Assimilationstheorie:
„Die Systemintegration einer Gesellschaft und die Sozialintegration sind logisch
und – in gewissen Grenzen wenigstens – empirisch und kausal unabhängig von
einander [...]" (Esser 2001: 6). Damit meint Esser den Gegensatz der anthropologisch gegebenen „*Abkoppelung*" kurzfristiger Orientierung im Handeln von
den langfristigen unintendierten Folgen (vgl. Esser 1996: 228) des Handelns vieler AkteurInnen. Das behauptete „Ganze" als Explanandum müsste sich gemäß
der soziologischen Erklärung von Esser aus den Bestimmungen des Explanans
ergeben. Dies hätte die Logik der Aggregation zu leisten. Esser gelingt dies aber
nicht, wie Greshoff und Schimank ausführen bleibt er „auf halbem Weg" stehen.
Die Folge davon ist, dass die Sozialintegration mit der Systemintegration nicht
vermittelbar wird, wie etwa die Studie „Integration und ethnische Schichtung"
deutlich zeigt (vgl. Esser 2001: 7–17). Es ist auch nicht erkennbar, welche Alter
native es dafür geben könnte, da der Gegensatz im Modell der soziologischen Erklärung unüberbrückbar ist. Es verwundert daher nicht, dass Esser in den 90er
Jahren leichtfüßig zum salto mortale seines methodologischen Individualismus
ansetzt um direkt im Nirwana der Systemtheorie von Luhmann zu landen. Im
„Ganzen" der Systemintegration feiert jenes fröhliche Urstände und tritt – etwas
spöttelnd ausgedrückt – als „unintendierte Folge absichtsvollen Handelns", allerdings auch vergeblichen Forschens auf.

Konkret fassbar bleiben letztlich nur die Dimensionen der Sozialintegration, die auch primär zum Anknüpfungspunkt in der wissenschaftlichen Rezeption
werden, da das Theorem „Systemintegration" selbst nicht fassbar und noch weniger operationalisierbar ist. Wie Esser landen die wissenschaftlichen RezipientInnen schlussendlich in den bivalenten Minenfeldern des methodologischen Individualismus und in den Brüchen im Modell der soziologischen Erklärung. Nun
wäre zu fragen, ob dies nicht deswegen so glatt und anstandslos über die wissenschaftliche Bühne geht, weil die wissenschaftliche Community die unausgesprochenen Implikationen des dahinter stehenden Paradigmas teilt, ohne sich dessen

allerdings bewusst zu sein? Ist die individualistisch verkürzte Perspektive ohne Gesellschafts- und Herrschaftskritik an bürgerlichen Gesellschaften, am polit-ökonomischen Regime des Neoliberalismus und High-Tech-Kapitalismus nicht Ausdruck des weltweit hegemonialen neoliberalen Paradigmas in Wirtschaft, Politik, Wissenschaft, Medien, Kultur und Freizeit? In einer Herrschaftskritik wäre das „Ganze" des Gesellschaftlichen mit seinen Widersprüchen – Ausbeutung, Rassismen, alltäglicher Diskriminierung, Hunger und Verelendung, ökologischen Desastern versus überbordendem Wohlstand einer Elite – zu vermitteln.

Paradigmen zeichnen sich durch einen „blinden Fleck" aus (vgl. Kuhn 1976). Und in der Tat kennen die hegemonialen theoretischen Strömungen der „modernen" Soziologie keine Kritik der Naturalisierung von Herrschaft im Kapitalismus. Mikrotheorien und Makrotheorien traten notwendigerweise auseinander und erscheinen doch als zwei Seiten einer Medaille, die sich über das konkrete Gesellschaftliche auf je verschiedene Weise ausschweigen. In der Dichotomie ist eine paradoxe Einheit angelegt, so wie bei Esser nicht zufällig jene von methodologischem Individualismus und Systemtheorie. Ist der blinde Fleck beider Soziologien, der sich als Verlust an Selbstreflexivität zeigt, nicht der tabuisierte Kern des Paradigmatischen? Zeugt die unausgesprochene Komplizenschaft mit den herrschenden Verhältnisse nicht vom Status einer Legitimationswissenschaft, wie dies Max Haller für die Systemtheorie vermutet? Auf Luhmann bezogen schreibt er:

> [Es] wird vielleicht erst bei näherem Hinsehen deutlich, wie gut sich die Grundidee der Ausdifferenzierung moderner Gesellschaften in autonome, von außen praktisch unbeinflußbare autopoietische Systeme auch für Legitimationszwecke eignet, insbesondere für „die Wirtschaft", die staatliche und andere „Eingriffe" zurückdrängen will. (Haller 2006: 609)

Auch die Vermutung von Joachim Bauer zur ungebrochenen medialen Prominenz von Richard Dawkins ist treffend:

> Dass sich diese Theorie (von Dawkins) – obwohl sie durch keinerlei empirische Befunde gestützt wird – seit Jahrzehnten hoher Akzeptanz erfreut, dürfte einerseits an ihrer intellektuellen Schlichtheit liegen, andererseits aber auch daran, dass sie gleichsam das biopsychologische Korrelat der angloamerikanischen (inzwischen weltweit herrschenden) Wirtschaftsordnung darstellt und diese optimal ergänzt und zu legitimieren scheint. (Bauer 2010: 149)

Gilt dies nicht auch für das allerdings nicht so schlichte MSE von Esser? Und ist der Königsweg in den Ökonomismus nicht in der herrschenden Auslegung des methodologischen Individualismus, in der Rational-Choice-Theorie angelegt? Die unsichtbare Hand führt jedenfalls Regie. Das Wirtschaftsapologetische am Werk Essers speist sich dabei nicht, wie gezeigt wurde, aus irgendwelchen vordergründigen politischen und leicht fassbaren ideologischen Gründen, vielmehr aus der Tiefenstruktur der Theorie. Esser scheitert letztendlich an der Erklärung des Systemischen, des Ganzen und der Systemintegration und greift auf „Ersatz-Ganze" zurück, wie die Systemtheorie und ökonomistische Modelle Es ist frappierend, wie sehr seine Theorie strukturell mit wesentlichen Erscheinungsformen der herrschenden neoliberalen Praxis übereinstimmt, z. B. mit folgendem von Jan Rehmann (2008) festgestellten Paradoxon:

> Sie präsentieren sich als die radikalsten Vorreiter einer umfassenden Befreiung von Handlungsfähigkeit gegenüber einem bevormundenden und bürokratischen Staat. Unermüdlich mobilisieren sie die Subjekte, indem sie sie dazu aufrufen, Initiative zu ergreifen, aktiv und schöpferisch zu sein und optimistisch an den Erfolg ihrer Bemühungen zu glauben. (...) Zugleich müssen die zu Mobilisierenden dazu angehalten werden, sich der unberechenbaren und schicksalshaften Ordnung des Marktes unterzuordnen, die die Leistungsanstrengungen so vieler regelmäßig frustriert. (ebd. 183f.)

Die Sozialintegration ruft die individuellen AkteurInnen zur „Integration" auf, während die Systemintegration ihre passive Einfügung als Assimilation in das „Ganze" arrangiert, hinter dem Rücken der AkteurInnen und über die Logik der Selektion, womit die Sozialintegration unter der Hand wieder zur Assimilation wird, unter Androhung der Strafe „Totalexklusion" bei individuellem Versagen. Der Modus der Sozialintegration verlangt zwar individuelle „Integration", dies aber unausgesprochen unter dem Vorzeichen allseitiger Konkurrenz in hochkomplexen Märkten der modernen Gesellschaften. Der Modus der Systemintegration ist aber Assimilation, und jener der Selektion im individuellen Handeln ist Maximierung, ein Kosten-Nutzen-Kalkül, womit wir wieder bei den evolutionär begründeten Märkten und modernen Gesellschaften ankommen, von denen Esser ausgeht. Im Kern ist seine „Integrationstheorie" eine hochtrabende Form von Tautologie und Apologie herrschender Gesellschaftsverhältnisse im wissenschaftlichen Gewand.

Das ökonomistische Dispositiv

Esser steht in einer klar benennbaren wirtschaftswissenschaftlichen Tradition, beginnend mit der „Schottischen Moralphilosophie" (Esser 1996: 239–244). Zu seinen Quellen zählt vor allem auch Carl Menger, Begründer der Grenznutzenschule, für Esser ein Vordenker des methodologischen Individualismus und Vorkämpfer gegen holistische Gesellschaftstheorien (Vgl. Esser 1996: 543–565). Menger gilt gemeinsam mit Friedrich von Wieser und Böhm-Bawerk als Gründer der Österreichischen Schule der Nationalökonomen. Zu ihr zählen Ludwig von Mises und vor allem Friedrich August von Hayek, die auch Männer der ersten Stunde der

1947 in der Schweiz gegründeten Mont Pèlerin Society waren, dem Vorbild hunderter neoliberaler Think-Tanks, die ab den 70er Jahren den weltweiten Siegeszug des Neoliberalismus moderiert und begleitet haben. Anwesend waren 1947 auch Walter Eucken und Wilhelm Röpke, die Begründer des deutschen Ordoliberalismus, und Milton Friedman, Begründer des Monetarismus. Damit waren die drei wesentlichen Grundlinien des Neoliberalismus an einem Ort vereint, garniert mit Karl Popper, dessen Kritischer Rationalismus ein wichtiger wissenschaftstheoretischer Ausgangspunkt Essers und des methodologischen Individualismus ist. Mit dem Ende des Bretton-Woods-Währungssystems und der ersten Ölkrise Anfang der 70er Jahre erfolgte – im Sinne von Thomas S. Kuhn – der Paradigmenwechsel: von Keynes zu den Neoliberalen; vom Realkapitalismus zum Finanzkapitalismus (vgl. Schulmeister 2010). Laut Rehman gingen

> [...] die Neoliberalen seit Beginn der 1970er Jahre dazu über, über das *Institute for Public Affairs* die konservative Partei in England und über das *American Enterprise Institute* und die *Heritage Foundation* die Republikanische Partei in den USA zu erobern. (Rehmann 2008: 171; Hervorhebungen im Original)

Politisch-praktisch verhalfen der Doktrin Margret Thatcher und Ronald Reagan zum endgültigen Durchbruch. Spätestens mit dem Fall der Mauer herrschten seither die neoliberale Hegemonie und das Primat des Finanzkapitals weltweit und unangefochten.

In die Wendezeit der 70er Jahre fallen auch nicht zufällig der Siegeszug des methodologischen Individualismus in Deutschland und der Aufstieg von Esser und Viktor Vanberg.[4] Treibel schreibt, dass es Vanberg gewesen sei, der im deutschen Sprachraum „das individualistische Programm für die Soziologie ins Gespräch brachte" (Treibel 2006: 132). Mit Vanbergs Werk „Die zwei Soziologien. Individualismus und Kollektivismus in der Sozialtheorie" (1974) war „die Dominanz der neomarxistischen Ansätze oder insgesamt der bis dahin gängigen Makrotheorien beendet" (Treibel 2006: 132). In diese theoretische Tradition ordnet sich Esser ein. Exemplarisch und konzentriert lassen sich in seiner letzten großen Publikation, „Sprache und Integration" (2006) die Auswüchse des Ökonomismus analysieren (vgl. Hetfleisch 2010). Da moderne Gesellschaften im Gegensatz zu vormoderne Gesellschaften keine „unbedingten Ungleichheiten" kennen, relativiert Esser ethnische bis rassistische Diskriminierung und Ungleichheit mit Rückgriff auf ökonomistische Theorien der Diskriminierung: Gary S. Beckers „taste for discrimination" (1982) ist zu nennen, ebenso die „statistische Diskri-

---

4   In Freiburg war Vanberg von 1995 bis 2009 Professor für Wirtschaftspolitik und von 2001 bis 2010 Direktor des Walter Eucken Instituts. Auch Hayek war in Freiburg Ordinarius für Volkswirtschaftslehre und von 1964 bis 1970 Direktor des Walter Eucken Instituts.

minierung" von Edmund S. Phelps (1972) und Kenneth. J. Arrow (1973), sowie
Kevin Langs „Diskriminierung als Transaktionskosten" (1993). In „Sprache und
Integration" greift Esser in der Analyse nicht etwa auf seine „soziologische Erklärung" zurück, sondern bedient sich ausschließlich beim Rational-Choice-An-
satz des Spracherwerbs:

> Anders als die linguistischen Modelle, beruht der Humankapital-Ansatz des Spracherwerbs
> jedoch explizit auf einem als allgemein angenommenen Prinzip des menschlichen Verhaltens:
> der Maximierung des Nutzens unter Restriktionen über den kostenträchtigen Einsatz bestimm-
> ter Ressourcen für eine längerfristig ertragreiche Investition. (Esser 2006: 69)

Gemeint ist das Alpha & Omega der „General Theory of Action", das anthropologische RREEMM-Modell des *R*esourceful-*R*estricted-*E*valuating-*E*xpecting
*M*aximizing-*M*an, womit wir wieder am Anfang der großen Erzählung Essers
wären, bei den biologischen und anthropologischen Grundlagen seiner Theorie.

Fazit

Wissenschaftliche Forschung trägt unbestritten auch eine Verantwortung für Entscheidungen, beispielsweise jene der Politik, und bei Esser ist der Status als Be-
rater und Stichwortgeber der Politik von seinem theoretischen Anspruch nicht zu
trennen: Der Herold einer „Großtheorie" beweist sich und seine Theorie seit Jahren sozusagen an der Praxis und maximiert – ganz im Sinne der eigenen Theorie
– vor allem seinen Ruf und seine Rendite auf Kosten Dritter. Die dargelegten Brüche in der Theorie haben nämlich reale Konsequenzen für die Praxis, und zwar
durchaus auch negative, vor allem für Menschen mit Migrationshintergrund. Im
bivalenten Muster von Inklusion versus Exklusion, Assimilation versus Segrega-
tion oder Marginalisierung, ethnischer Homogenität der modernen Gesellschaften
versus Ethnischen Communities als vormoderne Enklaven und Residuen, bietet
Esser die für politische Entscheidungsträger anschlussfähigen einfachen soziologischen „Erklärungen" und Grundlagen. Die ethnischen Communities, die nach
Esser quasi zu Stolpersteinen für das sonst normale „Prozessieren" der modernen,
funktional differenzierten Gesellschaft(en) werden, können nur noch als Hemm-
nis für „Integration", als ein abzuschaffendes Ärgernis aufgefasst werden. Die un-
hinterfragt immer richtige Weltsicht gewisser Mainstream-Politiker und Bürokra-
ten, die immer am Puls der Mehrheiten sind, findet in derartigen „Theorien" ihre
ebenso apodiktische Bestätigung. Da geht es – um ein Beispiel aus der Praxis zu
nennen – dann nicht um einen „banalen" Diskurs über wissenschaftliche Theori-
en auf universitären Boden, sondern um Förderung oder Nichtförderung des mut-

tersprachlichen Unterrichts für tausende SchülerInnen. Diesen hält der Soziologe Esser in „Sprache und Integration" (2006) nämlich für sinnlos und erklärt, dass der Unterricht der Erstsprache maximal nicht schädlich sei, keinesfalls aber nützlich für das Erlernen der Zweitsprache (Deutsch) – womit er Grunderkenntnissen der Sprachwissenschaften widerspricht (vgl. Osler 2006; Gogolin et al. 2006). Esser schafft darüber hinaus in einem Konglomerat an wissenschaftsideologischen Theoremen und naturalisierten ökonomischen Kategorien die zeitgemäßen und zukunftsträchtigen Grundlagen für eine moderne Ungleichheitsideologie, die den ideologischen Anforderungen des herrschenden High-Tech-Kapitalismus gerecht wird, da sie die Hierarchisierung der gesellschaftlichen Verhältnisse schein-objektiv auf meritokratische Prozesse zurückführt und damit legitimiert (vgl. Hetfleisch 2010). Der Effekte der meritokratischen Diskriminierung – nämlich die Legitimation der Hierarchisierung und Ausgrenzung der VerliererInnen in modernen Gesellschaften – ist verglichen mit offen rassistischen und ethnizistischen Konzepten der Diskriminierung ungleich effizienter, da scheinbar nicht-ideologisch: Die Existenz von Banlieus und Ghettos als exterritoriale gesellschaftliche Zentren der Verweigerung von Leistung ist damit wertfrei zu rechtfertigen. Die Randexistenzen in ethnischen Enklaven erfüllen zugleich – durch ihre bloße Existenz – ihre Funktion als permanente Drohung für LeistungsträgerInnen und jene, die es werden sollen und oft auch wollen. Hier also die LeistungsträgerInnen in „gated communities", dort die LeistungsversagerInnen in Ghettos! Durch das von Esser zugleich mitsuggerierte Bild ethnischer Enklaven und Parallelgesellschaften geistert die im Rassismus zentrale Figur segregierter, sich selbst in eigenen Strukturen reproduzierender vormoderner Kollektive, die sich ideologisch und über vormoderne Werte integrieren, in ihre Marginalität vergraben, die „uns" so laut Esser zum „Kollektivgutproblem" (vgl. Esser 2006: 553) und zum retardierenden Moment der Moderne werden. Dieses Bild hat hohe Anschlusskraft für jene, die einem „vormodernen" ethnizistischen und kulturalistischen Rassismus näher stehen. Hier einerseits der meritokratische Rassismus der Bildungsschichten und Eliten, der entideologisiert erscheint, da er in Gestalt von Leistungsgesellschaft und Ökonomismus auftritt, dort andererseits der ideologisch „vormoderne" Rassismus des Volkes! Beide Rassismen sind aber vom Gehalt her der gleiche rechtfertigende ideologische Ausdruck von Ausgrenzung und Diskriminierung zur Legitimation von gesellschaftlicher Ungleichheit.

Literatur

Arrow, Kenneth J. (1973). The Theory of Discrimination, in: *Ashenfelter*, Orley/*Rees*, Albert (Hg.): Discrimination in Labour Markets, Princeton, 3–33.

Bauer, Joachim (2010). Das kooperative Gen. Evolution als kreativer Prozess, München.

Bauer, Joachim (2011). Schmerzgrenze. Vom Ursprung alltäglicher und globaler Gewalt, München.

Becker, Gary S. (1976/1982). Der ökonomische Ansatz zur Erklärung menschlichen Verhaltens, Tübingen.

Dawkins, Richard (1976). The Selfish Gene, New York.

Esser, Hartmut (1996). Soziologie. Allgemeine Grundlagen, Frankfurt am Main/New York.

Esser, Hartmut (2000). Soziologie. Spezielle Grundlagen, Band 2: Die Konstruktion der Gesellschaft, Frankfurt am Main/New York.

Esser, Hartmut (2001). Integration und ethnische Schichtung, Mannheimer Zentrum für Europäische Sozialforschung, Arbeitspapier Nr. 40, 16, Internet: http:// www.mzes.uni-mannheim.de/ publications/wp/wp-40.pdf (Recherchedatum 20.11.2009)

Esser, Hartmut (2001b). Soziologie. Spezielle Grundlagen, Band 6: Sinn und Kultur, Frankfurt am Main/New York.

Esser, Hartmut (2003). Ist das Konzept der Assimilation überholt? in: Geographische Revue 2003(5), 5–22.

Esser, Hartmut (2006). Sprache und Integration. Die sozialen Bedingungen und Folgen des Spracherwerbs von Migranten, Frankfurt am Main.

Fassmann, Heinz (2006). Der Integrationsbegriff: missverständlich und allgegenwärtig – eine Erläuterung, in: *Oberlechner*, Manfred (Hg.): Die missglückte Integration? Wege und Irrwege in Europa, Wien.

Fassmann, Heinz (2010). Integrationsindikatoren des Nationalen Aktionsplans für Integration, Wien.

Flinn, Mark V./*Alexander*, Richard D. (1982). Culture Theory: The Developing Synthesis from Biology, Human Ecology, in: Biology and Culture Vol. 10, No. 3 (Sep. 1982), 383–400.

Gogolin, Ingrid/*Neumann*, Ursula/*Reich*, Hans H./*Roth*, Hans-Joachim/*Schwippert*, Knut (2006). Eine falsche Front im Kampf um Sprachförderung. Stellungsnahme des FÖRMig- Programmträgers zur aktuellen Zweisprachigkeitsdebatte, Hamburg. Internet: http:// www.blk-foermig. uni-hamburg.de/web/de/all/mat/pm/index.html (Recherchedatum 28.10.2007)

Greshoff, Rainer/*Schimank*, Uwe (Hg.) (2006). Integrative Sozialtheorie? Esser – Luhmann – Weber, Wiesbaden. Internet: http://www.google.at/search?q=Die+integrative+Sozialtheorie+von+Hart mut+Esser+Rainer+Greshoff+und+Uwe+Schimank&ie=utf-8&oe (Recherchedatum 15.10.2011)

Güngör, Kenan/*Riepl*, Edith (2008). Einbeziehen statt einordnen. Zusammenleben in Oberösterreich. Integrationsleitbild des Landes OÖ, Linz.

Haller, Max (2006). Soziologische Theorie im systematisch-kritischen Vergleich, Wiesbaden.

Hayek, Friedrich August von (1960). The Constitution of Liberty, Chicago.

Herczeg, Petra (2011). Massenmedien und Integration, Kommunikationswissenschaftliche Fragestellungen und Perspektiven, in: *Fassmann*, Heinz/*Dahlvik*, Julia (Hg.): Migrations- und Integrationsforschung – multidisziplinäre Perspektiven. Ein Reader, Göttingen, 211–232.

Hetfleisch, Gerhard (2011). Das kurze Jahrzehnt der Integrationsdebatte in Österreich, in: *Medda-Windischer*, Roberta/*Hetfleisch*, Gerhard/*Mayer*, Maren (Hg.): Migration in Südtirol und Tirol. Analysen und multidisziplinäre Perspektiven, Bozen, 34–55.

Hetfleisch, Gerhard (2010). Die Märkte kennen keine Ehre und keine Kultur. Hartmut Esser: Soziologe, Integrationstheoretiker, neoliberaler Ideologe, in: *Oberlechner*, Manfred/*Hetfleisch*, Gerhard (Hg.): Integration, Rassismen und Weltwirtschaftskrise, Wien, 97–125.

Kron, Thomas/*Winter*, Lars (2006). Zum bivalenten Denken bei Max Weber, Niklas Luhmann und Hartmut Esser, in: *Greshoff*, Rainer (Hg.): Integrative Sozialtheorie? Esser – Luhmann – Weber, Wiesbaden, 489–514.

Kuhn, Thomas (1976). Die Struktur wissenschaftlicher Revolutionen, Frankfurt am Main.

Lang, Kevin (1993). Language and Economists' Theories of Discrimination, in: Eastman, Carol M. (Hg.): Language in Power. Special Issue of the International Journal of the Sociology of Language, 165–183.

Nauck, Bernhard (2009). Sozialtheorie und Gesellschaftstheorie – ein problematisches Verhältnis, in: *Hill*, Paul/*Kalter*, Frank/*Kopp*, Johannes/*Kronenberg*, Clemens/*Schnell*, Rainer (Hg.): Hartmut Essers Erklärende Soziologie. Kontroversen und Perspektiven, Frankfurt am Main, 289–317.

Osler, Leona Cecile (2006). Evaluation neuerer Studien zum Thema Mehrsprachigkeit. Eine kritische Untersuchung der 2006 erschienen Studie *Sprache und Integration*, Zeitschrift für Interkulturellen Fremdsprachenunterricht 13(1), Internet: http://zif.spz.tu-darmstadt.de/jg-13-1/beitrag/Osler1.htm (Recherchedatum: 15.10.2011)

Phelps, Edmund S. (1972). The Statistical Theory of Racism and Sexism, in: American Economic Review 62, 659–661.

Rehmann, Jan (2008). Einführung in die Ideologietheorie, Hamburg.

Schulmeister, Paul (2010). Die große Krise im Kontext des „langen Zyklus" der Nachkriegszeit, in: *Oberlechner*, Manfred/*Hetfleisch*, Gerhard (Hg.): Integration, Rassismen und Weltwirtschaftskrise, Wien, 1–34.

Tomasello, Michael (2009). Die Ursprünge der menschlichen Kommunikation, Frankfurt am Main.

Treibel, Annette (2006). Einführung in soziologische Theorien der Gegenwart. 7. Aktualisierte Auflage, Wiesbaden.

Weiss, Hilde (Hg.) (2007). Leben in zwei Welten. Zur sozialen Integration ausländischer Jugendlicher der zweiten Generation, Wiesbaden.

Wimmer, Andreas (2009). Hartmut Essers Assimilationsmodell zwischen empirischer Sozialforschung und makrosoziologischer Theorie, in: *Hill*, Paul/*Kalter*, Frank/*Kopp*, Johannes/*Kronenberg*, Clemens/*Schnell*, Rainer (Hg.): Hartmut Essers Erklärende Soziologie. Kontroversen und Perspektiven, Frankfurt am Main, 318–348.

Migration – Recht – Citizenship.
Potentiale und Grenzen eines kritischen Diskurses

Henrik Lebuhn

Einleitung

Der Begriff „citizenship" bildet eine zentrale Kategorie in der Migrationsforschung. Während er im Deutschen umgangssprachlich meist mit „Staatsbürgerschaft" übersetzt und damit auf die Frage „Pass oder nicht?" verengt wird, ist der Begriff im Englischen weitaus vielschichtiger. Zwar wird er auch hier als Bezeichnung für die „Staatsangehörigkeit" benutzt, darüber hinaus bezieht er sich jedoch auf die Frage nach gesellschaftlichen Teilhaberechten bzw. Teilhabepolitiken. Im Anschluss an den englischen Soziologen T.H. Marshall ermöglicht der citizenship-Begriff ein differenziertes Verständnis von sozialer, politischer, ökonomischer und kultureller Teilhabe am gesellschaftlichen Leben – das wiederum betrifft sowohl MigrantInnen als auch StaatsbürgerInnen. Ein zentrales Argument dieses Artikels ist es, dass der citizenship-Begriff sich aus diesem Grunde hervorragend dazu eignet, eine Gegenperspektive zum hegemonialen Integrationsdiskurs zu eröffnen, der gerade nicht den gesellschaftlichen Ausschluss und die Diskriminierung von MigrantInnen als Problem identifiziert, sondern die MigrantInnen selbst als politisches Problem konstruiert.

Normativ-politisch legen sozialwissenschaftliche Beiträge, die aus Marshalls citizenship-Perspektive argumentieren, es oft nahe, die Forderung nach einem „Recht auf Rechte" (Hannah Arendt) unabhängig von der Staatsangehörigkeit zu vertreten. Nicht die formale Staatsbürgerschaft, sondern der materielle Lebensmittelpunkt gilt vielen kritischen WissenschaftlerInnen als Kriterium für den Zugang zu gesellschaftlichen Ressourcen: Alle Menschen, die zusammen an einem bestimmten Ort leben und dort am Alltag partizipieren, sollen auch die gleichen Rechte und Pflichten haben. Besonders in der Debatte um die Einrichtung und Kodifizierung von Rechten auf der Ebene der Stadt – *urban* oder *local citizenship* – betonen AutorInnen wie Rainer Bauböck die positiven Effekte gegenüber der Verknüpfung von Rechten und nationaler Zugehörigkeit: „An urban citizenship that is emancipated from imperatives of national sovereignty and homogeneity may become a homebase for cosmopolitan democracy" (Bauböck 2003: 157). Auch aus diesem Grund ist die citizenship-Debatte für die kritische Migrationsforschung hoch interessant.

Allerdings ist der Begriff auch mit einigen Fallstricken verbunden, denn das Recht ist eine Kategorie der bürgerlichen Gesellschaft. Letztinstanzlich ist es stets der Nationalstaat, der als Garant von Teilhabepolitiken und -rechten auftritt – auch wenn die lokale und die supranationale Ebene zunehmend an Bedeutung gewinnen. Der Staat aber befindet sich im Zentrum der Konstitution nationaler Identitäten und materieller Grenz- und Ausschlusspraktiken. In gewisser Weise ließe sich also argumentieren, dass hier versucht wird, den „Teufel mit dem Beelzebub auszutreiben". Darüber hinaus steht die Gleichheit vor dem Gesetz notwendigerweise im Widerspruch zur materiellen Ungleichheit der Menschen im Kapitalismus, und zu den Ideologien, die die politische und soziale Ungleichheit legitimieren: Nationalismus, Sozialchauvinismus und Rassismus. Gerade unter den Bedingungen von Sozialstaatsabbau und Prekarisierung gewinnen diese ideologischen Figuren an Bedeutung und fungieren als Organisationsprinzipien von Verteilungskämpfen. Diese Dynamiken liegen jedoch nicht unbedingt im Fokus des citizenship-Begriffs und müssten theoretisch-konzeptionell besser gefasst werden, wenn dieser für die kritische Migrationswissenschaft nutzbar gemacht werden soll.

Daher möchte ich hier argumentieren, dass der citizenship-Begriff zwar ein großes kritisches Potential besitzt, aus einer gesellschaftstheoretischen und vor allem gesellschafts*kritischen* Perspektive muss er jedoch auch auf seine Ambivalenzen, Widersprüche und Schwachstellen hin befragt werden. Ziel einer solchen Diskussion sollte es sein, gesellschaftskritische Positionen in der Analyse und in der politischen Praxis zu stärken, und den citizenship-Diskurs über eine legalistische Forderung nach „mehr Rechten" hinauszutreiben. Dazu will dieser Aufsatz einen Beitrag leisten.

Im Folgenden sollen unterschiedliche Facetten des citizenship-Begriffs vorgestellt und diskutiert werden. Ich konzentriere mich zunächst auf den citizenship-Begriff, so wie er ursprünglich bei T.H. Marshall entwickelt wurde und auf den sich die Migrationsforschung und auch andere sozialwissenschaftliche Debatten bis heute beziehen.[1] Detaillierter soll es dann unter anderem um die jüngeren Debatten um *local* bzw. *urban citizenship* gehen, d. h. um die Diskussionen um städtische Teilhabepolitiken und deren lokale Kodifizierung, denn diese scheinen mir für die kritische Migrationsforschung besonders interessant. Abschlie-

---

[1]   Eine erschöpfende Darstellung der citizenship-Debatte(n) bzw. eine kritische Rezeptionsgeschichte kann hier allerdings nicht geleistet werden.

ßen möchte ich mit dem Hinweis, dass vor allem auf der Schnittstelle zwischen Wissenschaft und politischem Aktivismus Anknüpfungspunkte für eine kritische Reformulierung des citizenship-Begriffs existieren und die Migrationsforschung hier konzeptionelle und diskursive Anleihen machen kann, um den kritischen Gehalt des citizenship-Begriffs weiter zu entwickeln. An diesem Beispiel soll dann auch noch einmal explizit gemacht werden, was eine *kritische* Migrationsforschung – in Abgrenzung zum wissenschaftlichen „Normalbetrieb" – eigentlich auszeichnet.

Citizenship, Migration und das Recht auf Teilhabe

Staatsbürgerschaft, Teilhaberechte und gesellschaftliche Kohärenz

Wie bereits erwähnt, lassen sich mindestens zwei Bedeutungen des Citizenship-Begriffs voneinander unterscheiden. Zum einen lässt er sich mit „Staatsbürgerschaft" übersetzen und bildet damit die Grundlage für Arbeiten, die sich mit der Frage der Staatsangehörigkeit im engeren Sinne auseinandersetzen (einen Überblick bieten Bloemraad et al. 2008). Wie wird nationale Zugehörigkeit rechtlich kodiert? Wer gilt als StaatsbürgerIn und wer nicht? Wie wird die Staatsbürgerschaft erworben? Welche Rechte und Pflichten gehen mit der Staatsbürgerschaft einher? Und wie lassen sich unterschiedliche Ausprägungen von Staatsbürgerschaft – vor allem das jeweils spezifische Zusammenspiel der Prinzipien ius sanguinis versus ius soli – erklären? Zum anderen bezieht sich der citizenship-Begriff in der Tradition von T.H. Marshall auf die Frage gesellschaftlicher Teilhabe. In seinem 1950 veröffentlichen Essay „Citizenship and Social Class" (Marshall 1950/2006) ging es Marshall gerade nicht (nur) um die Frage der Staatsangehörigkeit. Vielmehr unterschied er zwischen der formalen Zugehörigkeit zu einer politischen Gemeinschaft einerseits und den damit verbundenen Rechten auf gesellschaftliche Teilhabe andererseits. Marshall wies darauf hin, dass Bürgerrechte ab dem 18. Jahrhundert erst nach und nach durchgesetzt wurden: „The story of civil rights in their formative period is one of the gradual addition of new rights to a status that already existed" (Marshall 1950/2006: 31). Neben dem Recht auf politische Teilhabe – vor allem dem aktiven und dem passiven Wahlrecht – betrachtete Marshall die zivilen und die sozialen Rechte. Er unterschied also systematisch zwischen unterschiedlichen Dimensionen gesellschaftlicher Teilhabe und argumentierte darüber hinaus, dass zwischen der formalen (Staats-)Bürgerschaft und dem substantiellen Gehalt von Rechten eine Lücke klaffte, die historisch erst schrittweise geschlossen wurde. Nur wenn eine umfassende Teilhabe in allen gesellschaftlichen Bereichen gewährleistet ist, lässt sich auch von „full citizenship" sprechen, so Marshall.

Die Forderung nach umfassenden Bürgerrechten für alle Menschen – unabhängig von deren legalem (Aufenthalts-)Status – ist politisch hochaktuell. Sie wird in der wissenschaftlichen und öffentlichen Debatte auch durchaus vertreten, und zwar nicht nur im linksradikalen Spektrum. Die Bindung von sozialen, politischen und kulturellen Rechten an die Staatsangehörigkeit wird in der Regel deswegen kritisiert, weil sie notwendigerweise ein Demokratiedefizit hervorbringt. Ein großer Teil der Wohnbevölkerung – nämlich diejenige Bevölkerung, die sich im nationalstaatlichen Territorium dauerhaft aufhält, aber nicht die Staatsbürgerschaft besitzt – ist von der Politik bzw. den Gesetzen betroffen ohne Einfluss auf diese nehmen zu können (zumindest via aktivem und passivem Wahlrecht; diese Problematik wird im Folgenden noch einmal speziell für die lokale Ebene aufgegriffen). Diese Kritik konfrontiert den Nationalstaat und das Staatsbürgerschaftsprinzip mit den eigenen demokratischen Ansprüchen. Eine weitergehende Auseinandersetzung mit dem herrschaftlichen Zusammenhang zwischen „Staat, Nation und Volk" und der Idee von „Gesellschaft als Nation" bleibt allerdings meist aus. Darüber hinaus geht es den KritikerInnen des Demokratiedefizits oftmals gar nicht so sehr um die Benachteiligung von MigrantInnen. Vielmehr wird aus einer gesamtgesellschaftlichen Perspektive argumentiert: Angesichts der Tatsache, dass viele MigrantInnen von substantiellen Rechten wie dem Wahlrecht, der Reisefreiheit, dem Zugang zu Bildungsinstitutionen und zu öffentlichem Wohnraum usw. ausgeschlossen bleiben – während ihre NachbarInnen mit dem „richtigen" Pass alle diese Rechte völlig selbstverständlich wahrnehmen – fürchtet man (nicht ohne Grund) um den sozialen und politischen Frieden in der Gesellschaft. Genau diese Perspektive ist aber hoch problematisch. Wenn es in der Problemwahrnehmung um den (nationalen und kapitalistischen) gesellschaftlichen Zusammenhalt geht, wenn nicht der soziale und politische Ausschluss, sondern eine mögliche Legitimitätskrise des Systems das Problem darstellt, und wenn das Verhältnis zu den betroffenen MigrantInnen dabei instrumentell bleibt, geht jeglicher kritischer Impetus verloren. So schreibt der Berliner Beauftragte für Migration und Integration, Günter Piening, der ansonsten eine im deutschen Kontext vorbildliche Integrationspolitik vorantreibt:

> Die gleichwertige Teilhabe an der Verteilung von Macht und Ressourcen ist Voraussetzung dafür, dass sich Menschen als Bürger und damit als gleichberechtigter Teil eines demokratischen Gemeinwesens fühlen. *Sie stiftet Identität mit dem politischen System und schafft die Grundlage für seine Legitimation.* (Piening 2010: 63, Hervorhebung durch den Autor)

Der Verweis auf die soziale Kohärenz, die Piening hier „herausrutscht", ist symptomatisch für diesen Diskurs. Wieviel Ausschluss verträgt eine Gesellschaft? Und wann wird Ausschluss zum systemischen Problem? Aus einer gesellschaftskritischen Perspektive gilt es diese Position scharf zu kritisieren, denn die Vergabe von Rechten an MigrantInnen ist hier nur Mittel zum Zweck. Stattdessen gilt es aus Sicht der Betroffenen zu argumentieren.[2] Speziell die Diagnose einer politischen Legitimationskrise darf nicht als Problem des sozialen bzw. gesellschaftlichen Zusammenhaltes behandelt werden, sondern sollte vielmehr im Hinblick auf Möglichkeiten der politischen Mobilisierung, des kollektiven Widerstands und Perspektiven der gesellschaftlichen Transformation diskutiert werden.

Citizenship versus Integration

Aus heutiger Perspektive besteht eine der zentralen Leistungen Marshalls in der Unterscheidung zwischen formalen und substantiellen Rechten, denn damit werden eine Reihe von Anknüpfungspunkten für aktuelle Phänomene der Transnationalisierung wie auch der Aushöhlung sozialstaatlicher und demokratischer Teilhabe gelegt. So stellen etwa Holston und Appadurai fest, dass formale Staatsangehörigkeit („membership in a nation-state") heute immer weniger als notwendige oder ausreichende Bedingung dafür gelten kann, dass man auch alle gesellschaftlichen Teilhaberechte („substantive citizenship") genießt (vgl. Holston/Appadurai 1999: 4). Umgekehrt bedeutet das erstens, dass bis auf das an die Staatsbürgerschaft geknüpfte nationale Wahlrecht alle Rechte auch an MigrantInnen vergeben werden könn(t)en. Zweitens heißt das, dass MigrantInnen und StaatsbürgerInnen in ähnlicher Art und Weise von der Frage betroffen sind, welchen Schutz politische, soziale, kulturelle und andere Rechte ihnen vor den Risiken und Nebenwirkungen des kapitalistischen Nationalstaates bieten können. Drittens lässt sich auf der Grundlage der Unterscheidung zwischen der formalen Rechtsebene und dem materiellen Gehalt von Rechten der neoliberale Ab- und Umbau sozialstaatlicher Teilhabepolitiken analysieren: zum Beispiel wenn der rechtliche Anspruch auf ein Existenzminimum nicht etwa abgeschafft, sondern via Hartz IV bis zur Unkenntlichkeit verstümmelt wird; oder wenn MigrantInnen ihren ge-

---

2 An dieser Stelle gilt es (selbstkritisch) darauf hinzuweisen, dass eine Perspektive „aus der Sicht der Betroffenen", wie sie hier gefordert wird, sowohl methodologisch als auch politisch nicht unproblematisch ist. Zumindest kann sie schnell als ein Versuch gelesen werden, politische Positionen und Widerstandpotentiale pauschal in eine sehr heterogene Gruppe hineinzuinterpretieren. Andererseits mögen die sozialen, kulturellen und politischen Hintergründe sowie der rechtliche Status von MigrantInnen zwar höchst unterschiedlich sein, dies ändert jedoch nichts an den wirkmächtigen Zuschreibungen, denen sie unterliegen. Die Forderung nach einer migrantischen Perspektive meint daher zunächst und vor allem, sich mit der „Dominanzgesellschaft" (Rommelspacher) ausdrücklich zu entsolidarisieren.

setzlichen Anspruch auf Sozialhilfe nicht wahrnehmen (können), weil ihnen dadurch die Einbürgerung verunmöglicht würde.

An dieser Stelle wird allerdings auch deutlich, inwiefern Marshalls 1950 publiziertes Essay historisch-spezifisch ist und einer Aktualisierung bedarf (vgl. Bottomore 1992: 65). Migrationspolitische Aspekte oder auch Fragen kultureller oder genderspezifischer Rechte findet man in Marshalls Essay bestenfalls in Ansätzen. Der neoliberale Abbau bzw. die Aushöhlung von Rechten lag vermutlich fernab seiner Vorstellungskraft. Sozialismus stand auf der Tagesordnung. Selbst die kapitalistischen Zentren mussten sich nach dem Zweiten Weltkrieg in der Konkurrenz zum Ostblock als die besseren, d. h. nicht zuletzt auch die sozialeren Systeme beweisen. Heute hat sich der Kontext und die Stoßrichtung der citizenship-Debatte in mindestens dreierlei Hinsicht geändert: Erstens muss die Frage gesellschaftlicher Teilhabe vor dem Hintergrund der (neoliberalen) Krise des Wohlfahrtsstaates, struktureller Arbeitslosigkeit und sozialer Ausgrenzungsprozesse diskutiert werden. Zweitens stellen sich mit den aktuellen Dynamiken internationaler bzw. transnationaler Migration auch neue Fragen von Zugehörigkeit, Teilhabe und Diversität. Drittens verschieben sich im Prozess der ökonomischen und politischen Globalisierung die Ebenen, auf denen politische, soziale und kulturelle Rechte bereitgestellt werden. Es verändern sich die Kompetenzen und Machtverhältnisse zwischen nationalen Regierungen, supranationalen Institutionen und der lokalen Ebene.

Vor diesem Hintergrund könnte ein aktualisierter citizenship-Begriff einen wichtigen Beitrag dazu leisten, in den aktuellen Diskurs über „Migration als Problem" zu intervenieren: Denn wenn es um citizenship geht, muss man eben nicht unbedingt davon sprechen, was „die MigrantInnen" alles leisten sollen, um sich zu integrieren, und was „wir" ihnen vielleicht anbieten könnten, damit „ihnen" die Integration auch gelingt. Stattdessen fokussiert der Begriff auf die Frage nach Ein- und Ausschluss, auf den tatsächlichen Gehalt von Rechten, auf Teilhabe und Partizipation und – nicht zu vergessen – auch auf das Recht darauf, *nicht* zu partizipieren. Aus dieser Perspektive lässt sich der Versuch, MigrantInnen vom Zugang zu öffentlichen Ressourcen auszuschließen, unter anderem als Versuch der Ethnisierung von Verteilungskonflikten zwischen Klassen und innerhalb von Klassen entschlüsseln. Zugleich wird auch die Gemeinsamkeit von StaatsbürgerInnen und MigrantInnen betont, wenn sie nämlich als Lohnabhängige in ähnlicher Art und Weise von Umverteilungspolitiken betroffen sind. In jedem Fall legt der citizenship-Begriff im Sinne Marshalls es nahe, gesellschaftliche Teilhabe nicht als „Belohnung für eine gelungene Integration/Assimilation" zu betrachten, und die Unterscheidung zwischen AusländerIn versus StaatsbürgerIn dabei stets vorauszusetzen und zu reproduzieren, sondern Teilhabe quer dazu als Problem der Aneignung und Verteilung der gesellschaftlichen Ressourcen und als Frage sozialer Ungleichheit zu diskutieren.

„[W]ir leben in einer Phase, in der das Zusammenleben von Menschen unterschiedlicher Herkunft zu einer allseits anerkannten Tatsache geworden ist, und nun die Verhandlungen über die Partizipationschancen der Neu-BürgerInnen begonnen hat," so Birgit Rommelspacher.

> Bei diesen Aushandlungen geht es primär um Verteilungskonflikte in Bezug auf die Teilhabe am Reichtum, auf den Zugang zu Bildung, politischem Einfluss und öffentlicher Repräsentanz. Diese Konflikte werden nun in erster Linie als kulturelle definiert, also als solche, die darauf verweisen, dass „die Fremden" nicht richtig in die Gesellschaft passten und deshalb auch nicht dieselben Ansprüche stellen können. So werden die ungleichen Ausgangsbedingungen festgeklopft und den berechtigten Ansprüchen ihre Legitimität entzogen. Der „Kulturkampf" erweist sich so als Kampf um Partizipationschancen. (Rommelspacher 2009: 451).

Hier müsste die Diskussion um citizenship schließlich auch um das Konzept der Intersektionalität erweitert werden (für eine kurze Einführung siehe Kerner 2010), denn gesellschaftliche Teilhabe lässt sich nicht auf Dichotomien à la *StaatsbürgerIn versus MigrantIn* oder *Arbeit versus Kapital* reduzieren. Stattdessen müsste citizenship auch im Hinblick auf das Verhältnis zwischen unterschiedlichen Teilhaberechten und dem Zugang zu Öffentlichkeit oder auch Staatsbürgerrechten und Kategorien wie Geschlecht und/oder Behinderung/NichtBehinderung diskutiert werden. Eine solche Perspektive auf citizenship verweigert sich der Konstruktion ethnischer Identitäten und Grenzen und betont stattdessen die vielschichtigen Formen der Exklusion an den Schnittstellen des Rechts, sowie das dynamische Zusammenwirken unterschiedlicher sozialer Kategorien im Hinblick auf gesellschaftliche Teilhabe und Ausschluss.

Die lokale Dimension von Teilhaberechten

Während Einreisebestimmungen, die Vergabe eines Aufenthaltsstatus und der Erwerb der Staatsbürgerschaft zentralstaatliche Angelegenheiten sind, werden die Rahmenbedingungen für das alltägliche Leben in hohem Maße auf der lokalen Ebene geprägt. In diesem Kontext wird in den letzten Jahren verstärkt die Einrichtung und Gewährleistung von Teilhabepolitiken, aber auch die Ausschlussdynamiken auf der Ebene der Stadt bzw. der Nachbarschaft diskutiert. In der deutschsprachigen Literatur schlägt sich dies unter anderem in der sogenannten „Exklusionsforschung" nieder, die explizit nach den stadträumlichen Effekten sozialer Ausgrenzung und Benachteiligung fragt (Häußermann et al. 2004; Kronauer 2002). Exklusion bezeichnet dabei, so Martin Kronauer, einen Prozess, der die Desintegration am Arbeitsmarkt und die Auflösung sozialer Bindungen umfasst und als Verlust von Teilhabemöglichkeiten am gesellschaftlichen Leben beschrieben werden kann (vgl. Kronauer 2002: 43). Seit den 1990er Jahren wird in diesem Kontext auch eine intensive Debatte um die Chancen und Grenzen sozialpolitischer Programme geführt, die der Benachteiligung, vor allem auch von Menschen mit einem Migrationshintergrund, lokal entgegenwirken sollen (Krummacher 2003). In Deutschland verfolgt zum Beispiel das Bundesprogramm „Soziale Stadt" diesen Ansatz. KritikerInnen weisen freilich darauf hin, dass es in vielerlei Hinsicht selbst ein Kernstück des neoliberalen Umstrukturierungsprozesses von (Sozial-)Staatlichkeit darstellt. Gesellschaftliche Großprobleme wie strukturelle Arbeitslosigkeit, Armut und Diskriminierung werden auf Nachbarschaftsebene „verarztet"; über eine „aktivierende Lokalpolitik" sollen die Betroffenen befähigt werden, „sich selber aus dem Sumpf (selbstverschuldeter) Armut und Abhängigkeit zu ziehen" (so Volker Eick zitiert nach Lanz 2009).

Dass die Frage von Teilhabepolitiken eine stark lokale Dimension besitzt – bzw. diese vor dem Hintergrund der Verschiebung von Machtverhältnissen zwischen unterschiedlichen politischen Ebenen und dem neoliberalen Rückzugs und Umbau des Zentralstaates mehr und mehr erhält –, spiegelt sich nicht zuletzt in den Ausdrücken *local citizenship* bzw. *urban citizenship* wider (Garcia 1996; Holston 1999; 2001; Bauböck 2003). Gemeint ist „Stadtbürgerschaft" oder auch „Wohnbürgerschaft" im Sinne einer lokal-spezifischen Verankerung von Rechten und Pflichten, die den Zugang zu öffentlichen Gütern, Diensten und Ressourcen, die Prozedere der politischen Teilhabe, die Anerkennung kultureller Identitäten usw. kodifiziert und reguliert.

Inwieweit Formen von *local citizenship* sich von Stadt zu Stadt voneinander unterscheiden – also die Frage, in welchem Maße MigrantInnen und StaatsbürgerInnen ein lokales Recht auf gesellschaftliche Teilhabe besitzen – hängt nicht zuletzt auch davon ab, wieviel Unabhängigkeit Städte und Kommunen im politischen System ihres jeweiligen Landes genießen, und welche Handlungsspielräume es gibt, um eine mehr oder weniger autonome Politik „vor Ort" zu machen. In den USA zum Beispiel, wo das föderale Prinzip stark ausgeprägt ist, unterscheiden sich Lokalpolitiken zum Teil erheblich voneinander. Hier können Städte sogar versuchen, Bundesgesetze durch lokale Verwaltungsrichtlinien zu unterlaufen oder offen zu konterkarieren. Gerade auf dem Feld der Migrations- und Integrationspolitik haben sich dabei in den vergangenen Jahren extreme Gegensätze entwickelt. Alle 50 US-amerikanischen Bundesstaaten erlassen mittlerweile eigene Gesetze, die den Umgang mit MigrantInnen regeln sollen. 2008 wurden insgesamt 1.305 solcher Gesetze in den Parlamenten diskutiert, die Gesetze und

Verwaltungsrichtlinien der Städte und Gemeinden noch gar nicht mitgerechnet.[3] Viele Städte, besonders die liberalen Küstenmetropolen, weigern sich, die Aufenthaltspapiere „ihrer StadtbürgerInnen" zu kontrollieren. Sie verweigern die Kooperation mit den Bundes- und Grenzbehörden und deklarieren sich als *Sanctuary Cities*, als „sichere Häfen" für MigrantInnen, unabhängig von deren legalem Status. Gleichzeitig erlassen konservative Bundesstaaten, Städte und Gemeinden in den USA zum Teil drakonische Gesetze und diskriminierende Richtlinien gegen MigrantInnen: HausbesitzerInnen werden verpflichtet, ihre MieterInnen nach Aufenthaltspapieren zu fragen, bei Verkehrskontrollen wird standardmäßig auch der Aufenthalthaltsstatus überprüft, öffentliche Einrichtungen dürfen ihre Formulare und Broschüren nur noch auf Englisch drucken usw. An diesem Beispiel wird nicht nur die lokale Dimension von Teilhaberechten deutlich, es zeigt sich auch, dass lokale Migrationspolitik nicht unbedingt progressiver sein muss als Bundespolitik. Es kommt eben immer darauf an, welche AkteurInnen sich im politischen Prozess mit welchen Interessen durchzusetzen vermögen.

Im deutschsprachigen Raum wird die Debatte um *local citizenship* nicht zuletzt auch im Rahmen der Idee der „Wohnbürgerschaft" diskutiert, die auf das aktive und passive Wahlrecht auf kommunaler Ebene abstellt. Das Wahlrecht soll dabei von der nationalen Staatsbürgerschaft entkoppelt und stattdessen über den Wohn- bzw. Lebensmittelpunkt erworben werden. Gerade für AusländerInnen ohne EU-Pass bleibt dies jedoch weiterhin höchst umstritten. So wurde 2002 in Wien von SPÖ und Grünen eine Novelle beschlossen, nach der Nicht-EU-BürgerInnen, die seit fünf Jahren ohne Unterbrechung in Wien ihren Hauptwohnsitz haben, ihre BezirksvertreterInnen (und damit den oder die BezirksvorsteherIn) wählen dürfen. Darüber hinaus hätten Nicht-EU-BürgerInnen auch als BezirksrätInnen kandidieren können. Doch bereits 2004 wurde dieser Vorstoß auf Grund der von den Wiener Landesgruppen von FPÖ und ÖVP gemeinsam eingebrachten Beschwerde vor dem Verfassungsgerichtshof (VfGH) wieder aufgehoben. In den EU-Mitgliedsstaaten besteht ein kommunales Wahlrecht, das weder auf bestimmte Personengruppen noch auf bestimmte Territorien des jeweiligen Staates beschränkt ist, derzeit nur (oder vielleicht sollte man lieber sagen: immerhin) in Belgien, Dänemark, Estland, Finnland, Irland, Luxemburg, den Niederlanden und Schweden, sowie in Island und Norwegen (Bauer 2008: 11).

Citizenship und soziale Kämpfe

Eine der Schwachstellen des citizenship-Begriffs besteht darin, dass er kaum auf die gesellschaftlichen Konflikte abstellt, die sich im Recht widerspiegeln

---

3   http://www.ncsl.org (Recherchedatum 19.01.2011).

und ihm zu Grunde liegen. In Marshalls Essay erscheint die historische Durchsetzung von Rechten als geradezu linearer Prozess, der sich merkwürdig losgelöst von den realen politischen Kämpfen des 19. und 20. Jahrhunderts vollzieht.
Zwar diskutierte Marshall durchaus den Widerspruch zwischen einer auf sozio-
ökonomische Partizipation ausgerichteten Politik sozialer Rechte und den in der
Struktur des Kapitalismus angelegten Klassenunterschieden. Nicht umsonst wähl-
te er für seinen Essay den Titel „Citizenship and Social Class". In neueren citi-
zenship-Arbeiten wird immer wieder auf die Ungleichbehandlung verschiedener
MigrantInnengruppen hingewiesen, z.B. die Unterscheidung zwischen StaatsbürgerInnen, EU-BürgerInnen und Drittstaatsangehörigen sowie die weitergehende Abstufung nach mehr oder weniger prekären Aufenthaltstiteln (siehe z.B.
Garcia 1996: 11ff.). Aber eine kritische Theoretisierung des Rechts selbst, seiner Funktionen und Konstitutionsbedingungen im Kontext kapitalistisch-natio-
nalstaatlicher Politik, findet selten statt. Die Ambivalenzen nationaler, regionaler
und lokaler Teilhabepolitiken bzw. die Frage nach den dahinter liegenden Kon-
flikten und politischen Mobilisierungen unterschiedlicher AkteurInnen bleiben
oft unterbelichtet. Auch in der oben erwähnten „Exklusionsforschung" wird ihnen meist wenig Beachtung geschenkt.

Rechtlich kodifizierte Zugangsbedingungen zu öffentlichen und privaten
Ressourcen und die gesetzliche Regulierung von Arbeit, Bildung, Gesundheits-
versorgung usw. lassen sich jedoch oft als Konflikte um die Verteilung des gesellschaftlichen Reichtums entschlusseln. Das klassische Beispiel dafür bildet die bei
Marx diskutierte (historische) Durchsetzung der gesetzlichen Regelung der Län-
ge des Arbeitstages (MEW 23: 245–320). Hier wurde die unmittelbare Auseinandersetzung zwischen ArbeiterInnen und KapitalistInnen um das Maß an ökonomischer Ausbeutung (lies: Klassenkampf) allgemeinverbindlich (lies: rechtlich)
geregelt. Damit wurden ArbeiterInnen und FabrikbesitzerInnen gleichermaßen
vor der Überausbeutung und letztinstanzlich der Zerstörung der Ware Arbeitskraft geschützt, sowie auch der alltägliche Konflikt um die Ausbeutung der Arbeit von den Fabriken in einen geregelten und rechtlich kodifizierten Ablauf unter
staatlicher Obhut gebracht. Weniger offensichtlich ist die politische und soziale
Konfliktdimension des Rechts in Bereichen wie etwa der Stadt- und Wohnungs-
politik. Aber auch sozialräumliche Konflikte um Wohnraum, Stadtplanung, kommunale Versorgungseinrichtungen, die Privatisierung öffentlicher Räume, Güter
und Dienstleistungen usw. müssen, wie David Harvey es formuliert, als Teil des
Akkumulationsprozesses des Kapitals und als Ausdruck von Klassenkämpfen interpretiert werden (Harvey 1989). Um bei diesem Beispiel zu bleiben: Die Frage,
ob MigrantInnen den gleichen Zugang zum öffentlichen Wohnungsbau erhalten

wie StaatsbürgerInnen, oder ob sie von günstigem Wohnraum ausgeschlossen bleiben und evtl. sogar auf dem privaten Wohnungsmarkt eine Zuschlag zahlen müssen, die der oder die VermieterIn je nach Marktlage und gesetzlicher Mietregelung aufschlagen kann, hat eine zutiefst klassenspezifische Dimension. Denn hier überlagern sich Dynamiken von rassistischem Ausschluss und privater Profitwirtschaft. Letztinstanzlich manifestieren sich diese Dynamiken in Form von (Ausländer-)Recht und Gesetz.

Darüber hinaus gilt es sich stets zu vergegenwärtigen, dass (Teilhabe-)Rechte nicht vom Himmel fallen. Sie wurden und werden erkämpft und verhandelt, eingeschränkt und ausgebaut. Sie sind der Ausdruck gesellschaftlicher Kräfteverhältnisse. Aus der citizenship-Perspektive sollte es daher immer auch um die Frage kollektiver Interessen, sozialer Bewegungen und politischer Mobilisierungen gehen. James Holston hat dafür den Begriff „insurgent citizenship" geprägt: „rebellisches citizenship" oder auch „citizenship von unten". In diesem Sinne muss die citizenship-Forschung, wenn sie einem gesellschaftskritischen Anspruch genügen will, das Recht stets historisieren. Sie muss nach den Bedingungen seiner Entstehung und den Möglichkeiten seiner Veränderung fragen, sonst geht sie einem ahistorischen und fetischisierten Rechtsbegriff „auf den Leim".

Schlussbemerkungen

„Citizenship" bildet für die kritische Migrationsforschung eine diskursive Herausforderung. Denn einerseits besitzt der Begriff das Potential, die derzeit vorherrschende Perspektive auf „Migration als Problem" zu verschieben, und stattdessen die materiellen Ungleichheiten zwischen StaatsbürgerInnen und MigrantInnen und die strukturellen Bedingungen der Teilhabe und des Ausschlusses am gesellschaftlichen Leben in den Mittelpunkt der Diskussion zu stellen. Diskursstrategisch ist der Begriff nicht zuletzt deswegen attraktiv, weil er im Mainstream der Sozialwissenschaften und vor allem auch in der Migrationsforschung bereits anerkannt und fest verankert ist; es muss also kein gänzlich neuer Begriff aufgebaut werden, um eine kritische Gegenperspektive zu eröffnen. Andererseits ist der Begriff, wie ich zu zeigen versucht habe, nicht unproblematisch, blendet er doch in seiner gängigen Variante wichtige Dimensionen von Macht und Herrschaft aus. In diesem Sinne wäre es fatal, einen bürgerlichen Rechtsbegriff unmittelbar in die kritische Migrationsforschung zu integrieren.

Daran lässt sich auch noch einmal grundlegend verdeutlichen, worin die Anforderungen an eine Migrationsforschung bestehen, die sich als kritisch versteht, und eine Gegenperspektive zum wissenschaftlichen „Normalbetrieb" entwickeln will. Sie muss bis in die verwendeten Begriffe und Konzepte hinein eine Forschungsperspektive entwickeln, die darauf abstellt, den normativen Rahmen des kapitalistisch verfassten Nationalstaates und seiner politischen und geographischen Grenzen in Frage zu stellen – d. h. hier: Migration jenseits der Prämissen von Migrationssteuerung und Integrationsdispositiv zu denken. In diesem Sinne muss kritische Migrationsforschung sich selbst und ihre Grundlagen stets reflektieren und immer auch eine *Kritik der Migrationsforschung als Herrschaftswissenschaft* leisten. Oder, um es mit Foucault auszudrücken:

> Wenn man die Frage der Erkenntnis im Hinblick auf die Herrschaft aufzuwerfen hat – so doch wohl vor allem aufgrund eines entschiedenen Willens nicht regiert zu werden, jenes entschiedenen Willens – einer individuellen und zugleich kollektiven Haltung, aus seiner Unmündigkeit herauszutreten [...]. (Foucault 1992: 41)

Anknüpfungspunkte für eine kritische Reformulierung des Citizenship-Begriffs gibt es bereits, und zwar vor allem auf der Schnittstelle zwischen kritischer Wissenschaft und politischem Aktivismus. So lancierte das Netzwerk Kritische Migrationsforschung (Kritnet) im Oktober 2010 einen öffentlichen Aufruf mit dem Titel „Demokratie statt Integration", in dem die Forderung nach „gleichen Rechten für alle" gegen den von Thilo Sarrazin und anderen geführten rassistischen (Des-)Integrationsdiskurs in Stellung gebracht wurde:[4] „Demokratie heißt, dass alle Menschen das Recht haben, für sich und gemeinsam zu befinden, wie sie miteinander leben wollen. Die Rede von der Integration ist eine Feindin der Demokratie." Ebenfalls im Herbst 2010 erschien in Wien der Aufruf „Ausschluss Basta!" mit einer ganz ähnlichen politischen Stoßrichtung.[5] Beide Aufrufe schließen an bereits bestehende Initiativen wie z. B. das 1997 gegründete Netzwerk „Kein Mensch ist illegal" oder auch die Kampagne für „globale soziale Rechte" an. Im Hinblick auf die spezifisch städtische Dimension von citizenship lohnt darüber hinaus der Blick auf die „Recht auf Stadt" Bewegung. Das Label „Recht auf Stadt" hat sich in den vergangenen Jahren vor allem in US-amerikanischen Städten, aber auch in vielen europäischen Städten, zu einem wichtigen Bezugspunkt für unterschiedliche soziale Bewegungen und zu einem Leitbegriff für die kritische Stadtforschung entwickelt. Die damit verbundenen Debatten reichen von Fragen der (Anti-)Gentrifizierung, über partizipative Stadtplanung, gender-spezifische Perspektiven (z. B. auf Sexarbeit in der Stadt) bis hin zur Überwachung und Kontrolle im öffentlichen Raum. Zwar sind migrationspolitische Themen in der „Recht auf Stadt" Bewegung bislang noch wenig präsent, doch gibt es vielfältige thematische Überschneidungen mit Antirassismus-, Menschen- und Bür-

---

4   http://www.demokratie-statt-integration.kritnet.org (Recherchedatum 25.02.2011)
5   http://ausschlussbasta.wordpress.com (Recherchedatum 25.02.2011)

gerrechtsinitiativen. Im Kontext der citizenship-Debatte ist an der „Recht auf Stadt" Bewegung vor allem interessant, dass sie sich nicht auf ein legalistisches Rechtskonzept bezieht. „Recht" meint hier vielmehr: soziale Gerechtigkeit, politische Autonomie und kollektive Selbstbestimmung. „The right to the city is not merely a right of access to what already exists, but a right to change it after our heart's desire", wie David Harvey feststellt (Harvey 2003: 939). Damit erhält die Forderung nach „mehr Rechten" einen utopischen Moment und wird zum Dreh- und Angelpunkt sozialer und politischer Kämpfe, die über das bürgerliche Recht und die bürgerliche Gesellschaft selbst hinausweisen. Eine solche Stoßrichtung gilt es auch für den citizenship-Begriff zu entwickeln. Dann könnte er in der Tat einen Brückenschlag zwischen unterschiedlichen gesellschaftskritischen Ansätzen und Debatten bilden und zu einem wichtigen „Baustein" der kritischen Migrationsforschung werden.

Literatur

Bauböck, Rainer (2003). Reinventing Urban Citizenship, in: Citizenship Studies, 7. Jg(2), 139–160.

Bauer, Werner T. (2008). Das kommunale Ausländerwahlrecht im europäischen Vergleich, Beitrag im Rahmen der Konferenz des GK Migration und Integration der FES am 16. Februar 2008 in Bonn zum Thema „Politische Partizipation von Einwanderern". Internet: http://www.fede/wiso/pdf/integration/2008/160208/beitrag_bauer.pdf (Recherchedatum 02.09.2011)

Bloemraad, Irene/*Korteweg*, Anna/*Yurdakul*, Gökce (2008). Citizenship and Immigration: Multiculturalism, Assimilation, and Challenges to the Nation-State, in: Annual Review of Sociology, Nr. 34, 153–175.

Bottomore, Tom (1992). Citizenship and Social Class, Forty Years On, in: *Marshall*, T.H./*Bottomore*, Tom (Hg.): Citizenship and Social Class, London, 55–93.

Foucault, Michel (1992). Was ist Kritik? Berlin.

Garcia, Soledad (1996). Cities and Citizenship, in: International Journal for Urban and Regional Research (IJURR), 20. Jg, 1996(1), 7–21.

Harvey, David (1989). The Urban Process under Capitalism: A Framework for Analysis, in: *Harvey*, David (Hg.): The Urban Experience, Oxford, 59–89.

Harvey, David (2003). The Right to the City, in: International Journal of Urban and Regional Research, 27. Jg, Nr. 4, 939–941.

Häußermann, Hartmut/*Kronauer*, Martin/*Siebel*, Walter (Hg.) (2004): An den Rändern der Städte, Frankfurt am Main.

Holston, James (Hg.) (1999). Cities and Citizenship, London.

Holston, James (2001). Urban Citizenship and Globalization, in: *Scott*, Allan J. (Hg.): Global City-Region Trends, Theory, Policy, Oxford/New York, 325–348.

Holston, James/*Appadurai*, Arjun (1999). Introduction: Cities and Citizenship, in: *Holston*, James (Hg.): Cities and Citizenship, Durham/London, 1–18.

Kerner, Ina (2010). Intersektionalität, in: Peripherie, 30. Jg, Nr. 118/119, 312–314.

Kronauer, Martin (2002). Exklusion. Die Gefährdung des Sozialen im hochentwickelten Kapitalismus, Frankfurt am Main.

Krummacher, Michael (2003). Soziale Stadt – Sozialraumentwicklung – Quartiersmanagement. Herausforderungen für Politik, Raumplanung und soziale Arbeit, Opladen.

Lanz, Stephan (2009). Powered by Quartiersmanagement: Füreinander Leben im „Problemkiez", in: dérive. Zeitschrift für Stadtforschung, Nr. 31, 28–31

Marshall, T.H. (1950/2006). Citizenship and Social Class, in: *Pierson*, Christopher (Hg.): The Welfare State Reader, Cambridge/Malden, 30–39.

Marx, Karl/*Engels*, Friedrich (1969). Das Kapital. Kritik der politischen Ökonomie. Erster Band, Berlin (zit. MEW 23).

Piening, Günter (2010). Wahlrecht statt Kulturkampf, in: Berliner Republik, Nr. 5/2010, 62–64.

Rommelspacher, Birgit (2009). Islamkritik und antimuslimische Positionen – am Beispiel von Necla Kelek und Seyran Ateş, in: *Schneiders*, Thorsten Gerald (Hg.): Islamfeindlichkeit: Wenn die Grenzen der Kritik verschwimmen, Wiesbaden, 433–455.

Die fehlende Debatte um Diskriminierungsformen im Bildungssystem in Österreich und Deutschland

Claus Melter / Erol Karayaz

In Österreich und Deutschland wird seit langem sowohl die Effizienz des Bildungswesens debattiert als auch die ungleichen Bildungserfolge von Schüler_innen[1], die als mit Migrationsgeschichte oder mit Migrationshintergrund gelten, und solchen, die als einheimisch bzw. ohne Migrationsgeschichte/-hintergrund[2] gelten. Es werden bildungs- und migrationspolitische Diskussionen geführt, Förderpläne konzipiert und realisiert, argumentiert wird dabei in der Regel im Gestus des Wissens anhand überzeugender Theorien und anscheinend klarer empirischer Befunde. Heike Diefenbach, die Forschungsergebnisse im Bereich Migration und Bildung für Deutschland zusammengeführt und analysiert hat, konstatiert jedoch, dass oft ungleiche staatsbürgerliche oder geburtsortbezogene und familiengeschichtliche Definitionen der Gruppe der *ausländischen Schüler_innen* existieren, die Gruppe der Schüler_innen *mit Migrationshintergrund* dieser ungeprüft additiv als gleichrangig hinzugefügt wird und in Summe „die Menge und die Qualität der Informationen, die für eine Beschreibung und Analyse der schulischen Situation von Kindern und Jugendlichen aus Migrantenfamilien zur Verfügung stehen, völlig unzureichend" (Diefenbach 2010: 158) ist. Gleiches gilt für Österreich (vgl. Melter et al. 2012). Die wenigen Erkenntnisse legen ein vorsichtiges Sprechen nahe und drängen auf eine Verbesserung der Forschungsquantität und -qualität.

Diefenbach verortet in der Bildungsforschung zwei Ebenen bzw. Erklärungsansätze:

> Zunächst sind diejenigen Erklärungen zu nennen, die sich auf die individuelle Ebene beziehen, d. h. die Nachteile der Kinder und Jugendlichen aus Migrantenfamilien durch deren Eigenschaften oder diejenigen ihrer Familien oder durch deren Entscheidungen zu erklären versuchen.

---

1   Zur geschlechterreflexiven Schreibweise des Unterstrichs (Schüler_innen) vgl. Steffen Kitty Herrmann (s_he) 2003.

2   In der Regel wird die Bildungssituation von Menschen „mit Migrationsgeschichte", „mit Behinderung" und geringerem wirtschaftlichen Einkommen separat thematisiert. Gemeinsam ist den Debatten die Kulturalisierung und Individualisierung von sozialen Ungleichheiten (vgl. Kessl et al. 2007) und im Bereich Behinderung besonders der Einfluss des diagnostischen und medizinischen Blicks (vgl. Schönwiese 2007).

> Auf dieser Ebene kann man wiederum danach unterscheiden, ob Aspekte der Herkunftskultur, der schichtspezifischen Kultur oder Aspekte der Migrationssituation als erklärungskräftig postuliert werden. Auf der zweiten Ebene bewegen sich Erklärungen, die auf Merkmale der Schule als Institution abstellen. Diesbezüglich lassen sich Erklärungen, die Kontextbedingungen des Schulbesuchs und -erfolgs thematisieren, von Erklärungen unterscheiden, die Prozesse der Diskriminierung in den Vordergrund stellen. Dabei sind hier nicht individuelle Akte der Diskriminierung von Interesse; vielmehr sind aus ungleichheits- und bildungstheoretischer Sicht Aspekte struktureller Diskriminierung interessant, die aus der Beschaffenheit der vorhandenen Institutionen bzw. ihrer Funktionsweise selbst resultieren und daher gewöhnlich unbeabsichtigt und unbewußt erfolgen. (Diefenbach 2010: 89)

Die dominante Migrationsforschung und darauf fußende Integrationsprogramme folgen fast ausnahmslos dem individualisierenden Ansatz und delegieren die Verantwortung für Bildungsungleichheit fast komplett an die Schüler_innen mit Migrationshintergrund, ihre Familien und ihre „Kulturen" sowie ihre – oder unsere, je nach Position der Sprechenden und Identifikation – Bildungsaspirationen und familialen Sprachpraxen. Esser, einer der in Deutschland prominentesten Spracherwerbs- und Migrationsforscher, auf dessen Theorien die dominante Integrationspolitik auch in Österreich weitestgehend beruht,[3] betont die hohen Bedeutung der „Landessprache" für den Bildungserfolg und schreibt im Anschluss daran:

> Der Erwerb der Landessprache als Zweitsprache der MigrantInnen wird durch eine Reihe von Faktoren beeinflusst. Dazu gehören Bedingungen im Herkunfts- und Aufnahmeland, die Existenz und Struktur einer ethnischen Gemeinde sowie – besonders bedeutsam – die individuellen und familiären Lebensbedingungen sowie die besonderen Umstände der Migration. Als besonders wirksame Faktoren erweisen sich das Einreisealter und die Aufenthaltsdauer im Einwanderungsland sowie für die Kinder das Einreisealter und die Sprachfertigkeiten der Eltern. Eine höhere Bildung der MigrantInnen selbst bzw. ihrer Eltern begünstigt das Erlernen der Zweitsprache deutlich. (Esser 2006: 4)

Neben der unhinterfragten Setzung *einer* Sprache als „Landessprache" und der Konstruktion „ethnischer Gemeinden" zeigt sich in diesem Zitat die alleinige Fokussierung auf Aspekte, die mit der Migration und den „Migrant_innen" zusammenhängen. Diefenbach stellt jedoch zu den bis 2007 vorliegenden Forschungen zu Sprache und Bildungserfolg von Schüler_innen mit Migrationsgeschichte fest: *„Es zeigte sich, dass für das Argument der mangelnden Deutschkenntnisse bislang nicht viel mehr als seine hohe Plausibilität spricht."* (Diefenbach 2010: 163; Hervorhebung im Original)

Andere auf Kontext- und Diskriminierungsaspekte ausgerichtete Erklärungs- und Forschungsansätze werden in der medialen und politischen Öffentlichkeit,

---

3   Kritisch in Bezug auf Esser: Hetfleisch 2010, kritisch in Bezug auf Integration: Mecheril 2011.

aber auch in der Migrationsforschung weniger diskutiert. Dazu zählt unter anderem der Ansatz der institutionellen Diskriminierung. Hierzu schreibt Diefenbach:

> Gomolla & Radtke haben mit ihrer einschlägigen und in dieser Form in Deutschland bislang einzigartigen Studie den Nachweis darüber erbracht, dass Kinder und Jugendliche aus Migrantenfamilien aufgrund der Eigenlogik der Schulen geschuldeter Entscheidungen an verschiedenen Schwellen innerhalb der Schullaufbahn diskriminiert werden [...]. Damit ist die Existenz institutioneller Diskriminierung belegt; wie weit sie verbreitet ist, bleibt offen. Weil Schulen aber in vergleichbare bildungspolitische und gesellschaftliche Kontexte eingebettet sind und daher insgesamt ähnliche Probleme haben dürften, ist anzunehmen, dass sie auch ähnliche Lösungen für ihre Probleme finden und praktizieren werden. Wichtig ist das Ergebnis der Studie von Gomolla & Radtke, nach dem Schulen im Rahmen ihrer diskriminierenden Entscheidungen auf Argumentationsfiguren zurückgreifen, die der Erklärung durch eine defizitäre Herkunftskultur oder der humankapitaltheoretischen Erklärung entnommen sind, d. h. sie begründen ihre Entscheidungen durch die „fremde" Kultur der Kinder aus Migrantenfamilien oder durch die eher schlechte soziale Lage ihrer Familien. *Auf diese Weise können potentielle Erklärungen für die schulischen Nachteile von Kindern und Jugendlichen aus Migrantenfamilien im Rahmen einer anderen Erklärung zu Legitimationszwecken ge- und missbraucht werden.* (Diefenbach 2010: 162, Hervorhebung im Original)

Am Ende ihrer Übersicht bilanziert Diefenbach:

> Eine abschließende Zusammenschau der verschiedenen Erklärungen und ihrer Befunde ergab ein vergleichsweise düsteres Bild:
>
> 1. Die Forschungslage ist insgesamt unbefriedigend, weil unzureichend.
>
> 2. Erklärungen sind teilweise nicht testbar, weil es in Deutschland keine entsprechenden Daten gibt.
>
> 3. Die Ergebnisse bezüglich der Erklärungen, auf die am häufigsten rekurriert wird, weil sie offenbar vielen hochplausibel erscheinen, sind eher ernüchternd.
>
> 4. Es gibt bislang kein statistisches Modell, mit dessen Hilfe es gelungen wäre, den Effekt des Schülermerkmals „Ausländer" oder „Migrationshintergrund" zum Verschwinden zu bringen.
>
> 5. Es gibt Hinweise darauf, dass Effekte vor allem von Kontextmerkmalen und der Entscheidungspraxis der Schulen ausgehen, also von Größen, die bildungspolitisch beeinflussbar wären, aber eben auch bildungspolitisch sensibel sind. (Diefenbach 2010: 163)

Wie kommt es, dass Bildungspolitiker_innen, Forscher_innen, Komunalpolitiker_innen, aber auch Schulbehörden und Lehrer_innen mit überzeugtem Gestus klare Ursachen und Lösungen darstellen, obwohl es wenig belastbare Forschungsergebnisse gibt? Wie kommt es, dass die Faktoren bei den Schüler_innen mit (zugeschriebener) Migrationsgeschichte und Ihren Familien und Lebensumfeldern einseitig hervorgehoben werden und Fragen von institutioneller und struktureller Diskriminierung kaum beforscht und beachtet werden? Welche Argumente werden dafür benutzt? Um diese Fragen zu beantworten soll in diesem Beitrag mit dem Anspruch der Diskriminierungsreflexivität als Teil einer kritischen Migrationsforschung, hinsichtlich der Schüler_innen „mit Migrationsgeschichte" folgendes nachgezeichnet und zur empirischen Untersuchung empfohlen werden:

a. ob und wie Diskriminierungsprozesse in den Bildungssystemen und von ihren Akteur_innen praktiziert werden;

b. ob und wie diese Diskriminierungstatsache geleugnet wird, wie dies geschieht und wie die Argumente widerlegt werden können;

c. was die Gründe für das Beharren der Systeme und der Akteur_innen auf diese Diskriminierungspraxen sind;

d. was gegen Bildungsungerechtigkeit getan werden kann.

Diskriminierung von Personen mit Migrationsgeschichte wird dabei in Anlehnung an die Definition von institutionellem Rassismus definiert als

> […] von Institutionen/Organisationen (durch Gesetze, Erlasse, Verordnungen und Zugangsregeln sowie Arbeitsweisen, Verfahrensregelungen und Prozessabläufe) oder durch systematisch von Mitarbeiter_innen der Institutionen/Organisationen ausgeübtes oder zugelassenes ausgrenzendes, benachteiligendes oder unangemessenes und somit unprofessionelles Handeln gegenüber ethnisierten, rassialisierten, kulturalisierten Personen oder Angehörigen religiöser Gruppen sowie gegenüber so definierten „Nicht-Deutschen" oder Nicht-Christen. (Melter 2006: 27)

Mechthild Gomolla, eine der führenden Forscher_innen im Bereich institutionelle Diskriminierung, weist auf das Allgemeine Gleichbehandlungsgesetz der Bundesrepublik Deutschland und die dortige Definition von Benachteiligung[4] hin, die anhand Richtlinien der Europäischen Union entwickelt wurde:

> Neben dem Tatbestand der unmittelbaren Diskriminierung werden Formen der mittelbaren Diskriminierung geahndet, d. h. „wenn dem Anschein nach neutrale Vorschriften, Kriterien oder Verfahren Personen, die einer Rasse[5] oder ethnischen Gruppe angehören, in besonderer Weise benachteiligen können" (EU 2000a, Art. 2, Abs. 2 a, b; vgl. auch den entsprechenden Passus im AGG § 3, Abschnitt 2). Damit werden Ungleichheitseffekte – ohne von unmittelbar diskriminierenden Absichten und Einstellungen der Akteure auszugehen – mit institutionellen Handlungskontexten als Problemursache in Beziehung gesetzt. (Gomolla 2010b: 62)

Bedeutsam ist im Kontext dieses Artikels, dass nicht primär bestimmte (diskriminierende) Einstellungen, Motivationen oder Absichten der Handelnden im Fokus stehen, sondern die angewandten Argumentationsmuster und vor allem die Ergebnisse von Handlungen in institutionellen Kontexten.

---

4 Im Gegensatz zu den europäischen Richtlinien wird nicht von Diskriminierung gesprochen.
5 In europäischen Richtlinien wird der Begriff „Rasse" trotz seiner empirischen Widerlegung nicht unter Anführungszeichen gesetzt, da in anglophonen Kontexten der Konstruktionscharakter (Rassialisierung) selbstverständlicher mitgedacht wird (vgl. Mecheril/Melter 2011).

Diskriminierungsprozesse in Bildungssystemen: Praxen und Argumente einer Verleugnung

Die Möglichkeit oder Praxis von institutioneller Diskriminierung wird in der Regel trotz empirischer Hinweise für ihr Bestehen wenig untersucht (vgl. Gomolla 2010b: 61) oder geleugnet. Vielmehr werden, auch in der gängigen Migrationsforschung, zumeist einseitig Defizite bestimmter Gruppen fokussiert, aber die Herstellung bzw. Nicht-Beseitigung dieser Defizite ausgeblendet.

> Die vorherrschende einseitige Fokussierung auf die Frage der „Fähigkeiten" oder „Kompetenzen" der SchülerInnen „mit Migrationshintergrund" stellt dann einen Ausdruck dominanter politischer und gesellschaftlicher Verhältnisse dar, wenn nicht die bildungsinstitutionellen Voraussetzungen, die den Erwerb zum Beispiel des Vermögens, Deutsch zu sprechen, zum Thema werden und weiterhin, wenn nicht der Maßstab, an dem zwischen anerkannten und weniger anerkannten „Fähigkeiten" und „Kompetenzen", kritisch betrachtet wird. (Melter et al. 2012)

Die (mögliche) Diskriminierung durch die Bildungssysteme in Österreich und Deutschland wird oftmals wissenschaftlich und politisch verschleiert, vermindert oder relativiert. Paraphrasiert lauten die (belegten) Rechtfertigungs- und Delegationsargumentationen, die sich sowohl in methodologischen Herangehensweisen, der Nicht-Berücksichtigung und Auswahl von Forschungsthemen[6] als auch in den öffentlich präsentierten Ergebnissen zeigen:

a. Es liegt nur an den Schüler_innen und Arbeits- und Ausbildungsplatzsuchenden sowie an deren wenig förderndem familiären und sozialen Umfeld, dass sie nicht so erfolgreich sind.

b. Der Bildungserfolg wird von Schüler_innen mit Migrationsgeschichte vor allem wegen der fehlenden Sprachkompetenzen im Deutschen nicht erreicht.

c. Wenn der Kindergarten „schulfähige Kinder" in die Schule schicken würde, wäre der Bildungserfolg aller Schüler_innen gleich.

d. Schule fördert, bewertet und überweist alle Schüler_innen in individueller und fairer Weise.

e. Die Organisation des Schulsystems fördert, bewertet und sortiert entlang der realen und potentiellen Fähigkeiten der Schüler_innen.

f. Im Ausbildungsplatz- und Arbeitsmarktsystem haben alle entsprechend ihrer Leistungsnachweise und Fähigkeiten die gleichen Chancen.

g. Wir, die Lehrer_Innen und in den Behörden, machen bereits alles für eine gerechte Förderung, aber die anderen verhindern dies.

---

6   Z. B. Studien in Österreich: Weiss/Unterwurzacher 2007; Nationaler Aktionsplan für Integration 2010; Studien in Deutschland: Esser 2006; Rabold et al. 2008; Krüger/Deppe 2010.

Im Gegensatz zu den genannten Argumentationen gibt es mittlerweile auch einige diskriminierungsreflexive Forschungen (vgl. Gomolla 2010a; 2010b), die allerdings kaum von institutionell-politischer Seite in der Weise rezipiert werden, dass Diskriminierung als möglicherweise wichtiges Problem erforscht, anerkannt und systematisch zu überwinden gesucht wird.

Belege für Diskriminierungspraxen und Gegenargumente

Es gibt zahlreiche Gründe, warum die oben genannten Aussagen falsch oder sehr ergänzungsbedürftig sind. International vergleichende Studien wie TIES (vgl. Herzog-Punzenberger/Schnell 2011) oder PISA (vgl. Huisken 2006) belegen, dass durch individuelle Didaktik, Ganztagsbeschulung und gemeinsame Beschulung bis zur achten Klasse, der Einfluss bzw. die interaktive Bedeutsam-Machung von Unterschieden (z. B. sprachliche Fähigkeiten zum Zeitpunkt der Einschulung, soziale und familiäre Unterschiede, auch in Bezug auf Einkommens- und Fördermöglichkeiten) irrelevant werden. Zudem ist es eine zentrale Aufgabe der Schule, Gruppen von heterogenen Schüler_innen so zu fördern, dass sich Lernprozesse und Veränderungen der Leistungsstände so vollziehen, dass alle individuell möglichst gut und möglichst viel lernen (vgl. Gogolin 2008: 58). Es gibt keine ethnisch oder klassenbezogen unterschiedlich verteilte Intelligenz (vgl. Sezgin 2011). Wenn das Bildungssystem Bildungserfolg und Zeugnisse interaktiv so herstellt, dass der Erfolg einer klassen-, behinderungs- und migrationsbezogenen Einteilung folgt, dann ist dies institutionelle Diskriminierung. Real verhindern von Lehrer_innen *bedeutsam gemachte* Unterschiede wie Einkommensverhältnisse oder Migrationsgeschichte der Eltern, zugeschriebene Behinderung sowie im System erzeugte Barrieren den gleichen Leistungserfolg dieser Gruppen. Finanziell geringe Fördermöglichkeiten für Bildungsmaterialen[7] und Nachhilfe dürfen nicht bedeutsam werden. Es ist gemäß dem Bildungsauftrag Aufgabe der Schule, *in der Schule* alle Kinder individuell zu fördern, ungleiche Startpositionen und ungleiche Eingangsfähigkeiten auszugleichen sowie die Entwicklung der Potentiale der Schüler_innen bestmöglich zu unterstützen und distributive Ungerechtigkeit (vgl. Zirfas 2008: 14ff.) zu vermeiden. Zirfas unterscheidet

> [...] die Verteilungsungerechtigkeit, die Tauschungsungerechtigkeit, die Verfahrensungerechtigkeit, die Teilhabeungerechtigkeit, die Beteiligungsungerechtigkeit, politische, finanzielle, kulturelle, juristische, ökologische und soziale Ungerechtigkeiten, die Ungerechtigkeit der Geschlechterverhältnisse, die der Alterskohorten und Altersklassen, die Risikoungerechtigkeit,

---

7   Dies ist in Österreich besser geregelt als in Deutschland.

die anamnetische (die Anamnese betreffende, Anm. C.M.) und proleptische (vorwegnehmende; Anm. C.M.) Ungerechtigkeit. (Zirfas 2008: 8)[8]

Alle Formen von Ungerechtigkeit werden – zum Teil verwoben mit anderen Differenzlinien und Ungerechtigkeitsformen – in den Bildungssystemen in Österreich und Deutschland in Bezug auf Klassen-, Migrations- und Behinderungsverhältnisse realisiert.

Die Schulsysteme in Österreich und Deutschland arbeiten weiterhin mit monolingualem Habitus (Gogolin), sie nehmen die Sprachen der Migrationsgesellschaft nicht oder nicht ausreichend didaktisch in den Unterreicht auf; Lehrer_innen werden im Studium didaktisch und spracherwerbstheoretisch nicht ausreichend ausgebildet und es mangelt oft an der Bereitschaft, diese Versäumnisse z. B. im Bereich Deutsch als Zweitsprache nachzuholen. Zudem gibt es eine Form des Neo-Linguizismus (Dirim 2010), der die deutsche Sprache als einzig bedeutsame für den Schulkontext darstellt und andere Sprachen nicht fördert oder auch abwertet – Ausnahmen sind zum Teil Englisch, Französisch und Spanisch. Zudem ist die Leistungs- oder Leistungspotentialabwertung eine verbreitete soziale Praxis, wie İnci Dirim aus einem Interview zitiert: „Wenn man mit Akzent spricht, denken die Leute, dass man auch mit Akzent denkt oder so" (Dirim 2010).

Diverse Studien belegen, dass Schüler_innen mit zugeschriebener oder realer wirtschaftlicher Armut, Migrationsgeschichte und/oder Behinderung trotz gleicher Leistungen nicht so gut bewertet werden oder nicht auf höhere, besser angesehene Schulen überwiesen werden wie als „normal" angesehene Mittel- und Oberschichtskinder ohne Behinderung und ohne Migrationsgeschichte (Gomolla/Radtke 2009). Dies bedeutet nicht automatisch, dass Lehrer_innen und Schule immer diskriminieren, aber wenn es organisatorische Herausforderungen gibt, bei denen selektiert werden soll, wird auf klassen-, migrations- und behinderungsbezogene Erklärungen zurückgegriffen. In einem Schulsystem, das weitgehend hierarchisch in unterschiedliche Schulformen wie Normal- und Sonderschulen selektiert (vgl. Muñoz 2007), können Lehrer_innen gar nicht anders, als Schüler_innen unterschiedliche Bildungs-, Arbeits- und Lebenschancen zuzuweisen – so wird zumindest oft in Fachdebatten argumentiert. Da der Mythos der Meritokratie („es wird nach Leistung der Einzelperson bewertet") aufrechterhalten werden soll, werden bei Bedarf Kriterien benutzt, die nicht leistungs- und individuumbezogen sind. Untersuchungen von Helena Flam (2009) oder Martina Weber (2003) und Martina Seemann (2007) für Deutschland, von Susanne Binder (2004) für Österreich oder Studien aus den USA belegen, dass es miteinander verwobe-

---

8   Zu Fragen dekonstruktiver Gerechtigkeit vgl. Biesta 1998 und zur Frage repräsentativer Gerechtigkeit vgl. Castro Varela/Dhawan 2007

ne geschlechts-, klassen- und migrationsbezogene Zuschreibungen von Lehrer_
innen zur angeblichen Leistungsfähigkeit der Schüler_innen gibt (vgl. Gomolla
2007). So wird zwischen den „normalen" und nicht-behinderten, muttersprach-
lich Deutsch sprechenden und somit als leistungsfähig eingestuften Schüler_innen
einerseits, und den als „nicht-normal" und defizitär betrachteten anderen unterschieden. Fähigkeiten in anderen Sprachen als Deutsch werden in der Regel nicht
wahrgenommen, nicht wertgeschätzt und noch weniger als Teil der Schulleistung
einbezogen und gefördert. In Bezug auf Behinderung belegen viele Studien, dass
eine inklusive Schule den Schul- und Arbeitsmarkterfolg der Schüler_innen mit
Behinderung nachweisbar besser fördert als separierende „Förder"-Schulen (vgl.
Eckhart et al. 2011; Edel 2009). Soll Schule also für alle sein? Gilt der Satz „Wir
lassen kein Kind zurück!"? In den aktuellen Schulsystemen in Österreich und
Deutschland gilt dieser Satz nicht.

Die Schüler_innen und wir wissen um die Zuschreibungen, Abwertungen
oder Positivwertungen der Lehrer_innen. „Stereotye threat", die Bedrohung durch
Stereotype, bezeichnet

> „[…] die Angst davor, dass die eigenen Leistungen auf Basis von negativen Stereotypen über
> die eigene Gruppe beurteilt und deshalb für unzulänglich befunden werden könnten." (Scho-
> field 2006). Untersuchungen in vielen Ländern bestätigen, dass „stereotype threat" in Bezug
> auf den nationalen Hintergrund und Attribute wie niedriger sozioökonomischer Status oder
> geringe Kenntnisse der Schulsprache wahrgenommen wird. Die Bedrohung durch negati-
> ve Stereotype beeinträchtigt die Leistung in Situationen, in denen sie wahrgenommen wird,
> durch gesteigerte Ängste und den Abzug kognitiver Ressourcen für Gedanken oder die Unter-
> drückung von Gedanken, die sich um das Negativ-stereotypisiert-Werden drehen. Sie produ-
> ziert ferner eine Reihe von selbst-behindernden Verhaltensmustern, die erfolgreiches Lernen
> langfristig untergraben. Hierzu zählen v. a. mangelnde Bereitschaft, schwierigere Aufgaben
> anzugeben; verminderte Leistungserwartungen; das Schaffen von Entschuldigungen für an-
> tizipiertes Versagen, die nichts mit dem Stereotyp zu tun haben; die Attribution von Prob-
> lemursachen auf Dinge, über die man keine Kontrolle hat, statt persönliche Verantwortung
> zu übernehmen – was dazu führt, dass wichtige Informationen, um Leistung zu verbessern,
> verloren gehen. Eine verbreitete Reaktion besteht auch im Versuch das Selbstwertgefühl zu
> schützen, indem sich Betroffene vom bedrohlichen akademischen Bereich psychologisch di-
> stanzieren." (Gomolla 2010a)

Die Schüler_innen, die von Lehrer_innen und der Gesellschaft als nicht-normal
angesehen werden, wissen um die rassistischen auf männliche Schüler bezogenen Zuschreibungen als Machos, potentielle Gewalttäter und Terroristen und als
potentiell frauenverachtend. Herwartz-Emden et al. schreiben dazu:

> Zusammengenommen gilt für die Männer aus verschiedenen Migrantengruppen (konkret
> Männer türkischer Herkunft, aus dem Nahen und Mittleren Osten und [Spät-] Aussiedler),
> dass ‚[…] bei allen angenommenen Differenzen zwischen den drei Gruppen – neben stereoty-

pen Annahmen zur jeweiligen Ethnizität eine Männlichkeit zugeschrieben wird, welche sich durch gewalttätiges Handeln, Kriminalität, Frauenabwertung, ein übersteigertes Körperbewusstsein, protziges Auftreten und Cliquen-/Bandenbildung äußert. (Stecklina, 2007, S. 177), (Herwartz-Emden et al. 2010: 185)

Die jugendlichen Schüler_innen wissen in Deutschland um die Bilder über Mädchen aus der Türkei oder dem Nahen und Fernen Osten als „unterdrückte, in der Familie zur Haus- und Ehefrau erzogene und nicht auf Bildungserfolg und Karriere erzogene, passive und hilfsbedürftige Personen". Sie wissen, dass Personen aus diesen Ländern mit dem Islam, mit Fundamentalismus und fehlender Aufklärung in Verbindung gesetzt werden und sie in der Schule zu „BotschafterInnen und Expert_innen fremder Kulturen und Religionen", die sie vielleicht gar nicht kennen, gemacht werden.

An diesen Konstruktionen ist auch die Migrationsforschung in zum Teil Vorurteilsbildender Weise beteiligt (vgl. Huth-Hildebrand 1999; 2002). Die Schüler_innen wissen, dass es den meisten schwerfällt, von Schwarzen Österreicher_ innen und Schwarzen Deutschen zu sprechen, die sich auch zu Österreich oder Deutschland zugehörig fühlen. Sie und wir wissen um die Trennung in „einheimisches Wir" und „ausländisch fremdes Nicht-Wir". Und gleichzeitig fühlen sich Menschen in Deutschland und Österreich zuhause und werden aber ständig sozial und teils gesetzlich zu „Anderen", zu „Fremden", zu Ausländer_innen" gemacht. Und sei es durch die scheinbar oder real freundlich gemeinte, aber als Ausgrenzung erlebte, systematisch und fast zwanghaft gestellten Fragen: „Woher kommst du? Wie ist das denn bei euch? Wie lange bist du schon hier? Wo haben Sie denn so gut Deutsch gelernt?"

Schulvergleichsstudien wie TIES und PISA belegen, dass bei einer individuellen, ganztägigen und spät trennenden Förderung ethnische, nationen- und einkommensbezogene Unterschiede nicht im Bildungserfolg der Schüler_innen wiederzufinden sind. Es sind also das Schulsystem, die Universitäten, Pädagogische Hochschulen in Österreich und Hochschulen in Deutschland, die Bildungspolitik und ihre Akteur_innen, die Klassen, ethnische Gruppen und Gruppen mit und ohne Behinderung erzeugen, die ungleiche Bildungs- und Arbeitsmarktchancen haben. Es liegt nicht, auf jeden Fall nicht vor allem an den Schüler_innen und ihren Familien, das Bildungssystem selbst praktiziert Ungerechtigkeit.

Diese Ungerechtigkeit ist jedoch nicht auf den Bereich der Schule und der Bildungssysteme beschränkt. Studien der International Labour Organisation (ILO) und von Antidiskriminierungsstellen belegen, dass sich Bewerber_innen mit einem als nicht landesüblich eingeordnetem Namen bis zu achtmal häufiger bewerben müssen, um zu einem Bewerbungsgespräch eingeladen zu werden (vgl. Liebig 2007). August Gächter (2010) hat für Österreich nachgewiesen, dass nicht der Bildungserfolg für Jugendliche mit Migrationsgeschichte entscheidend ist, sondern die Bildungsverwertung. Durch Diskriminierung auf dem Ausbildungs- und Arbeitsmarkt werden *trotz* institutioneller Diskriminierung und mit viel Anstrengung erworbene Abschlüsse entwertet. Auszubildende mit gleichen oder schlechteren Schulabschlüssen aus der so gesehenen Mehrheitsgesellschaft erhalten eher Ausbildungs- und Arbeitsplätze. Dass Problem heißt also oft nicht fehlende Bildung, es heißt Rassismus.[9]

Ideen für empirische Untersuchungen und theoretische Erklärungen der Beharrungskräfte eines ungerechten Systems und ihrer Akteur_innen

Es gibt viele engagierte Personen, die an ihren Arbeitsorten als Einzelne und mit Kolleg_innen etwas ändern wollen. Und möglicherweise gehören Sie als Leser_ innen auch dazu, aber die Gesamtinstitution Schule, die einzelne Schule macht in der Regel ebenso wenig wie die zuständige Landes- oder Bundesbehörde ein auf Gleichstellung ausgerichtetes Bildungsmonitoring (vgl. Gomolla 2005; 2007), das überprüft, ob nach ethnischen, klassenbezogenen oder Behinderung mit Barrieren verbindenden Praxen Schüler_innen unzureichend gefördert werden. Reproduziert Ihre Schule Klassenverhältnisse? Reproduziert Ihre Schule unterschiedliche Förderung ethnischer Gruppen? Ist Ihre Schule barrierefrei? Wissen Sie das? Haben Sie antidiskriminatorische Ziele? Welche Jahresplanung haben Sie um diskriminierungs-, barrierekritisch mehr Bildungsgerechtigkeit zu erreichen? Welche Bündnisse und Strategien haben Sie für mehr Bildungsgerechtigkeit? All diese Fragen können sich LehrerInnen, BehördenmitarbeiterInnen, Politiker_innen aber auch Eltern und Schüler_innen für ihren jeweiligen Bereich stellen. Vielfach erfolgt dies auch bereits und es wird an besseren Fördermöglichkeiten gearbeitet.

Oft findet sich jedoch kein Hinterfragen und kein Veränderungsbestreben gegenüber ungerechten Verhältnissen und Handlungspraxen. Die politischen Entscheidungsträger_innen in den regierenden Parteien (sowie insbesondere in Österreich zum Teil in den Gewerkschaften) entscheiden sich *trotz* der hier dargestellten fundierten Hinweise auf die Diskriminierungsmuster und Ineffizienz des Bildungswesens für die Fortsetzung des bisherigen Bildungswesens. Dies bedeutet: eine Unterscheidung in „Normal-" und „Sonderschulen", die Trennung der Schüler_innen nach der vierten Klasse, keine systematischen Ganztagsbetreuung, weiterhin keine systematisch praktizierte individuelle Didaktiken sowie die

---

9   Zur Diskussion um den Begriff Rassismus vgl. Mecheril/Melter 2010.

Nicht-Untersuchung der Fragen, ob und in welcher Weise Diskriminierungsmuster und -handlungsweisen im Bildungsbereich systematisch vorhanden sind. Auf der Tagung zu Schule und Bildungsgerechtigkeit in Innsbruck (09.11.2011) kommentierte ein Mitarbeiter eines Ministeriums zwar: „Es liegt nicht an fehlender Evidenz für die Ungerechtigkeit und fehlende Effizienz." Diese Auffassung ist jedoch nach wie vor wissenschaftlich und politisch umstritten. Nun bietet sich bei Kontroversen um bedeutsame Sachverhalte an, diese empirisch quantitativ und qualitativ zu untersuchen, insbesondere wenn die betreffenden Länder Bildung als Schlüssel für die Zukunft der Gesellschaft definieren.

Die (kritische) Migrationsforschung steht somit in diesem Kontext vor mindestens drei Aufgaben. Zunächst müssen weitere qualitative und auch quantitative Forschungen zu Fragen von Diskriminierung im Bildungssystem der Migrationsgesellschaften durchgeführt werden. Gomolla und Diefenbach weisen u. a. darauf hin, dass verschiedene diskriminierungskritische Ansätze und Forschungen (z. B. zum Thema „stereotype threat") in der BRD (und auch in Österreich) kaum zur Kenntnis genommen wurden, und erst recht nicht empirisch systematisch untersucht bzw. angewandt wurden (vgl. Diefenbach 2010; Gomolla 2010a). Zweitens ist neben der Untersuchung der Interaktionen, der Handhabung der „institutionellen Diskriminierungsgelegenheiten" (Gomolla 2005), institutionellen Regelungen und Verfahrensweisen sowie der Gesetzgebung im Bildungsbereich auch zu erforschen und zu theoretisieren, wie die Abwehr der Auseinandersetzung mit der Diskriminierungsfrage institutionell, wissenschaftlich und theoretisch geführt wird und wie dies zu deuten ist.

Drittens sollte die Monoperspektivität der (kritischen) Migrationsforschung inhaltlich und perspektivisch in der Weise erweitert werden, dass einkommens- bzw. klassenbezogene Faktoren und Erklärungsmuster ebenso wie Fragen von Geschlechter- und Behinderungsverhältnissen und vor allem auch Veränderungsbestrebungen empirisch und theoretisch berücksichtigt sowie intersektional erforscht werden (vgl. Winker/Degele 2010; Melter 2012).

Somit sollten bei den benannten Themen und Perspektiven u. a. folgende Erklärungsansätze untersucht werden,

1. Ob – und falls ja wie – sich als „weiß", mehrheitsangehörig, einheimisch und normal ansehenden Gruppen, die die dominante Mittel- und Oberschicht bilden und in Schulen und Bildungsbehörden arbeiten, ihre eigene gesellschaftlich-strukturelle Machtposition und ihre rassistischen, klassenbezogenen Privilegien der Nicht-behindert-Werdenden bewahren und dafür Bildungsungerechtigkeit und volkswirtschaftlichen Schaden billigend in Kauf nehmen. Die Frage ist also, ob – und falls ja wie – im Kapitalismus

gruppenbezogene Herrschaftsverhältnisse durchgesetzt werden, die sich unterschiedlicher Differenzlinien und Begründungsweisen bedienen (vgl. vbw – Vereinigung der Bayerischen Wirtschaft e.V. 2007; Huisken 2006)?

2. Ob – und falls ja wie – Lehrer_innen normierende Vorstellungen idealer Schüler_innen für den Bildungserfolg von Schüler_innen relevant machen. Werden alle, die entweder der Normvorstellung, den Lernwegen und -geschwindigkeiten nicht entsprechen, tendenziell negativer bewertet? Sind diese Normvorstellungen gekoppelt an Klassen-, Schicht- oder ethnischen Zugehörigkeiten? Besteht eine Dissonanz zwischen den Erwartungen der Schule und dem Habitus der Schüler_innen (vgl. Dirim/Mecheril 2010; in Bezug auf Universitäten: Mathé 2009), also zwischen den Normerwartungen der Lehrer_innen/Dozent_innen und dem Habitus vieler Schüler_innen/Student_innen? Wie wirkt sich diese Dissonanz auf die als „abweichend" angesehenen Schüler_innen und Student_innen aus, und welche Strategien entwickeln sie? Wie zeigt sich der Einfluss regionaler Bildungspolitiken in Bezug auf unterschiedliche Bildungsergebnisse? (vgl. Maaz et al. 2010; Schoof u. a. 2011)

3. Welche Rolle spielt in diesem Kontext die zunehmende Entdemokratisierung der Hochschulen und Schulen, bei der Schulleiter_innen/Rektor_innen mehr Rechte gegenüber den Lehrenden haben? Wie gehen Lehrende mit der Situation als „getriebene Herrscher_innen" (immer mehr Aufgaben und Regelungen, jedoch auch wenig kontrolliert werden bei der Arbeit im Klassenzimmer) um, da sie zugleich mehr Aufgaben und mehr Möglichkeiten zur Willkür gegenüber Schüler_innen haben?

4. Wie können Schüler_innen und Eltern Methodiken, Verfahrensweisen, Handlungspraxen und Strategien erarbeiten, um sich gegen Praxen der institutionellen Diskriminierung zu wehren?

Für den Bereich der wissenschaftlichen Analyse ist es vordringlichst notwendig, die dargestellte Nicht-Thematisierung, Leugnung oder Verschleierung sowie die fehlende empirische Untersuchung der (möglicherweise vorhandenen) Diskriminierungstatsache zu thematisieren und empirische Forschung in diesem Bereich zu realisieren.

Literatur

Biesta, Gert J.J. (1998). Deconstruction, justice and the question of education. In: Zeitschrift für Erziehungswissenschaft 3,395-411, Internet: http://www.pedocs.de/volltexte/2011/4508/pdf/ ZfE_1998_03_Biesta_Deconstruction_Justice_D_A.pdf (Recherchedatum 03.12.2012)

Binder, Susanne (2004). Interkulturelles Lernen aus ethnologischer Perspektive. Konzepte, Ansichten und Praxisbeispiele aus Österreich und den Niederlanden, Münster.

Bundesministerium für Inneres (2009): Nationaler Aktionsplan für Integration, Wien, Internet: http:// www.integration.at/fileadmin/Staatssekretariat/4-Download/Bericht_zum_Nationalen_Aktionsplan.pdf (Recherchedatum 05.12.2011).

Castro Varela, María do Mar/*Dhawan,* Nikita (2007). Migration und die Politik der Repräsentation, in: *Mecheril,* Paul/*Broden,* Anne (Hg.): Re-Präsentationen. Dynamiken der Migrationsgesellschaft. Ida-NRW. Düsseldorf, 29-46. Internet: http://www.ida-nrw.de/html/Re-Praesentationen.pdf (Recherchedatum 03.12.2011).

Diefenbach, Heike (2007/2010). Kinder und Jugendliche aus Migrantenfamilien im deutschen Bildungssystem. Erklärungen und empirische Befunde, Wiesbaden.

Dirim, İnci (2010). „Wenn man mit Akzent spricht, denken die Leute, dass man auch mit Akzent denkt oder so." Zur Frage des (Neo-)Linguizismus in den Diskursen über die Sprache(n) der Migrationsgesellschaft, in: *Mecheril,* Paul/*Dirim,* İnci/*Gomolla,* Mechthild/*Hornberg,* Sabine/*Stojanov,* Krassimir (Hg.): Spannungsverhältnisse. Assimilationsdiskurse und interkulturell-pädagogische Forschung, Münster 2010, 91–114.

Dirim, İnci/*Mecheril,* Paul (2010). Die Schlechterstellung Migrationsanderer: Schule in der Migrationsgesellschaft, in: *Mecheril,* Paul/*Castro-Varela,* María do Mar/*Dirim,* İnci/*Kalpaka,* Annita/*Melter,* Claus: Migrationspädagogik, Beltz, 121–138.

Eckhart, Michael/*Haeberlin,* Urs/*Sahli Lozano,* Caroline/*Blanc,* Philippe (2011). Langzeitwirkungen der schulischen Integration. Eine empirische Studie zur Bedeutung von Integrationserfahrungen in der Schulzeit für die soziale und berufliche Situation im jungen Erwachsenenalter, Bern.

Edel, Judith (2009). Von der Integration zur Inklusion – Eine Schule ohne Behinderungen, Internet: http://bidok.uibk.ac.at/library/edel-inklusion-bac.html (Recherchedatum 15.11.2011)

Esser, Hartmut (2006). Migration, Sprache und Integration. 4. aki Forschungsbilanz, Berlin.

Flam, Helena (2009). Diskriminierung im Bildungssystem und auf dem Arbeitsmarkt, in: *Melter,* Claus/*Mecheril,* Paul (Hg.): Rassismuskritik Band I: Rassismustheorie und –forschung, Schwalbach/Ts.

Gächter, August (2010). Die Verwertung der Bildung ist in allen Bundesländern das größere Problem als die Bildung selbst, Internet: https://www.zsi.at/attach/p1509ober.pdf (Recherchedatum 15.11.2011)

Gogolin, Ingrid (2008). Migration und Bildungsgerechtigkeit, in: *Liebau,* Eckart/*Zirfas* (Hg.): Ungerechtigkeit der Bildung – Bildung der Ungerechtigkeit, Opladen/Farmington Hills, 55–68.

Gomolla, Mechthild/*Radtke,* Frank-Olaf (2009): Institutionelle Diskriminierung: Die Herstellung ethnischer Differenz in der Schule, 3. Auflage, Wiesbaden.

Gomolla, Mechthild (2005): Schulentwicklung in der Einwanderungsgesellschaft. Strategien gegen institutionelle Diskriminierung in England, Deutschland und in der Schweiz, Münster/New York.

Gomolla, Mechthild (2007): Institutionelle Diskriminierung im Bildungs- und Erziehungssystem: Theorie, Forschungsergebnisse und Handlungsperspektiven, Internet: http://www.migration-boell.de/web/integration/47_1495.asp (Recherchedatum: 31.01.2012)

Gomolla, Mechtild (2010a): Schulische Selektion und institutionelle Diskriminierung, in: *Neuenschwander*, Markus P./*Grunder*, Hans-Ulrich (Hg.): Schulübergang und Selektion: Forschungsbefunde, Praxisbeispiele, Umsetzungsperspektiven, Zürich/Chur, 61–90,

Gomolla, Mechthild (2010b): Institutionelle Diskriminierung. Neue Zugänge zu einem alten Problem, in: *Hormel*, Ulrike/ *Scherr*, Albert (Hg.): Diskriminierung, Wiesbaden, 61–93.

Herrmann, Steffen Kitty (s_he) (2003). Performing the Gap. Queere Gestalten und geschlechtliche Aneignung, in: arranca! 11(28), 22–25. Internet: http://arranca.org/ausgabe/28/performing-the-gap (Recherchedatum 03.12.2011)

Herwartz-Emden, Leonie/*Schurt*, Verena/*Waburg*, Wiebke (2010). Aufwachsen in heterogenen Sozialisationskontexten. Zur Bedeutung einer geschlechtergerechten interkulturellen Pädagogik, Wiesbaden.

Herzog-Punzenberger, Barbara/*Schnell*, Philipp (2011). Bildungsforschung (in) der Migrationsgesellschaft. Entwicklungen und Perspektiven in Österreich, Internet: http://www.uni-graz.at/ paedabww_schnell_herzog-punzenberger.pdf (Recherchedatum 15.11.2011)

Hetfleisch, Gerhard (2010). Der Markt kennt keine Ehre und keine Kultur. Hartmut Esser: Soziologe, Integrationstheoretiker, neoliberaler Ideologe, in: *Oberlechner*, Manfred/*Hetfleisch*, Gerhard (Hg.): Integration, Rassismen und Weltwirtschaftskrise, Wien, 97–125.

Huisken, Freerk (2006). Der „PISA-Schock" und seine Bewältigung. Oder: Wie viel Dummheit braucht die Republik? Wiesbaden.

Liebig, Thomas (2007). Migranten auf dem Arbeitsmarkt – Erfahrungen aus OECD-Ländern. Internet: http://www.migration-boell.de/web/migration/46_1273.asp (Recherchedatum 15.11.2011)

Krüger, Heinz-Hermann/*Deppe*, Ulrike (2010). Mikroprozesse sozialer Ungleichheit an der Schnittstelle von schulischen Bildungsbiografien und Peerorientierungen, in: *Krüger*, Heinz-Hermann/ *Rabe-Kleberg*, Ursula/*Kramer*, Rolf-Torsten/*Budde*, Jürgen (Hg.): Bildungsungleichheit revisited. Bildung und soziale Ungleichheit vom Kindergarten bis zur Hochschule, Wiesbaden,185–201.

Kessl, Fabian/*Reutlinger*, Christian/*Ziegler*, Holger (Hg.). Erziehung zur Armut? Soziale Arbeit und die „neue Unterschicht", Wiesbaden.

Maaz, Kai/*Baumert*, Jürgen/*Trautwein*, Ulrich (2010). Genese sozialer Ungleichheit im institutionellen Kontext der Schule: Wo entsteht und vergrößert sich soziale Ungleichheit? in: *Krüger*, Heinz-Hermann/*Rabe-Kleberg*, Ursula/*Kramer*, Rolf-Torsten/*Budde*, Jürgen (Hg.): Bildungsungleichheit revisited. Bildung und soziale Ungleichheit vom Kindergarten bis zur Hochschule, Wiesbaden,69–102.

Mathé, Isabel (2010). Mehrsprachigkeit als Kapital an der Universität. Eine empirische Untersuchung zur Kapitalisierung studentischer Mehrsprachigkeit im transnationalen universitären Raum. Dissertation, Internet: http://othes.univie.ac.at/4832/1/2009-02-04_9100345.pdf (Recherchedatum 15.11.2011)

Mecheril, Paul/*Quehl*, Thomas (2006). Sprache und Macht. Theoretische Facetten eines (migrations-) pädagogischen Zusammenhangs, in: *Mecheril*, Paul/*Quehl*, Thomas (Hg.): Die Macht der Sprachen. Englische Perspektiven auf die mehrsprachige Schule. Münster, 157–168.

Mecheril, Paul/*Castro-Varela*, María do Mar/*Dirim*, İnci/*Kalpaka*, Annita/*Melter*, Claus (Hg.) (2010). Migrationspädagogik. Weinheim/Basel.

Mecheril, Paul/*Melter*, Claus (2010). Gewöhnliche Unterscheidungen. Wege aus dem Rassismus, In: *Mecheril*, Paul/*Castro-Varela*, María do Mar/*Dirim*, İnci/*Kalpaka*, Annita/*Melter*, Claus (Hg.) (2010): Migrationspädagogik, Weinheim/Basel, 168–198.

Mecheril, Paul (2005). Die Unumgänglichkeit und Unmöglichkeit der Angleichung. Herrschaftskritische Anmerkungen zur Assimilationsdebatte, in: np-Sonderheft 2005, 124–140.

Mecheril, Paul (2011). Wirklichkeit schaffen: Integration als Dispositiv – Essay, in: Aus Politik und Zeitgeschichte, APuZ 43/2011.

Melter, Claus/*Dirim*, İnci/*Mecheril*, Paul (2012). Schullaufbahn und Bildungsabschluss. Thematisierung migrationsgesellschaftlicher Heterogenität im österreichischen Bildungssystem, www.migrationsmanagement.org (01.02.2012)

Melter, Claus (2011a). Kritische Erziehungswissenschaft und Intervention für gerechtere Verhältnisse in der kapitalistischen Migrationsgesellschaft – Verpflichtung oder unangemessene Einmischung? Vortrag an der Universität Innsbruck, Internet: http://www.uibk.ac.at/iezw/texte/kritische_erziehungswissenschaft.pdf (Recherchedatum 01.11.2011).

Melter, Claus (2011b). Wer darf an die Universität? Aspekte der rechtlichen und institutionellen Diskriminierung von Studierenden aus Drittstaaten, in: *Spannring*, Reingard/*Arens*, Susanne/*Mecheril*, Paul (Hg.): bildung-macht-unterschiede. 3. Innsbrucker Bildungstage, Innsbruck, 133–152.

Melter, Claus (2012). Barriere- und Diskriminierungskritische Soziale Arbeit in der behindernden Migrationsgesellschaft, in: Zeitschrift „Migration und Soziale Arbeit", Frankfurt am Main. (Im Erscheinen.)

Muñoz, Vernor (2007). Munoz fordert Ende des dreigliedrigen Schulsystems. Internet: http://www.welt.de/politik/article771151/Munoz_fordert_Ende_des_dreigliedrigen_Schulsystems.html (Recherchedatum 02.12.2011)

Rabold, Susann/*Baier*, Dirk/*Pfeiffer*, Christian (2008): Jugendgewalt und Jugenddelinquenz in Hannover. Aktuelle Befunde und Entwicklungen seit 1998, KFN-Forschungsbericht Nr. 105, Hannover.*Seemann*, Martina (Hg.) (2007). Ethnische Diversitäten, Gender und Schule. Geschlechterverhältnisse in Theorie und schulischer Praxis, Oldenburger Beiträge zur Geschlechterforschung, Internet: http://oops.uni-oldenburg.de/volltexte/2009/839/pdf/seeeth08.pdf (Recherchedatum 15.11.2011).

Schönwiese, Volker (2007). Vom transformatorischen Blick zur Selbstdarstellung. Über die Schwierigkeit der Entwicklung von Beurteilungskategorien zur Darstellung von behinderten Menschen in Medien, in: *Flieger*, Petra/*Schönwiese*, Volker (Hg.): Das Bildnis eines behinderten Mannes. Bildkultur der Behinderung vom 16. bis ins 21. Jahrhundert, Neu Ulm.

Schoof, Ulrich/*Blinn*, Miika/*Schleiter*, André (2011). Deutscher Lernatlas. Ergebnisbericht 2011. Zusammenfassung. Internet: http://www.bertelsmann-stiftung.de/cps/rde/xbcr/SID-F72A34AE-250DEC93/bst/xcms_bst_dms_34982_34983_2.pdf (Recherchedatum 02.12.2011)

Sezgin, Hilal (Hg.) (2011). Manifest der Vielen: Deutschland erfindet sich neu, Berlin.

vbw – Vereinigung der Bayerischen Wirtschaft e.V. (2007). Bildungsgerechtigkeit. Jahresgutachten 2007, Wiesbaden.

Weber, Martina (2005). Apartheid im Schulhaus. Zur Konstruktion ethnischer und geschlechtlicher Grenzen im Schulalltag, in: *Spies*, Anke/*Stecklina*, Gerd (Hg.): Die Ganztagsschule Band I, Heilbronn.

Weiss, Hilde/*Unterwurzacher*, Anne (2007). Soziale Mobilität durch Bildung? Bildungsbeteiligung von MigrantInnen, in: *Fassmann*, Heinz (Hg.): 2. Österreichischer Migrations- und Integrationsbericht, Klagenfurt/Celovec, 227–241.

Winker, Gabriele/*Degele*, Nina (2010). Intersektionalität. Zur Analyse sozialer Ungleichheiten, Bielefeld.

Zirfas, Jörg (2008): Bildung und Ungerechtigkeit. Eine Einleitung in die pädagogische Problematik von Gleichheit und Ungleichheit, in: *Liebau*, Eckart/*Zirfas* (Hg.): Ungerechtigkeit der Bildung – Bildung der Ungerechtigkeit, Opladen/Farmington Hills, 7–53.

Rekonstruktion als Kritik?
Zur biographischen Analyse von gesellschaftlichen Barrieren für hochqualifizierte MigrantInnen

Ulrike Selma Ofner

Einleitung

In den Medien und großen Teilen der Migrationsforschung wurden Zugewanderte seit dem Anwerbestopp Anfang der 70er-Jahre lange Zeit unter einer Problemperspektive thematisiert bzw. „erforscht". Zumindest in der Wissenschaft hat im Bereich qualitativer Sozialforschung in den 90er-Jahren ein Paradigmenwechsel stattgefunden: Die „Defizit-Brille" wurde abgelegt, Potentiale der Migrierten „entdeckt" und bei „Problematiken" wie geringer Bildungsbeteiligung und hoher Arbeitslosigkeit auch die Aufnahmegesellschaft kritisch ins Visier genommen. In Politik und der breiten (Medien-)Öffentlichkeit fanden die Ergebnisse derart angelegter Studien[1] jedoch kaum Widerhall.

Seit der Jahrtausendwende geraten – zunächst wiederum v.a. in der Wissenschaft – Hochqualifizierte[2] mit Migrationshintergrund zunehmend ins Blickfeld.[3] In Phasen wirtschaftlichen Aufschwungs und Fachkräftemangels findet das Thema dann auch in den Medien ein gewisses Echo. Die Diskussionen im Zusammenhang mit der Einführung einer sogenannten Greencard stellten im Jahre 2000 geradezu eine Zäsur in der Zuwanderungsdebatte dar. Seit dem durch die Ölkrise 1973 verhängten Anwerbe- und Zuwanderungsstopp wurde in Deutschland erstmals wieder über MigrantInnen als Gewinn für die Volkswirtschaft diskutiert. Anders als vor der ersten Ölkrise wird nun keine Unterschichtung (mit „Fahrstuhleffekt" für die einheimische Bevölkerung) intendiert, sondern eine mehr oder weniger punktuelle Aufstockung des oberen Qualifikationsbereiches

---

[1] Zur Kritik an der Aufnahmegesellschaft: vgl. Studien von Wolf-Dietrich Bukow, Mechtild Gomolla, Frank-Olaf Radtke sowie die Dissertation von Anja Weiß (2001).

[2] In diesem Artikel wird „Hochqualifizierte" synonym mit „HochschulabsolventInnen" verwendet, wobei ich zwischen denjenigen, die ihr Studium in Deutschland abgeschlossen haben (BildungsinländerInnen) und solchen mit einem Studienabschluss im Ausland (BildungsausländerInnen) unterscheide.

[3] Vgl. Badawia (2002), Guttiérrez-Rodríguez (1999), Hummrich (2002), Karakaşoğlu (2000).

durch „Brain-Gain" aus dem Ausland. Ob diese Intentionen in naher Zukunft mit einer Willkommenskultur (ähnlich wie in Kanada) oder gar mit einer Art „Diversity-Hype" einhergehen (werden), bleibt angesichts der in Interviews dokumentierten Erfahrungen von AkademikerInnen mit Migrationshintergrund fraglich.

In diesem Artikel werden anhand der Analyseergebnisse aus biographischen Stegreiferzählungen exemplarisch Barrieren vorgestellt, mit denen hochqualifizierte MigrantInnen auf dem deutschen Arbeitsmarkt kämpfen müssen. Es handelt sich dabei um empirische Ergebnisse aus zwei von mir zu diesem Thema durchgeführte Studien (Ofner 2003; 2011) und eine im größeren Rahmen durchgeführte Forschungsarbeit (Nohl et al. 2007; 2010). Letztere war Teil eines länderübergreifenden Projekts (vgl. Nohl et al. 2010) mit dem Anspruch, methodologischen Nationalismus durch „Mehrebenenvergleiche" zu überwinden (ausführlich dazu: Weiß/Nohl 2012).

Die aus den Interviews rekonstruierten sozioökonomischen Rahmenbedingungen für hochqualifizierte MigrantInnen legen unterschiedliche Ausgrenzungsmechanismen bloß, die wirksam werden, obwohl offiziell „Brain-Gain" das mehr oder weniger lautstark deklarierte Ziel ist. In diesem Artikel wird an Hand empirisch herausgearbeiteter Diskriminierungserfahrungen expliziert, welches verallgemeinerungsfähige Kritikpotenzial die Anwendung der dokumentarischen Methode ans Licht zu befördern vermag. Weiters wird (selbst-)kritisch hinterfragt, wie die Ergebnisse derartig thematisch ausgerichteter Forschungen von politischer Seite rezipiert werden könnten.

Forschungsinteresse und -ansätze der drei Studien werden im ersten Abschnitt kurz präsentiert, ein Ausschnitt der empirischen Ergebnisse in den weiteren. Im Anschluss an eine Darstellung typisierter Formen von Benachteiligungserfahrungen, die die komplexen Mechanismen zur Abschottung des deutschen Arbeitsmarktes gegenüber MigrantInnen entlarven, werden ambivalentere Formen von Marginalisierung hochqualifizierter ZuwanderInnen analysiert: sie erfahren zwar eine erfolgreiche Inklusion im Erwerbsbereich, sind jedoch durch mehr oder weniger subtile Abdrängung ins „Ethnobusiness" dennoch marginalisiert. Dies wirft im folgenden Abschnitt die Frage auf, inwiefern AkademikerInnen mit Migrationshintergrund vor allem in sozialwissenschaftlichen Bereichen als RepräsentantInnen ihrer „Community" und/oder als „MittlerInnen" zur Aufnahmegesellschaft fungieren sollen, wollen oder können. Schließlich wird im vorletzten Abschnitt auf jene Gruppe Bezug genommen, die auf Grund ihres transnationalisierbaren und begehrten kulturellen Kapitals (z. B. IT-Fachkräfte) als Gewinn für die Volkswirtschaft des Aufnahmelandes betrachtet wird, und inwiefern „Diversity-Gain"-Debatten damit in Verbindung gebracht werden können. Abschließend werden die Frage der Kompatibilität rekonstruktiver Methoden mit den Ansprüchen kritischer Migrationsforschung behandelt und mögliche politische Auswirkungen der Studienergebnisse problematisiert.

Forschungsinteresse und -ansätze

Allen drei Studien, auf die hier rekurriert wird, liegt die Frage zugrunde, auf welche Konditionen Hochqualifizierte mit Migrationshintergrund in Deutschland stoßen. In meiner Studie aus dem Jahr 2003 wurde speziell die Situation von akademisch gebildeten Töchtern ehemals aus der Türkei Angeworbener beleuchtet. Das anschließende länderübergreifende Forschungsprojekt war maßgeblich auf den Vergleich unterschiedlicher Rahmenbedingungen für BildungsausländerInnen in Deutschland, Kanada, Großbritannien und der Türkei ausgerichtet (Nohl et al. 2010). In der dritten, räumlich auf das Ruhrgebiet eingeschränkten Studie, lag der Fokus auf der besonderen sozioökonomischen Lage des ehemaligen „Reviers" und deren Auswirkungen auf die berufliche Einbindung von AkademikerInnen mit Migrationshintergrund (Ofner 2011a).

Auf der normativen Ebene beziehen diese Forschungen noch nicht mit ein, dass Diskriminierung – zwangsläufig – als Spiegelbild globaler ökonomischer (und militärischer) Machtverhältnissen zu sehen ist. Dies tritt jedoch in den qualitativ angelegten Studien als Ergebnis empirischer Rekonstruktionen zu Tage. In Nohl et al. (2010) wurde konsequent die dokumentarische Methode nach Bohnsack (2008) bzw. Nohl (2008) angewandt. Allen genannten Studien ist das Bemühen um die Rekonstruktion impliziten Wissens gemeinsam. Auf diese Weise sollen u. a. Diskriminierungen, die den Betroffenen nicht explizit bewusst sind oder die sie als gegeben hinnehmen bzw. sogar als gerechtfertigt internalisieren, herausgearbeitet werden (siehe Weiß/Nohl 2012).

Auf der Grundlage von Mannheims Wissenssoziologie und dessen Einsicht, jegliches Denken sei standortgebunden, wird in der dokumentarischen Methode durch das Prinzip der komparativen Analyse nicht mehr die Frage gestellt, was gesellschaftliche Realität sei. Vielmehr wird versucht zu rekonstruieren, wie gesellschaftliche Realität hergestellt wird (Bohnsack/Nohl 2010: 104f.). Es wird nicht behauptet, die Standortgebundenheit der WissenschaftlerInnen könne völlig aufgehoben werden, indem sie die im Alltagswissen und in den Erfahrungsräumen der Interviewten implizierten Vergleichshorizonte, Differenzkonstruktionen und Komparationen herauskristallisieren und miteinander vergleichen. Aber die InterpretInnen machen ihre Arbeitsschritte und Überlegungen einer methodischen Kontrolle zugänglich.

> Dies geschieht, indem sie die – ihre eigenen Interpretationen orientierenden – imaginativen Vergleichshorizonte soweit wie möglich *zum einen* zur Explikation bringen und *zum anderen* durch *empirisch fundierte* Vergleichshorizonte ersetzen. [...] Auf dem Wege der Orientierung an empirisch fundierten Vergleichshorizonten – also auf dem Wege der systematischen Relationierung mit empirisch rekonstruierten Vergleichsfällen – [wird] die methodische Kontrolle dieser Standortgebundenheit in Ansätzen möglich. (Bohnsack/Nohl 2010: 105; Hervorhebungen im Original).

Die dokumentarische Methode begreife „dabei die Forschenden in ihrer jeweiligen Standortgebundenheit und Seinsverbundenheit als Teil [der] gesellschaftlichen Heterogenität" (ebd. 125).

Empirische Exemplifizierungen von Chancen und Behinderungen, Können und Wissen als kulturelles Kapital[4] zu nutzen

In meinem Beitrag zum Sammelband der Tagung „Karriereplanung türkischstämmiger Akademikerinnen in Deutschland" vom 08.12.2011 in Köln stelle ich detailliert neun in jeweils mehreren Fällen repräsentierte Typen[5] von Deklassierung und/oder Diskriminierung v. a. in beruflichen Feldern dar, die in den drei genannten Studien zu Tage traten. Darin werden auch die Reaktionen der Betroffenen in Form von Bewältigungsstrategien oder beispielsweise Resignation veranschaulicht, die hier im Folgenden nur angeschnitten werden können. Diskriminierungs-, Ethnisierungs- und Marginalisierungserfahrungen, die sich bei BildungsinländerInnen bereits bei Empfehlungen zur Wahl der Studienrichtung abzeichneten, setzten sich während des Studiums, bei den Bewerbungs- und Einstellungsverfahren sowie im Berufsleben fort. Bei jenen, die zum Studium aus dem Ausland kamen, konnten noch zusätzliche Barrieren einer erfolgreiche Karriere im Wege stehen, wie beispielsweise lange Studiendauer aufgrund finanzieller Nöte und dadurch bedingt schlechtere Einstellungschancen.

BildungsausländerInnen kämpfen wiederum mit Problemen der Anerkennung ihrer Abschlüsse. Die langen, ebenso undurchsichtigen wie odysseischen Anerkennungsverfahren werden mit der Sicherstellung von Qualitätsstandards begründet (vgl. Englmann/Müller 2007). Während jedoch aus Interviews mit in den 70er-, 80er-, 90er- und 2000er-Jahren eingewanderten ÄrztInnen hervorgeht,

---

4   Zur Unterscheidung „ökonomisches, kulturelles und soziales Kapital" siehe Bourdieu 1983.
5   Zur Möglichkeit, verallgemeinerungsfähige Aussagen mittels Typenbildungen zu treffen, vgl. Bohnsack/Nohl 2010: 101–128. Im Rahmen des Forschungsprojektes „Kulturelles Kapital in der Migration" wurde beispielsweise eine Vielzahl von Typiken erstellt. Die oben kurz skizzierte ist an die Typik zu symbolischer Exklusion (Ofner 2010a) angelehnt, fußt aber auf Fällen aus allen drei genannten Studien. Sie wird in diesem Artikel – auch wegen der im Kontext dieses Sammelbandes passenden Inhalts – beispielhaft aufgeführt.

dass in Zeiten von ÄrztInnenmangel ein im Ausland abgeschlossenes Medizin-studium kein Hindernis für ein Praktizieren in Deutschland darstellte, wurden zu Zeiten von „Ärzteschwemmen" Barrieren für einwanderungswillige Medizi-nerInnen eingerichtet. Dies lässt die These der „Wichtigkeit von Qualitäts- und Sicherheitsstandards" in einem anderen Licht erscheinen: Es geht je nach Bedarf um die Schaffung von Möglichkeitsräumen bzw. Abschottungsstrategien.

Für Asylsuchende bedeutet das während des Prüfungsverfahrens geltende Verbot einer qualifikationsadäquaten Erwerbstätigkeit eine Entwertung des kultu-rellen Kapitals. Nach mehreren Jahren erzwungener Pause ist ein der Ausbildung entsprechender Wiedereinstieg oftmals für den Rest des Berufslebens verhindert (vgl. Ofner 2010a, 2010b; Ofner 2011a: 40, 43; Weiß et al. 2007).

Der Typus „Arbeitsmarkteingliederung durch Verwertung herkunftslandbe-zogenen kulturellen Kapitals und/oder Migrationserfahrung", der wiederum stär-ker BildungsinländerInnen betrifft, deren Eltern ehemals angeworben wurden, soll wegen seiner Ambivalenz etwas genauer beleuchtet werden. Wenngleich Er-werbsmöglichkeiten z. B. für ÄrztInnen und RechtsanwältInnen bei einem Ver-bleib innerhalb der eigenen „ethnischen Community" gegeben sind, trifft auf sie wie auf SozialarbeiterInnen, JournalistInnen oder auch PolitikerInnen zu, dass sie sich häufig dagegen wehren müssen, in migrationsspezifische Bereiche ge-drängt und marginalisiert zu werden (vgl. Ofner 2003; 2010a; 2010b). Ebenso heikel ist ein „halb freiwilliger" Verbleib im sogenannten Ethnobusiness, wie im Falle einer Ärztin, die bereits während des Studiums ermuntert wurde, Praktika im Herkunftsland ihrer Eltern zu absolvieren. Weil sie Schwierigkeiten hatte, an-derswo einen Platz zu bekommen, tat sie dies dann auch. Eine Doktorandinnen-stelle habe sie für eine Forschungsarbeit im Migrantinnenbereich erhalten und trotz guten Staatsexamens nach vielen Bewerbungen endlich ihre erste Stelle in einem Krankenhaus bekommen, deren Personalabteilung sie vor allem wegen ih-rer Sprachkenntnisse aussuchte. Es sei zu Beginn des Medizinstudiums keines-wegs ihre Absicht gewesen, sich auf die MigrantInnen-Nische zu spezialisieren, jedoch war sie bei jedem Karriereschritt stärker in diese Richtung gelenkt wor-den (Ofner 2003: 39–111).

Bei einem befragten Professor waren eher starke Anreize ausschlaggebend als ein weitgehender Mangel an Alternativen. Er habe sich während des Studi-ums und später bei Promotion und Habilitation bewusst Themen ausgesucht, die nichts mit seinem Migrationshintergrund zu tun hatten. Forschungsgelder und Jo-bangebote taten sich jedoch wesentlich leichter für Gebiete auf, die Migrations-thematiken berührten. So bekam er schließlich einen Ruf als Migrationsexperte und gleichzeitig den Vorsitz einer staatlich geförderten, bekannten Organisation von und für MigrantInnen – was er im Interview lächelnd mit „nun hat mich meine Herkunft doch noch eingeholt", quittierte. Es sei ihm wie dem Fischer in der Lorelei-Sage ergangen: „halb zog sie ihn, halb sank er hin" (Ofner 2011a: 34–37).

In anderen Fällen handelt es sich um eine ganz bewusste Entscheidung, sich beruflich in der „ethnischen Nische" zu verorten, entweder gerade auf Grund von Marginalisierungserfahrungen und/oder aus einem Verbundenheitsgefühl mit den Vorfahren bzw. deren Herkunftsland, das man vielleicht nur aus Urlauben kennt, oder weil ein Elternteil deutscher Herkunft ist.[6] Hochqualifizierte, die nicht *trotz,* sondern *wegen* des Migrationshintergrundes in gute oder sogar sehr gute Positionen gelangt sind, gelten sowohl in der Selbst- als auch in der Fremdwahrnehmung durchaus als in hohem Maße arriviert, der „Othering"-Effekt darf dabei aber nicht übergangen werden. Sie gehören zwar zum Establishment, werden darin aber als „Insel-Existenzen" in einer exotisierten Nische verortet. Geschieht dies in (sozial-)wissenschaftlichen Bereichen, laufen sie potentiell noch zusätzlich Gefahr sich dem Vorwurf auszusetzen, als persönlich Betroffene quasi im „eigenen Dunstkreis" zu forschen, was implizit dem Bemühen um größtmögliche Objektivität abträglich sei. (Andererseits, so könnte entgegnet werden, wird das Streben um größtmögliche Objektivität in jedem Fall von der jeweiligen Standortgebundenheit beeinträchtigt.)

Ansprüche an hochqualifizierte MigrantInnen: RepräsentantInnen ihrer „Community" und/oder „Mittler" zur Aufnahmegesellschaft

Wenn sich Hochqualifizierte aufgrund ihrer fachlichen Ausrichtung einem anderem als dem Migrationsbereich zuwenden, könnten sie wiederum dem Vorwurf ausgesetzt sein, dass sie ihre gute Ausbildung nur dem persönlichen Fortkommen zugute kommen lassen, statt die eigene „Community" zu unterstützen. Diesen Vorwurf haben die Interviewten sowohl von Angehörigen der Mehrheitsgesellschaft als auch „aus den eigenen Reihen" erfahren. Jene wiederum, die ihre fachliche Qualifikation zu Gunsten ihrer „Community" einzusetzen, sehen sich mit dem Problem der Repräsentation konfrontiert. Castro Varela/Dhawan haben sich mit der Schwierigkeit, ja Unmöglichkeit, eine Gruppe angemessen repräsentieren zu sollen oder wollen, eingehend auseinander gesetzt und gelangen zu folgendem Schluss:

> Die Fallen dieser Repräsentation [sind] offenkundig. Doch da ansonsten die Stimmen dieser nicht vernommen werden, bleibt die Verantwortung, diese zu repräsentieren. Man kann die-

---

6   Für konkrete Fallbeispiele vgl. Ofner 2011a: 7–13 und 22–25.

sem Dilemma nicht einfach ausweichen, indem man eine Repräsentation verweigert. (Castro Varela/Dhawan 2007: 32)

Seitens der Mehrheitsgesellschaft wird zudem selektiert, welchen MigrantInnen Gehör zu schenken sei. Das „hegemoniale Zentrum" erlaube – so zitieren Castro Varela/Dhawan Gayatri C. Spivak – einigen ausgewählten RepräsentantInnenen der Anderen, am Spiel der Macht teilzuhaben, um die Anderen um so effizienter zum Schweigen zu bringen (Castro Varela/Dhawan 2007: 43). Das „hegemoniale Zentrum" bräuchte meines Erachtens nicht einmal bewusst „Alibi-MigrantInnen" in hohe Positionen zu hieven, um sie umso raffinierter instrumentalisieren zu können. Meiner Wahrnehmung nach genügen der Mehrheitsgesellschaft auch die selbstläufigen Prozeduren, in denen einige wenige MigrantInnen auf Grund ihrer Qualifikationen in vielleicht nicht ganz so hohe Positionen gelangen, damit die im Selbstbild gerne auf Toleranz und „Integration" bedachte Gesellschaft dem Anschein gerecht wird, Zugewanderten nicht ausschließlich die untersten Positionen zuzuweisen.

Was die Dilemmata anbelangt, in die die Betroffenen geraten, ist Castro Varela/Dhawan wiederum zu folgen: Sie erhielten einerseits institutionelle Privilegien, müssten sich andererseits den Strukturen der Institutionen beugen, sich Prozeduren der Kooptierung aussetzen.

> Jene Repräsentantin, die im Namen der „zum Schweigen gebrachten Anderen" spricht, macht sich immer der Kooptierung verdächtig, denn selbst wenn sie die dominanten Strukturen hinterfragt, so bleibt sie doch situiert innerhalb der hegemonialen Institutionen. (Castro Varela/ Dhawan 2007: 43)

Eine konkretere Betrachtung anhand empirisch erhobener Fälle wirft die Frage auf, inwiefern z. B. ProfessorInnen, die in einem Bereich migrationsspezifischer Themen angesiedelt sind, als RepräsentantInnen von Zugewanderten anzusehen seien.[7] Diese rhetorische Frage kann auf der Basis der in Rede stehenden Studienergebnisse nicht beantwortet werden. Wegen der Brisanz und des Spannungspotentials dieser Thematik sei ein kurzes Gedankenexperiment erlaubt. Sähen die betreffenden ProfessorInnen gegebenenfalls ihre ebenso diffizile wie aufreibende Aufgabe darin, im Rahmen ihrer Tätigkeit den „Dualismus zwischen den Rändern und dem hegemonialem Zentrum" (Castro Varela/Dhawan 2007: 43) zu verringern und schließlich zu beseitigen, würde zum einen der eventuelle Vorwurf, Privilegien aus der Opferposition zu ziehen, nicht greifen. Zum anderen wären sie, wie bereits erwähnt, leicht der Kritik der Standortgebundenheit ausgesetzt und stünden unter Rechtfertigungs- oder zumindest ständigen Erklärungszwängen.

---

7   Vgl. Ofner 2011: 7–13 und 34–39.

Profitieren AkademikerInnen mit Migrationshintergrund und transnationalisierbarem, begehrtem kulturellem Kapital von einem „Diversity-Hype"?

Insgesamt belegen Zahlen, dass AkademikerInnen mit im Ausland erworbenen Hochschulabschlüssen deutlich schlechtere berufliche Positionen einnehmen als BildungsinländerInnen (Nohl et al. 2010: 69f.).[8] Unter den insgesamt 80 biographischen Interviews, die ich für die drei genannten Studien geführt habe, waren jene Befragten des Typs „Hochqualifizierte mit transnationalisierbarem kulturellem Kapital" in der vorteilhaftesten Position. Dies betrifft speziell diejenigen, deren Können und Wissen in bestimmten Phasen auf dem Arbeitsmarkt ganz besonders begehrt war, wie z. B. die Expertise von IT-SpezialistInnen oder MedizinerInnen. Dies mag nicht besonders überraschen, bemerkenswert ist jedoch, wie unter bestimmten Konditionen kulturelles Kapital wirkungsmächtiger als Exklusionsmechanismen werden kann. Herkunftsland und Phänotypus treten in den Hintergrund und werden bestenfalls irrelevant (vgl. Ofner 2010a: 227f.; Ofner 2011a: 17–19).

Die Frage ist, ob solche Fälle bereits – optimistisch – als Anzeichen für einen strukturverändernden Haltungswechsel gedeutet werden können. Ebenso dokumentiert sind andererseits Fälle visibler AsylbewerberInnen, denen ungeachtet ihrer Hochschulbildung die niedrigsten Plätze auf der sozialen Skala zugewiesen werden (Ofner 2010a, 2011a). Dies würde wiederum die These bekräftigen, dass die strukturelle Diskriminierung insgesamt bestehen bleibt, selbst wenn „rassistisch Dominierte nicht in jeder konkreten Situation exkludiert werden" (Weiß 2001: 86).

> Damit sich die symbolische Delegitimierung in entsprechende Handlungsstrategien übersetzt und zu symbolischer Gewalt verfestigt, genügt es, dass ihr Anspruch auf Inklusion allgemein und situationsübergreifend als nicht oder weniger legitim angesehen [würde]. (ebd.)

Ob nun zeitliche bzw. sozialräumliche Suspendierung manifester Diskriminierung die symbolische Effizienz des negativen Vorurteils bereits zu erschüttern vermag oder ob es „in der sozialen Ordnung gesellschaftlich institutionalisiert [...], sich aus eigener Kraft bestätigt" (Bourdieu 1997: 162), kann auf der Grundlage des in den genannten Studien dokumentierten empirischen Materials nicht beantwortet werden.

---

8   BildungsinländerInnen mit Migrationshintergrund schneiden in den AkademikerInnen-Statistiken fast ebenso gut ab wie jene ohne Migrationshintergrund. Diese Zahlen sagen jedoch nichts über die tatsächlichen Chancen auf dem deutschen Arbeitsmarkt aus, weil im Dunkeln bleibt, ob die Betreffenden auf Grund herkunftsspezifischen zusätzlichen Wissens reüssieren konnten oder z. B. als „MigrantInnenen-ÄrztInnen" oder „-AnwältInnen" tätig sind.

Zygmunt Baumann und Walter Benn Michaels konstatieren, dass in neoliberalen Ideologien soziale Ungleichheit in materieller Hinsicht nicht hinterfragt wird, „Diversität" jedoch zunehmend hoffähig, ja geradezu gefeiert werden. „Instead of trying to treat people as if their race didn't matter, we would not only recognize but celebrate racial identity" (Michaels 2006: 5).[9] Noch einen Schritt weiter geht Michaels in der These, dass „in vielen Fällen der Einsatz für die Diversität an die Stelle des Kampfes für die Gleichheit getreten ist (statt ihn zu ergänzen)", deshalb habe „er am Ende die Barrieren geschwächt, die den um sich greifenden Neoliberalismus eindämmen sollten" (Michaels 2009: 22f.).

Baumann und Michaels formulieren ihre Thesen nicht auf der Grundlage eigener empirischer Untersuchungen. Durch (statistisches) Datenmaterial gestützt ist allerdings der Umstand, dass in Kanada seit der Reform der Einwanderungsmodalitäten Mitte der 60er Jahre[10] und der verstärkten Einwanderung von Hochqualifizierten aus allen Kontinenten zwar nicht alle hochqualifizierten Ankömmlinge selbst ausbildungsadäquate Arbeitsplätze fanden, aber ihre Nachkommen mindestens ebenso erfolgreiche Bildungs- und Berufskarrieren durchlaufen wie länger Ansässige (vgl. Polat 2007: 104; Krahn 2005: 409; Li 2001: 487).

> [Die] Selbstverpflichtung der kanadischen Gesellschaft auf ein plurikulturelles Miteinander, das von Prinzipien der Chancengleichheit und der Toleranz gegenüber kultureller Differenz geprägt ist, wird von vielen Beobachtern als nachahmungswürdiges Modell angesehen […], dessen Grundlage der Gedanke ist, dass Einwanderer entscheidend zum Wohlstand des Gemeinwesens beitragen […]. (Schmidtke 2009: 25)

Auf Deutschland, das sich mit der Bezeichnung „Zuwanderungsland" immer noch schwer tut, können diese Befunde nicht ohne weiteres übertragen werden. Bezeichnenderweise ist im klassischen Einwanderungsland Kanada – anders als in Deutschland – auch nicht die Rede von der Zweiten Generation, die Nachkommen von Neueingewanderten gelten schlicht als KanadierInnen. Verlässt man sich ausschließlich auf Zahlenmaterial, so stellt sich die Situation von BildungsinländerInnen mit Hochschulabschluss und Migrationshintergrund in Deutschland zwar kaum schlechter dar als die jener ohne Migrationshintergrund (vgl. Nohl/Weiß 2009: 13; Nohl et al. 2010: 68f.).[11] Diese statistischen Daten sagen jedoch nichts über die Chancen aus, auf dem deutschen Arbeitsmarkt *außerhalb* von „ethnischen Nischen" zu reüssieren. „Plurikulturalität" wird in Anbetracht der empiri-

---

9   Darauf geht Bernd Lederer in seinem Betrag ausführlicher ein, vgl. auch Baumann 1998: 47f.; 2003: 201, 209 u. 225; 2005: 84 und 115–117.
10   Siehe dazu einen knapp gefassten Überblick von Schmidtke 2009: 25f.
11   Dass jedoch nur wenige Kinder von Zugewanderten überhaupt den Zugang zum Gymnasium und dann zu einer Hochschule schaffen, ist hinlänglich thematisiert.

schen Ergebnisse der hier als Ausgangspunkt verwendeten Studien meines Erachtens gesamtgesellschaftlich bislang eher nur punktuell als Positivum gehandelt. Auch in neoliberalen Kreisen Deutschlands wird Diversity nicht gerade gefeiert, jedoch bereits auf der Ebene der Besetzung von SpitzenpolitikerInnen praktisch umgesetzt. „The dream of a world free of prejudice, the dream of a world where identities [...] are not discriminated against [...] is completely compatible with [...] the dream of a truly free and efficient market" (Michaels 2006: 75).

Auf die Auswirkungen des ungehinderten Spiels freier Kräfte hinzuweisen und die dabei mehr oder weniger deutlich zu Tage tretenden Machtverhältnisse aufzuzeigen, ist unter anderem das Ziel kritischer Migrationsforschung. Inwiefern die hier angesprochenen Studien weitere Merkmale aus dieser Forschungsperspektive erfüllen, ist im Folgenden Thema.

Kompatibilität rekonstruktiver Methoden mit Ansprüchen kritischer Migrationsforschung

Vier Aspekte, die in Texten kritischer Migrationsforschung als zu beachtende Kriterien genannt werden, lassen sich in Bezug zur methodentheoretischen Basis und forschungspraktischen Herangehensweisen in den genannten Studien setzen.

Wer sind wir und wer sind die anderen?

Besonders in der Studie „Kulturelles Kapital in der Migration" gab es keine strikte Trennlinie zwischen „uns" und „jenen", wie im Vergleich dazu in Forschungen von Angehörigen der Mehrheitsgesellschaft, die auf MigrantInnen in problemfokussierter Perspektive Bezug nehmen (vgl. kritisch Mecheril/Rose 2012). Dagegen begegneten einige der ForscherInnen (z. B. auch ich selbst) als „Hochqualifizierte mit Migrationshintergrund" den Interviewten hinsichtlich Bildungsstand und sozialem Status entweder auf Augenhöhe oder betrieben sogar „research up", wenn z. B. eine Doktorandin einen etablierten Professor interviewte. Obwohl sich die ansonsten in der Forschungen über Migrierte häufige doppelt asymmetrische ForscherInnen/Beforschte-Konstellation (hochgebildete Etablierte interviewen „bildungsferne" Marginalisierte) in den betreffenden Studien manchmal geradezu verkehrt-proportional darstellte, zumindest in Bezug auf die berufliche Position, verblieb die „Deutungsmacht" auf Seiten der ForscherInnen. Auch wenn z. B. in der Studie „kulturelles Kapital in der Migration" bewusst keine „natio-ethno-kulturellen" Unterscheidungen[12] oder gar Kategorisierungen bei den Interviewten getroffen wurden, mag es nach außen hin essentialisierend erscheinen, als würden „wir" Mehrheitsangehörige über „die anderen" (MigrantInnen) schreiben.

Systematischen Reflexion der Standortgebundenheit

Auch sozialwissenschaftliche Erkenntnisse sind Phänomene, Produkte gesellschaftlicher Verhältnisse, die von Ungleichheit und Dominanz bestimmt sind (vgl. Broden/Mecheril 2007: 16). Dieses Moment entfällt nicht, nur weil die ForscherInnen zugleich einen Migrationshintergrund haben. Es erscheint dennoch von Vorteil, die Interpretationen der Interviews in möglichst heterogen zusammengesetzten Forschungswerkstätten zu diskutieren, wie es für das Forschungsprojekt „kulturelles Kapital in der Migration" auch zutraf. Aber selbst die „natio-ethno-kulturelle" Heterogenität des ForscherInnenteams steht üblicherweise einem relativ homogenen Bildungshintergrund und einer ähnlichen intellektuellen Ausrichtung der WissenschaftlerInnen gegenüber.

Fokussieren auf die Ebene der AkteurInnen

Das Fokussieren auf die Ebene der AkteurInnen würde bei biographischen Ansätzen die Möglichkeiten stärker ins Licht rücken als die Beschränkungen (Mecheril/Rose 2012).

   Dies trifft bei den in Rede stehenden Studien nicht zu, denn gerade die Hindernisse (z. B. auf dem Weg qualifikationsadäquater Eingliederung in den deutschen Arbeitsmarkt) werden in den Vordergrund gestellt. Es ist eine Stärke rekonstruktiver Methoden, dass nicht nur von den Interviewten explizit benannte Hindernisse, sondern auch lediglich implizit erkennbare Hürden ans Tageslicht gebracht werden. Ergebnisse, die auf solche Art zustande gekommen sind, könnten mitunter jene LeserInnen eher erreichen und deren Perspektive in Frage stellen, die nicht per se misstrauisch gegenüber den herrschenden Machtverhältnissen eingestellt sind und dezidiert (system-)kritische Literatur eher meiden würden.

Gefahr des Missbrauchs von Forschungsergebnissen

Wie bereits zu Beginn dieses Artikels angesprochen wurde, kann selbstverständlich nicht ausgeschlossen werden, dass z. B. die zutage geförderten (bewusst errichteten) Barrieren für Hochqualifizierte PolitikerInnen und sonstige Verantwort-

---

12   Zur „Diffusität, Komplexität und Polyvalenz" von sozialräumlichen Zuordnungen, die durch das Attribut „natio-ethno-kulturell" ausgedrückt werden sollen, vgl. Mecheril 2000: 232.

lichen lediglich als Inspiration dienen, ähnlich wie in Kanada Erleichterungen exklusiv für hochqualifizierte Migrationswillige zu erwirken.[13]

Schlussbetrachtungen

Studien zu Hochqualifizierten werden vielleicht zunächst nur aus volkswirtschaftlichem Kalkül von politischen Machthabern wahrgenommen. Wenn sie dabei auf kritisierbare Strukturen sozio-politischer Rahmenbedingungen stoßen, die MigrantInnen massiv benachteiligen, könnte dies im besten Fall bewirken, dass die Bedingungen zur Nutzung bzw. Ausbeutung der zur Verfügung stehenden Potentiale überdacht und geändert werden. Die dadurch bedingten „Nebeneffekte" auf die Herkunftsländer migrierter Hochqualifizierter (Stichwort „Brain-Drain"), werden von den profitierenden hegemonialen Zentren in Kauf genommen.

Die Thematisierung von Hochqualifizierten mit Migrationshintergrund setzt einen Kontrapunkt zur Betrachtung der Migrationsthematik aus einer Defizit- und Problemperspektive. Dies schürt aber wiederum die Gefahr einer noch stärkeren Unterscheidung in „nutzbringende" (weil hochqualifizierte) und andere (sogenannte bildungsfernere) MigrantInnen, denen tendenziell unterstellt wird, das nationale Sozialsystem zu belasten. Rassistische Anklänge wie z.B. bei Sarrazin, der ganz klar zwischen nutzbringenden und anderen Migranten unterscheidet, könnten leiser werden, die Akzeptanz wirtschaftlicher Ungleichheit dagegen unverhohlen(er) zu Tage treten.

Für alle Phasen, in denen die Anwerbung von Arbeitskräften aus dem Ausland diskutiert wurde und wird, gilt ebenso wie für Phasen der Stagnation bzw. des Zuwanderungsstopps: MigrantInnen werden unverhohlen als Manövriermasse zum Vorteil der eigenen Volkswirtschaft betrachtet. In diesem Kontext könnte Forschung zu hochqualifizierten MigrantInnen schnell in Verdacht geraten, in höchstem Maße strukturelle Erfordernisse des Arbeitsmarktes zu affirmieren und mit zentralen Paradigmen neokapitalistischer Diskurse kompatibel sein zu wollen.

Anders betrachtet vermögen gerade Studien zu AkademikerInnen mit Migrationshintergrund benachteiligende Rahmenbedingungen zu entlarven. So tritt beispielsweise zu Tage, dass die Anerkennung von Können und Wissen in Abhängigkeit gebracht wird zu der Person, die es repräsentiert, und je nach Bedarf bzw. Herkunft auf- oder abgewertet werden kann. Die Machtstrukturen bloßlegenden Handlungsbeschränkungen werden sichtbar, auf die die AkteurInnen bei

---

13   Radostin Kaloianov setzt sich in diesem Band u. a. ausführlicher mit „Macht- und Umverteilungskämpfen unter gesellschaftlichen Eliten" in diesem Kontext auseinander.

ihren Versuchen stoßen, ihr Können und Wissen auf dem Arbeitsmarkt in kulturelles Kapital zu verwandeln. Wie diffizil und ambivalent auch die Situation der erfolgreich und qualifikationsadäquat tätigen AkademikerInnen mit Migrationshintergrund ist, könnte als Barometer für die Lage der Zugewanderten insgesamt betrachtet werden. Der großen Mehrheit der nach Deutschland Migrierten dürfte bislang jedenfalls sowohl Chancengleichheit in Erwerbsbereichen wie auch das Bejubeln von Diversität als ein ferner Traum erscheinen, der sich nur für wenige zu erfüllen scheint.

Literatur

Badawia, Tarek (2002). Der dritte Stuhl. Eine Grounded-theory-Studie zum kreativen Umgang bildungserfolgreicher Immigrantenjugendlicher mit kultureller Differenz, Frankfurt am Main.

Baumann, Zygmunt (1998). Moderne und Ambivalenz, in: *Bielefeld*, Ulrich (Hg.). Das Eigene und das Fremde, Hamburg, 23–49.

Baumann, Zygmunt (2003). Flüchtige Moderne, Frankfurt am Main.

Baumann, Zygmunt (2005). Verworfenes Leben, Hamburg.

Bohnsack, Ralf (2008). Rekonstruktive Sozialforschung, Opladen/Farmington Hill.

Bohnsack, Ralf/*Nohl*, Arnd-Michael (2010). Komparative Analyse und Typenbildung in der dokumentarischen Methode, in: *Cappai*, Gabriele/*Shimada*, Shingo/*Straub*, Jürgen (Hg.): Interpretative Sozialforschung und Kulturanalyse. Hermeneutik und die komparative Analyse kulturellen Handelns, Bielefeld, 101–128.

Bourdieu, Pierre (1983). Ökonomisches Kapital, kulturelles Kapital, soziales Kapital, in: *Kreckel*, Reinhard (Hg.): Soziale Ungleichheiten (Soziale Welt, Sonderband 2), Göttingen, 183–198.

Bourdieu, Pierre (1997). Die männliche Herrschaft, in: *Döllinger*, Irene/*Krais*, Beate (Hg.): Ein alltägliches Spiel, Frankfurt am Main, 153–217.

Broden, Anne/*Mecheril*, Paul (2007). Migrationsgesellschaftliche Re-Präsentation. Eine Einführung, in: *Broden*, Anne/*Mecheril*, Paul (Hg.): Re-Präsentation. Dynamiken der Migrationsgesellschaft, Düsseldorf, 7–28.

Castro Varela, María do Mar/*Dhawan*, Nikita (2007). Migration und die Politik der Repräsentation, in: *Broden*, Anne/*Mecheril*, Paul (Hg.): Re-Präsentation. Dynamiken der Migrationsgesellschaft, Düsseldorf, 29–46.

Englmann, Bettina/*Müller* Martina (2007). Brain Waste. Die Anerkennung von ausländischen Qualifikationen in Deutschland, Augsburg.

Guttiérrez-Rodríguez, Encarnación (1999). Intellektuelle Migrantinnen – Subjektivitäten im Zeitalter von Globalisierung. Eine postkoloniale dekonstruktive Analyse von Biographien im Spannungsverhältnis von Ethnisierung und Vergeschlechtlichung, Opladen.

Hummrich, Merle (2002). Bildungserfolg und Migration. Biographien junger Frauen in der Einwanderungsgesellschaft, Opladen.

Karakaşoğlu, Yasemin (2000). Muslimische Religiosität und Erziehungsvorstellungen. Eine empirische Untersuchung zu Orientierungen bei türkischen Lehramts- und Pädagogik-Studentinnen in Deutschland, Frankfurt am Main.

Krahn, Harvey (2005). Resilient Teenagers: Explaining the High Educational Aspirations of Visible Minority Youth in Canada, in: Journal of International Migration and Integration, Vol. 6(3/4), 405–434.

Li, Jun (2001). Expectations of Chinese Immigrant Parents for Their Children's Education, in: Canadian Journal of Education 26, 4/2001, 477–494.

Mecheril, Paul (2000). Doppelte Heraussetzung und eine Utopie der Anerkennung. Mehrfachverbundenheit in natio-ethno-kultureller Pluralität, in: *Frieben-Blum*, Ellen/*Jacobs*, Klaudia/*Wiessmeier*, Brigitte (Hg.): Wer ist fremd? Opladen, 231–250.

Mecheril, Paul/*Rose*, Nadine (2012). Qualitative Migrationsforschung: Standortbestimmungen zwischen Reflexion, (Selbst-) Kritik und Politik, in: Ackermann, Friedhelm/Ley, Thomas/Machold, Claudia/Schrödter, Mark (Hg.): Qualitatives Forschen in der Erziehungswissenschaft. Standortbestimmung und Zukunftsperspektive, Wiesbaden, 115–134.

Michaels, Walter Benn (2006). The trouble with diversity, New York.

Michaels, Walter Benn (2009). Wider den multikulturellen Imperativ. Die Linke hat eine andere Aufgabe, in: Le Monde diplomatique Nr. 8810 vom 13.02.2009, 22–23.

Nohl, Arnd-Michael (2008). Interview und dokumentarische Methode. Anleitungen für die Forschungspraxis, Wiesbaden.

Nohl, Arnd-Michael/*Ofner*, Ulrike Selma/*Thomsen*, Sarah (2007). Kulturelles Kapital in der Migration: Statuspassagen von gleichberechtigten hochqualifizierten Bildungsausländer(inne)n in den deutschen Arbeitsmarkt, Cultural Capital during Migration Research Paper No 3.

Nohl, Arnd-Michael/*Weiß*, Anja (2009). Jenseits der Greencard: Ungesteuerte Migration Hochqualifizierter, in: APuZ 44/2009, 12–18.

Nohl, Arnd-Michael/*Ofner*, Ulrike Selma/*Thomsen*, Sarah (2010). Hochqualifizierte BildungsausländerInnen in Deutschland: Arbeitsmarkterfahrungen unter den Bedingungen formaler Gleichberechtigung, in: *Nohl*, Arnd-Michael/*Schittenhelm*, Karin/*Schmidtke*, Oliver/*Weiß*, Anja (Hg.): Kulturelles Kapital in der Migration. Hochqualifizierte Einwanderer und Einwanderinnen auf dem Arbeitsmarkt, Wiesbaden, 67–82.

Ofner, Ulrike Selma (2003). Akademikerinnen türkischer Herkunft: Narrative Interviews mit Frauen aus zugewanderten Familien, Berlin.

Ofner, Ulrike Selma (2010a). Symbolische Exklusion als Erfahrung von BildungsausländerInnen mit akademischem Abschluss, in: *Nohl*, Arnd-Michael/*Schittenhelm*, Karin/*Schmidtke*, Oliver/*Weiß*, Anja (Hg.): Kulturelles Kapital in der Migration. Hochqualifizierte Einwanderer und Einwanderinnen auf dem Arbeitsmarkt, Wiesbaden, 224–234.

Ofner, Ulrike Selma (2010b). Symbolische Exklusion – Barrieren für Akademikerinnen mit Migrationshintergrund beim Zugang zum Arbeitsmarkt, in: Heinrich-Böll-Stiftung (Hg.): DOSSIER Rassismus und& Diskriminierung in Deutschland. Dossier der Heinrich-Böll-Stiftung, Berlin. Internet: http://www.migration-boell.de/downloadsweb/diversity/Dossier_Rassismus_und_Diskriminierung.pdf48_2493.asp (Recherchedatum: 28.12.2011)

Ofner, Ulrike Selma (2011a). Hochqualifizierte Zuwanderer mit Bezug zum Ruhrgebiet. KWI-Interventionen Spezial Nr. 1/2011. Internet: http://www.kwi-nrw.de/home/kwiintervention.html (Recherchedatum 28.12.2011)

Ofner, Ulrike Selma (2011b). Sozioökonomische Ausgrenzung Hochqualifizierter mit ausländischem Bildungsabschluss – Symbolische Exklusion als strukturimmanentes Phänomen. Research Paper No 10. Internet: http://www.cultural-capital.net/images/stories/ofner_working11-06-07_ netzfassung_mit_deckblatt_und_neuer_nummer.pdf (Recherchedatum 28.12.2011)

Ofner, Ulrike Selma (2012). Diversity-Hype und Diskriminierung – zwei Seiten einer Medaille? (Arbeitstitel), in: *Gülmüs,* Zehra (Hg.): Karriereplanung türkischstämmiger Hochqualifizierter. Tagung am 15. Dezember 2011 in Köln, Eskişehir. (Im Erscheinen)

Polat, Ayça (2007). Einwanderungsperspektiven, in: *Woyke,* Wichard (Hg.): Integration und Einwanderung, Schwalbach, 92–118.

Schmidtke, Oliver (2009). Einwanderungsland Kanada – ein Vorbild für Deutschland? in: APuZ 44/2009, 25–30.

Weiß, Anja (2001). Rassismus wider Willen. Ein anderer Blick auf eine Struktur sozialer Ungleichheit, Opladen.

Weiß, Anja (2007). Documentation of the workshop „Fachkräfte mit Migrationshintergrund – Barrieren im Arbeitsmarktzugang – Chancen für das Gesundheitswesen?", Conference „Wir und die Anderen? Interkulturalität, Bildung und Chancengleichheit in der Migrationsgesellschaft", 4./5.05.2007 in Augsburg, Interkulturelle Akademie Augsburg & Bildungszentrums der Bayerischen Wirtschaft.

Weiß, Anja/*Nohl,* Arnd-Michael (2012). Overcoming methodological nationalism in migration research. Cases and contexts in multi-level comparison, in: *Amelina,* Anna/*Nergiz,* Devrimsel D./*Faist,* Thomas/*Glick Schiller,* Nina. (Hg.): Beyond Methodological Nationalism: Researching Methodologies for Cross-Border Studies, London (im Erscheinen).

Die Bio-Politik der Migrationsregime und die Normalität des Rassismus

Michaela Ralser

„Weder das Recht zu beanspruchen, noch anderen zuzugestehen, jemals zu entscheiden, wer die Erde ‚bewohnen' soll und wer nicht" (Thürmer Rohr 2000), alles daran zu setzen, Wege mit den Vorhandenen zu finden (ebd.) und zu verhindern, dass sie die verschiedenen Arten der realen und sozialen Tode sterben (vgl. Castel zu Exklusion 2000 und 2005), das könnte als Vorstellung dessen, was sein oder eben nicht sein soll, als negatives Maß gleichsam, die Kritik (auch der kritischen Migrationsforschung) orientieren.

Mit Michel Foucault ließe sich die äußerste Grenze der Exklusion im Sinne der „Zäsur zwischen dem, was leben soll und dem, was sterben muss" (Foucault 1999: 295) als komplementäre Strategie einer im Prinzip auf die Intensivierung des Lebendigen gerichteten Bio-Macht beschreiben, die wesentlich im 19. Jahrhundert entsteht und bis heute soziale Geltung beansprucht: im Inneren der Dominanzkultur wie an ihren äußeren Grenzen – zu deren Verteidigung. Über die historische Herkunft der Bio-macht, die Etablierung eines bestimmten Typus modernen Rassismus in ihrem Namen und über die Wirkung, die ihre Entfesselung in der Zeit des Nationalsozialismus unter bio-sozio-politischer Perspektive genommen hat, gibt das nächste Kapitel Auskunft. Dieser Vorlauf ist insofern nötig als der vorliegende Beitrag mit dem Konzept der Bio-Macht und Bio-Politik argumentiert und sie auf ein Feld überträgt, das sich erst in jüngerer Zeit einer solchen Analyseperspektive öffnet: das Gegenstandsfeld der Grenz- und Migrationsregime.

Michel Foucault analysiert das 17. und 18. Jahrhundert unter dem Aspekt der Herausbildung verschiedener Machttechniken, die auf den individuellen Körper gerichtet sind, sich seiner an- nehmen und zugleich seine nutzbaren Kräfte steigern. Der Machttypus der Disziplinierung des Individualkörpers, welcher mit der Industrialisierung und kapitalistischen Organisation der Arbeit einherging, wird gegen Ende des 18., vor allem aber im 19. Jahrhundert durchdrungen und ergänzt durch einen anderen Machttypus, der sich nicht mehr mit dem Körpermenschen, sondern mit dem Menschen als Lebewesen, mit der Gattung Mensch beschäftigt, mit dem multiplen Körper, der Bevölkerung. Krankheit und Gesundheit wurden erstmals als Bevölkerungsphänomene analysiert, Sterberate und Natalität wurden zu entscheidenden Kategorien der ersten demographischen Untersuchungen und insgesamt wurde ein hohes Maß an medizinisch-sozialhygienisch administrativem Wissen ausgebildet, welches in erster Linie auf die Kontrolle von Fortpflanzung und Sexualität setzte (vgl. Foucault 1996). Die Bio-Macht wirkt nicht wie die Disziplinarmacht individualisierend, sondern massenkonstituierend. Sie nimmt sich der Bevölkerung als Ganzes an, „ihre Regulierungskraft zielt auf die Produktion von Leben" (Sarasin 2003: 58). Sie bewirkt darin aber auch das Gegenteil. Wie kommt mit der Bio-Macht die Gegenvorstellung zur Lebenserhaltung, die Lebensvernichtung in die Welt: „Wie kann diese Macht, die wesentlich die Hervorbringung von Leben zum Ziel hat, sterben lassen (…), den Tod befehlen, nicht nur (wie im Krieg) seine Feinde dem Tod aussetzen, sondern auch die eigenen Bürger?" (Foucault 1999: 294). Foucaults Begriff von Tod meint hier nicht nur die physische Vernichtung, sondern auch alle Formen des indirekten Todes: „Jemanden der Gefahr des Todes ausliefern, für bestimmte Leute das Todesrisiko erhöhen, oder aber den politische Tod, die Vertreibung, die Abschiebung" (Foucault 1999: 297). Vergleichbar mit dem, wie Robert Castel Jahre später die drei Formen von Exklusion (Verbannung, Beschränkung, Marginalisierung) als jeweils verschiedene Bedeutungen von Tod thematisieren wird (Castel 2000: 20f). Wie hängen die beide Prinzipien: Leben machen und Sterben lassen, systematisch zusammen bzw. worin liegt das Bindemittel dieser vermeintlich gegensätzlichen Prinzipien, die für die weitere Auseinandersetzung hier von entscheidender Bedeutung sein werden? Foucault nennt einen spezifischen Typus modernen Rassismus (Foucault 1999: 294).

Rassismus ist eine Form, das biologische Kontinuum (einer Bevölkerung oder der menschlichen Spezies insgesamt) zu unterbrechen, das biologische Feld zu fragmentieren und innerhalb der Bevölkerung oder der Spezies Gruppen gegeneinander zu differenzieren und jene auszusondern, die sich nicht verbessern lassen. Je mehr und je ausschließlicher ein Staat nach dem Modus der (selektiven) Bio-Macht funktioniert, je umfassender biologische Merkmale zur Kennzeichnung von Gruppen und biologische Theorien zur Erklärung ihrer sozialen Lage herangezogen werden, umso lebensbedrohlicher können seine Eingriffe sein. „Die Rasse, der Rassismus, das ist die Akzeptabilitätsbedingung des Tötens in einer Normalisierungsgesellschaft" (Foucault 1999: 296). Zweifelsfrei beinhaltet der Rassismus auch eine Reihe antimoderner Aspekte, als „wirkungsvolles Instrument politischer Praxis (aber) ist er untrennbar mit dem Aufkommen moderner Wissenschaft und Technologie sowie moderner Staatsapparate verknüpft" (Bauman 1994: 76), schon in seiner Form des kolonialen Rassismus, den Michel

Foucault in seiner Analyse allerdings eigentümlich ignoriert. „Der nationalsozialistische Staat (schließlich) hat das Feld des Lebens, das er verbessert, schützt, absichert und biologisch kultiviert, und zugleich das Recht des Souveräns, zu töten – nicht nur die Anderen, sondern auch die Seinen – absolut zur Deckung gebracht." (Foucault 1999: 301). Darin vereint er ein modernes (den produktiven Bezug zum Leben) und ein antimodernes Element (das „souveräne" Recht des Schwertes). Nationalsozialistische Politik hat nicht nur die Bio-Macht verallgemeinert, sondern auch die „souveräne" Macht des Tötens absolut generalisiert. Selbst die mörderischste Praxis aber stand noch im Lichte des Lebens, die Tötung des einen schien zum Überleben des anderen zu gehören, zum Überleben einer „Rasse", des „gesunden Volkskörpers", des menschlichen Erbguts in seiner Gesamtheit. Was bisher – wie Michel Foucault (Foucault 1999: 296) sagt – die Relation des Krieges war und es in gewisser Weise wohl bis heute ist (vgl. Scarry 1995), wird hier zu einer Beziehung biologischen Typs vermeintlichen Friedens: zwischen meinem Leben und dem Tod des anderen wird eine „wissenschaftlich fundierte" Bio-Relation errichtet: Je mehr „unwertes Leben" verschwindet, umso mehr wird „wertvolles Leben" erstehen oder anders ausgedrückt: „Leben machen und sterben lassen" als zwei ineinandergreifende Seiten einer ideologischen Figur. Der NS-Staat hat – bis hin zur Vernichtung – in die Tat gesetzt, was im Strukturprinzip der Optimierung des Lebens, der Vervollkommnung des Menschen in seiner biologischen Dimension im Gegenlicht erscheint: die Ausgrenzung und Verfolgung der ‚Unverbesserlichen', der ‚Unkorrigierbaren', denen gegenüber sich die reformerischen Bemühungen, wie immer man diese einschätzen mag und welch gewalttätige Gestalt sie auch angenommen haben mögen, als nutzlos erwiesen. Wir könnten mit Hannah Arendt einschränkend sagen, das Spezifische des Nationalsozialismus war schlicht die Tatsache, dass er bedingungslos entschied, wer auf dieser Welt ein Lebensrecht hat und wer nicht (vgl. Arendt 1986).

Mit den 1930er Jahren entstand ein ganzes Ensemble erbpathologischer, rassehygienischer und humangenetischer Agenturen (vgl. Kaupen-Haas/Rothmaler: 1994, Kaupen-Haas/Saller: 1999), in denen Theorie und Praxis nationalsozialistischer Bevölkerungs- und Gesundheitspolitik eng zusammenwirkten. Sie organisierten einen bis dahin unvorstellbaren Zugriff auf die Bevölkerung und etablierten durch ihre aktiv bevölkerungsbiologische Umgestaltung des Menschengeschlechts eine Verbesserungsmaschinerie erwünschter Mitglieder, vor allem aber eine Verhinderungs- und eine Vernichtungsmaschinerie gegen unerwünschte Bevölkerungteile (vgl. Friedlander 1998; Klee 1997; Proctor 1988). „Die nationalsozialistische Revolution war ein gigantisches Projekt des Social-engeneerings, die ‚Rasse' war das Kernstück der gestalterischen Maßnahme" (Bauman,

1994: 81). Sieht man mit Zygmunt Bauman den Nationalsozialismus in das viel größere Projekt der Moderne eingebunden, wäre auch sein mörderischstes Vorgehen, die Massenvernichtung der Juden und Jüdinnen, die Ausrottungsversuche von Minderheiten, die Tötung körperlich, geistig und psychisch behinderter Menschen und die Sterilisation von Frauen und Männern, ein „legitimes Kind des modernen Geistes, jenes Dranges, den Fortschritt der Menschheit zur Vollkommenheit zu unterstützen und zu beschleunigen" (Baumann 1995: 45). Optimierung des Lebens und Industrialisierung des Todes als zwei auf die Spitze getriebene sich gegenseitig interpretierende Prinzipien einer radikalisierten Bio-Macht und -Politik. Der Genozid stellt – trotz des entfalteten Schreckens und der anhaltenden Unbegreiflichkeit – keine Anomalie im Kern oder eine Fehlfunktion im System dar. Er demonstriert vielmehr, wohin ein „unkontrolliertes Freiwerden des instrumental-rationalen Potentials (einer entfesselten Biopolitik, A. d. V:) führen kann, wenn die Effizienz zum entscheidenden politischen Maßstab wird" (Baumann 1994: 131). Wäre hier eine andere Blickrichtung als die bio-sozio-politische auf die Zeit angelegt worden, wäre ein deutlicherer Bruch der Zeit des Nationalsozialismus mit seiner Vor- und Nachgeschichte sichtbar geworden.

Allerdings: Selbst, wenn das biopolitische Wissen jener Zeit mit seinem Rasseparadigma heute kaum mehr als eine randständige Bedeutung hat, lassen sich hinter der ideologischen Oberfläche „Episteme" entdecken, die „jenseits der einzelwissenschaftlichen Sonderung und historischen Bindungen" (Schmidt 1999: 328) weiter kulturproduzierenden Charakter haben[1], und es lassen sich Methoden auffinden, „die trotz der Verabschiedung dessen, was mit ihrer Hilfe als Erkenntnis hervorgebracht wurde" (ebda.), weiterhin angewendet werden: in der Humangenetik, der Reproduktionstechnologie und der Transplantationsmedizin. Doch darum soll es hier nicht gehen. Hier will eine andere Verbindung von eben jenem *„Leben machen und sterben lassen"* herausgestellt werden.

Diese Verbindung lässt sich aktuell an den Außengrenzen der Europäischen Union beobachten. Die europäischen Grenzregime mit ihren militarisierten Überwachungsagenturen (Frontex u. a.) setzen auf offener See und an unsichtbaren Grenzen zu den wohlhabenderen Ländern, jene dem Tod oder dem Todesrisiko aus, die „auf eigene Faust versuchen, ihren Hoffnungen gerecht zu werden" (Oberprantacher 2011: 391). Seit 1988 sollen laut „Fortress Europe" 17.800 Menschen beim Versuch, auf irreguläre Weise nach Europa zu gelangen, gestorben sein. 1500 dokumentierte Fälle waren es allein 2011. UNHCR und UN-Menschen-

---

1   Als ein jüngstes Beispiel dafür ließe sich Thilo Sarazins (2010) Buch „Deutschland schafft sich
     ab" nennen,. das durchgängig mit einem der wirkungsvollsten biopolitischen Deutungsmittel,
     einer alt/neuen degenerationstheoretisch inspirierten Vererbungslehre eugenischer Prägung
     operiert.

rechtskommission gehen von einem Vielfachen an effektiven (bis zum jetzigen Zeitpunkt nicht dokumentierten) Toten aus.

Die Toten vor der Grenze verbindet ein unsichtbares Band mit den Lebenden innerhalb derselben: Erstere sind der Preis für die Illusion der zweiten, dass sie (nicht im persönlichen, sondern im imaginären Sinn der Wir-Gemeinschaft) nur über den Weg der tödlichen Abwehr der Anderen in Sicherheit leben könnten:, eine bekannte bio-politische Figur. Der Andere ist hier das als Bedrohung stilisierte „antagonistische Außen" (Laclau/Mouffe 1995), der irreguläre Migrant und ferne Flüchtling.[2] Die unverhältnismäßigen Maßnahmen der Grenzkontrolle und -sicherung haben neben einem ökonomischen, allem voran einen politischen Grund: Sie sollen die bio-politische Kompetenz des Staates, hier der Staatengemeinschaft beglaubigen, indem sie zwei zeitgenössische Mythen aufrechterhalten *und* aufeinander beziehen – den Anschein der Kontrollierbarkeit der Migration und die Illusion der Herstellbarkeit absoluter (innerer) Sicherheit.

Die Grenzregime regulieren die Migration bekanntlich nur in sehr bescheidenem Maße, aber sie bestimmen die Bedingungen, unter welchen Gefahren und mit welchem Einsatz an Leben die Grenzen überwunden werden müssen, sie setzen nicht eigentlich – oder nur unter besonderen Bedingungen – auf tatsächliche Exklusion irregulärer Migrantinnen und Migranten sondern darauf, die Momente des Überschusses (also der Autonomie), zu verwerten und sie auf eine ökonomische Dimension zurück zu verpflichten (Mezzadra 2007). Vor allem aber bestimmen sie, unter welchen Bedingungen und mit Ausstattung welcher Rechte, die, welche die Grenzen überlebt und überwunden haben, sich auf der nun anderen Seite aufhalten. Darin sind die Grenzregime auf paradoxe Weise produktiv. „Ihre Produktivität liegt in der Regulation grenzüberschreitender Arbeitsmobilität" (Tsianos 2010: 15). Die ökonomische Globalisierung profitiert von jeder Gliederung und jedem noch so kleinen Abstand, der darüber entsteht: von hierarchischer Differenzierung ebenso wie von prekärer Egalisierung, vom untergeordneten Einschluss (Stichwort: vergeschlechtlicht ethnisierter Arbeitsmarkt) ebenso wie vom vorübergehenden oder sogar vom stabilen Ausschluss, seit letzterer neue Formen eines bio-ökonomischen Zugriffs hervorbringt: den Handel mit Körpern und seinen Teilen und so eine neue „Ökonomie" auf unterster Ebene begründet: auf der Ebene der bloßen körperlichen Existenz der „nackten Leben" (Agamben

---

2   Ergänzend: Bedrohungsgefühle seien aber nicht das Resultat von realen Bedrohungen, so daß sie gegenstandslos würden, wenn sie nicht bestünden oder wegfielen. „Sie haben vielmehr ihren Grund in den Bedingungen der eigenen Gesellschaft und suchen sich erst in einem zweiten Schritt die Objekte, die sie als Subjekte von Bedrohungen dingfest machen können." (Lutz 1999, S.67)

2002) derer, die von den Agenturen der internationalen Arbeitsmärkte als „unbrauchbar und überflüssig" (Baumann 2005) ausgeschieden werden.

Wir haben es also erneut mit einem Rassismus zu tun, wenn auch mit einem, der überwiegend ohne das alte rassische Imaginäre auskommt. Wieder aber ist es ein „Rassismus von oben" (Rancière 2010), der Menschengruppen gegeneinander differenziert, herrschaftsförmig gruppiert und die systematische Ungleichheit zwischen diesen legitimiert und normalisiert. Er stattet in diesem Fall die Sicherheitsrethoriken der Staaten mit einem neuen Bedrohungssubjekt aus: dem illegalen Migranten und fernen Flüchtling. Neben dieser ideologischen Funktion hat er noch einen praktischen (neuen) Sinn, der im Inneren der Dominanzkultur wirkt: Er führt vor, dass die Grenzen nicht nur im „Außen", sondern auch im „Inneren" verschiebbar sind, zwischen Berechtigten und Nicht-Berechtigten, Dazugehörigen und Nicht-Dazugehörigen und er gewöhnt an den unsicheren (gegenwärtigen) Subjektstatus, dass auch hinausfallen kann, wer einmal „drinnen" war. Damit ruft er „Denormalisierungsängste" (vgl. Link 1999) auf und wach. Der gegenwärtige Rassismus sei, so Jacques Rancière (ebda.), mehr eine Logik des Staates denn – wie oft behauptet wird – eine Passion seiner Bürger und Bürgerinnen. Dieser erneuerte Rassismus aber ist in gewisser Weise immer schon der alte: Es zeigt sich in ihm „die historische Beharrlichkeit ebenso wie seine immer neue Beweglichkeit und Vielseitigkeit" (Kossek 1999: 11). Seine Leistungsfähigkeit besteht bekanntlich darin, dass er historische Konstanten beibehält und sich gleichzeitig auf neue Problemkonstellationen einstellt (vgl. Balibar 1992). Als tief in der europäischen Geschichte verwurzelt und als konstitutives Element abendländischen Denkens (vgl. Kappeler 1994) fällt es ihm leicht, beständig und wandelbar zu sein. Darin liegt seine spezifische Normalität.

Zurück zu den Grenz- und Migrationsregimen: Die existenzielle Gefahr, der Flüchtlinge und irreguläre MigrantInnen ausgesetzt werden, endet nicht an den äußeren Grenzen der Europäischen Union. Die sicherheitspolitischen, fremdenrechtlichen oder asylbezogenen Verfahren, die sie – einmal angekommen – durchlaufen müssen, um ihrem Aufenthalt Legalität zu verschaffen, wiederholen den Vorgang der Gefährdung. Sie alle enthalten im Zweifel die Möglichkeit, Gruppen oder einzelne erneut der Gefahr des Todes auszusetzten. Schon allein deshalb ist entscheidend, was in ihnen vorgeht. Drei Fall-Miniaturen sollen im Folgenden zeigen, dass in diesen Verfahren Methoden zur Anwendung kommen, die eine spezifische bio-politische Gegenwart des Vergangenen (vgl. Ralser 2010) aktualisieren.

Die erste Miniatur handelt von dem in Österreich aber vielfach auch in Deutschland üblichen Einsatz biometrischer und anderer Messverfahren zur Altersfeststellung bei jugendlichen Flüchtlingen, wenn es um deren Bleiberecht oder um deren Aufenthaltsrecht unter Jugendfürsorgebedingungen, respektive im Schutz der Kinderrechtskonvention geht, die zweite handelt von der in Frankreich zuletzt eingeführten Zwangsverpflichtung einer DNA-Analyse zum Nachweis von Verwandschaftsbeziehungen, wenn es um den Nachzug von Kindern oder Elternteilen (insbesondere aus Ländern Afrikas) geht, und schließlich die dritte berichtet von der in einigen deutschen Bundesländern inzwischen verpflichtenden (in Österreich jedenfalls verfahrensüblichen) Vorlage eines psychiatrischen (fallweise eines psychologischen) Testgutachtens als Beleg einer zwingenden sexuellen Orientierung, wenn etwa verfolgte Homosexualität als Fluchtgrund im Asylverfahren geltend gemacht werden will. Was geschieht hier eigentlich und wie ist das, was hier geschieht zu qualifizieren?

Zur Altersfeststellung: Von eiligen Gutachtern und Amtsärzten werden die Altersurteile oft durch Augenschein in wenigen Minuten gefällt: etwa folgendermaßen – ich zitiere aus einem Gutachten: „Weißheitszähne durchgebrochen, Schambehaarung vorhanden – mit großer Wahrscheinlichkeit volljährig" (Fronek 2010: 70), von anderen Medizinern, etwa von dem in österreichischen Asylverfahren häufig beauftragten Wiener Kinderarzt Klabuschnigg wird das Alter der Jugendlichen durch Vermessung der Nieren und der Schilddrüse ermittelt. Nach einer kurzen Phase angeordneter Magnetresonanzuntersuchung der Schulter kommt heute ein multifaktorielles Verfahren zum Einsatz: ein Teil davon ist immer noch die Genitalbeschau – Ich zitiere aus einem Befund: „Die Schambehaarung umfasst das ganz Genitale. Sie ist rasiert und schwarz, geht auf der Innenseite der Oberschenkel über und wächst zipfelig in Richtung Bauchnabel. Das männliche Genitale entspricht gemäß morphologischer Kriterien dem eines erwachsenen Mannes" (ebda.: 77). Das Herzstück der neuen Untersuchungsmethode aber ist neben der Beurteilung des Zahnstatus die radiologische Handwurzelknochenuntersuchung. Das jeweilige Handwurzelröntgenbild wird mit einem Röntgenatlas, dem von Greulich und Pyle (1959), verglichen und so das Knochenalter und damit das Alter des/der Jugendlichen ermittelt. Dass alle diese Verfahren in ihrer Aussagekraft strittig sind, ist auch unter MedizinerInnen bekannt. Hier soll es aber nicht so sehr um die Güte der Verfahren gehen (obwohl diese für die Einspruchspraxis nicht unerheblich ist), sondern um den Einsatz des Messverfahrens selbst: Die *biologische Ausstattung* einer Person – hier die hinsichtlich ihres vermeintlichen Alters – entscheidet über Inklusion und Exklusion, über das Recht, Rechte zu haben, in diesem Fall minimale Grundrechte als Kind oder Jugendliche/r und einige wenige, aber wesentliche jugendbezogene Sonderrechte im Asylverfahren. Während das Alter/die Altersgrenze üblicherweise und mit wenigen Ausnahmen eine relationale Kategorie darstellt, und hinsichtlich dessen, was verboten oder erlaubt werden will, bestimmt wird, etwa ob schon strafmündig oder vertragsfähig bei Jugendlichen oder ob schon pensionsberechtigt oder pensionsverpflichtet bei den Älteren, während diese Grenzen aushandlungsfähig sind von Staat zu Staat – in Österreich etwa variiert das gesetzliche Jugendalter sogar von Bundesland zu Bundesland, und während schließlich Alter, meist von den Konsumgewohnheiten und Lebensstilen abgelesen, üblicherweise und für die Mitglieder der Dominanzgesellschaft schon als gefühlte Kategorie gilt, wie etwa bei den neuen jungen Alten und den alten Jungen, kommt es bei einem spezifischen Gesellschaftssegment, den jugendlichen Flüchtlingen als rein *biologische Ausstattung zur existentiellen sozialen Geltung.*

Zu den Abstammungsgutachten: Frankreich hat seit 2007 die Zwangsverpflichtung einer DNA-Analyse, einen sogenannten genetischen Fingerabdrucks eingeführt, wenn MigrantInnen oder anerkannte Flüchtlinge, besonders solche aus den Ländern Afrikas um den Nachzug von Kindern und/oder von Elternteilen ansuchen. Frankreich hat – obwohl das informationelle Selbstbestimmungsrecht des Erbguts eigentlich für alle, außer für schwere StraftäterInnen gilt – ein Ausnahmegesetz erlassen: den Nachweis der Blutsverwandschaft, der heute keiner mehr des Blutes, sondern einer der Desoxyribonukleinsäuren DNS/DNA ist. In molekularbiologischen Untersuchungen werden Rückschlüsse auf das Erbgut gezogen und somit Verwandschaftsverhältnisse festgelegt und Einreiseerlaubnis oder Aufenthaltsgenehmigungen von Familienmitgliedern erlassen oder verwehrt – und wieder werden fundamentale Rechte an einen biologischen Nachweis geknüpft. Während Familien in Frankreich und anderswo üblicherweise ein sozialer Wandel zugestanden wird und unterschiedliche Formen des Zusammenlebens von Erwachsenen mit Kindern als Familie Geltung beanspruchen dürfen, viele davon bereits mit erstrittener Legalität und mit sozialen Rechten ausgestattet: von den Patchworkfamilien heterosexueller Paare bis zu den eingetragenen Partnerschaften mit Kindern bei homosexuellen Paaren, den Mehr- und Einelternfamilien, den Adoptivfamilien und vielen mehr, werden die Beziehungsformen von EinwandererInnen auf die *biologisch-genetische Ausstattung* zurückverpflichtet, wird Familie nicht nur auf das westeuropäische Familienmodell festgezurrt, sondern exklusiv über *Abstammung* bestimmt. Auch hier gelangt bei einem spezifischen Gesellschaftssegment, den aufenthaltsbegehrenden Flüchtlings- und MigrantInnenfamilien in Nachzugsverfahren, eine biologische Ausstattung, die des Erbguts, zur fixen Normgrenze und bestimmt über das fundamentale Recht, das Recht zu sein oder zusammen zu sein.

Zur psychiatrischen Gutachtenspraxis bei Homosexualität: Mehrere deutsche Bundesländer (darunter Hamburg) verlangen inzwischen die verpflichtende

Vorlage eines psychiatrischen Testgutachtens als Beleg für die sexuelle Orientierung, wenn etwa verfolgte Homosexualität im Herkunftsland als Fluchtgrund im Asylverfahren geltend gemacht werden will. In Österreich gibt es die verpflichtende Vorlage nicht, die Testung ist dennoch üblich. Eine immer noch vorwiegend biologisch orientierte Psychiatrie hat den Asylbehörden mit Hilfe psychologisch/psychiatrischer Testungen Gutachten vorzulegen, welche den Ansuchenden, wollen sie erfolgreich sein, eine irreversible Homosexualität in gleichsam unentrinnbar schicksalhaftem Ausmaß nachweisen – was nicht anders gelingen kann, als sie erneut als *„krankheitswertig"*, jedenfalls als *„naturhaft"* zu bestimmen. Für das Asylverfahren müsste aber allein der Nachweis der personenbezogenen Verfolgung von Homosexualität im Herkunftsland ausschlaggebend sein, d. h. die Verfolgung als Homosexuelle/r. Die „tatsächliche" sexuelle Liebesform der Person ist dafür unerheblich. Während wir in Deutschland und Österreich ZeitzeugInnen einer moralischen Modernisierung sind, den Sexualitäten und Liebesformen ein sozialer und kultureller Wandel zugestanden wird, sie als aushandelbar gelten, wenn auch noch immer mit einer eindeutigen Privilegierung heterosexueller Lebens- und Liebesformen, während Homosexualität nicht mehr als Perversion sondern als eine von vielen Möglichkeiten gilt, sexuell zu sein, gelangt sie für ein spezifisches Gesellschaftssegment, hier für AsylwerberInnen, die sie als Fluchtgrund angeben, wieder in den psychiatrischen Begutachtungsraum, aus dem sie als „Perversion" erst knapp entkommen war.

Gemeinsam ist diesen um den Körper und seine Kräfte zirkulierenden aufenthaltsrechtlichen Verfahren, dass sie alle die menschliche Existenz auf das biologische Leben reduzieren: das biologische Alter, die biologische Abstammung, die „naturhafte" Sexualität. Alle diese Verfahren bedürfen deshalb auch der mehr oder weniger strittigen (alt- oder neumodischen) Expertise aus den Bereichen der Biologie und Medizin. Sie definieren alle strikte Normgrenzen, die bestimmen, wer dazugehört und wer nicht, wer welche Rechte beanspruchen darf und wer nicht. Sie verfügen letztlich auch darüber, wer allenfalls erneut dem Risiko des Todes ausgesetzt wird. Sie leiten an den äußeren Grenzen und für eine bestimmte Personengruppe eine ReBiologisierung von sozialen Phänomenen wie Alter, Lebens-(Familien)form und Sexualität ein, die den anderen, den Mitgliedern der Dominanzgesellschaft inzwischen als vergleichsweise aushandelbare Größen zur Verfügung stehen. Das Feld der Normalität scheint hier herrschaftlich geteilt: in eine „proto-" und eine „flexibel-normalistische Strategie" (Link 1999: 79).

Literatur

Agamben, Giorgio (2004). Ausnahmezustand. Homo sacer. Frankfurt am Main.

Arendt, Hannah (1986). Elemente und Ursprünge totaler Herrschaft, München.

Balibar Etienne (1992). Gibt es einen Neo-Rassimus? in: *Balibar*, Etienne./*Wallerstein*, Emanuel (Hg.). Rasse – Klasse – Nation. Ambivalente Identitäten, Hamburg-Berlin 23 39.

Bauman, Zygmunt (1994). Dialektik der Ordnung. Die Moderne und der Holocaust, Hamburg.

Bauman, Zygmunt (1995). Moderne und Ambivalenz. Das Ende der Eindeutigkeit, Frankfurt am Main.

Bauman, Zygmunt (2005). Verworfenes Leben. Die Ausgegrenzten der Moderne, Hamburg.

Benedikt, Clemens (2004). Diskursive Konstruktion Europas. Migration und Entwicklungspolitik im Prozess der Europäisierung. Frankfurt am Main.

Butler, Judith (2005). Gefährdete Leben. Politische Essays, Frankfurt am Main.

Castel, Robert (2000). Die Fallstricke des Exklusionsbegriffs, in: Mittelweg 36/3, 11 24.

Castel, Robert (2005). Die Stärkung des Sozialen. Leben im neuen Wohlfahrtsstaat, Hamburg.

Fortress Europe. Immigranti morti alle frontiere dell' europa, Internet http://Fortresseurope.blogspot.com (Recherchedatum 05.04.2012)

Foucault, Michel (1996): Die Politik der Gesundheit im 18. Jahrhundert, in: Österreichischen Zeitschrift für Geschichtswissenschaften, Kulturen der Krankheit, Wien, 311 326

Foucault, Michel (1983). Der Wille zum Wissen. Sexualität und Wahrheit, Frankfurt am Main.

Foucault, Michel (1983). Die Ordnung der Dinge, Frankfurt am Main.

Foucault, Michel (1999). In Verteidigung der Gesellschaft. Vorlesungen am Collège de France (1975-1976, Frankfurt am Main.

Friedländer, Henry (1997). Der Weg zum NS-Genozid. Von der Euthanasie zur Endlösung,, Berlin.

Fronek, Heinz (2010). Unbegleitete minderjährige Flüchtlinge in Österreich, Wien.

Hobsbawm, Eric (1995). Das Zeitalter der Extreme. Weltgeschichte des 20. Jahrhunderts, Wien.

Horkheimer, Max (1990)· Zur Kritik der instrumentellen Vernunft, Frankfurt am Main.

Kamper, Dietmar (1986). Zur Soziologie der Imagination. München.

Kappeler, Manfred (1994). Rassismus. Über die Genese einer europäischen Bewußtseinsform, Frankfurt am Main.

Karakayali, Serhat/*Tsianos*, Vassilis (2005). Mapping the Order of New Migration.

Kaupen Haas, Heidrun/*Saller*, Christian (Hg.) (1999). Wissenschaftlicher Rassismus, Frankfurt am Main/New York.

Kaupen-Haas, Heidrun/*Rothmaler* Christine (Hg.) (1994). Naturwissenschaften und Eugenik. Sozialhygiene und Public Health, Bd. 1., Frankfurt am Main.

Klee, Ernst (1986). Euthanasie im NS-Staat. Die Vernichtung lebensunwerten Lebens, Frankfurt am Main.

Kossek, Brigitte (Hg.) (1999). Gegenrassismen. Konstruktionen, Interaktionen, Interventionen, Hamburg-Berlin.

Laclau, Ernesto/*Mouffe*, Chantal (1995). Hegemonie und radikale Demokratie. Zur Dekonstruktion des Marxismus, Wien.

Lemke, Thomas (2003). Rechtssubjekt oder Biomasse? Reflexionen zum Verhältnis von Rassismus und Exklusion, in: *Stingelin*, Martin (Hg.). Biopolitik und Rassismus, Frankfurt am Main, 160 184.

Link, Jürgen (1999). Versuch über den Normalismus, Opladen/Wiesbaden.

Mezzadra, Sandro (2007). Kapitalismus, Migrationen, Soziale Kämpfe. Vorbemerkungen zu einer Theorie der Autonomie der Migration, in: *Pieper*, Marianne/ *Atzert*, Thomas/ *Karakayali*, Serhat/ *Tsianos*, Vassilis (Hg.): Empire und die biopolitische Wende, Frankfurt am Main, 179 194.

Oberprantacher, Andreas (2010). Niemandsland. Grenzregime, Normalisierung und Ausnahmezustand im Zeitalter der Biopolitik, in: *Bertsch,* Christoph/ *Alge* Ingmar/ *Antenhofer,* Christina (Hg.). Cella: strutture di emarginazione e disciplinamento/Strukturen der Ausgrenzung und Disziplinierung, Innsbruck/Wien, 373 392.

Proctor, Robert (1988). Racial Hygiene. Medicine under the Nazis, Cambridge.

Ralser, Michaela (2007). Migration – Marginalisierung – bio-ökonomischer Imperativ, in: *Eberharter,* Alexander/ *Exenberger,* Andreas (Hg.). Globalisierung und Gerechtigkeit. Eine transdisziplinäre Annäherung, Innsbruck, 145 161.

Ralser, Michaela (2010). Das Subjekt der Normalität. das Wissensarchiv der Psychiatrie. Kulturen der Krankheit um 1900, München.

Rancière, Jacques (2010). Il razzismo viene dall' alto, in: Il manifesto vom 22.09, 14.

Sarasin, Philipp (2003). Zweierlei Rassismus?, in: *Stingelin,* Martin (Hg.). Biopolitik und Rassismus, Frankfurt am Main, 55 80.

Scarry, Elaine (1995). Der Körper im Schmerz. Die Chiffren der Verletzlichkeit und die Erfindung der Kultur, Frankfurt am Main.

Schmidt, Gunnar (1999): Francis Galton: Menschenproduktion zwischen Technik und Fiktion, in: *Kaupen Haas,* Heidrun/*Saller,* Christian (Hg.). Wissenschaftlicher Rassismus, Frankfurt am Main/New York, 327 346.

Taguieff, Pierre-André (1997): Il razzismo. Pregiudizi, teorie, comportamenti, Mailand.

Thürmer-Rohr, Christina (2000). Die Kehrseite der Globalisierung. Sorge um die Welt und Sorge um sich selbst, in: Freitag/Die Ost-West-Zeitung vom 04.02.

Tsianos, Vassilis (2010). Zur Genealogie und Praxis des Migrationsregimes, in: Bildpunkt. Zeitschrift der IG Bildende Kunst, Wien, 22 25.

Wolf, Maria (2008). Eugenische Vernunft. Medizinische Eingriffe in die reproduktive Kultur 1900-2000, Wien.

The manufacturer's authorised representative in the EU is Springer
Nature Customer Service Centre GmbH, Europaplatz 3, 69115 Heidelberg,
Germany. If you have any concerns regarding our products, please
contact ProductSafety@springernature.com

Printed and bound by CPI Group (UK) Ltd, Croydon, CR0 4YY
24/04/2026
02096312-0007